佛法哲學總集

廣說三藏經論關於色心諸法之哲學論述

下冊

Science and Philosophy in the Indian Buddhist Classics Volume 4: Philosophical Topics

達賴喇嘛／監製
總集編著小組／編著
蔣揚仁欽／翻譯

| 監製 |

第十四世達賴喇嘛丹增嘉措（Tenzin Gyatso）

一九三五年生於西藏東部的安多（Amdo），兩歲時經認證為第十三世達賴喇嘛的轉世靈童。一九五九年，被迫離開西藏，展開流亡生涯，並於印度達蘭薩拉（Dharamsala）成立流亡政府，一九八九年獲諾貝爾和平獎。成為世界公民，他致力提倡慈悲、寬恕、關愛等普世價值，促進世界主要宗教傳統間的和諧及相互了解；作為佛教徒，他以修持、講說菩提心及空正見，護持佛陀教法；身為藏人，他為藏人爭取自由與公義，並努力保存西藏文化。

| 編著 |

總集編著小組

· 成員 ·

負責人——

南嘉寺住持——色拉傑扎倉充拓仁波切

編輯主顧問——

博士朗日巴圖登錦巴

編輯顧問——

色拉昧扎倉仰丁仁波切

洛色林扎倉格西圖滇悲桑

南嘉寺比丘圖滇揚佩

《總集》編輯者——

甘丹東頂扎倉格西強區桑杰

哲蚌洛色林扎倉格西朗望桑杰

甘丹北頂扎倉格西紀薩重千轉世

哲蚌多門扎倉格西洛桑開卻

｜翻譯｜

蔣揚仁欽（黃春元）

自一九九六年起，擔任尊者達賴喇嘛的漢語口譯至今。一九八九年，前往北印度達蘭薩拉辯經學院（Institute of Buddhist Dialectics）學習長達十四年的五部大論、四大教派的高等教育，最後以〈心與空〉的哲碩論文，獲取甲級成績及「無別大教授師」之學位。二〇一四年取得哈佛文理學院（Harvard GSAS）的博士學位。著有《我的上師達賴喇嘛》、《自己的路，勇敢的走》、《為什麼學佛》；譯有《善言初慧擇眼》、《覺燈日光》、《達賴喇嘛尊者開示佛子行三十七頌》，《中觀根本論釋．佛護論》、《佛法科學總集》等。

目錄Contents

Contents

Contents

第四品
說二諦基法眞相

甲一、總說

《佛法哲學總集・上冊》彙編了聖域印度內外宗義的要義，這本《佛法哲學總集・下冊》將另外闡釋的見解為：建立基法二諦；從勝義諦所延伸的觀察我或無我；特說唯識派與中觀派的見解為何；建立量學，以及從量學所延伸的聲義與排他論等關鍵內容。

下冊內容主要所依據的論著為：阿闍黎龍樹的中觀理聚等論；阿闍黎提婆的《四百論》；阿闍黎佛護的《中觀根本論釋・佛護論》；阿闍黎清辨的《中觀心要論》及其自釋、《般若燈論釋》；阿闍黎月稱的《顯句論》、《四百論釋》、《六十頌如理論釋》、《入中論》及其自釋；阿闍黎寂護的《中觀莊嚴論》及其自釋、《真如集論》；阿闍黎蓮花戒的《真如集論釋》及《中觀明論》；阿闍黎慧心要的《中觀分別二諦文》及其自釋；至尊怙主慈尊的《慈氏五論》[1]；阿闍黎無著《瑜伽師地論》；阿闍黎世親的《唯識二十論》、《唯識三十論頌》、《阿毘達磨俱舍論》及其自釋、《辨法法性論釋》、《大乘莊嚴經論疏》、《辯中邊論》、[2]《攝大乘論釋》；阿闍黎陳那、法稱，以及其追

1 譯者註：直譯是「慈氏論」。此處則採用普遍廣傳的用詞。

2 譯者註：直譯是「慈氏論的注釋」。在慈氏五論的注釋中，世親所造的注釋只有三論：《辨法法性論釋》（ཆོས་ཉིད་རྣམ་འབྱེད་ཀྱི་འགྲེལ་པ། *Dharma-dharmatā-vibhaṅga-bhāṣya*）、《大乘莊嚴經論疏》（མདོ་སྡེ་རྒྱན་གྱི་བཤད་པ། *Mahāyāna-sūtrālamkāra-kārikā-bhāṣya*）、《辯中邊論》（དབུས་མཐའི་འགྲེལ་པ། *Madhyāntavibhāgakārikā Bhāṣya*）。

隨者們所造的量學典籍；諸多如《數論頌》等非佛外道阿闍黎的哲學著作；鳩摩梨拉婆吒的《頌釋論》等外道量學典籍，以及引據彼等再稍做廣釋及相關的研究。

先說關於二諦的建立。我等認爲，古老聖域印度的多數哲學家們，在建立基法眞相時，無論有無直接以「世俗」、「勝義」等用詞表述二諦，卻都一致區分「尚未因宗義改變其心智的普通人對境的看法」以及「基法眞相爲何」二者的差異。像是數論派把所知分爲二十五諦法，其中首要者是自性及覺知士夫之我，彼二是勝義諦，其餘二十三法是世俗錯誤的現相。若得見證基法眞相的智慧，一切變異的諸法將停止顯現。同樣地，吠檀多派說，只有證知大我或梵天的無所能二元之常智是勝義諦，所見一切二元諸法僅是世俗幻化。勝論派與正理派等論師安立諦實有的質、德、業、同、異、和合的所知六句義，而認爲一切諸法之所以存在，都是建立在六句義的作用上。由此可見，各宗派對於二諦建立，有諸多不同的說法。話雖如此，哲學家們異口同聲說，依理建立眞相時，可區分成「當下的顯現或根據所現的屬性」以及「存在的究竟眞相之屬性」二種性質。

眾所周知，佛教宗義論師們特別採用「二諦」的詞彙，並依二諦之理建立基法眞相的基礎，尤其是聖者龍樹以及其弟子的中觀師們。中觀師以二諦建立眞相，也是源於了義經的緣故，如寶積部的《父子合集經》等多經亦如是說。《父子合集經》云：

「如來於世俗諦及勝義諦明了通達，無有限礙。彼世俗者，謂世間行，若業若報，已生未生，皆悉知之，無有錯謬；彼勝義者，第一清淨，不可識別，不可智知，不可言說，不可顯示……[3]世間智者於實法，不由他悟自然解，所謂世俗及勝義，離此更無第三法。」[4]

《大方等大集經・無盡意菩薩品》云：

「復有二諦。何等二？俗諦、第一義諦。何等俗諦？若說苦集道諦。若世間語言、文字、假名法等。云何第一義諦？若於涅槃法終不忘失。何以故？如與法界其性常故，菩薩隨俗不生厭倦，觀第一義而不取證。復有一諦。何等為一？於一切法無所倚著，為化眾生現有所著，是名菩薩觀諦方便。」[5]

3　德格版，經，寶積，ང།卷，第十六品，60背頁；對勘本版，書號42，147頁。漢譯來源：宋日稱等譯《父子合集經》（T.11.320.941c.28）。

4　德格版，經，寶積，ང།卷，第十六品，61背頁；對勘本版，書號42，150頁。漢譯來源：宋日稱等譯《父子合集經》（T.11.310.942a.29）。

5　德格版，經，中觀，མ།卷，第四品，123背頁；對勘本版，書號60，311頁。漢譯來源：北涼天竺三藏曇無讖譯《大方等大集經》（T.13.397.197b.13）。

《尼乾子問無我義經》[6]亦云：

「世俗勝義諦，二種今當說，世俗即世法，勝義無過上。」[7]

聖者阿闍黎龍樹所造的《中觀根本慧論》依彼等了義經典而清楚述說其義。論云：

「諸佛依二諦，為眾生說法。一以世俗諦，二第一義諦。若誰尚未知，二諦之分別，則於佛所說，深義不得知。不依名言故，不能示勝義，不知勝義故，不能得涅槃。」[8]

導師薄伽梵所說的一切法都是基於二諦，即世間的世俗諦及勝義諦兩者。不懂二諦的分別爲何，不能得知佛說的深奧眞實義。佛依世俗或是名言諦而說勝義諦。若不得知勝義諦，則不可能獲得脫離痛苦的解脫。阿闍黎慧心要的《中觀分別二諦

6 འཕགས་པ་བདག་མེད་པ་དྲིས་པ་ཞེས་བྱ་བ་ཐེག་པ་ཆེན་པོའི་མདོ། 。

7 德格版，經，經典，སྭ卷，6背頁；對勘本版，書號60，17頁。漢譯來源：《尼乾子問無我義經》（T.32.1643.172b.18）。

8 德格版，論，中觀，ཙ卷，第二十四品，第8-10句偈頌文，14背頁；對勘本版，書號57，36頁。漢譯來源：蔣揚仁欽博士譯《中觀根本慧論》。鳩摩羅什大師翻譯的《中觀根本慧論》與藏譯稍有不同，鳩摩羅什大師譯文為（T.30.1564.32c.16）：「諸佛依二諦，為眾生說法。一以世俗諦，二第一義諦。若人不能知，分別於二諦，則於深佛法，不知真實義。若不依俗諦，不得第一義，不得第一義，則不得涅槃。」

文》亦說相同的內容。論云：

「證知分二諦，不迷牟尼法，資糧遍積累，圓滿到彼岸。」[9]

吉祥月稱的《入中論》云：

「由名言諦為方便，勝義諦是方便生，不知分別此二諦，由邪分別入歧途。」[10]

阿闍黎龍樹及其弟子眾的中觀論著，都格外著重依理詮釋二諦分支、二諦一一性質、二諦是一或異的觀察、識的證知之理等內容，以建立基法真相。關於這項普及的傳統，將會在後面「說無自性派如何安立二諦」章節中補充說明。

甲二、佛教毘婆沙部與經部兩派如何安立二諦

乙一、毘婆沙部論述

此章將略說，佛教說實二派毘婆沙部與經部是如何建立二諦分別。阿闍黎世親的《阿毘達磨俱舍論》提及毘婆沙部的觀

9 德格版，論，中觀，ཙ།卷，第2句偈頌文，1正頁；對勘本版，書號62，755頁。漢譯大藏經內並無此譯。

10 德格版，論，中觀，འ།卷，第六品，第80句偈頌文，208正頁；對勘本版，書號60，528頁。漢譯來源：法尊法師譯《入中論》。

點，論云：

「彼覺破便無，慧析餘亦爾，如瓶水世俗，異此名勝義。」[11]

世俗諦的性質：由於擊破或被心識分解其支，消滅執爾之識。事例如瓶子，因爲執瓶之識會隨著槌頭破瓶而滅。還有，當所有瓶支被心識一一分解時，執瓶識也同樣會被滅。「消滅執爾之識」是指，在槌頭等工具擊破或由識分解的最後，執爾之識徹底消失的意思。此派主張世俗諦與施設有二法同義。

世俗諦的詞義：名「世間、世俗」者，是證瓶、水等世俗之境的心識，是其境故，稱「世俗諦」。阿闍黎佛子的《阿毘達磨俱舍論釋——明義論》云：

「另一說如是，世間人所執是世俗諦。以是世俗之名，或具煩惱識與非具煩惱之識的所執故，為世俗諦。」[12]

世俗諦的分類法有三種。第一種分類法是基於擊破的「可

11　德格版，論，阿毘達磨，ཀུ卷，第六品，第4句偈頌文，18背頁；對勘本版，書號97，43頁。漢譯來源：玄奘大師譯《阿毘達磨俱舍論》（T.29.1560.320c.10）。

12　德格版，論，阿毘達磨，ངུ卷，第六品，160背頁；對勘本版，書號80，1224頁。漢譯大藏經內並無此譯。

變壞世俗」[13]，以及「意處可變壞世俗」[14]兩者。可變壞世俗的事例如瓶子，因爲執瓶識會隨瓶子被槌所擊而滅。後者意處可變壞世俗，即無法以槌等物而壞，執爾識卻隨心識分解其法的一一支分而滅，其事例如水，以槌等物雖可擊水，卻不能分解水中的香、味等塵，而執水識卻因心識分解其聚中的香等一一微塵而滅。因此，可變壞世俗一定是意處可變壞世俗，而意處可變壞世俗不一定是可變壞世俗。阿闍黎滿增的《俱舍滿增注》云：

「可變壞者是瓶等物。意處可變壞者是水等物，雖擊卻不應理分解味等故。」[15]

第二種分類法：一、形狀世俗，如瓶等具形事物。二、聚體世俗，如瓶內的水，即積聚諸多支分者。阿闍黎滿增的《俱舍滿增注》云：

「另一世俗相為二，即瓶等具形世俗，以及水等聚體世俗，故說為二。」[16]

---

13 བཅོམ་པས་འཇིག་པའི་ཀུན་རྫོབ། 。藏文直譯為「擊破故壞」，此處的相關漢譯用詞「可變壞」則是參考玄奘大師所譯的《大毘婆沙論》。

14 བློས་འཇིག་པའི་ཀུན་རྫོབ། 。藏文直譯為「以識壞滅」，此處的相關漢譯用詞「意處可變壞」則是參考玄奘大師所譯的《大毘婆沙論》。

15 德格版，論，阿毘達磨，ཀུ卷，第六品，155正頁；對勘本版，書號81，1307頁。漢譯大藏經內並無此譯。

16 德格版，論，阿毘達磨，ཀུ卷，第六品，155正頁；對勘本版，書號81，1307頁。漢譯大藏經內並無此譯。

彼二的差異是，形狀世俗一定是聚體世俗，聚體世俗不一定是形狀世俗。以水爲例，執水識會隨心識一一分解水中的香、味而滅，卻不能擊破水中八塵質使其分離，所以水不是形狀世俗。

第三種分類法：一、觀待世俗他法的世俗，即可變壞世俗與意處可變壞世俗兩者的共同體，如瓶子。二、觀待質體他法的世俗，即執瓶水之識雖隨心識一一分解瓶水的八塵質而滅，但瓶水本身不會因擊破而滅。阿闍黎滿增的《俱舍滿增注》云：

> **「另一世俗相為二，待餘世俗與待餘質體。一切待餘世俗既是壞滅亦是遮餘。一切待餘質體僅是遮餘卻非壞滅，不能令八微塵於其支中分離故。」**[17]

以瓶爲例，所觀待世俗他法的「他」，指的是不同於瓶卻是構成瓶子基礎的土坯，而瓶水所觀待質體他法的「他質」，指的是瓶水的所依，即地大等八微塵亦是聚體瓶水中的質體相異之色法。阿闍黎滿增的《俱舍滿增注》云：

> **「抑或，『如瓶水世俗』謂舉二例，即二世俗之說。有諸瓶皆依土坯，故是待餘世俗之世俗。水等待色法故，**

17 德格版，論，阿毘達磨，51卷，第六品，160背頁；對勘本版，書號80，1323頁。漢譯大藏經內並無此譯。

是待餘質之世俗。」[18]

勝義諦的性質：被擊破或被心識分解其法支分，卻不滅執爾之識。其事例如無方分極微塵、無時分心識、無爲法。《阿毘達磨俱舍論自釋》云：

「若物異此，名勝義諦。謂彼物覺彼破不無，及慧析餘彼覺仍有，應知彼物名勝義諦。如色等物碎至極微，或以勝慧析除味等，彼覺恒有，受等亦然，此真實有故名勝義。」[19]

阿闍黎滿增的《俱舍滿增注》亦云：

「『受等亦然』謂受、想、思等亦有聚體世俗；應觀受等一一僅是質體有。何以故？諸受雖遭識之分解，受之自性仍為識故，受是質體有。當同理依如是觀思等。」[20]

色、受等雖具續流及其支分，擊破彼等或心識分解彼等支分時，卻不能滅執爾之識，故而主張色、受是勝義諦。不同點在

18　德格版，論，阿毘達磨，ཆུ卷，第六品，155正頁；對勘本版，書號81，1307頁。漢譯大藏經內並無此譯。

19　德格版，論，阿毘達磨，ཁུ卷，第六品，7正頁；對勘本版，書號79，695頁。漢譯來源：玄奘大師譯《阿毘達磨俱舍論》（T.29.1558.116b.21）。

20　德格版，論，阿毘達磨，ཆུ卷，第六品，155正頁；對勘本版，書號81，1308頁。漢譯大藏經內並無此譯。

於，色是勝義諦，但一手肘長的色是世俗諦；受是勝義諦，但具三刹那長的屬性之受是世俗諦。此派說勝義諦與質體有同義。

勝義諦的詞義：名「勝義」者，是證無方分微塵等殊勝境之智。是彼智之境故，名「勝義」又名「眞諦」。阿闍黎佛子的《阿毘達磨俱舍論釋——明義論》云：

「同理，『勝義諦』謂殊勝慧之義，故名『勝義』。既是殊勝義亦是真諦，故名『勝義諦』。」[21]

勝義諦分二：一、有爲法的勝義諦，如無方分微塵、無時分心識。二、無爲法的勝義諦，如無爲虛空。

乙二、經部論述

經部與毘婆沙部宗義相同的部分，只有隨經經部諸師所許的二諦定義及其事例，然而，彼二在「三無爲法[22]及形狀是否爲質有」的說法上卻存有差異。不同於毘婆沙部，隨理經部諸師所許的二諦分別，則是依據該法是否爲勝義能作義[23]而定。如吉祥法稱的《釋量論》明文所云：

21 德格版，論，阿毘達磨，51卷，第六品，160背頁；對勘本版，書號80，1224頁。漢譯大藏經內並無此譯。

22 譯者註：虛空、擇滅、非擇滅三法。

23 譯者註：「勝義能作義」是法尊法師的譯詞，其義為：真實具足能力引發其果的作用者。

「勝義能作義，是此勝義有。餘為世俗有，說為自共相。」[24]

《釋量論》直接指出勝義諦的性質是勝義能作義，反之，世俗諦的性質則是非勝義能作義。勝義諦是自相、現識所取境；世俗諦是共相、分別心所取境。在前經部的章節時，已解釋了共自二相的差異。

如瓶子，勝義能作義是勝義諦的性質；勝義諦、事物、自相、無常、有爲法、行等同義。勝義諦的詞義：如至上殊勝的現識所見義般的眞諦，故稱「勝義諦」。如無爲虛空，非勝義能作義是世俗諦的性質；世俗諦、非事物法、共相、無爲法、常等同義。世俗諦的詞義：於世俗分別所見義中是眞諦，故稱「世俗諦」。抑或，只於世俗分別所見義中是眞諦，故又稱爲「意中諦」。像是執木分別所見的木之義總，只於見木意樂中是眞木[25]，實際上不是眞木，如《釋量論》云：

「彼由意樂力，宣說為有總。」[26]

分別心爲什麼稱爲「世俗識」呢？自相境的不共性爲所取

24 德格版，論，量，ཅེ卷，第三品，第3句偈頌文，118背頁；對勘本版，書號97，526頁。漢譯來源：法尊法師譯《釋量論》。

25 譯者註：直譯是「真相」、「真諦」。

26 德格版，論，量，ཅེ卷，第一品，第70句偈頌文，97正頁；對勘本版，書號97，426頁。漢譯來源：法尊法師譯《釋量論》。

境後而見自相，障蔽其見，故稱「世俗」[27]。《釋量論》云：

「依於諸異事，現為一義覺，由其自體性，障蔽餘體性。」[28]

論說，見[29]樹木的義總之識，依賴異於非木的樹木明例[30]事物後，視所有樹木明例爲同一類別。因此，彼識因樹木義總障蔽能見自相樹木，故說彼識是世俗識。[31]

爲何此派主張自相事物是勝義諦，無爲諸常是世俗諦呢？這得根據有無生果的能作義而立。《釋量論》云：

「若一切無能，種等於芽等，現見有功能，若計彼世俗，云何能如是。」[32]

27 譯者註：中文裡的世俗是通俗、庸俗的意思，卻無障蔽的意涵，但世俗的藏文（ཀུན་རྫོབ།，英文譯作obscuration）是指障蔽。

28 德格版，論，量，ཅེ།卷，第一品，第68句偈頌文，97正頁；對勘本版，書號97，475頁。漢譯來源：法尊法師譯《釋量論》。

29 譯者註：直譯是「執」，但實際上其義應該為「見」。執木分別只見木的義總，卻不執木的義總，否則執木分別將欺誑於其所執境，將有「成為顛倒識」之過。藏譯的量學典籍中，將「見總識」慣稱為「執總識」（སྤྱི་འཛིན་གྱི་བློ།）。

30 ཤིང་གསལ། ཡང་ན། ཤིང་གི་གསལ་བའི་དབྱེ་བ།。譯者註：能藉由某事例明確表示其總，故稱「明例」，如木的明例就是木的事例。

31 譯者註：這一段話是針對「依於諸異事，現為一義覺，由其自體性，障蔽餘體性」偈句的消文。

32 德格版，論，量，ཅེ།卷，第三品，第4句偈頌文，118背頁；對勘本版，書號97，526頁。漢譯來源：法尊法師譯《釋量論》。

論說，生若非勝義有，種子將不能發芽，將違現識所見。若說種子有能力發芽，而生則是世俗有。反問：之所以發芽是否源於種子的不共性？若不源於種子的不共性，猶如設繩爲蛇；若源於種子的不共性，將與說是世俗相違，故不應理。此義同於經部、唯識依其不共理而破中觀時所說的內容。

不同於毘婆沙部所說，經部承許無爲法非質有，如阿闍黎世親於《阿毘達磨俱舍論自釋》所說，虛空、擇滅、非擇滅只是無遮，非質有。論云：

「經部師說：一切無為皆非實有[33]，如色受等別有實物，此所無故。若爾，何故名虛空等？唯無所觸說名虛空，謂於闇中無所觸對，便作是說此是虛空。已起隨眠生種滅位，由簡擇力餘不更生，說名擇滅。離簡擇力，由闕緣故餘不更生，名非擇滅，如殘眾同分中夭者餘蘊。」[34]

不同於毘婆沙部的另一觀點是，隨經經部師說，形狀是依不同的色塵而被施設爲長短而已，非質有，是施設有。《阿毘達磨俱舍論自釋》云：

---

33 譯者註：玄奘大師的譯詞是「實有」。為能區分「真實有」和「質有」的差異，本人決定將「རྫས་སུ་གྲུབ་པ།」譯為「質有」或「質體有」。

34 德格版，論，阿毘達磨，ཀུ卷，第二品，94正頁；對勘本版，書號79，233頁。漢譯來源：玄奘大師譯《阿毘達磨俱舍論》（T.29.1558.34a.12）。

「經部說：形非實有，謂顯色聚一面多生即於其中假立長色，待此長色於餘色聚一面少中假立短色，於四方面並多生中假立方色，於一切處遍滿生中假立圓色，所餘形色隨應當知。如見火𤓶於一方面無間速運便謂為長，見彼周旋謂為圓色，故形無實別類色體。若謂實有別類形色，則應一色二根所取，謂於色聚長等差別，眼見身觸俱能了知，由此應成二根取過。理無色處二根所取。」[35]

毘婆沙部表示，施設有與世俗諦同義，質有與勝義諦同義。隨理經部則表示，世俗諦與常法同義，有爲法與勝義諦同義。隨經經部的二諦建立雖與毘婆沙部相同，卻否認三無爲法是質有。

甲三、瑜伽行派說三性相攝入二諦之理

慈氏五論中的《大乘莊嚴經論》與《辯中邊論頌》，是瑜伽行派或稱「唯識派」的根本典籍。聖者無著及世親的著作，直接以大乘宗部整體的術語建立二諦。我等認爲，如《佛法哲學總集．上冊》關於唯識宗義的章節中所說，瑜伽行派自宗在建立基法眞相時，將諸法歸類爲三性相——依他起性、遍計執性、圓成實性。

簡而言之，由因緣所生是依他起性；於依他起上，增益其

35 德格版，論，阿毘達磨，ཀུ卷，第四品，167背頁；對勘本版，書號79，413頁。漢譯來源：玄奘大師譯《阿毘達磨俱舍論》（T.29.1558.68b.1）。

性質和特徵的遍計所執是遍計執性；「空依有法依他起非所遮遍計執」之空是圓成實、勝義性，而這種「依他起非遍計執」之空的圓成實則是中道。瑜伽行派再表示，不淨依他起之妄念是諦實有；增益依他起為自性或差別等所能二元的遍計所執非諦實有；依他起非遍計執的空性是諦實有。如聖者慈尊怙主的《辯中邊論頌》云：

「虛妄分別有，於此二都無。」[36]

聖者無著的《攝大乘論》，以及阿闍黎世親的《唯識三十論頌》、《唯識二十論》及其自釋等論，也同樣以三性相之說為主而建立諸法性質。至於瑜伽行派如何依三性相建立真實義的不共關鍵，之後再行解釋。此派依三性相總述二諦時，說依他起與遍計執二為世俗諦，而圓成實是勝義諦。聖者慈尊的《辨法法性論》云：

「此等一切，二類所攝，謂法與法性。」[37]

如阿闍黎世親所言，以能證量而區分兩種真諦。《釋軌論》云：

36 德格版，論，唯識，ཕི།卷，第一品，第2-3句偈頌文，40背頁；對勘本版，書號70，902頁。漢譯來源：唐玄奘大師譯《辯中邊論頌》（T.31.1601.477c.9）。

37 德格版，論，唯識，ཕི།卷，第2句偈頌文，50背頁；對勘本版，書號70，926頁。漢譯來源：法尊法師譯《辨法法性論》（T.31.1601.477c.9）。

「意緣世間識之無謬境與出世間識境，故說二諦——世俗諦與勝義諦。」[38]

世俗諦的性質：觀察名言之量的所獲義；之所以是觀察名言之量，是基於彼義[39]而成爲名言的觀察量。形狀與顏色等皆是其事例。《釋軌論》云：

「業與果報等世俗皆是質有，且非勝義有，是世間識境故。」[40]

名言諦、虛幻、欺誑法、表相不合眞相之法等，爲同義異名。世俗的詞義：於施設世俗、世俗識、世俗言詮三法中是眞諦，故稱「世俗諦」。《釋軌論》云：

「由能顯了是世俗，故彼所決諦名世俗諦，以是顯了所詮事故，譬如二足登處名為足橙。」[41]

38 德格版，論，唯識，ཤི卷，第三品，94正頁；對勘本版，書號77，234頁。漢譯大藏經內並無此譯。譯者註：《釋軌論》的作者是阿闍黎世親。

39 譯者註：觀察名言之量的所獲義。

40 德格版，論，唯識，ཤི卷，第四品，109背頁；對勘本版，書號77，272頁。漢譯大藏經內並無此譯。

41 德格版，論，唯識，ཤི卷，第三品，94正頁；對勘本版，書號77，235頁。漢譯來源：法尊法師譯《辨了不了義善說藏論》中引用的《釋軌論》：「由能顯了是世俗，故彼所決諦名世俗諦，以是顯了所詮事故，譬如二足登處名為足橙。」

說明「世俗諦」詞義時的施設世俗等三者，也可依序解釋爲：能計的分別遍計執、見二元之謬識，以及能詮之聲三者。此外，明明遍計所執非諦實有，分別心卻施設遍計所執爲諦實有，故稱「施設世俗」；雖非外境有，卻執爲外境有的分別依他起是識，故稱「世俗識」；圓成實不能被能詮聲與分別心如實詮釋，卻能以眞實義等異名而形容，故亦稱「世俗言詮」。

世俗諦分遍計執與依他起二法。此派主張，世俗諦並非清淨道的究竟所緣之法，所以一切依他起與遍計執都是世俗諦。然而，「世俗有」則另有其他解讀，所以要區分世俗諦與世俗有的差異。只有遍計所執是隨名言力而安立爲有，故是世俗有；依他起與圓成實是勝義有，非世俗有。

勝義諦的性質：觀察究竟存在性之理智的所獲義；之所以是觀察究竟存在性的理智，是基於彼義[42]成爲觀察究竟存在性的理智。如「色與執色量非質體相異」的空性則是其事例。《解深密經》云：

「善現！我已顯示於一切蘊中清淨所緣，是勝義諦。」[43]

圓成實、空性、眞實義、眞實際、無相、勝義諦、法界等

42 譯者註：觀察究竟性之理智的所獲義。

43 德格版，經，經典，ཇ卷，第四品，11正頁；對勘本版，書號49，24頁。漢譯來源：唐玄奘大師譯《解深密經》（T.16.676.691c.25）。

是異名。《辯中邊論頌》云：

「略說空異門，謂真如實際、無相勝義性、法界等應知。」[44]

阿闍黎世親在《辯中邊論》中也解釋了眞實義等的內容爲何。如論云：

「由無變義說為真如。真性常如，無轉易故。由無倒義說為實際，非諸顛倒，依緣事故。由相滅義說為無相，此中永絕一切相故。由聖智境義說為勝義性，是最勝智所行義故。由聖法因義說為法界，以一切聖法緣此生故。此中界者，即是因義。」[45]

勝義諦的詞義：聖者的根本定慧是至上殊勝，爾是其義[46]，故稱「勝義」；爾於其慧境中是眞實，故稱「諦」。《釋軌論》云：

「出世間智是勝，其義故是勝義，即一切其智之境。」[47]

44 德格版，論，唯識，ཕི།卷，第一品，第15句偈頌文，41正頁；對勘本版，書號70，903頁。漢譯來源：唐玄奘大師譯《辯中邊論頌》（T.31.1601.478a.6）。

45 德格版，論，唯識，བི།卷，第一品，4背頁；對勘本版，書號71，10頁。漢譯來源：唐玄奘大師譯《辯中邊論》（T.31.1600.465c.19）。

46 譯者註：其境與其義同義。

47 德格版，論，唯識，ཤི།卷，第三品，94正頁；對勘本版，書號77，233頁。漢譯大藏經內並無此譯。

關於勝義諦的分類。阿闍黎世親的《辯中邊論》裡，根據空依有法分十六空性，且將第十五項空性說成非事物空性[48]，一般第十五項空性是不可得空性。除了所遮的差異以外，基本上，其分類義與之後在中觀派二諦論時，所引用的《入中論自釋》的內容相同，故於此處不多說明。

根據心識顯現的所遮，可知空性有二：一、於執爾分別心的所耽境中是自相成立，然眞相卻非如此之空是空性。這種空性遍佈一切法。二、「所能二元非質體相異」之空是空性，但這種空性不存在於無爲法上。因此，兩種空性有大小周遍之別。《大乘莊嚴經論》也說勝義諦具有五種性相。論云：

「非有亦非無，非如亦非異，非生亦非滅，非增亦非減，非淨非不淨，此五無二相，是名第一義。」[49]

即說，依序解說五性相。一、非有亦非無的性相：於勝義諦中「非有」遍計執與依他起二，也「非無」圓成實之性相的

48　譯者註：唐玄奘大師譯《辯中邊論》（T.31.1600.466a.3）云：「十六謂內空、外空、內外空、大空、空空、勝義空、有為空、無為空、畢竟空、無際空、無散空、本性空、相空、一切法空、無性空、無性自性空……補特伽羅及法實性俱非有故，名無性空。此無性空非無自性，空以無性為自性故，名無性自性空。」其中的第十五空性與藏譯不同，漢譯是無性空，藏譯是非事物空性。

49　德格版，論，唯識，ཕི卷，第七品，6正頁；對勘本版，書號70，815頁。漢譯來源：唐波羅頗蜜多羅譯《大乘莊嚴經論》（T.31.1600.465c.19）。

唯遮。二、非一亦非異的性相：勝義諦與空依有法依他起「非返體一」也「非體性異」。三、非生亦非滅的性相：勝義諦「非生」亦「非滅」。四、非增亦非減的性相：遍盡污染品的「非滅」[50]；增上清淨品的「非增」[51]。五、非淨非不淨的性相：自性污染從無始起便已清淨，無有污染能再被淨，故「非淨」；暫時的污染並非不淨，故「非不淨」。《大乘莊嚴經論》依彼五相說勝義諦爲識境等，進而建立了勝義諦的五種性相。阿闍黎世親所造的《大乘莊嚴經論》的注釋《大乘莊嚴經論疏》亦云：

> **「無二之義是勝義，亦為無二義宣示五相：非有遍計所執與依他起性；非無圓成實性性。遍計執、依他起、圓成實皆非一性，故『非如』；唯此無餘，故非異。法界是無為法故，非生亦非滅。污染與清淨皆滅、生、如實所住故，非減亦非增。非以自性所染故，非淨；遠離客塵煩惱故，亦非不淨。應知如是，彼等無二之五性相是勝義之性相。」**[52]

阿闍黎無著的《瑜伽師地論．攝決擇分》也說五相，其義

50 譯者註：一切污染品都已經被滅盡故，無有多餘的污染品可被消滅。

51 譯者註：同上邏輯，圓滿一切清淨品故，無有多餘的清淨品可被增上。

52 德格版，論，唯識，ཕི།卷，真實義品，145正頁；對勘本版，書號70，1171頁。漢譯大藏經內並無此譯。

卻與《大乘莊嚴經論》稍有不同。論云：

「復次勝義諦有五種相：一、離名言相。二、無二相。三、超過尋思所行相。四、超過諸法一異性相。五、遍一切一味相。」[53]

瑜伽行派主張，增益依他起的所能是質體異的遍計所執不應理，此無二之空的圓成實是諦實有。於此，阿闍黎清辨的《思擇焰論》反駁：

「『無二之事物，非理相違故，空華豈事物？莫觀是事物。』首先，若謂二元非有是事物，豈能是無？如是，若是非有，則非事物。此故，無二元之事物不應理。何以故？與自詞相違故。若說：恆常決定無二元之理，故非有是事物。則駁：如是，非有空華亦應成事物。若非有空華不許是事物，亦不該觀二元非有是事物。」[54]

「依他起非遍計執」之空為非事物，且非事物不合理成為諦實有。如果合理，空華也應成是事物、是諦實有，將有此過。阿闍黎世親的《唯識三十論頌》云：

---

53 德格版，論，唯識，ཞི།卷，第三十七品，44正頁；對勘本版，書號74，849頁。漢譯來源：三藏法師玄奘漢譯的《瑜伽師地論》（T30.1579.713c.24）。

54 德格版，論，中觀，ཛ།卷，第五品，203正頁；對勘本版，書號58，494頁。漢譯大藏經內並無此譯。

「圓成實於彼，常遠離前性……」[55]

如圓成實是一切「增益依他起的所能是質體異的遍計所執」之空，較於遍計執與依他起，此空是非事物；較於圓成實，此空是諦實有的事物，這種說法沒有矛盾。因此，瑜伽行派說，圓成實既是非事物，又是諦實有，此論無過。阿闍黎清辨則駁，這種說法仍存有前述之過，如《思擇焰論》云：

「『正觀非有故，於彼無分別，事例與性相，同故答非理。』謂無遍計執與依他起，故於圓成實無有分別。爾時，建立事例與性相之際，說事例之性相是無二元事物。此時駁：若是無二事物，豈能非有？既是非有，如是，將非事物。仍同前述所言，是相違故，對方所答並非善說。」[56]

「如遍計執所增益的所遮法我並不存在」、「依他起非所能質體相異」，即便此類之空算是圓成實，但於事例上建立其性相時，承許於事例依他起上，建立無所能二元是諦實有的性相，將有「前述所言的無二元既是諦實有，又是非事物」的矛

55 德格版，論，唯識，ཤི卷，第20-21句偈頌文，2背頁；對勘本版，書號77，5頁。漢譯來源：唐玄奘大師譯《唯識三十論頌》（T.31.1586.61a.18）。

56 德格版，論，中觀，ཛ卷，第五品，203正頁；對勘本版，書號58，495頁。漢譯大藏經內並無此譯。

盾。若非事物，將不能避免與諦實有相違。清辨以此關鍵要義成立瑜伽行派的答覆不應理。

總而言之，大乘宗部整體使用的「二諦」之詞，雖被瑜伽行派所採用，瑜伽行派自宗卻在三性相的基礎上建立二諦。至於三性相與二諦的對應關聯爲何，我等未見這部分的明確說明，這部分正是中觀師阿闍黎清辨、吉祥月稱、阿闍黎慧心要等論師們特別要去破除的內容。

甲四、說無自性派如何安立二諦

乙一、二諦各自的性質及其數量

阿闍黎龍樹以及追隨其後、許無自性的論師們，專門依二諦的結構建立基法眞相的宗義。阿闍黎龍樹的弟子裡，不僅有阿闍黎清辨及其自續派的學子，也有阿闍黎佛護與吉祥月稱等中觀應成派的論師。這兩派在二諦的主張上存在諸多細微的差異，然而，對於二諦各自的性相、性質爲何，及其數量決定爲何等，兩派對此立場卻無差異。爲能流暢解說二諦，此處先說勝義諦的性質。勝義諦的性質：觀察究竟存在性之量的所獲義；之所以是觀察究竟存在性之量，是基於彼義成爲觀察究竟存在性之量。或是，現證爾識以離二相而證知。如前引的《父子合集經》云：

「彼勝義者，第一清淨，不可識別，不可智知，不可言說，不可顯示……[57]超諸言說，乃至所謂色相不可得，受、想、行、識相亦不可得。」[58]

經以多種否定詞詳細解說其義。同樣地，《大方等大集經．無盡意菩薩品》云：

「云何第一義諦？乃至無有心行，何況當有言語文字？」[59]

如經所述，勝義諦無法被聲音與分別心如實詮釋而成其境。經論又明確說明，勝義諦只是諸法非自性有。阿闍黎龍樹亦依此意趣，故於《中觀根本慧論》云：

「非隨他而知，寂靜離戲論，無妄念非異，此為彼性相。」[60]

---

57 德格版，經，寶積，ང།卷，第十六品，60背頁；對勘本版，書號42，147頁。漢譯來源：宋日稱等譯《父子合集經》（T.11.320.941c.28）。

58 德格版，經，寶積，ང།卷，第十六品，61正頁；對勘本版，書號42，147頁。漢譯來源：宋日稱等譯《父子合集經》（T.11.320.942a.6）。

59 德格版，經，中觀，མ།卷，第四品，123背頁；對勘本版，書號60，311頁。漢譯來源：北涼天竺三藏曇無讖譯《大方等大集經》（T.13.397.197b.9）。

60 德格版，論，中觀，ཙ།卷，第十八品，第8句偈頌文，11正頁；對勘本版，書號57，26頁。漢譯來源：蔣揚仁欽博士譯《中觀根本慧論》。鳩摩羅什大師翻譯的《中觀根本慧論》與藏譯稍有不同，鳩摩羅什大師譯文為（T.30.1564.24a.7）：「自知不隨他，寂滅無戲論，無異無分別，是則名實相。」

說勝義諦的性相有五。一、僅憑他人的語言表達不能理解，得靠自己理解。二、「寂靜」謂自性有之空。三、遠離妄念戲論，不受戲論所影響。四、「無妄念」謂不能以「此是彼」的妄念所計。五、「非異」謂諸法的法性皆是一味，故於勝義中無各自義。阿闍黎清辨的《思擇焰論》所說的勝義諦性質，也與《中觀根本慧論》的內容類同。《思擇焰論》云：

「『妄念網無餘，成立破除彼，寂與各自證，無妄離文字，遠離一異性，無垢如虛空，以不相順故，相順勝義慧。』法性真實義謂成立破除妄念網無餘。何以故？以是破常、無常、有、無、堅固、斷滅等一切妄念網之屬性故。『寂』謂無誤超越一切戲論。『各自證』謂不隨他知。『無妄』謂離分別等妄念。『離文字』謂非言詮之境。『遠離一異性』謂無法言詮是如此性、異性、俱性、非俱性。『無垢如虛空』謂猶如漸次離雲的虛空，是無垢。不相順前言相等之法性，故相順不見，且不相順本身即是相順。應知如是慧是勝義慧。如云：『如是不見即是正見』[61]。」[62]

61 譯者註：直譯是「不見即是見」，但「如是不見即是正見」的這句經文確實出現在漢譯大藏經的《勝思惟梵天所問經》（T.15.587.85a.18）裡，所以譯者決定於此處採用此譯文。

62 德格版，論，中觀，ཛ卷，第三品，56正頁；對勘本版，書號58，114頁。漢譯大藏經內並無此譯。

此外，阿闍黎提婆的《四百論》、吉祥月稱的《入中論》及其自釋、阿闍黎寂天的《入菩薩行論》、阿闍黎慧心要的《中觀分別二諦文》、阿闍黎寂護的《中觀莊嚴論》等所有正統的中觀典籍，都一致殷重成立勝義諦須遠離聲與分別的戲論。其中，阿闍黎寂天的《入菩薩行論》更是這麼說：

「勝義非心境……」[63]

西藏學者們的諸多著作對此偈詞進行極廣泛的研究。

勝義諦的詞義：至上殊勝是根本定無妄智，是其智的所獲義，故稱「勝義」；並非表相與真相不一致的欺誑，故稱「諦」。《思擇焰論》也說該如何理解勝義。論云：

「『勝、義』謂以是所知故，為『義』，即所觀與所知之詞義；『勝』乃至上之詞義；『勝義』謂是義亦是至上殊勝，故為『勝義』。或『勝義』謂以是至上殊勝無妄智之義，故是『勝義』。抑或，相順至上殊勝之義，即相順證知至上殊勝義之慧有此至上殊勝義，故稱『相順勝義』。」[64]

63　德格版，論，中觀，ལ།卷，第九品，第2句偈頌文，31正頁；對勘本版，書號67，1017頁。漢譯來源：如石法師譯《入菩薩行論》。

64　德格版，論，中觀，ཛ།卷，第三品，59正頁；對勘本版，書號58，119頁。漢譯大藏經內並無此譯。

可依三種途徑解釋勝義的詞義。一、以是至上之義故，是「勝」；以是所知故，是「義」。這是基於一法而說。或二、以境及具境兩個方面各自解讀「勝義」：「勝」是無妄念之智，是被此智所尋獲之義，故安立為「義」。或三、證知勝義即相順無妄智，因為存在於依空性義總而證知的比度中，相順勝義，故稱「勝義」。我等認為，三種解釋中，吉祥月稱的見解是依以上第一者為主。如《顯句論》云：

「亦是義，亦是至上殊勝，故是勝義。彼是真諦，故是勝義諦。」[65]

必須區分勝義諦的「勝義」和觀察諸法是否為勝義有的「勝義」兩者。前者所說的「勝義」是指諸法的眞實義，即勝義諦，這點是被中觀師認同的。後者所說的「勝義」，即便在名言上也是不合理的。

第二世俗諦的性質：觀察名言量的所獲義；之所以是觀察名言之量，是基於彼義成為觀察名言之量。或是，現證爾識是以具二相而證知。《父子合集經》也說世俗諦的性質。經云：

「如來於世俗諦及勝義諦明了通達，無有限礙。彼世俗

65 德格版，論，中觀，འ卷，第二十四品，163背頁；對勘本版，書號60，397頁。漢譯大藏經內並無此譯。

者，謂世間行……」[66]

同樣地，《大方等大集經．無盡意菩薩品》亦云：

「云何俗諦？若世間所用語言、文字、假名法等。」[67]

經說，所現的各種世間名言、聲音、分別心等世間行境，其眞實性只存在於世俗或名言之中。阿闍黎慧心要的《中觀分別二諦文》亦以非常簡潔明確的方式說此要義。論云：

「如僅顯此相，世俗……」[68]

中觀典籍又將同屬一味的勝義諦名爲「如所有性」，稱世俗諦爲「盡所有性」。

世俗諦詞義：於「障蔽能見眞實義之愚癡眞實執的世俗識」中雖是眞實，實際卻非如此，故稱「世俗諦」。阿闍黎慧心要的《中觀分別二諦文》云：

「由何於何法，障者許世俗，故是世俗諦，勝義中非

66　德格版，經，寶積，ང།卷，第十六品，60背頁；對勘本版，書號42，147頁。漢譯來源：宋日稱等譯《父子合集經》（T.11.320.941c.28）。

67　德格版，經，中觀，མ།卷，第四品，123背頁；對勘本版，書號60，311頁。漢譯來源：北涼天竺三藏曇無讖譯《大方等大集經》（T.13.397.197b.7）。

68　德格版，論，中觀，ས།卷，第3句偈頌文，1正頁；對勘本版，書號62，755頁。漢譯大藏經內並無此譯。

諦。」[69]

《入楞伽經》解說世俗諦的「世俗」二字。經云：

「世俗有諸物，勝義無自性。諸倒無自性，彼為世俗諦。」[70]

經論說，此處的愚癡要視爲實執。還有，吉祥月稱的《顯句論》說，世俗的梵文是「saṁvṛti」，其義有三，這很重要。《顯句論》云：

「周遍障蔽故，是世俗，即無明是周遍障蔽事物真實義，故稱世俗。或彼此觀待，故是世俗，即『彼此觀待故』之義。或世俗是言詞，即『世間名言』的詞義。此復，具有言詮、所詮、心識、所識等性相。」[71]

69　德格版，論，中觀，ཙ།卷，第15句偈頌文，2背頁；對勘本版，書號62，756頁。漢譯大藏經內並無此譯。

70　德格版，經，經典，ཅ།卷，第八品，174背頁；對勘本版，書號49，429頁。漢譯與藏譯稍有不同。漢譯原文：唐實叉難陀譯《入楞伽經》（T.16.672.627a.6）云：「諸法無性性，說為第一義。於無自性中，因諸言說故，而有物起者，是名為俗諦。若無有言說，所起物亦無；世諦中無有，有言無事者。顛倒虛妄法，而實不可得；若倒是有者，則無無自性。以有無性故，而彼顛倒法。」

71　德格版，論，中觀，འ།卷，第二十四品，163正頁；對勘本版，書號60，396頁。漢譯大藏經內並無此譯。

關於第一種理解。世俗諦的「世俗」：障蔽或障礙了知眞相的愚癡是實執，諸世俗法於彼實執的顯現中爲實，故名「世俗諦」。二、諸法以緣起的形式存在於名言中，故是名言有或世俗有。三、世俗是指世間表述及名言，故說內外諸法只是名言施設而有的世俗。

成立眞諦的數量之所以決定爲二，是因爲諸法的性質可分表相與究竟眞相兩者，或是因兩種不同識的所獲義，導致所知分爲二諦。[72]《父子合集經》云：

「所謂世俗及勝義，離此更無第三法。」[73]

經說所知決定分類爲二。一般的決定分類有幾種，像是去除三方的決定分類[74]、去除邪見的決定分類[75]，以及目的性之

72 一般來說，對「真諦由何而分」的說法林林總總。有人說，真諦之所以為二，僅是源於諸法的性質而已。有人說，唯真諦才是（分真諦為二的）源處。有人說，未增益之境是分二的源處。有人說，尚未觀察的所知是分二的源處。然而，許多學者都承許，所知是分二的源處，這不僅符合正理，也與前引的《顯句論》有關。

73 漢譯來源：宋日稱等譯《父子合集經》（T.11.320.942b.1）。譯者註：雖然藏譯原文與此處漢譯的表達方式不同，但主要內容卻是相同，故而保留漢文古譯。

74 ཕུང་གསུམ་སེལ་བའི་གྲངས་ངེས། 。

75 ལོག་རྟོག་སེལ་བའི་གྲངས་ངེས། 。

決定分類[76]等。從《父子合集經》所說的「更無第三眞諦」[77]，可知此處的分類法正是去除三方的決定分類。吉祥月稱的《入中論釋》亦云：

「如是雖說有餘諸諦，如其所應當知皆是二諦中攝。」[78]

《佛說十地經》、《大方等大集經・無盡意菩薩品》等經，明確列舉了「相諦」、「差別諦」、「分證諦」等眞諦的詞彙，[79]而這一切都被二諦所攝。

關於成立眞諦決定分類爲二的理由。所知決定分爲二諦，不多不少，因爲所知都被二者所攝，即欺誑性與非欺誑性。否定一者將會成立另一者，成立一者必定否定另一者，如有情與非有情，欺誑性與非欺誑性二者是彼此排斥，直接相違。此義如《中觀明論》云：

---

76 དགོས་པ་ཅན་གྱི་གྲངས་ངེས། 。

77 譯者註：《父子合集經》的漢譯原文是：「所謂世俗及勝義，離此更無第三法。」

78 德格版，論，中觀，འ卷，第五品，243背頁；對勘本版，書號60，656頁。漢譯來源：法尊法師譯《入中論釋》。

79 譯者註：如《佛說十地經》（T.10.287.552a.2）云：「相諦、差別、成立諦，事諦、生盡及道諦，乃至無礙佛智諦……」

「遍立某法則遍斷爾法。[80] 彼二是互破所住之性相。何法是互破所住之性相，彼則周遍一切相。何法周遍一切相，彼則遮遣他法。何以故？如有情與非有情之差別。」[81]

乙二、二諦是體性一或異的觀察

所知決定分爲二諦，這是佛教宗義論師一致認同的，然而對於二諦是體性一或異，立場卻非一致。毘婆沙部說，勝義諦與質有同義，而世俗諦與施設有同義，所以，隨質有與施設有分屬兩種類別，推出二諦是體性異。同樣地，隨理經部的論師也認爲，能作義是有其能力生自果，是勝義諦；無其能力生自果的無爲法、共相等是世俗諦。所以我等認爲，隨理經部安立二諦是體性異。

根據大乘宗義所分的瑜伽行與說無自性兩派的觀點，二諦是基於同一有法及其特徵而被抉擇的緣故，特別提出二諦非體性異的論述。其中，中觀師對此立場更爲堅定。如《般若波羅蜜多心經》云：

80　譯者註：這段原文中有兩個否定詞，即負負得正之義，所以譯者決定於此處避免使用否定詞，否則難以理解。直譯為：「遍立某法則不遍斷爾法之非。」

81　德格版，論，中觀，ས།卷，219正頁；對勘本版，書號62，1323頁。漢譯大藏經內並無此譯。

「色不異空，空不異色，色即是空，空即是色。」[82]

以及《大寶積經．大迦葉請問經》云：

「復次迦葉！真實觀者，不以空故令諸法空，但法性自空。」[83]

依據前引經文等，中觀論師殷重成立，勝義諦是空依[84]有法的屬性，絕非異於空依有法的體性。《菩提心釋》依喻明說其義。論云：

「迥異世俗之，空性不可得。世俗是空性，空性僅世俗，無此定無彼，如有為無常。」[85]

說勝義諦或眞實義不異於空依世俗法的體性，因爲空依世俗法本身非自性有。如有爲法與無常的體性非異，同樣地，空依世俗諦與空性勝義諦兩者的體性也非異。

建立二諦不應基於不同法上，而是要基於同一法上，因

82 德格版，經，各式般若，ཀ།卷，145正頁；對勘本版，書號34，403頁。漢譯來源：唐玄奘大師譯《般若波羅蜜多心經》（T.16.672.627a.6）。

83 德格版，經，寶積，ཅ།卷，第四十三品，130背頁；對勘本版，書號43，363頁。漢譯來源：唐菩提流支譯《大寶積經》（T.11.310.634a.5）。

84 譯者註：直譯是「空處」，意指空性所依之處、於何處所建立的自性空。

85 德格版，論，續，ཇི།卷，41正頁；對勘本版，書號18，115頁。漢譯來源：蔣揚仁欽博士譯《菩提心釋》。

為抉擇二諦源於見虛妄識及見眞諦二識的所獲義。吉祥月稱的《入中論》也非常清楚地闡釋其義。論云：

「由於諸法見真妄，故得諸法二種體，說見真境即真諦，所見虛妄名俗諦。」[86]

同一苗性，因被名言識所獲，是世俗性；因被眞實義理智所獲，是勝義性。論說每一法皆有彼二性。《入中論釋》也非常明確指出，建立二諦要基於一法。論云：

「勝義謂現見真勝義智所得之體性，此是一體，然非自性有。世俗謂諸異生為無明翳障蔽慧眼，由彼妄見之力所得體性，然非如異生所見自性，即實有彼自性。故一切法有此二種體性可得。」[87]

研究二諦是體性一或異時，一個必要的決定關鍵點是，依《解深密經》中的「許二諦是體性異」的四應成之過，以及「許二諦返體是一」的四應成之過，加以思擇。關於二諦是體性異的第一過，如《解深密經．善清淨慧品》所云：

「若勝義諦相與諸行相一向異者：已見諦者於諸行相應

86　德格版，論，中觀，འ།卷，第六品，第23句偈頌文，205正頁；對勘本版，書號60，564頁。漢譯來源：法尊法師譯《入中論》。

87　德格版，論，中觀，འ།卷，第六品，253正頁；對勘本版，書號60，680頁。漢譯來源：法尊法師譯《入中論釋》。

不除遣；若不除遣諸行相者，應於相縛不得解脫；此見諦者於諸相縛不解脫故，於麁重縛亦應不脫。」[88]

經說，二諦若是體性異，將有此過，即見瓶等世俗法上的空性勝義諦，仍不能斷彼等世俗法的執著，且不可能會有世俗法的耽執已斷，更不可能會有脫離輪迴的時候。

二諦是體性異的第二過，如《解深密經・善清淨慧品》所云：

「若勝義諦相與諸行相一向異者，應非一切行相共相。」[89]

經說二諦若是體性異，「瓶等非法我」之空將不能成為瓶等世俗法的共相。如此一來，將有「否定瓶等是法我之空」的過失。

二諦是體性異的第三過，如《解深密經・善清淨慧品》所云：

「若勝義諦相與諸行相一向異者，應非諸行唯無我性、唯無自性之所顯現，是勝義相。」[90]

---

88 德格版，經，經典，ཇ卷，第三品，7背頁；對勘本版，書號49，16頁。漢譯來源：唐玄奘大師譯《解深密經》（T.16.676.690b.24）。

89 德格版，經，經典，ཇ卷，第三品，8正頁；對勘本版，書號49，18頁。漢譯來源：唐玄奘大師譯《解深密經》（T.16.676.690c.18）。

90 德格版，經，經典，ཇ卷，第三品，8背頁；對勘本版，書號49，19頁。漢譯來源：唐玄奘大師譯《解深密經》（T.16.676.691a.3）。

經說，若二諦是體性異，將有「瓶等世俗法上的空性並非瓶等的眞實義」之過。

二諦是體性異的第四過，如《解深密經．善清淨慧品》所云：

「又應俱時別相成立，謂雜染相及清淨相。」[91]

經說二諦的體性若是異，將有「佛必須同時見世俗諦與勝義諦是體性異」之過。簡單概述前述內容：如果色等有法的眞實義勝義諦，與色等有法是體性異時，將有四過。一、如證知山中有火的心識不能傷害增益海中有火的執著，同樣地，證知色之法性的心識將不能傷害色的眞實執著。二、如瓶子並非氈氆的眞相，同樣地，「色非諦實有」之空將不會成爲色法的眞相。三、如瓶子並非氈氆的眞實義，同樣地，於色法上破除諦實有戲論的唯遮，將不會成爲色法的眞實義。四、見色是有爲法的同時，又能另見色是無爲法，同樣地，應成「見眞實義的佛在見色法是諦實有的同時，也能另見色法非諦實有」。

若許二諦返體是一，將有四過。二諦返體是一的第一過，如《解深密經．善清淨慧品》所云：

「善清淨慧！若勝義諦相與諸行相都無異者：應於今時

91　德格版，經，經典，ཅ།卷，第三品，8背頁；對勘本版，書號49，19頁。漢譯來源：唐玄奘大師譯《解深密經》（T.16.676.691a.4）。

一切異生皆已見諦；又諸異生皆應已得無上方便安隱涅槃。」[92]

經說，若二諦的返體非異，正如瓶等世俗法可被凡夫現識所見，勝義諦也能被凡夫現識所見。如此一來，將有「凡夫無須精進仍可解脫」之過。

二諦返體是一的第二過，如《解深密經．善清淨慧品》所云：

「善清淨慧！若勝義諦相與諸行相都無異者，如諸行相墮雜染相，此勝義諦相亦應如是墮雜染相。」[93]

經說，若二諦的返體非異，正如貪等煩惱會因緣瓶等世俗法所生，緣世俗法上的勝義諦空性也將生起貪等煩惱。

二諦返體是一的第三過，如《解深密經．善清淨慧品》所云：

「修觀行者於諸行中，如其所見、如其所聞、如其所覺、如其所知，不應後時更求勝義。」[94]

92 德格版，經，經典，ཅ卷，第三品，7正頁；對勘本版，書號49，16頁。漢譯來源：唐玄奘大師譯《解深密經》（T.16.676.690b.20）。

93 德格版，經，經典，ཅ卷，第三品，8正頁；對勘本版，書號49，18頁。漢譯來源：唐玄奘大師譯《解深密經》（T.16.676.690c.15）。

94 德格版，經，經典，ཅ卷，第三品，8正頁；對勘本版，書號49，19頁。漢譯來源：唐玄奘大師譯《解深密經》（T.16.676.690c.29）。

經說，瑜伽師不須爲能以現識見瓶等世俗法而精進，同樣地，將有「爲以現識見世俗法上的勝義法空性，瑜伽師也不須精進」之過。

二諦返體是一的第四過，如《解深密經．善清淨慧品》所云：

「善清淨慧！若勝義諦相與諸行相都無異者，如勝義諦相於諸行相無有差別，一切行相亦應如是無有差別。」[95]

經說，若二諦的返體是一，如於勝義諦中無青、黃、形狀等差異般，有爲法也將無這類差異。簡單歸納前述內容：如色等有法的眞實義勝義諦與其色等有法的返體是一，將有四過。一、如凡夫現證色法般，應成「凡夫也能現證色法的眞相」，色與色之法性返體是一故，如瓶與瓶色。二、如緣色法而生煩惱般，應成「緣色之法性亦生煩惱」，色與色之眞相返體是一故，如緣悅意色之貪。三、如凡夫不須爲見色法而精進，自然可見色法般，應成「瑜伽師不須爲證色法眞相而精進」，色與色之眞相返體是一故。四、於色法眞相中並無不同類別，同樣地，於色法中也應成無不同類別，色與色之眞相返體是一故，如瓶柱兩者的法性皆是一味、唯遮而已。

95 德格版，經，經典，ཅ卷，第三品，8正頁；對勘本版，書號49，18頁。漢譯來源：唐玄奘大師譯《解深密經》（T.16.676.690c.26）。

總而言之，阿闍黎龍樹及其追隨者們表示，二諦的差異是基於一法上的觀名言識與觀眞實義識的所獲義而分。實際上，不成立二諦是體性異。阿闍黎龍樹的《七十空性論》云：

「勝義唯如是……」[96]

如論所云，「內外諸法非諦實有」的空性是勝義、眞實義。《六十頌如理論》亦云：

「唯涅槃諦實……」[97]

論說，唯有自性涅槃之空性承許爲勝義諦。

乙三、異門勝義與非異門勝義的差別

如前已述，宗義論師們致力述說二諦時，說世俗諦是所見諸法的盡所有性，勝義諦是諸法的如所有性、眞實義、皆是一味的眞相。就勝義諦的體性而言，不見諸論師們於其中有不同分類，然而，中觀自續派的大阿闍黎清辨、慧心要、寂護三師，於著作中提及了異門勝義與非異門勝義，即建立是否符合

96 德格版，論，中觀，ཙ卷，第68句偈頌文，16背頁；對勘本版，書號57，71頁。漢譯來源：法尊法師譯《七十空性論》。

97 德格版，論，中觀，ཙ卷，第36句偈頌文，21背頁；對勘本版，書號57，54頁。漢譯來源：蔣揚仁欽博士譯《六十頌如理論》。

眞正勝義的類別。藏譯中觀論釋裡，就分類目的、一一分支的性質爲何等，提出了不同的說法。在此先介紹三位論師的著作，其中清楚記載了勝義二分法的內容。阿闍黎清辨《中觀心要論》的自釋《思擇焰論》云：

「勝義謂遠離一切識，事物性之遮是文字境故，豈能有遮？答：勝義有二相，初者謂相應無為、出世間、無漏、無戲論也。次者謂相應有為、相順福慧資糧、世間智、具戲論也。」[98]

阿闍黎清辨的《攝中論義》[99]云：

「勝義離戲論，彼亦有二相，異門勝義及，非異門勝義。前者亦有二，理異門勝義，遮生之勝義。四邊生滅等，彼四因相理；所見諸事物，是遮生勝義。諸戲論皆空，應知此即是，非異門勝義。」[100]

遠離戲論的勝義諦分二，異門勝義與非異門勝義。異門勝義又分二，即「理異門勝義」與「遮生之勝義」。所有戲論之

98 德格版，論，中觀，ཛ།卷，第三品，60背頁；對勘本版，書號58，152頁。漢譯大藏經內並無此譯。

99 དབུ་མའི་དོན་བསྡུས་པ།。

100 德格版，論，中觀，ཛ།卷，第2-6句偈頌文，329背頁；對勘本版，書號58，852頁。漢譯大藏經內並無此譯。

空就是非異門勝義。阿闍黎慧心要的《中觀分別二諦文》云：

「雖遮生等法，不顛倒故許。所遮非有故，不遮於勝義。遮遍計己性，豈成非施設？故於世俗有，不於勝義有。勝義無二邊，彼離諸戲論。文殊問勝義，無垢稱默然。」[101]

諸勝義生之遮亦相順不顛倒智，許爲勝義。無任何所遮是諦實有故，彼遮非事物本身亦不成立於勝義之中，不言而喻。[102]遍計性之遮豈能成爲非施設的勝義有？所以，彼遮是世俗有，非無倒勝義有。如是無生是不顛倒勝義諦，遠離諦實有之生、無生等所有戲論，非勝義有。阿闍黎寂護的《中觀莊嚴論》云：

「故於無倒中，非有諸事物。故諸如來說，一切法不生。相順於勝義，故稱為勝義，即於無倒中，離諸戲論聚。」[103]

《中觀莊嚴論自釋》亦於此時補充云：

101 德格版，論，中觀，སི卷，第9-11句偈頌文，2正頁；對勘本版，書號62，756頁。漢譯大藏經內並無此譯。

102 譯者註：如唯識認為，圓成實的所遮遍計所執非諦實有，可是遍計所執之遮，這種非事物、無為法、圓成實卻是諦實有。中觀師說，所執非諦實有，其遮也必定非諦實有。

103 德格版，論，中觀，སི卷，第69-70句偈頌文，55背頁；對勘本版，書號62，901頁。漢譯大藏經內並無此譯。

「無生等雖列入正世俗內……勝義謂斷除一切事物、非事物、生、不生、空、不空等戲論之網。無生等相應且相順彼故，名『勝義』。」[104]

研究前引中觀典籍的意趣時，了知中觀派為何要區分勝義諦與勝義有的差異，極為重要。以諸法的法性為例，空性是勝義諦卻不是勝義有，空性不是世俗諦卻是世俗有，必須確立這種細微差異。

引用前述的中觀典籍後，某些西藏的中觀注釋，就勝義的體性分二類勝義：一、假立勝義，如破勝義生的空性，這並非真正的勝義。二、真正勝義，即遠離一切戲論、不可說為有或無、非識之所證；真正的勝義只會被聖者的根本定之各自證所現證，只會成為彼慧的覺受行境。然而，根據宗喀巴大師的解釋，如是勝義類別不應以勝義本身的體性而畫分，應以具境的角度而區分。像現證法性、遠離一切戲論的聖者智，就是「非異門勝義的具境」；聖者依義總而證法性的後得智，及依破四邊生等理由而證法性的思所生理智等，雖未遠離一切戲論，卻是相順聖者智，故是「異門勝義的具境」。同理，以聖者智所見的角度而言，法性空性是「非異門勝義之境」，以比度而證

104 德格版，論，中觀，ས卷，73正頁；對勘本版，書號122，947頁。漢譯大藏經內並無此譯。

的思所生理智的角度而言，卻必須是「異門勝義」。[105]

一一研究前述三位自續阿闍黎的著作很重要。像阿闍黎清辨的《思擇焰論》拋出一個疑惑，即對方問中觀師，如果無勝義生的空性是依理所證的話，難道這不與「勝義遠離一切聲與分別的戲論」的經文相違嗎？《思擇焰論》清楚分析回覆說，勝義諦的「勝義」分二。若是指遠離一切戲論的勝義，其意趣關乎聖者的無漏智。[106]顯而易見，《攝中論義》與《思擇焰論》所言相同。

我等認爲，阿闍黎慧心要《中觀分別二諦文》的主要內容是，否定瑜伽行派的「圓成實是勝義有」的說法。無勝義生相順無顚倒智，故許爲「勝義」，然而，無勝義生本身並非勝義有[107]，故是世俗有。不成立瑜伽行派說的「依他起非遍計執的圓成實是勝義有」，因爲所遮遍計執不是諦實有，遮彼的圓成實爲勝義有不合理，應遠離勝義有的生、無生等一切戲論。

105 《菩提道次第略論》（塔爾寺版，宗喀巴大師文集，ཕ།卷，204背頁；譯者註：法尊法師譯的《菩提道次第略論．止觀章》云：「理智有二，謂聖根本無分別智，與依正因量度真實之有分別理智等。《分別熾然論》說勝義中有無分別智與隨順慧二種之意趣，與《中觀明論》說二種勝義之意趣相同。故解二種勝義，不約心說，唯約境勝義說，非是論義。」還有，蒙古語自在吉祥的《二諦精髓吉祥歌》（文集，ཀ།卷，79正頁）等也是這麼說明。

106 德格版，論，中觀，ཛ།卷，第2-6句偈頌文，329背頁；對勘本版，書號58，852頁。譯者註：相關內容源於阿闍黎清辨的《攝中論義》，漢譯大藏經內並無此譯。

107 譯者註：諦實有、真實有、勝義有同義。

《說無垢稱經》[108]中，妙吉祥向菩薩無垢稱問：「何爲無二性？」菩薩無垢稱保持默然無說。對此案例[109]進行探究，可發現唯識所說「圓成實是勝義有」不應理。因此，遮勝義生之空是勝義諦，卻是名言有、世俗有的差異確實存在。

阿闍黎寂護的《中觀莊嚴論》說，無任何一物是眞實有或勝義有，故而佛說諸法不生。勝義有的不生與勝義相順，故許爲勝義諦，因爲佛所說的眞實義是要遠離生與不生的一切戲論。我等認爲，這點是阿闍黎清辨的《思擇焰論》、阿闍黎慧心要的《中觀分別二諦文》及其自釋，以及阿闍黎寂護的《中觀莊嚴論》，三論共同的意趣。

如果是基於勝義的體性而區分是否爲異門勝義，將與「勝義諦、眞實義都是一味」、「於諸法如所有性的眞相中並無分類差異」極不相符。阿闍黎龍樹的《六十頌如理論》亦云：

「若諸佛宣說，唯涅槃諦實……」[110]

如此一來，與佛所說唯獨自性空、自性涅槃是眞諦，豈不

---

108 དྲི་མེད་གྲགས་པའི་མདོ། 。

109 德格版，經，經典，མ།卷，220背頁；對勘本版，書號60，569頁。譯者註：唐玄奘大師譯《說無垢稱經》（T.14.476.578c.20）：「妙吉祥復問菩薩無垢稱言：『我等隨意各別說已，仁者當說，云何菩薩名為悟入不二法門？』時無垢稱默然無說。」

110 德格版，論，中觀，ཙ།卷，第36句偈頌文，21背頁；對勘本版，書號57，54頁。漢譯來源：蔣揚仁欽博士譯《六十頌如理論》。

相違？如果否定勝義生的空性是假立勝義、非勝義諦，這樣一來，空性將成世俗諦，將成觀察名言量的所獲義。不僅如此，還有應成「破除四生的理由無關勝義的觀察」之過，或應成「有三諦：世俗諦、異門勝義、非異門勝義，而三諦中的第二者異門勝義並非世俗諦與勝義諦任一」的過失，以及將違前引「《父子合集經》說所知決定為二」的經義之過等等，有諸多矛盾。所以我等認為，並非基於勝義體性而區分是否為異門勝義。

整體來說，中觀師異口同聲宣稱，聲與分別心無法如實趨入行境勝義諦。應清楚知道中觀始祖聖者龍樹，以及中觀應成派的阿闍黎佛護、吉祥月稱、佛子寂天等人的著作中，並無出現關於勝義的眞假之分，或是異門與非異門之分。在了知中觀派如何建立二諦論述時的一項重要難處是，彼等論師不這麼區分，而清辨等三位阿闍黎卻以將勝義分為二相為其關鍵。

勝義諦在各式各樣的有法上，皆是唯遮、一味，不像世俗等法存在著種種類別。即便唯識與中觀的所遮有著粗細不同的差異，但基於林林總總世俗空依有法的目的，形成了多種勝義的分類法，這是唯識學者與中觀學者所共許的。此處依據幾部中觀與般若的著作，列舉勝義的多種分類，並先說十八空性的分類。《大般若波羅蜜多經．憍尸迦品》云：

「般若波羅蜜多，謂十八空相。如是，內空、外空、內

外空、空空、大空、勝義空、有為空、無為空、畢竟空、無際空、無散空、本性空、一切法空、自相空、不可得空、非事物空、自性空、非事物自性空，總之，此空相謂般若波羅蜜多。」[111]

阿闍黎獅子賢的《現觀莊嚴論疏——明義釋》明確說到二十空性的分類。論云：

「智慧資糧有內、外、內外二俱、空、大、勝義、有為、無為、畢竟、無際、無散、本性、一切法、自相、不可得、非事物自性、事物、非事物、自性、他性空等差別，故有二十。」[112]

阿闍黎月稱的《入中論》及其自釋，以略、中、廣三種形式說明勝義分類法。先說略者，即人無我與法無我兩類。《入中論》云：

111 德格版，經，各式般若，ཀ卷，143正頁；對勘本版，書號89，77頁。藏譯與漢譯稍有不同。漢譯原文：唐玄奘大師譯《大般若波羅蜜多經》（T.5.220.439c.16）：「憍尸迦！內空內空性空，外空、內外空、空空、大空、勝義空、有為空、無為空、畢竟空、無際空、散空、無變異空、本性空、自相空、共相空、一切法空、不可得空、無性空、自性空、無性自性空外空乃至無性自性空性空，菩薩摩訶薩菩薩摩訶薩性空……菩薩摩訶薩於般若波羅蜜多應如是住。」

112 德格版，論，般若，ཤ卷，第一品，91背頁；對勘本版，書號52，236頁。漢譯大藏經內並無此譯。

「無我為度生，由人法分二。」[113]

廣者是十六空性。一、內空：空依有法爲內在眼等六法，彼之空性。二、外空：外在色法等六境之空性。三、內外空：不是由根所攝的外，卻是由相續所攝的內，是根之所依[114]，彼之空性。四、空空：空性本身的空性。五、大空：如東方等遍佈一切情器世間的十方之空性。六、勝義空：至上殊勝義或是至上殊勝之目的實爲涅槃，彼之空性。七、有爲空：依因緣而生的有爲法之空性。八、無爲空：不依因緣而生的無爲法之空性。九、畢竟空：遠離畢竟常、畢竟斷之空性。十、無際空：無始際亦無終際的輪迴之空性。十一、無散空：於任何時空都不能離散的是大乘，彼之空性。十二、本性空：有爲法的法性或本性之空性。十三、一切法空：十八界的空性。十四、自相空：諸色法體性的共相以及象徵其特徵的性相之空性。十五、不可得空：現在際於自時起不可得，過去際是已滅故不可得，未來際是未生故不可得，是三時之空性。十六、非事物空：否定諸事物是以自性有而待因緣生，即非事物，彼之空性。《入中論釋》云：

113 德格版，論，中觀，འ།卷，第六品，第179句偈頌文，213正頁；對勘本版，書號60，539頁。漢譯來源：法尊法師譯《入中論》。

114 譯者註：如眼根所依是晶狀體、玻璃體、房水等。經論說：「眼根所依，如胡麻花形之淨色。」

「『佛復依所化，分別說多種。』由所化眾生有種種意樂，即此二種無我。佛復分別演說多種。頌曰：『如是廣宣說，十六空性已，復略說為四，亦許是大乘。』經云：『復次善現！菩薩摩訶薩，大乘相者，謂內空、外空、內外空、空空、大空、勝義空、有為空、無為空、畢竟空、無際空、無散空、本性空、一切法空、自相空、不可得空、無性自性空』。」[115]

十六空性中，空空與本性空兩者的空依有法雖同樣是空性本身，由於目的不同，故無重述之過。爲斷「以是證內外諸法的空性、勝義之理智所證，應是諦實有」之執而說前者；爲斷「空性不是由誰造作，是本有的法性，應是諦實有」之執而說後者，故無重述之過。

關於中者分類法。十六空性可略攝爲四空：一、有性空：事物五蘊之空性。二、無性空：非事物、無爲法之空性。三、自性空：非由證空識所新造，是諸法眞相、自性之空性。四、他性空：他性爲諸法的至上眞實義，彼之空性。《入中論釋》云：

「如是廣說十六空已。又云：『復次善現！有性由有性空，無性由無性空，自性由自性空，他性由他性空』。

115 德格版，論，中觀，འ།卷，第六品，313正頁；對勘本版，書號60，825頁。漢譯來源：法尊法師譯《入中論釋》。

復說四空，又說此諸空性名為大乘。」[116]

他性空的反方意味著自性空，又稱「自體性的空性」。四空中的自體性或自性空，以及他性空，彼二的空依有法雖然同樣都是空性，然而爲斷「以是法性或事物究竟眞相，本性應是諦實有」之執而說前者；爲斷「若說法性是常有、是無妄念智的所知，應是諦實有」之執而說後者。目的有異故，無重述之過。

乙四、如何區分正倒二世俗

世俗分正世俗與倒世俗兩類，是有關二諦論述中的另一個關鍵處。阿闍黎龍樹的著作裡，未見有世俗分正倒世俗兩者的詮釋，而阿闍黎清辨的《中觀心要論》及其自釋《思擇焰論》亦皆僅說，世俗諦是攀登無倒眞實義殿堂的階梯，不可或缺。如《思擇焰論》在解釋世俗時，認定名言量的成立義是世俗諦，未說世俗諦有正倒之分。論云：

「世俗謂區分色等諸事物之義，是無倒世間名言，彼為真諦，是遍於一切所立之量故。」[117]

116 德格版，論，中觀，འ།卷，第六品，313背頁；對勘本版，書號60，826頁。漢譯來源：法尊法師譯《入中論釋》。

117 德格版，論，中觀，ཛ།卷，第三品，56背頁；對勘本版，書號58，142頁。漢譯大藏經內並無此譯。

我等認爲，最早出現世俗諦有正倒之分的典籍是阿闍黎慧心要的《中觀分別二諦文》。此論在闡釋世俗諦的性質後，又說了世俗諦的分類。論云：

「見盡所有性，唯此是世俗……如似所顯見，作義非作義，故分正與倒，世俗之分類。」[118]

彼論非常清楚指出，基於是否符合執爾識的所見能作義與非能作義，世俗諦中分正世俗與倒世俗二。《中觀分別二諦文自釋》於此時又行補充。論云：

「心識同為具明者，如其所見作義是否欺誑之決定，世間中知是正或倒，是水或陽焰；實際上，彼二同是唯無體性。無體性故，唯依共許為何，是否欺誑於作義、是否如所見而住。」[119]

論依序立兩種所見而且舉正倒二世俗的事例。不僅執水眼識見水，執陽焰是水的眼識也見陽焰是水。前者是如其識所見的水，實際也具水的作用；後者是倒世俗，因爲其識雖見水，其境卻不具水的作用。然而，於勝義中，彼二體性皆空，並無差異。

118 德格版，論，中觀，ས།卷，第12句偈頌文，2正頁；對勘本版，書號62，756頁。漢譯大藏經內並無此譯。

119 德格版，論，中觀，ས།卷，6背頁；對勘本版，書號122，769頁。漢譯大藏經內並無此譯。

水是正世俗，且如執水現識所見般確實具有水的作用，可是水於觀察勝義的理智觀察時，不能被理智所堪忍。《中觀分別二諦文》云：

「如所見體性，不相應觀察。」[120]

阿闍黎慧心要的《中觀分別二諦文》一一安立正倒世俗二法的性質。正世俗的性質：猶如明見爾名言識之所顯般，爾於世間共許中也是不顛倒之法。事例有水和火等。倒世俗的性質：如明見爾名言識之所顯般，爾於世間共許中卻是顛倒境。事例如影像、陽焰、回音。正世俗一定是世俗諦，倒世俗不一定是世俗諦，像空華等只是倒世俗，不是世俗諦。[121]《中觀分別二諦文自釋》表示，正世俗是意味著去除顛倒增益之義。論云：

「遍計境乃諸勝義生、識顯、共主相、大種所造遍成等，是彼等之空，一切唯事物皆如現具能力作義故。應知待諸因緣所生是正世俗諦。如是相順愚識，且是待因所現一切義，應理是正世俗，相順與識所見而住之事物故。」[122]

120 德格版，論，中觀，ས།卷，第21句偈頌文，2背頁；對勘本版，書號62，757頁。漢譯大藏經內並無此譯。

121 譯者註：世俗諦一定是所知，空華不是所知，故說倒世俗不一定是世俗諦。

122 德格版，論，中觀，ས།卷，5背頁；對勘本版，書號62，766頁。漢譯大藏經內並無此譯。

論說，勝義有的生、唯識派主張的「識是諦實有」、數論派的共主相、順世派所許的大種所造而成的心識等，皆是因宗義的因素而有的顛倒增益，是倒世俗。

同阿闍黎慧心要的觀點，阿闍黎寂護父子也認爲世俗分正倒二類。阿闍黎寂護父子自宗的建立名言之理與瑜伽行派相同，都是破外境有。由於這個關鍵，以水爲例，執爾現識雖見水是外境有，實爲外境無，故不承許「成立執水識所見般的具能力作義」，故用另一稍微不同的角度安置正倒世俗的性質。瑜伽行中觀自續派說，正世俗的性質是：顯現於明見爾法的名言識，且於世間共許中是不顛倒境。反之，倒世俗的性質是：顯現於明見爾法的名言識，且於世間共許中是顛倒境。

根據前三位中觀師的著作，主要的世俗、作義的正世俗具有三種特徵：一、觀待生或是生滅者。二、具能力作義。三、不成立被觀察的理智所堪忍。對此義，阿闍黎寂護的《中觀莊嚴論》也非常清楚地指出。論云：

> **「僅不觀愉悅、生及滅有法、具能力作義，知是世俗性。」**[123]

不被觀察究竟的理智所堪忍；「僅」存於「不觀」察的名

123 德格版，論，中觀，ས།卷，第64句偈頌文，55背頁；對勘本版，書號62，901頁。漢譯大藏經內並無此譯。

言識中，隨喜好而被安立爲取捨之處，故是「愉悅」。隨其因而前無新有的「生」，以「及」不住於第二剎那的「滅」之「有法」。「具能力作義」而生其後果。以具足彼等特徵的緣故，「是有卻非勝義有」的屬性者則是所知世俗。

吉祥月稱以及追隨其師的中觀應成派的論師們表示，我等凡夫相續中的一切心識都是錯亂識，諸世俗法不像表相般地成立、不如表相般具足能力作義，所以從世俗本身的體性而言不分正倒差異，卻可從世間識的角度分如水的正世俗及如陽焰的倒世俗，故說正倒世俗的差異。吉祥月稱的《入中論》明釋其義。論云：

「妄見亦許有二種，謂明利根有患根。有患諸根所生識，待善根識許為倒。」[124]

依世間識的正世俗之性質：不思惟眞實義的世間者無法將爾成立爲顚倒性。依世間識的正世俗有二，即不受暫時錯亂因所染的依六根之識及其境。像執色眼識就是依世間識的正具境，而色則是依世間識的正境。《入中論釋》云：

「明利根，謂無眩翳未害黃眼等症，及如是無倒而取外

124 德格版，論，中觀，འ卷，第六品，第24句偈頌文，205正頁；對勘本版，書號60，564頁。漢譯來源：法尊法師譯《入中論》。

境[125]……以是諸根若無上說障緣，則六根所取義，皆是世間所通達，觀待世間說名真實，非觀待聖者。」[126]

依世間識的倒世俗之性質：不思惟眞實義的世間者能將爾成立爲顚倒性。依世間識的倒世俗有二，即受暫時錯亂因所染的依六根之識及其境。如見青色雪山的根識就是依世間識的倒具境，面容影像則是依世間識的倒境。《入中論釋》云：

「有患諸根之識，觀待無患善根諸識，許為顛倒識[127]……影像等有患諸根所見之境，即觀待世間亦是顛倒。」[128]

依世間識雖分正倒世俗，其差異不意味著世俗法是自性有，因爲正或倒、眞實或虛假的標準只是建立在世間的名言識上，而世間名言識則是見虛幻之識或錯亂識。依世間識的正世俗僅於此類識中爲實、爲正，實際上不一定要安立爲正。阿闍

125 德格版，論，中觀，འ卷，第六品，253背頁；對勘本版，書號60，681頁。漢譯來源：法尊法師譯《入中論釋》。

126 德格版，論，中觀，འ卷，第六品，254正頁；對勘本版，書號60，682頁。漢譯來源：法尊法師譯《入中論釋》。

127 德格版，論，中觀，འ卷，第六品，253背頁；對勘本版，書號60，681頁。漢譯來源：法尊法師譯《入中論釋》。

128 德格版，論，中觀，འ卷，第六品，254正頁；對勘本版，書號60，682頁。漢譯來源：法尊法師譯《入中論釋》。

黎佛護在《中觀根本論釋．佛護論》依喻而明示其義。論云：

> **「譬如：兩人因某事而赴城，於寺廟中見到壁畫。此時，某人說：『凡是手持三叉戟者應為無愛子；凡是手持利輪者應為大自在。』另一者駁道：『你說顛倒了。手持三叉戟者是大自在；手持利輪者才是無愛子。』有尊遍行於彼二人的諍論處旁，（二人）便向前禮敬彼，並稟告各自的想法。此尊（未）對某人回覆『你所言皆實』，也（未）對另一者說『非實』，彼遍行卻說：『這些只是壁畫，其中根本沒有大自在及無愛子。』雖如是，但由世間名言之力，說『此是真實、此非真實』……」**[129]

諍論壁畫中的手持三叉戟者到底是大自在或是無愛子時，實際上彼是壁畫，但隨世間名言，可區分眞假之詞，令其表述不假。同樣地，中觀師認爲，在觀待世間識後，區分水與陽焰的正倒二別的同時，應知可避免「水應成眞實有、勝義有」之過。

總之，應成派的論師表示，名言上諸法自性皆無。所以，幻馬與眞馬在觀察勝義理智中同爲非眞實有，於理智中不分彼二的眞假。然而，隨世間名言合理安立眞假之詞。否則所有名

---

129 德格版，論，中觀，ཙ།卷，第十八品，第18句偈頌文，244背頁；對勘本版，書號57，653頁。漢譯來源：蔣揚仁欽博士譯《中觀根本論釋．佛護論》，18頁。

言論述將有錯誤之過。吉祥月稱只依世間識區分正倒世俗，又依世間識將正倒世俗分爲境與具境兩者。我等認爲，阿闍黎清辨等另一派的中觀自續師，因於承許名言中有自相之關鍵而表示，正世俗雖周遍具境，可是如影像、陽焰等倒世俗只侷限於境上。

乙五、心識證知二諦的順序

既然諸法眞相分世俗諦與勝義諦二，那麼，尋找眞相的士夫依識趨入二諦的順序又是什麼呢？如前述引用的《中觀根本慧論》所言，論云：

「不依名言故，不能示勝義，不知勝義故，不能得涅槃。」[130]

阿闍黎清辨的《中觀心要論》也說相同的內容。論云：

「正世俗之梯，若無則不登，無倒正殿堂，不能成學者。躍登殿堂頂，須待不可無，正世俗之梯，依此立彼故。」[131]

130 德格版，論，中觀，ཙ卷，第二十四品，第10句偈頌文，15正頁；對勘本版，書號57，36頁。漢譯來源：蔣揚仁欽博士譯《中觀根本慧論》。鳩摩羅什大師翻譯的《中觀根本慧論》與藏譯稍有不同，鳩摩羅什大師譯文為（T.30.1564.33a.2）：「若不依俗諦，不得第一義，不得第一義，則不得涅槃。」

131 德格版，論，中觀，ཛ卷，第三品，第12-13句偈頌文，4正頁；對勘本版，書號58，9頁。漢譯大藏經內並無此譯。

吉祥月稱的《入中論》亦云：

「由名言諦為方便，勝義諦是方便生。」[132]

誠如許多中觀典籍所說，不依世俗諦或名言諦的基礎，無法趨入勝義諦，初學者更是如此。例如，由離一離異、破生滅四邊等中觀理路而抉擇無勝義生的眞實義時，抉擇法性、空性的所依有法，先要以識取得，即內法薩迦耶見的所緣之我，或如苗等的外法。離一離異等因相，必須在這個基礎上建立。同樣地，決定「若非諦實一與諦實異任一，定無諦實有」的周遍臻至究竟時，定會抉擇彼有法非諦實生。因此，若不以識取得任一的名言義，是無法決定勝義諦。

話雖如此，成立如苗等法是世俗諦前，必須成立彼有法非諦實有，才能於苗上決定勝義諦。換言之，成立某有法是世俗諦時，等於要決定此法是假所知、欺誑境；尚未破除彼法是眞實有，自然不能成立彼法是假有。[133]

中觀典籍廣泛專研二諦論述，進而詮釋二諦的一一性質，尤其是勝義諦非聲與分別心的行境，同時又說不知勝義諦則不

132 德格版，論，中觀，འ卷，第六品，第80句偈頌文，208正頁；對勘本版，書號60，528頁。漢譯來源：法尊法師譯《入中論》。

133 譯者註：簡單來說，此章節所說的順序如下：先得依如瓶、水等世俗諦（此時仍不知瓶、水是世俗諦），再破彼法的真實有（此時以比度證空性），最後才得知彼法是世俗諦。

可能解脫，以及要知勝義諦，就得依賴世俗諦或名言諦之知等，詞面上似有多異。[134]不僅如此，眞諦只能是自性涅槃、眞實有之空的空性，而世俗諦是見虛幻識的所獲義，故說世俗諦是倒眞相，[135]即依世間識而分幻馬與眞馬的眞假之別，這些都得依賴世間名言方可安立等等，彷彿在用詞上也有矛盾。我等認爲，這些都是關乎二諦的諸多難處，必須以細微的理路方可剖析。以上只是略說，若要仔細了解，還得依賴聖域印度中觀大師們的著作方可釐清。

134 譯者註：直譯是「詞面上有多異」。以「勝義諦非聲與分別心的行境的同時，又說不知勝義諦則不可能解脫」為例，詞面上看似矛盾，實際上卻不矛盾。為能使讀者們更好理解，譯者決定多加「似」字。

135 譯者註：另一個看似的矛盾點是，明明說著真諦只能是空性，卻又使用「世俗諦」的「諦」字，也是另一個詞面上看似矛盾，實際上卻不矛盾的例子。

第五品
觀察我與無我

甲一、總說

聖域印度的內外宗義師們一致主張，既有造業者又有苦樂的領納者，就得安立其所依的補特伽羅。那麼，補特伽羅與身心蘊是體性異？還是蘊之體性？還是得安立無關前二選項的另一者？內外道各派對於此題的立場不同。主張常法的外道認爲，我要具備三種特徵：一、非生滅故常。二、無分故爲一。三、不待他故是自主。蘊體則不同，因爲蘊體是無常性、多異性、待他的隨他轉性。

非佛外道主張，我與蘊的體性爲異，但佛教論師則依多理破除常、一、自主的我，故是無我，進而安立觀待蘊體而被施設爲補特伽羅的性質。這正是爲何聖域印度早在很久以前，稱佛教宗義爲「說無我宗義」，且稱非佛外道宗義爲「說我宗義」的原因。從此形成了依有我或無我區分內外道兩派宗義差異的重要傳統。

如數論派與勝論派等外道宗義，各有「我的性質爲何」的不共說法，以下將會對此一一解說。整體而言，外道針對我的共通主張，就是此章節前段解說的三種特徵。我等認爲，憶念是外道成立我是常的主要原因。如阿闍黎月稱的《四百論釋》云：

「我唯常，憶念（前）生故。生即壞性之行法憶念他世，不應理。他世之行法，於何（世）生將於彼（世）滅，而此（世之行）僅生於另一（世）。是故，我已滅時，生於此生或彼生之憶念，將不應理。我若是常，從此世轉移他世之隨後憶念，方可合理。」[1]

前世蘊已滅，此生蘊新生。如果不成立體性爲異的我是常，前世記憶將不應理。常法之我也是無分的單一性。如阿闍黎清辨的《般若燈論釋》在破士夫爲因的觀點時，論云：

「若有說言，我所立義，唯是一我，如一虛空瓶等分別，皆是其假，假故無量。為此義故，譬喻無體，驗破不成，立義無過故。」[2]

論中清楚指出對方觀點：瓶內虛空與房內虛空等，只是隨其所依的差異而被設定爲「是此之虛空、彼之虛空」而已，實爲非異。同樣地，天授之我與供施之我等也是無分一性。如是論述，既無比喻能成立反方，自然非有能破之因相，更無與自宗相違之過。

1 德格版，論，中觀，ཡ། 卷，第十品，161背頁；對勘本版，書號60，1315頁。漢譯大藏經內並無此譯。

2 德格版，論，中觀，ཙ། 卷，第十四品，134背頁；對勘本版，書號57，922頁。漢譯來源：唐波羅頗蜜多羅譯《般若燈論釋》（T.30.1566.54a.16）。

常、無分、自主性質的我與蘊體的體性相異。如果不持此立場，就得反問：令身體移動、手足屈伸的作者是誰？像車子行駛需要駕駛員，沒有駕駛者時車子不會移動。同樣地，移動身體的作者，也必須是內在、與蘊體的體性相異的士夫，這點必須承認。如阿闍黎月稱的《四百論釋》指出對方的觀點云：

「我若非以自性而有，身行伸屈等之作者為何？無駕馭者則不能移馬車，故無疑該有如馬車駕馭者的天授，承許令身移動之內在作者。」[3]

總之，古老的非佛外道認爲，如果沒有善惡的造業者及其果的領納者，已造的業將會失壞，而身心蘊是生滅性故，是我不應理。故依諸多理由主張，我是與蘊體的體質相異的作者。

問：那麼，業果所依的我到底有沒有開始呢？主張由世間造物主直接造物的派系表示，我是有開始的。否定世間造物主、主張情器世間僅是源於其因緣的派系，像是佛教則說，我是觀待蘊體而被施設的緣故，基於蘊體的有無開始，才能安立我是否有開始。

如《佛法科學總集．下冊》的「總說具境——心——的性質」已述，在補特伽羅的五蘊中，以主要的識蘊爲例，非色法

3 德格版，論，中觀，ཡ卷，第十品，160背頁；對勘本版，書號60，1313頁。漢譯大藏經內並無此譯。

的心識無形無色，只是內在的領納性而已。這種唯領納性的心識近取因，必須與心識同類才行，故心識的近取因是色法的極微塵不應理。心識裡面，尤其是意識中的細微意識，若要追溯其續流中的前前識，將是無始際。因爲無法成立心識的開始，觀待心識而施設的我，自然也無法成立其開始。

我有沒有開始或止盡呢？古老聖域印度宗義師們對此的主張皆有不同。外道順世派與佛教毘婆沙部等人說我有止盡。多數的大乘宗義論師們則認爲，心識是無始無終，所以我也是無始亦無終。

甲二、非佛宗師如何主張我

乙一、數論派如何主張覺知士夫之我

如《佛法哲學總集・上冊》的「釋數論派宗義」中已述，古老非佛外道的迦毘羅派或稱「數論派」的宗義師們，建立了二十五諦法的論述。二十五諦法中的覺知士夫之我，不具備羅闍、多摩、薩埵三性相，且是無爲、非自性與變異的因果、絕無變化的常、是受用共主相所生變異的食者、住於明觀性等，是擁有彼等特徵的常事物。數論派主張，我、士夫、覺、明是同義。阿闍黎清辨也說覺知士夫之我的性質，如《思擇焰論》云：

「我不異於覺，是不生、常、無為、食者、主相、周遍、無作，且是異於具三德的不生有法，以近獲緣而生覺，不具薩埵等性相，故為非德。無作為，故是不生有法。行故，是具境。不生亦不衰，故是常。異於自性與變異，故非因。是一故，離支分。無始亦無終，故無際。彼等乃士夫之性相也。」[4]

我不異於覺且擁有下述特徵：是不生、常、無爲、食者、主相、周遍、無作、非德、不生有法、具境、非融入性[5]故非標誌、離支分、無邊際等。阿闍黎清辨的《般若燈論釋》亦云：

「復有僧佉人言：有如是我。云何有耶？因果之外別有於我，然非作者，是受食者，是淨是遍，是不變亦有心。」[6]

我是受用變異之果的食者，並非任何因果，也非變異之果

4 德格版，論，中觀，ཛ།卷，第六品，229背頁；對勘本版，書號58，558頁。漢譯大藏經內並無此譯。

5 譯者註：覺知士夫之我不同於變異，當瑜伽師以定力看到輪迴一切現象都是自性、共主相所生的變異時，一切變異將會融入自性或稱「共主相」。覺知士夫之我並非由共主相所生，非融入性。

6 德格版，論，中觀，ཚ།卷，第十八品，179背頁；對勘本版，書號57，1249頁。漢譯與藏譯稍有不同。漢譯原文：唐波羅頗蜜多羅譯《般若燈論釋》（T.30.1566.104b.27）：「復有僧佉人言：有如是我。云何有耶？因果之外別有於我，然非作者，是受食者，是淨是遍，無聽聞等具。」

的作者。我是覺知性的明，故是淨；遍佈一切有情及所有前後世，故是周遍；本性不壞而住，故是不變；是覺知性，故說有心。吉祥月稱的《入中論》也在詮釋數論派所許的我其性爲何時，論以偈句云：

「外計受者常法我，無德無作非作者。」[7]

數論派外道諸師說，我具五種特徵。一、受用諸苦樂之「受者」。二、是「常」事物。三、非諸變異果的作者，故是「非作者」。四、不具羅闍、多摩、薩埵三性之德，故是「無德」。五、周遍一切造作者，故是「無作」[8]。《數論頌》也羅列成立這種我的理由，論云：

「聚集為他故，異三德依故，食者獨離故，五因立我有。」[9]

依五理成立我。第一理：「如眼等的聚集法有法，行他

7　德格版，論，中觀，འ卷，第六品，第121句偈頌文，210正頁；對勘本版，書號60，532頁。漢譯來源：法尊法師譯《入中論》。

8　譯者註：覺知之我因周遍一切所作與能作，所以覺知之我本身不能區分是何法之所作或何法之能作，故說「無作」。

9　《數論頌》，頁數4，第17句偈頌文。漢譯來源：《金七十論》（T.54.2137.1249b.4）。

事，聚集故，如臥褥」，論式成立，如臥褥行非己之他事，[10] 成立眼等所知二十三諦法亦行非己之他事，而其所利處[11]則是覺知士夫之我。此派依此論式成立「行士夫事」、「有士夫」，並依此因相成立眼等被我所受用，故許有受用者的我。

第二理：「士夫有法，是有，異三德故。」諸色等生事物具足羅闍、多摩、薩埵三德，也是境、明例、果法。此論式成立有見者是異於彼等。

第三理：「身或蘊有法，有駕馭或加持彼法的另一者，行彼事故，如車夫令馬車行事。」

第四理：「甜等諸味有法，有異於彼的食用者或受用者，彼被受用故。」

第五理：「色蘊有法，有士夫異於彼，獨立行事故。」能以聞等趣入詮釋解脫之道的論典，並追求解脫苦海，故有我，如爲得稻米而行農事。數論派說，依其五理直接或間接成立覺知士夫之我。《眞如集論釋》亦云：

「此處復言其量，謂『以聚集性成立是事物，並見彼行

10 譯者註：辛辛苦苦聚集可造臥褥材料，並非為了自己卻是為了他人，故說「臥褥行非己之他事」。同樣地，之所以有眼等集聚性法的作用也不是為了眼等自己，是為了利益非眼之他，即覺知士夫之我。

11 譯者註：直譯「所行事境」，意指是所利益的對象。換句話說，眼等行他事時，是對誰有幫助呢？眼等利益的對象是覺知士夫之我。

他事，如臥與褥等支分；眼等亦是集聚性。』此乃自性因相。一切言他者暗指成立是我，以上是他宗所想。」[12]

以臥褥喻及聚集理，成立眼等行非己之他事，[13]即利益我。此派又依另五理成立各類士夫或覺知之我。《數論頌》云：

「生死根別故，作事不共故，三德別異故，各我義成立。」[14]

這世界上所有親眼所見的現象，如地生各類草木、濕生各類昆蟲、卵生各種鳥類、胎生眾人等各類形式的「生」，是成立繁多士夫的第一個理由。已生的有情於死時的死相各有不同，這是成立繁多士夫的第二個理由。人道有情其蘊各有不同，故而決定彼等蘊體皆是源於各自因緣，這是成立繁多士夫的第三個理由。士夫各自的想法不僅不同，也會努力逐漸前往各自追求的目標，這是成立繁多士夫的第四個理由。天人的薩埵之德較為強烈，其他二德較為微弱；人道的羅闍之德較為強烈，其他二德較為微弱；畜生的多摩之德較為強烈，其他二德

12 德格版，論，量，ཤེ卷，第一品，150背頁；對勘本版，書號107，553頁。漢譯大藏經內並無此譯。

13 譯者註：此處的「行他事」是指「利益我」。

14 《數論頌》，頁數4，第17句偈頌文。漢譯來源：《金七十論》（T.54.2137.1249c.13）。

較爲微弱。德的力道不同則是成立繁多士夫的第五個理由。

此派說，基於是否愚昧於所知二十五諦法而區分輪迴或解脫。阿闍黎慧心要的《慧心要集論》在引用數論派典籍時，論云：

「知彼二十五，長髮或剃髮，其師喜憩處，於此無疑脫。」[15]

由於上師的近距離引導，以及自身聞思等的行爲，當自身產生決定智了知，共主相幻化出變異諸果，而覺知士夫之我遠離作爲時，隨三摩地之力將生天眼緣共主相，進而遠離我與共主相爲一的謬染，並現證各種變異的眞相皆是自性共主相的眞實義。此時，共主相將會感到羞澀，收起由其所生的諸變異法，令瑜伽師之識脫離一切世俗影像，只剩不受用境的覺知士夫之我以無爲之態[16]而住，此時就是解脫！

乙二、勝論派與正理派如何主張我

對於我的屬性，勝論派與正理派的立場爲何呢？我是異

15 德格版，論，中觀，ཚ卷，34背頁；對勘本版，書號57，872頁。漢譯大藏經內並無此譯。

16 譯者註：覺知士夫之我在未遠離自性共主相的情況下，是受用變異的食者。然而，當瑜伽師以定力將覺知士夫之我脫離自性共主相的影響時，因為無有作為，不再受用變異。

於身、根、覺三者，是周遍於同[17]的獨立質有，也是覺、樂、苦、欲、瞋、勤、法、非法、行勢，彼九德的所依。主張我是結合彼九德之因、非心的物體性質、常、周遍一切、是異於善惡業的作者、善惡果苦樂的食者。《勝論經》云：

「實性和常住性通過風得到解釋。」[18]

《般若燈論釋》云：

「鞞世師人言：身及諸根覺等之外而別有我，能與苦樂等作依止，是作者、是無心、是常是遍，作如是說。」[19]

《思擇焰論》在詮釋勝論與正理兩派所許之我爲何時，論云：

「有我。何以故？我是不生、常、作者、食者、周遍、無為也。」[20]

17　譯者註：六句義中的第四句義。

18　《勝論經》，第一卷，第三章。漢譯來源：姚衛群編譯的《古印度六派哲學經典》中的《勝論經》，9頁。

19　德格版，論，中觀，ཚ།卷，第十八品，179背頁；對勘本版，書號57，1248頁。漢譯來源：唐波羅頗蜜多羅譯《般若燈論釋》（T.30.1566.104b.25）。

20　德格版，論，中觀，ཛ།卷，第七品，242背頁；對勘本版，書號58，590頁。漢譯來源：漢譯大藏經內並無此譯。

我有六種特徵。我是無爲，故不生；不變，故是常；造善業與罪行，故是作者；受用彼業的異熟果，故是食者；遍及一切有情，故是周遍；遍及一切作者，故是無爲。如《入中論釋》明示此宗所述我有九德之理，論云：

「謂勝論師，計我有九德。曰覺、樂、苦、欲、瞋、勤勇、法、非法、行勢。覺謂能取境。樂謂受所欲境。苦與上相違。欲謂希望所欲事。瞋謂厭離所不欲境。勤勇謂於所作事，思惟善巧令到究竟。法謂能感增上生與決定勝。非法與上相違。行勢謂從知生復為知因。若時我之九德與我和合，即由彼等造善不善業，流轉生死，若時神我以真實智斷除覺等功德根本，便得獨存而證解脫。說此神我是常住，作者、受者、有功德，遍一切故更無作用。更有一派計有屈伸作用。」[21]

阿闍黎寂護的《眞如集論》以偈文總結勝論、正理兩派所說的我，論云：

「他宗亦許我，是欲等所依，常與遍一切，許此性非心。造諸善惡業，其果之食者，與心相屬[22]**故，是心非彼性。**

21　德格版，論，中觀，ᆰ卷，第六品，294背頁；對勘本版，書號60，779頁。漢譯來源：法尊法師譯《入中論釋》。

22　譯者註：此處的相屬是量學用詞，意指關係、聯繫、有關。

相屬覺與勤，稱彼為作者，明諸樂與苦，合故為食者。同類道別相，諸覺與感受，相屬前無故，稱其近於生。離前取為亡，於活時依身，行法及非法，則相屬意也。損害身眼等，計損害於我，如是常士夫，許此言無過。」[23]

這六偈清楚介紹了勝論派、正理派所許的我相。第一偈：我不僅是欲等諸德的所依，也是常與周遍，而且我的屬性非心。第二偈：我非心性，且是善惡業的作者，也是領納業果的食者，故是「與心相屬」。第三偈：主張我是常與一，且具知境、勤、作者等德；彼等諸德結合於我且與我相屬，故稱我爲「作者」。我能同時結合清楚苦樂等感受，故稱我爲「食者、受用者」。第四偈：同類人天的別相諸生，若其過去未有的身、根等與我相屬時，稱我「投生」。第五偈：當我遠離過去已得的身根等，視此爲亡；我具身、根、覺、受等，且具行法與非法之意時，稱我「存活」。第六偈：損害身等時，稱我「受害」；我是常，但許我稱「作者」並無過失。那麼，依何依據得知具有彼等特徵的我呢？《勝論經》云：

「呼氣、吸氣、閉眼、睜眼、有生命、意的活動、其他感官的作用、樂、苦、欲、瞋、勤勇是我（存在）的標

23 德格版，論，量，ཅེ།卷，第七品，第4-9句偈頌文，8正頁；對勘本版，書號107，19頁。漢譯大藏經內並無此譯。

誌。」[24]

依七理成立有我，一一說明其理如下：一、身體行走於上下坡時，呼吸也會隨之高低起伏，動搖氣息。依此理成立有令氣移動者的我。二、睜閉自身嘴巴或眼睛的動作時，都會受到時與量的限制，依此理成立有蓄意所爲的我。三、自身因飢渴而苦時，自然會想追求吃飽喝足的生活，依此理成立有對生活鞭策者的我。四、會因改變自身心意，相遇種種境，依此理成立有心意改變者的我。五、眼根看著蘋果，意識想著蘋果的香味，舌根享受著其甜酸的味道，依此理成立有令根改變的我。六、自身有苦樂，依此理成立有苦樂感受者的我。七、自己勤於苦樂的取捨，並且生起想要未得之德的欲與背離痛苦的瞋，依此理成立有欲、瞋、勤之作者的我。

還有，在阿闍黎寂護的《眞如集論》裡，也提及古老勝論派與正理派的論師們，是依何主理而成立我。先說論中揭示的不穿耳立場。《眞如集論》云：

「能知異諸身，而證知猶如，他人所證知。」[25]

24 《勝論經》，第四卷，第19頁。漢譯來源：姚衛群編譯的《古印度六派哲學經典》中的《勝論經》，16頁。

25 德格版，論，量，ཟེ།卷，第七品，第7句偈頌文，8正頁；對勘本版，書號107，19頁。漢譯大藏經內並無此譯。

異於身、根、覺以外的能知[26]會證知現識與比度等識。現識等有六種特徵。一、觀待因且是具生。二、具共與別。三、是分別性。四、快速壞滅。五、有爲的能生性。六、是識性。比喻如我能清楚他人想法，進而成立這種能知是我。[27]《眞如集論》也舉出阿闍黎樂主（Śaṃkarsvāmi）所提出的理由，論云：

「欲等一切德，彼等依某法，事物故是果，如色……」[28]

欲等諸德依賴某法，因爲是事物，故是果，如色法。簡單來說，此派成立欲、瞋等德要有不屬於其他八德的另一所依，而這種所依是我。《眞如集論》也記載了阿闍黎光顯者的理由，論云：

「執色等諸識，一相或多相，皆源於我識，結合彼等識。
如眾人皆知，舞者眉挑動，結合於他相，無因則不生。」[29]

天授相續中的執色聲等識，無論是一識或是多識，皆有一因，即「我看到、我知道」的結合彼等之識，像是舞者

26 譯者註：在此的能知指的是我。如「我」知現識、「我」知比度。

27 譯者註：像是「我」知他人的想法，「我」知現識與比度。

28 德格版，論，量，ཟེ卷，第七品，第8-9句偈頌文，8正頁；對勘本版，書號107，19頁。漢譯大藏經內並無此譯。

29 德格版，論，量，ཟེ卷，第七品，第10句偈頌文，8正頁；對勘本版，書號107，19頁。漢譯大藏經內並無此譯。

雙眉挑動的單一境，是多位觀眾的不同識之因。總之，成立執色等諸識有一共因，而此因就是我，成為非我的他法不合理。《眞如集論》又揭示了勝論派與正理派的阿闍黎不穿耳（Aviddhakarṇa）的理由，論云：

「一切後有識，是識故如初，出生即刻之，能知而識我。住於遠處境，於我所擁有，諸生如我身……」[30]

從母胎出生後，即刻所生的第一個我識，依此可知其他時段的「我識」[31]，因爲都是我識，如我的初識。[32]《眞如集論釋》也解釋這引文的內容，論云：

「即『一切後有識』也。『如初』謂後有識之初，故為『彼之初』。為能成立其周遍，故而示量，即地、水、火，以及位於至極遠處的厭惡境等，皆與自身之我相屬。有情、行勢、他性、非他性、彼此正結合、具分類故，謂如我身，故言『遠境趨入之……』等。」[33]

30 德格版，論，量，ཟེ卷，第七品，第15-16句偈頌文，8正頁；對勘本版，書號107，20頁。漢譯大藏經內並無此譯。

31 譯者註：直譯為「我的至極知」，至極知是知或識的另一種寫法。

32 譯者註：不穿耳認為，如一出生就會產生「我」的念知般，之後於其他時間也會產生這種「我知」，因為常我一直存在，而且其識知我故。

33 德格版，論，量，ཟེ卷，第七品，194背頁；對勘本版，書號107，508頁。漢譯大藏經內並無此譯。

勝論派的阿闍黎鉢羅奢思波陀（Praśastapāda）表示，我有十四種特徵：一、是執自境之覺。二、領納欲境的樂。三、領納非欲境的苦。四、希求所願事物的欲。五、背離非欲境的瞋。六、追求成辦究竟義的勤。七、成辦增上生與決定勝的法。八、異於成辦增上生與決定勝的非法。九、從識所生且是結合識因的行勢或行。十、一或十等的數目。十一、大小等量。十二、別體的一一性。十三、彼此相遇的合。十四、彼此分散的離。如阿闍黎鉢羅奢思波陀的《攝句義法論》云：

> **「我的德是：覺、樂、苦、欲、瞋、勤勇、法、非法、行、數、量、別體、合、離……」**[34]

此派主張，前九者是我的不共德，後五者是我的共德。覺等前六德是由領納自身的現證所成立，而法、非法、勤三者則是依正理的比量所成立。

我分自身之我與他人之我兩種。自身之我是指，以自身覺受成立對自身的利益與傷害。換言之，經由自身所受的利害經驗，進而比度他人之我也能依其領納，成立對其的利益與傷害。《勝論經》云：

34　《攝句義法論》，第54頁。漢譯來源：姚衛群編譯的《古印度六派哲學經典》中的《攝句義法論》，49頁。

「在自己的我中觀察到的活動與非活動是其他（我存在）的標誌。」[35]

或分爲內我與外我。住於體內的我趣入眼等諸根，領納善惡業的樂苦諸果，又是我執之因。外我則是幫助身、根和合性的內我。《四百論釋》云：

「外道說我有二相。如是，內我與外我。何者住於體內，至極趣入彼根聚或此根聚者，謂內我。內作者士夫是我執因，是善惡無記業果之食者，是一一相續且被諸多分別所區分。外我，謂利益身根和合性之內我也。」[36]

關於勝論派與正理派所許的我，其根本主張如阿闍黎寂護於《眞如集論》中以偈文總結道：

「有此之常我，決定是周遍，故無理成立，諸法皆無我。」[37]

35 《勝論經》，第十九卷的第一章節，第三品。漢譯來源：姚衛群編譯的《古印度六派哲學經典》中的《勝論經》，15頁。

36 德格版，論，中觀，ཡ卷，第十品，158背頁；對勘本版，書號60，1308頁。漢譯大藏經內並無此譯。

37 德格版，論，量，ཟེ卷，第七品，第16句偈頌文，8正頁；對勘本版，書號107，20頁。漢譯大藏經內並無此譯。

乙三、伺察派如何主張我

伺察派如何安立我呢？依苦樂各個階段，我雖有變，但以有情的性質而言，所謂的「我」是，周遍一切時、覺之性質、具思者、我的本性是常當下是無常、獨立質有的單一性、善業或罪行的作者、善業或罪行之果的受用者。例如同一條蛇，會在捲曲或直行等各個不同的階段有所變化，卻一直隨後[38]蛇的屬性。同樣地，我也會在樂時或苦時產生變化，卻一直隨後我——具思者的體性、常性、單一性。阿闍黎寂護的《眞如集論》詮釋此義，論云：

「他師許我是，變化隨後性，是思之體性，具思覺性相。如蛇於捲曲，或於後頓時，直行雖有變，仍是隨後蛇。同理我常是，具思體性者，其性非遍滅，亦非隨諸後。」[39]

伺察派不認同數論派所說的「覺是物體，故覺與識不同」，因爲伺察派自宗主張，覺與思是一，而且視我爲思的體性。同樣地，伺察派也不隨佛教所說的「我是壞滅性」，因爲

38 譯者註：直譯是「隨後」、「隨其後」，是《真如集論》的用詞，意指「就是」。

39 德格版，論，量，ཟེ卷，第八品，第1-3句偈頌文，8正頁；對勘本版，書號107，23頁。漢譯大藏經內並無此譯。

將有「已造[40]會失壞」之過。伺察派還表示，正理派說的「隨後一切有情之我」不應理，因爲我仍存在各個時段的變化，否則將無法受用苦樂，如虛空；無論是否爲業果食者的時段，應成無有差異。伺察派自宗總結，就以「隨後於我」的角度而言，我是一性，但在安樂等當下的階段時，卻有變化；在是作者與是食者的當下，卻是相異的士夫，故說當下非一性。阿闍黎鳩摩梨拉婆吒的《頌釋論》也說其義，論云：

「故捨棄二論，承許士夫是，變與隨後性，猶如捲曲蛇。」[41]

《眞如集論》也提及此宗成立我的理由或量，論云：

「如是士夫相，得知是有故，且被證知故，至極害無我。」[42]

此派表明，一位作者會產生「我早就知此、現今我仍知此」的認清知者或證者之覺，所以成立存在已述的具變化性、隨後

40 譯者註：如已造的業。

41 鳩摩梨拉婆吒的《頌釋論》，說我品，第28句偈頌文，512頁。漢譯大藏經內並無此譯。阿闍黎蓮花戒的《真如集論釋》（對勘本版，書號107，530頁）也引用此偈。

42 德格版，論，量，ཟེ卷，第八品，第7句偈頌文，10正頁；對勘本版，書號107，24頁。漢譯大藏經內並無此譯。

性、思性、常、作者、食者等特徵的士夫，並說此理嚴重損害佛教的無我論。

以「我知道」的理由成立能夠認清知者的這點，是立辯雙方共同承許的，無有爭議。問：「我知道」想法中的知者，是某種的我？還是如佛教所說，是絕對的壞滅性之識？[43]前者符合立辯雙方立場，是共同觀點。後者不應理，將有極難安立連結之過。[44]其義如《眞如集論》云：

「我知之我識，明瞭有知者。知者是某我，或定為滅識，定為無常性？彼境若是我，此時順一切；若說刹那識，諸連結極難。」[45]

問：思性之覺或士夫如果是常與一，豈能逐漸了知色等諸境？既然覺或我是常與一，應成同時證知一切。《眞如集論》回覆此題，如論云：

「如火之本性，恆有炙作用，境隨近而炙，不然於他時。宛如明晰鏡，僅與其近之，如樹木石頭，方得其顯相。同

43 譯者註：伺察派問，「知者」是非佛論師所說的我？還是佛教所謂的識？此處只是提出伺察派的反問，不代表佛教說我是識。

44 譯者註：於過去世已造的業，於今世感果的連結將很難安立，因為我是壞滅性。

45 德格版，論，量，ཞེ卷，第八品，第8句偈頌文，10正頁；對勘本版，書號107，24頁。漢譯大藏經內並無此譯。

理常思性，士夫住身內，以根取諸色，此能執我覺。」[46]

此派說，如火的本性永遠是炙熱性，與火接近的所燒物品才會被燒，火不燒一切物。又以鏡子爲例，與鏡接近的色體才會被顯現，鏡子不顯現一切色體。同樣地，我是覺是常，但根只以接近的諸色爲境，不以他法爲境，其差異應理，故無違過。總言之，主張我是覺、常、一，以及與蘊的體性相異。

伺察派依前述理由建立了我是覺性或思性。又說貪等污垢入住於心的本性，而心的過患不可能徹底從心分離，故而否認存在斷諸過的士夫與一切遍智的果位。至於吠陀中記載的儀軌，以及祭祀等修法，只是爲了脫離惡道痛苦的寂靜果位而行。

乙四、吠檀多亦稱密義派如何主張我

吠檀多派亦稱密義派，其是如何主張我的呢？地等大種所造之性、識、一、常、情器等一切的源起處，以及最終的融入處是周遍、無所能二元爲一的梵天性或是我性。其義如《眞如集論》云：

46 德格版，論，量，ཐ卷，第八品，第22-24句偈頌文，10正頁；對勘本版，書號107，25頁。漢譯大藏經內並無此譯。

「地與火水等，知彼趨入常，彼性稱為我，他亦如是說。」[47]

《眞如集論釋》也於此處這麼解釋：

「密義派緣無相異能所二元見。為知地等遍成性、識、常、一性，論說『地與……』。『彼性』謂地等遍成性、常、一性、識性之義。『他』謂密義派。」[48]

密義派說，有識才能安立見到大地，無識則不能見，故無獨立於心識所現以外的大地。還有，否定各別成立所現自相與所現共相兩者，故說地等諸大種是識。我是如何周遍一切情器的呢？《思擇焰論》云：

「人等過去際，所見諸色現在際，後將形成未來際，形成彼等一切皆因士夫加持，三界一切皆被此士夫所周遍。」[49]

「阿」字周遍一切能詮之聲，是一切能詮聲之首。同樣地，

---

47 德格版，論，量，ཟེ།卷，第十一品，第1句偈頌文，13背頁；對勘本版，書號107，33頁。漢譯大藏經內並無此譯。

48 德格版，論，量，འེ།，第十一品，219背頁；對勘本版，書號107，571頁。漢譯大藏經內並無此譯。

49 德格版，論，中觀，ཛ།卷，第八品，252正頁；對勘本版，書號58，614頁。漢譯大藏經內並無此譯。

我或士夫周遍一切，是一切萬法之初。「阿」的字音與其義非體性異，同樣地，周遍者的士夫與所見二元的世間兩者都是梵天的眞實義，彼二的體性也非異。還有，我不具戲論之德，卻具「離戲論」之德。如《思擇焰論》說此差異，論云：

「如是，依序所云：『瑜伽師若習，周遍一常性，不死處勝梵，不再取生有。』是一切身之自在性，故是一。遍佈一切有情，故是周遍。不衰，故是常。是涅槃性，故是梵；是至上，故是勝。無始亦無終，故不死。是所緣處，故是處。瑜伽師結合靜慮而緣取，串習如是決定時，全面證知為梵，故滅復生……[50]滅前亦有、異於入眠，故是士夫。是孕育者、遍佈者，故是士夫，[51]偉大勝於一切。」[52]

此派說我有諸多異名，如《思擇焰論》云：

「結合『彼是梵天』之詞，如是，我、士夫、大自在、

50 德格版，論，中觀，ཛ།卷，第八品，254正頁；對勘本版，書號58，619頁。漢譯大藏經內並無此譯。

51 譯者註：梵天或我具最勝功德，故稱「具離戲論之德」。梵天之我一直存在，無關器世間的生滅，故是「滅前亦有」。梵天之我一直存在，無關是否為隨眠狀態，故是「異於入眠」。梵天之我孕育萬法、遍佈一切法，其偉大之德勝過一切。

52 德格版，論，中觀，ཛ།卷，第八品，251正頁；對勘本版，書號58，612頁。漢譯大藏經內並無此譯。

周遍、常等。」[53]

梵天、我、士夫、大自在、周遍、常等是同義異名。我以所依的角度分二，被業惑束縛的我，以及脫離彼束縛的至上殊勝之我。《中觀心要論》云：

「持吠陀論說，我分為二相，謂身縛我與，最勝解脫我。」[54]

此派說，我以所依的角度而分不同二類，但我並無體性相異的分類，因爲我是常、一、自主性。《中觀心要論》云：

「如瓶等雖異，陶土卻不異，同理身雖異，我卻絕不異。」[55]

如陶土所製的瓶碗二者雖有形狀等不同差異，但彼二的陶土性卻無差異。同樣地，被業惑束縛的我，以及脫離彼束縛的至上殊勝之我雖有支分等的不同差異，但彼二於我性中卻無差異。

53 德格版，論，中觀，ཛ།卷，第八品，254背頁；對勘本版，書號58，620頁。漢譯大藏經內並無此譯。

54 德格版，論，中觀，ཛ།卷，第八品，第23句偈頌文，28背頁；對勘本版，書號58，67頁。漢譯大藏經內並無此譯。

55 德格版，論，中觀，ཛ།卷，第八品，第12句偈頌文，28正頁；對勘本版，書號58，66頁。漢譯大藏經內並無此譯。

總之吠陀密義派說，我如虛空，是勝義諦。士夫之我看似相異，但實際上皆是一性，如不同陶瓶內的虛空，我亦如是。執所能相異的分別是錯誤的，像是把彩繩誤視爲蛇。根本問題在於，隨無明之力，於無所能二元之識中，產生了所能二元異執的謬相，所以常我如同情器二法的種子。知繩非蛇方可遣除執繩爲蛇的錯誤。同樣地，某日證知由於無明而誤解內外諸法的基礎——光明之我，便能去除所能二元之執的謬相，脫離所能二元之邊，並只住於無分別中。此派基、道、果的不共論述也是建立於此宗的不共我論之上。可從阿闍黎喬荼波陀的《喬荼波陀頌》的明文得知其義，論云：

「以諸愚者垢，虛空成有染，同理無學識，令我成有染。如暗中不知，視繩為蛇嚴，如計諸實物，我亦如是計。若決定為繩，妄念則遣除，僅一繩無二，決定我如是。」[56]

乙五、耆那派如何主張我

關於耆那派對我的主張，如外道伺察派說，我隨臨時質性而異，但具臨時性者本身卻不相異，且是常性與單一性。此義如《眞如集論》云：

56 《喬荼波陀頌》，第三品，第8句偈頌文。阿闍黎寂護的《中觀莊嚴論自釋》（德格版，論，中觀，ས卷，80背頁；對勘本版，書號62，967頁）引用了《喬荼波陀頌》的第17-18句偈頌文。

「勝利同推勝，依質異門性，說士夫識相，變化隨後性。」[57]

《眞如集論釋》在此也這麼解釋：

「『勝利』謂天衣派，彼等言我僅是心相，以臨時質性而異，然具彼性者非異，故是隨後性。異門性謂各臨時為異，故說非我性。現識成立我為二分之理，故他量不成立此義。諸樂等偶然時位為異，所緣一切偶然時位有情之臨時性乃質也。異門謂漸次所生諸樂偶然時位，現識成立彼等，以上皆是他宗所想。」[58]

我的大小如同士夫身體的尺寸，而且我的體性是常，故能隨後一切時。異門是無常，當下皆具變化之性相。思的體性與當下的我彼此相互隨後，若非如此，將是論說非（我性）的意涵。耆那派認爲，我與壽命二爲同義，且我性是常。壽命遍佈一切身，身愈大，我則愈大；身愈小，我則愈小。如阿闍黎慧鎧的《殊勝聖讚廣釋》云：

「『如身量』謂身或色之量，故說『如身量』，且具彼也。『細微』謂極細微；『大』謂龐大；『壽』謂遍及全身，

57 德格版，論，量，ཟེ卷，第十品，第1句偈頌文，13正頁；對勘本版，書號107，33頁。漢譯大藏經內並無此譯。

58 德格版，論，量，ཟེ卷，第十品，216背頁；對勘本版，書號107，563頁。漢譯大藏經內並無此譯。

身如篋也。若身是縮，彼亦縮；若身是增，彼亦增；縮謂收攝現有一切；增謂伸展；彼謂壽、命、我也。」[59]

此派又說，結集識、見、樂、力的壽命是我。後起的耆那派學者能仁量海[60]在《質攝論》[61]云：

「近結合性非具色，作者食者具身量，輪迴成立具增上。」[62]

我的異名有具近結合性、非具色性、具自身量者、食者、輪迴者、成立者、具增上性者。《質攝論》說我與補特伽羅是異名，然而，在耆那派對六質之數的整體說法中，卻將我與補特伽羅分開列舉，且說我是覺知性，而補特伽羅則是具色香味觸、不具壽命、非心、是一種物體之質。如《諦義證得經》云：

「補特伽羅具有觸、味、香、色（sparśa-rasa-gandha-varṇavantaḥpudgalāḥ）。」[63]

---

59 德格版，論，禮讚，ཀ卷，28正頁；對勘本版，書號1，68頁。漢譯大藏經內並無此譯。

60 ཐུབ་དཔང་ཚད་མའི་རྒྱ་གཏེར། Nemicandra Siddhānta Cakravartin。

61 རྫས་བསྡུས། *Dravyasaṃgraha*。

62 《質攝論》，2頁。

63 《諦義證得經》（*Tattvārthādhigamasūtra*），第5頁。漢譯來源：方廣錩譯註的漢譯《諦義證得經》，72頁。

關於我的異名，《諦義證得經》又云：

「具有聲、結合、細微、粗大、形狀、可分、闇、影、熱、光。（śabda-bandhasaukṣmya-sthaulya-saṃsthāna-bheda-tamaś-chāyā-tapo-'dyotavantaśca.）」[64]

《諦義證得經》只說具聲者等是補特伽羅的異名，其異名中卻沒有我。可是《殊勝聖讚廣釋》說我與補特伽羅是異名，論云：

「彼是壽、是命、是我。謂壽、生、育、補特伽羅、士夫皆是異名。『說』謂此言由耆那導師所說。」[65]

關於我的分類。耆那派的典籍《經處支》[66]說我依異名分八，論云：

「許我為八：質之我、染之我、瑜伽之我、方便所生之我、意識之我、見解之我、行之我、禁行之我。」[67]

64　《諦義證得經》，第124頁。漢譯來源：方廣錩譯註的漢譯《諦義證得經》，72頁。

65　德格版，論，禮讚，ཀ卷，28正頁；對勘本版，書號1，69頁。漢譯大藏經內並無此譯。

66　མདོ་དང་གནས་ཀྱི་ཡན་ལག ཡང་ན། ཨཱ་ཙཱརྻ་ས་མ་རཱ་ཊ་ཤྲཱི་དེ་བེནྡྲ་མུ་ནི་ཇི་ཇཻན་དརྴན། *Ācārya Samarāṭa śrī devendra muni ji - Jain darśan*。

67　《經處支》，第65頁。漢譯大藏經內並無此譯

論說，初者是質之我，其餘的都是異門之我。

甲三、佛教成立無我

乙一、如何破常一自主之我

之前只是概說聖域印度的佛教宗義是「說無我論」（anattavādin），這個稱呼很早以前就有，佛薄伽梵親口述說的四法印——諸行無常、諸漏皆苦、諸法無我，涅槃寂靜，[68]就很清楚地闡釋無我論。整體而言，佛教宗義論師一致否定我是常事物，這不須再說。某些犢子派自宗主張，質有的補特伽羅不可說是常或是無常，以致某些他派的佛教宗義師駁道，犢子派應成主張有我，下文會說明此義。總言之，佛教學者們異口同聲地宣稱無我，這是眾所周知的事實。

要破的我或所無的我是什麼？毋庸置疑，針對要破或所無之我的認知確實有粗細之別，所以成立無我時，要檢視的所破之我依粗細分三：一、破常一自主之我。二、破獨立自主的質有我。三、破自性有之我。聖域印度的多數佛教典籍都有列舉破前二我的理由，其中較爲著名的典籍如下：阿闍黎世親的《阿毘達磨俱舍論．第九品》、阿闍黎清辨的《中觀心要論》及

68 《佛為海龍王說法印經》：德格版，經，經典，ཕ卷，205背頁；對勘本版，書號58，539頁。漢譯來源：《佛為海龍王說法印經》（T.15.599.157b.17）。

其自釋、吉祥法稱的《釋量論》、阿闍黎寂護的《眞如集論》，以及其注釋由蓮花戒所造的《眞如集論釋》。至於第三破自性有之我，相關內容則是由聖者龍樹的《中觀根本慧論》，以及其注釋由吉祥月稱所造的《入中論》與《入中論自釋》廣泛說明，應依彼等論著觀察。

關於第一破常一自主之我。佛教經論說常法不待緣，所以常法不可能分能生果作義與不能生果作義兩類。我若是常，造業者與領納果者二將爲一。[69]同樣地，不經諸蘊支分等的認知，不可能認知單一的我，以此而破。譬如，如果天授不待因緣有，天授將成永久存在，或是必定成無等，這便是破主張常、一、不觀待的自主之我的理由。以此爲例，外道以理建立與蘊的體性相異之常我，被佛教宗義論師共依各理所破。《釋量論》云：

「常無觀待故，次第生相違，作不作同性，造作成相違，因果亦應一。」[70]

常事物不觀待他法，自然與「相應漸次生果作義與相應非

69 譯者註：造業者與領納果者雖是同一人，但這不代表造業者就是領納果者，而領納果者就是造業者。像是昨天的我與今天的我同樣是我，但昨天的我並非今天的我。

70 德格版，論，量，ཅེ།卷，第二品，第268句偈頌文，117背頁；對勘本版，書號97，524頁。漢譯來源：法尊法師譯《釋量論》。

漸次生果作義」相違，故不應理。若合理相應彼等作義，將有「應成同時趨入一切」、「應成因果爲一」之過。

某些外道認爲，身等如同臥褥與坐墊，有助成辦常一之我所追求的目標。然而，舉凡是常，任何因都不能生成不同屬性的特徵，既然其因不能生成不同果性的特徵，豈能是有助之因？如崗仁波齊峰與賓陀山彼此並非相互的助因，成立身體是無分、一、常我的因，不應理。佛教論師依此提出反駁，如阿闍黎蓮花戒的《眞如集論釋》云：

> **「何法不生爾之體性差別，則不能益爾，如崗仁波齊與賓陀山。身等不生常一我之體性差別，此謂『能遍不可得』。[71]……是常故，絲毫不能助益，故不具絲毫作義。」[72]**

非佛外道諍，如果沒有常我，已造業豈不失壞？佛教論師回：親眼目睹的事實是，如種子等外在事物不具常我，仍可生苗。同樣，沒有常我，相續所攝的業果關聯仍可不失壞。外道論師說：外在種子如身，都被受用者的常我所加持。佛教論師

71 德格版，論，量，ཟེ卷，第七品，202正頁；對勘本版，書號107，525頁。漢譯大藏經內並無此譯。

72 德格版，論，量，ཟེ卷，第七品，202正頁；對勘本版，書號107，526頁。漢譯大藏經內並無此譯。

駁：你說活者的體內無我將無壽命，其理由是只成立異品遍的因相，即外在瓶等無我故無壽命，這樣豈不矛盾？[73]阿闍黎蓮花戒的《眞如集論釋》云：

「雖無加持者我，仍可決定種子能於苗等，同理，內事物亦應如此。種子如身皆不被受用者所依之我所加持，不然應成『活人體內非無我，無壽命』，此說不應理。何以故？將會不成立『瓶等無我故，見彼等亦無壽命』之極成具異品因相；若瓶等有我時，彼因相豈成具異品？」[74]

外道伺察派說，如蛇在捲曲與直行的當下雖有各異，但蛇性不變。同樣地，我的屬性是常，而當下是無常。反駁：如果蛇是常一性，當下差異將不應理。同樣地，若說我是常一性，我於當下的不同性不應理。如果某法於各階段不同，其法必定於每一刹那壞滅。以此理破伺察派的觀點。《眞如集論釋》云：

「以蛇為喻之許，不成立常性、一性。言『蛇亦』者，所謂士夫若是一性，不應理有餘偶然時位，同理，蛇亦

73　譯者註：矛盾點在於「外在種子如身，都被受用者的常我所加持」與「外在瓶等無我，故無壽命」相違。

74　德格版，論，量，ཤེ卷，第十四品，249背頁；對勘本版，書號107，649頁。漢譯大藏經內並無此譯。

不應理。此成剎那壞滅時，方能應理有餘偶然時位，有餘偶然時位之性相，其自性是他生故。」[75]

這種我論如果成立，在一個補特伽羅的相續裡，將有兩種不同的我，即常我與無常我。我等認為「本性是常但當下是無常」的主張，等同「此畜牲的本性是馬但當下是羊」的言論，有此過失。

關於破我是無分、是一。數論派主張，每一有情體內皆有一我，而彼等之我不僅是無分，且彼此周遍，這種說法被阿闍黎清辨的《思擇焰論》所破。若數論派所說屬實，將有「某一士夫解脫時，應成一切有情也得解脫」、「某一人被束縛時，應成所有人也被束縛」、「某一人聽到聲音時，應成所有人聽到聲音」、「某一人符合法義而修行時，應成所有人也符合法義而修行」、「某一人行不合法義時，應成所有人行不合法義」等過。為什麼呢？像天空的某一方被烏雲所蔽，該處不應理是風和日麗之地；又像潮濕陰森之地不應理是乾燥悶熱之處。同樣地，不應理主張我周遍於所有無支分的一體。《思擇焰論》對此詳說，論云：

「數論派宗義如是，天與非天、人與畜生等一一有情的

75 德格版，論，量，ཛེ།卷，第八品，211正頁；對勘本版，書號107，549頁。漢譯大藏經內並無此譯。

體內皆有士夫，所有士夫皆周遍一切。駁：所有士夫得脫時，豈能僅有一方未能？某一士夫遠離勝薩埵意障而解脫時，應成一切士夫得脫，否則其他所有士夫皆被束縛時，豈能一人得脫？何以故？境非相異故，非僅士夫得脫不應理，此外，如云：『如知諸聲等，行法與非法，隨後同此過，未見非決定。』謂諸聲趣入耳等，一切士夫亦應以同一性而得聲；一者行法時，一切士夫亦住於法；一者住於非法時，應成所有亦具非法。此故，未見解脫亦不能定。何以故？境無區別故，如虛空某一方亦為闇明二，或是降雨及熱躁二，不應理。」[76]

虛空絕無受用苦樂與非受用苦樂的階段性差異，同樣地，如果我是無支分的一體，將有是樂苦的受用者不應理之過。《眞如集論釋》云：

「我性若是一性，將不受用諸樂苦等，應如虛空，無非食者時位與是食者時位之差異。」[77]

關於破我是自主。不觀待任何蘊支的自主之我，不成立，因爲不存在不觀待蘊體支分的認知而單獨認知我。還有，我與

76 德格版，論，中觀，ཛ།卷，第六品，233正頁；對勘本版，書號58，567頁。漢譯大藏經內並無此譯。

77 德格版，論，量，ཟེ།卷，第八品，203背頁；對勘本版，書號107，530頁。漢譯大藏經內並無此譯。

蘊的體性若異，彼二將無關聯、無相屬。這樣一來，便有不經蘊將能認知我，就像不經瓶子便能認知柱子，然而不見此論[78]符合眞相，以此破除。《中觀根本慧論》云：

「遠離近取外，我亦非他法，異則雖無蘊，得我卻不能。」[79]

外道一致說我有三種特徵，即常、一、自主。吉祥月稱的《入中論釋》以非常簡單明瞭、一氣呵成的方式破彼三過，這裡以此總結。論云：

「外道各派說我不同。頌曰：『如石女兒不生故，彼所計我皆非有，此亦非是我執依，不許世俗中有此，汝所計我定非是有。』以汝許不生故，如石女兒。此我亦非是我執之境，許不生故。復次非但於勝義非有，及非我執境。即於世俗，當知亦無彼二義故。此因非但能破有性與我執境為不應理。頌曰：『由於彼彼諸論中，外道所計我差別，自許不生因盡破，故彼差別皆非有。』數

78 譯者註：不經蘊體的認知便能認知我。

79 德格版，論，中觀，ཙ།卷，第二十七品，第7句偈頌文，18正頁；對勘本版，書號57，43頁。漢譯來源：蔣揚仁欽博士譯《中觀根本慧論》。鳩摩羅什大師翻譯的《中觀根本慧論》與藏譯稍有不同，鳩摩羅什大師譯文為（T.30.1564.37a.15）：「若離身有我，是事則不然，無受而有我，而實不可得。」

論中說我之差別，謂常住非作者，是受者，無功德，無作用。破云：彼我非常，乃至非無作用，自許不生故，如石女兒。於勝論所計，亦如是破云：我非是常，非作者等，自許不生故，如石女兒。當知此宗，以不生因及石女兒喻，廣破一切計我者所計我之自性差別。」[80]

乙二、破犢子派所許的不可說質體有之補特伽羅

佛教犢子派等某些論師主張，補特伽羅是獨立自主的質有，且不可說是常或無常，亦不可說是與蘊爲體性一或異，而是質有。這麼說的關鍵理由是什麼呢？若如非佛外道所說，我或補特伽羅與蘊是體性異，將有我是常事物，以及不經蘊體的認知也可單獨認知我的過失。我若是蘊，又會有「如蘊，我是多數」、「蘊滅時我也滅」、「如蘊，死時我的續流將斷」、「應成已造業會失壞」等過。

反問：身壽[81]是質體一或異？犢子派答：如薄伽梵曾以無記[82]之態而答等等，我派依多理主張，我不僅不可說是否與蘊

80 德格版，論，中觀，㠭卷，第六品，294背頁；對勘本版，書號60，780頁。漢譯來源：法尊法師譯《入中論釋》。

81 譯者註：此處的「身壽」是指我（壽）與我的身體。

82 譯者註：「無記」顧名思義，佛陀無授記此行是善或惡。意思是，當時佛以保持沉默的方式回覆外道的問題。

體性一或異，也不可說是否爲常或無常，故我是具有彼等特徵的業果所依之我。與此同時，又主張我是六識所知，以及我執的所緣境、善惡業的作者、善惡業果實的受用者等，故是質有。此義如《入中論釋》云：

「今當破正量部所計實有補特伽羅。頌曰：『有計不可說一異，常無常等實有我，復是六識之所識，亦是我執所緣事。』離諸蘊外無我可取，故非離蘊別有補特伽羅，亦非即蘊自性，犯有生滅過故，是故我與諸蘊一性異性俱不可說。如不可說一異，如是亦不可說是常無常，然是六識所識。又此補特伽羅，亦可說是實有，以說是造者受者故，生死涅槃，繫縛解脫，所繫屬故，亦許彼是我執境事。」[83]

阿闍黎寂護的《眞如集論》亦云：

「非士夫異蘊，應成外道見；多故非彼性，不可說最善。」[84]

所破的獨立自主質有我是什麼？所謂的「補特伽羅獨立自

83 德格版，論，中觀，འ།卷，第六品，302背頁；對勘本版，書號60，799頁。漢譯來源：法尊法師譯《入中論釋》。

84 德格版，論，量，ཟེ།卷，第十二品，第2句偈頌文，14正頁；對勘本版，書號107，34頁。漢譯大藏經內並無此譯。

主質有我」就是指，並非依蘊聚、蘊支、蘊的續流所施設，且是自主補特伽羅。對此，阿闍黎世親的《阿毘達磨俱舍論．第九品》列舉破除之理如下：

犢子派汝所許的補特伽羅是獨立的質有？還是依蘊所計的施設有？若是前者，我將是有異於蘊，這樣一來，汝將要持外道見，且違汝自宗承許的「我不可說是否與蘊爲體性一或異」。若許後者施設有，則與我方自宗相同。

若說我並非這種的質有或施設有，而是「蘊體爲因，後施設我」。世親反駁問：此施設義[85]是緣蘊而念我？還是依賴蘊而施設我？關於前者，如緣乳聚中的塵質，將其施設爲乳時，乳不異於彼等塵質，同理我亦不異於蘊。[86]若是後者，蘊將成補特伽羅的施設處故，除此以外更是無我。[87]

犢子派欲斷此駁而說，「蘊體爲因而後施設我」同「柴爲

85 譯者註：問蘊體為因而後施設我是什麼意思。

86 譯者註：當確定「我不異於蘊」時，自然無法成立「我不可說是否與蘊為體性一或異」。

87 德格版，論，阿毘達磨，ཁུ卷，第九品，82正頁；對勘本版，書號79，877頁。漢譯來源：唐玄奘大師譯《阿毘達磨俱舍論．破執我品第九之一》（T.29.1558.152c.9）：「犢子部執有補特伽羅……非我所立補特伽羅，如仁所徵實有假有？但可依內現在世攝有執受諸蘊立補特伽羅。如是謬言，於義未顯。我猶不了，如何名依？若攬諸蘊是此依義，既攬諸蘊成補特伽羅，則補特伽羅應成假有，如乳酪等攬色等成。若因諸蘊是此依義，既因諸蘊立補特伽羅，則補特伽羅亦同此失，不如是立，所立云何？」

因而後施設火」，其義猶如無柴不能施設火。反駁：柴火二者只是於八塵質中被施設爲柴火而已，並非其他。同理，依蘊所施設的補特伽羅也是施設有。又如，火依柴生，我亦依蘊生，按照這種說法，汝該主張我不僅是異於蘊，也是無常。還有，柴火二有前後、是相異，所以汝該主張我蘊二也是相異，將有此過。若汝的「蘊體爲因」是指，蘊是我的所依且與我同時而有，那麼，我將有異於蘊。此外，又如無柴將無火，蘊滅時，將有亦滅我等過，依此破除犢子派。[88]

犢子派說，我是眼至意六識的所知。眼識依色而知我，[89]但我不可說是色，也不可說我是異於色，[90]依此理類推餘識。反駁：汝的這種推論不僅適用於我，也適用於乳等事物，即眼識因知色而知乳，[91]故可成立乳不可說是色，也不可說乳是異於色。這樣一來，將有此過，即汝說所知分五：過去、未來、

88 德格版，論，阿毘達磨，ཀ།卷，第九品，82背頁；對勘本版，書號79，878頁。漢譯來源：唐玄奘大師譯《阿毘達磨俱舍論》（T.29.1558.152c.23）：「此如世間依薪立火，如何立火可說依薪？謂非離薪可立有火，而薪與火非異非一。若火異薪，薪應不熱。若火與薪一，所燒即能燒。如是不離蘊立補特伽羅。然補特伽羅與蘊非異一，若與蘊異體應是常，若與蘊一體應成斷。」

89 譯者註：如看到蔣揚身形而知此人是蔣揚。

90 譯者註：此章節的「不可說為色也不可說異於色」是指「不可說是色也不可說不是色」，而非「不可說是色，也不可說與色的體性相異」。

91 譯者註：透過牛奶的形色而知這是牛奶。

現在、無爲、不可說五類，而第五所知不可說只有我。[92]汝說我是六識的所知。對此，主張聲是異於色處，是因爲所知之聲被耳識所知。這樣一來，將與「不可說是否異於色處」有違，依此理類推餘識。汝宗也被「我是五根識的一一行境」所害。[93]

阿闍黎世親說：汝持如是我見，將與「諸法無我」的經文有違，故不應理。犢子派回：我不可說是法亦不可說不是法，故與契經不違。反駁：那麼，這主張將與汝所許的「我是意識所知」相違。[94]

復有一過，即汝宗與「一切我見皆爲顚倒」的經文相違。

92　譯者註：如果牛奶也是不可說是色或異於色，將會成為第五類的所知不可說。這樣一來，將違「第五類不可說之所知只有我」的說法。

93　德格版，論，阿毘達磨，ཀུ།卷，第九品，83背頁；對勘本版，書號79，880頁。漢譯來源：唐玄奘大師譯《阿毘達磨俱舍論》（T.29.1558.153b.10）：「若謂有蘊此則可知，故我上言此依蘊立。是則諸色有眼等緣方可了知，故應言依眼等。又且應說，補特伽羅是六識中何識所識？六識所識。所以者何？若於一時眼識識色，因茲知有補特伽羅，說此名為眼識所識，而不可說與色一異。乃至一時意識識法，因茲知有補特伽羅，說此名為意識所識，而不可說與法一異。若爾，所計補特伽羅應同乳等唯假施設。謂如眼識識諸色時，因此若能知有乳等，便說乳等眼識所識，而不可說與色一異。乃至身識說諸觸時，因此若能知有乳等，便說乳等身識所識，而不可說與觸一異。勿乳等成四或非四所成。由此應成總依諸蘊假施設有補特伽羅，猶如世間總依色等施設乳等，是假非實……」

94　德格版，論，阿毘達磨，ཀུ།卷，第九品，86背頁；對勘本版，書號79，888頁。漢譯來源：唐玄奘大師譯《阿毘達磨俱舍論》（T.29.1558.154a.19）：「由此經文，決判一切所達知法唯有爾所，此中無有補特伽羅，故補特伽羅亦應非所識，以慧與識境必同故……」

犢子派回：彼經義是「執無我之諸蘊是我，實爲顚倒」，故無過。反駁：那麼，這將與汝前述的「我不可說是蘊或非蘊」[95]有違。[96]

犢子派駁：若主張只有蘊是我，這將與「五蘊是重擔、補特伽羅是荷重擔者」的經文有違。回：彼經義是「蘊的前續流是重擔，蘊的後續流是荷重擔者」[97]，故無過。[98]

從前述內容可知，《阿毘達磨俱舍論》是如何細細破除犢子派的觀點，並且如何成立我只是依蘊續流所計的施設有。相關內容則是從下述引文開始，如《阿毘達磨俱舍論》云：

---

95 譯者註：犢子派既然確定「蘊若是我，實為顛倒」，豈能不與「蘊不可說是我」相違？畢竟「蘊不可說是我」與「我不可說是蘊」同義故。

96 德格版，論，阿毘達磨，གུ卷，第九品，87正頁；對勘本版，書號79，888頁。漢譯來源：唐玄奘大師譯《阿毘達磨俱舍論》（T.29.1558.154c.7）：「若部是量，佛非汝師、汝非釋子。若佛言者，此皆佛言，如何非量……」

97 譯者註：阿闍黎世親對「五蘊是重擔、補特伽羅是荷重擔者」的經文提出另外解讀。經文中的「五蘊」是指「蘊的前續流」，而經文中的「補特伽羅」是指「蘊的後續流」。蘊的前續流所造之業，其果是由蘊的後續流來承擔，故說蘊的後續流是荷重擔者。

98 德格版，論，阿毘達磨，གུ卷，第九品，87正頁；對勘本版，書號79，890頁。漢譯來源：唐玄奘大師譯《阿毘達磨俱舍論》（T.29.1558.155a.26）：「若唯五取蘊名補特伽羅，何故世尊作如是說：吾今為汝說諸重擔、取捨重擔、荷重擔者。何緣於此佛不應說？不應重擔即名能荷。所以者何？曾未見故。不可說事亦不應說。所以者何？亦未見故。又取重擔應非蘊攝，重擔自取，曾未見故。然經說愛名取擔者，既即蘊攝，荷者應然，即於諸蘊立數取趣。然恐謂此補特伽羅是不可說常住實有，故此經後佛自釋言：但隨世俗，說此具壽有如是名，乃至廣說……」

「然犢子部執有補特伽羅，其體與蘊不一不異。此應思擇，為實為假。實有假有相別云何？」[99]

吉祥月稱的《入中論釋》亦云：

「不許心色不可說……離實法故我非有。」[100]

犢子派汝不主張心不可說是與色是質體一或異，同樣地，我是質有的話，必定與蘊是質體爲一或異，故不成立不可說。汝說瓶的質體不異於其支諸色，故是施設有，同樣地，若我不與蘊是質體一或異，定是施設有。又如，當心法不異於心法自己，而是異於諸色時，將可決定事物的是彼性及他異性，所以我必定非事物，因爲我與蘊質體非一亦非異，而且汝說我不具彼性與他性的特徵，這便是《入中論釋》中的廣釋破除之理。總之，既然確定是質有，是不可說便不合理；若是不可說，必定是施設有；不可說之我不具事物特徵故，是事物不應理。以上於論中清楚說明。

《眞如集論》及其自釋也廣釋破除不可說我。如《眞如集論釋》云：

99 德格版，論，阿毘達磨，ཀུ།卷，第九品，82正頁；對勘本版，書號79，877頁。漢譯來源：唐玄奘大師譯《阿毘達磨俱舍論》（T.29.1558.152c.9）。

100 德格版，論，中觀，འ།卷，第六品，第146-149句偈頌文，211背頁；對勘本版，書號60，578頁。漢譯來源：法尊法師譯《入中論釋》。

「事物不離彼性或他性於事物，終不可能故。不然諸色彼此亦成不可說。」[101]

主張補特伽羅不可說與蘊是一或異，不應理。舉凡是事物，必定與其事物是彼性或異性任一，除此外無其他可能。否則將有「要承許諸色等蘊彼此之間不可說是彼性或異性」之過。

關於決定破除第三點——破自性有我的內容，即是根據聖者龍樹的《中觀根本慧論》的五相觀察之理，以及吉祥月稱以車喻所建立的七相觀察之理。這部分會在別說中觀空性見解時闡釋。

乙三、彙集並列舉破自主人我的理由

列舉一些佛教典籍中成立無我之理。「自主我有法，非宗義論師所增益般地自性有，並非與蘊的自性是一或異，如兔角。」此推理論式不僅成立無獨立之我，亦同於下述抉擇中觀眞實義時引述《中觀莊嚴論》「我他說事物……」提及的離一離異因相。

關於成立此證實無我因相宗法[102]的前段——我不與蘊的

101 德格版，論，量，ཞེ卷，第十二品，222正頁；對勘本版，書號107，577頁。漢譯大藏經內並無此譯。

102 譯者註：「自主我有法，並非宗義論師所增益般地自性有，並非與蘊的自性是一或異，如兔角。」此論式的宗法是「自主之我不與蘊的自性是一或異」。

自性是一。「自續蘊體有法，非與獨立補特伽羅是成住無二[103]自性一，是每剎那變化的無常、是隨他因緣所轉故。」此宗法[104]可由「自續蘊有法，是隨他轉，以業惑所生故」的論式來成立。如何成立周遍？[105]若是獨立補特伽羅，必定是常、自主者。如《釋量論帝釋慧註釋》[106]云：

「乃見無我之方便，依理決定盡剎那性事物是無常故。凡是無常，皆是趨入隨他因力、具一一剎那壞滅性之無功用者。」[107]

成立彼因相的後段——我不與蘊的自性是異。「自主我有法，不與蘊的自性是異，若是將成量之所緣然非所緣故。」《顯句論》亦云：

103 譯者註：「成住無二」的意思是，其二的生滅住必須同時，見一方現識須見另一方。

104 譯者註：「自續蘊體有法，非與獨立補特伽羅是成住無二自性一，是每剎那變化的無常、是隨他因緣所轉故」此論式的宗法是「自續蘊體是每剎那變化的無常、是隨他因緣所轉」。

105 譯者註：「自續蘊體有法，非與獨立補特伽羅是成住無二自性一，因為是每剎那變化的無常、是隨他因緣所轉故」此論式的周遍是「若是每剎那變化的無常、是隨他因緣所轉，一定不是與獨立補特伽羅是成住無二自性一」。

106 ཚད་མ་རྣམ་འགྲེལ་གྱི་འགྲེལ་པ། 。

107 德格版，論，量，ཆེ།卷，第二品，108背頁；對勘本版，書號98，258頁。漢譯大藏經內並無此譯。

「如色異於識，若說我異於諸蘊，性相將成相異。性相若是相異，如執色異於識，能執卻不能，故亦非異於蘊。」[108]

如相異體性的色法與心法，不經色法便可單獨認知心法，同樣地，若我蘊二法的性相爲異，必定要能緣我蘊二法的相異性相，但這不成立。

雖然詞面上的根本論式之有法[109]並不存在，但根本論式的宗法仍可成立。爲什麼呢？對方之所以產生欲知，[110]是把「獨立補特伽羅」與「顯獨立補特伽羅之相」混合爲一，故此因相能被正量建立在顯現於分別心的聲總、義總上。如果對方不以獨立補特伽羅爲有法，而是以補特伽羅本身，將不能破該論式的所遮。對方將該論式的有法與顯現的聲總、義總混合爲一而耽執，進而對應該因相，故無「聲總、義總不合理是有法」之過。因此，應知「若是正因，必有欲知有法」以及「正因的欲知有法並非一定要有」之間的差異。[111]

108 德格版，論，中觀，᠀ᠯ卷，第十八品，111背頁；對勘本版，書號60，273頁。漢譯大藏經內並無此譯。

109 譯者註：根本論式是「自主我有法，非宗義論師所增益般地自性有，並非與蘊的自性是一或異，如兔角」。所以根本論式的有法是「自主我」。

110 譯者註：量學中的「欲知」通常是指「欲知有法」，即為對方提出某因相論式時，對方想要知道該宗基礎的有法。

111 在破非佛主張之我時，即便是以「無」立為有法，仍可無過成立該因相的宗補特伽羅有法，遠離非施設於蘊的自主有，若是自主有將是量之所緣然非所緣故。阿闍黎無性的《大乘莊嚴經論廣疏》提出了這種破除之法，論云：

「無餘存在事物皆是現識量或比度所緣，如諸色是由現識，諸眼等是由比度，而我非現識與比度所緣，故無我；唯心施設為我。如誤繩為蛇，所有我見皆生謬。『復是，僅謬於繩』謂若離誤繩為蛇，身心不疲。『僅』謂無我事物，故僅為謬，而非是我。」[112]

任何眞相都要由二量所證，尤其是若有獨立自主的補特伽羅或我，更應要被眼識等現量，或是被推理的比量任一所緣取，但實無此緣。執有獨立我之識，如執誤繩爲蛇，皆是謬於所耽境之識。

另一破除此我的推理論式：「有漏近取蘊有法，非獨立自主之我，爾是由因緣所生且是刹那變化而壞滅故。」如何成立周遍呢？若有獨立我，便要成立此我不依他法，然而蘊體並非

法。我等認為，之所以賈曹傑的《釋量論疏．闡明解脫道》，以及克主傑的《釋量論廣注理海》依理廣釋此義，是源於至尊宗喀巴撰著的《中觀莊嚴論備忘筆記》（དབུ་མ་རྒྱན་གྱི་བརྗེད་བྱང་།）。此文於一開始就說該義符合蓮花戒《中觀明論》的意趣。

112 德格版，論，唯識，ཧི།卷，59正頁；對勘本版，書號71，148頁。漢譯大藏經內並無此譯。

不依賴故。阿闍黎獅子賢的《現觀莊嚴論疏——明義釋》也說成辦此周遍之理，論云：

「是生滅故，修無我想，故遍捨我執⋯⋯」[113]

《大乘阿毘達磨集論》成立此我不受用外在色蘊等，內在諸蘊不僅不是獨立我，也不是我所。論依彼等諸理破除獨立之我，如論云：

「如世尊說：此一切非我所，此非我處此非我我。於如是義，應以正慧如實觀察。此言何義？謂於外事密意說此一切非我所，於內事密意說此非我處此非我我。所以者何？以於外事唯計我所相，是故但遣我所；於內事通計我我所相，是故雙遣我我所。」[114]

整體而言，破除諸法體性是我才能證得無我，但《大乘阿毘達磨集論》引據佛經而說三種無我的目的是什麼呢？外事物不被自主我所操控，以此成立無我所；內識蘊並非我的體性、非自主我，其餘內四蘊也不被自主我所操控，以此成立無我

113 德格版，論，般若，ཀ།卷，第五品，124背頁；對勘本版，書號52，316頁。漢譯大藏經內並無此譯。

114 德格版，論，唯識，རི།卷，第二品，77正頁；對勘本版，書號76，194頁。漢譯來源：唐玄奘大師譯《大乘阿毘達磨集論》（T.31.1605.675b.5）。

我。總之，不執外事物爲我故，只破我所。於內，仍有可能起我執、我所雙執，是故雙遣我我所。

如何以因緣緣起之理成立無獨立或自主之我呢？如阿闍黎無著的《聲聞地》[115]云：

「無常相苦相相應。彼亦一切從緣生故不得自在。不自在故皆非是我。如是名為由不自在行入無我行。」[116]

阿闍黎律天的《三十頌釋》亦云：

「若許補特伽羅是緣起，此時將成無常。既是無常，念我將成無義，同身故。若不許緣起，將成常。是常則不受用善惡業作用與其果，以不變故。」[117]

補特伽羅是因果緣起的話，將成無常、如身，這樣一來，承許自主之我將無意義。若說補特伽羅是常、自性不變，成爲諸業造作與其果樂苦的受用者將不合理。

---

115 ཉན་ས། *Śrāvaka-bhūmi*。

116 德格版，論，唯識，ཛི།卷，第十九品，187正頁；對勘本版，書號73，465頁。漢譯來源：唐玄奘大師譯《瑜伽師地論》（T.30.1579.474b.16）。

117 德格版，論，唯識，ཧི།卷，9背頁；對勘本版，書號78，22頁。漢譯大藏經內並無此譯。

甲四、息破我之諍

乙一、雖是無我，業果關係仍合理化

佛教以多理破我。反之外道說，若是無我，生起認知識將不合理、識知境不合理、起我想不合理、無法安立造業者與樂苦的領納者、應成壞滅業果論等，名言的許多論述將有不能安立之過。佛教的相關回覆可從阿闍黎世親的《阿毘達磨俱舍論．第九品》得知。[118]總的來說，其義如阿闍黎中觀獅[119]的《略分異見論》[120]云：

「婆羅門至上續如是說，我若遍無，如死屍無樂受，汝之施等將成無義。無我故，於任何時豈有施果？」[121]

外道論師們說，如不得樂受的死屍，若是無我，將有「應成絕無布施業的造者」、「絕無領納業果樂苦的補特伽羅」、「故有失壞已造業果」等過。外道依前理提出此諍，進而成立有我、破佛教的無我論。

---

118 德格版，論，阿毘達磨，ཁུ།卷，第九品，90背頁；對勘本版，書號79，898頁。

119 དབུ་མའི་སེང་གེ། 。

120 ལྟ་བ་ཐ་དད་པ་རྣམ་པར་ཕྱེ་བ་མདོར་བསྡུས་པ། 。

121 德格版，論，中觀，ཨ།卷，3正頁；對勘本版，書號63，870頁。漢譯大藏經內並無此譯。

「我」一詞的所趨境爲何？此分爲二：名言有的我，以及所遮的我。「我行走、我停留、我感到樂苦」的「我」是名言中的我。反之，不依諸蘊且自主成立的「我」則是所遮的我，尤其是《四百論釋》云：

「所言我者，謂若諸法不依仗他，自性自體。」[122]

不觀待其他名言的具境分別之諸法體性，稱爲「我」的緣故，不依其他名言的具境分別所施設的自性，要視爲所遮的「我」。

佛教典籍中的無我是指，沒有與蘊體性相異的獨立我，還是指沒有自性有的這種我？佛教不否定趨入樂苦的領納者、來去等名言的作者之我，所以區分名言有的我與所遮的我二者。認清何有何無，變得極爲重要。進行此辨別時，說實派則表示，雖無與蘊體性相異的常一自主的補特伽羅，但從施設處的蘊體上可得補特伽羅，故不否定造業者與樂苦的領納者。

中觀應成派的阿闍黎月稱認爲，外道乃至中觀自續派的宗義師，針對補特伽羅所說的一切安立之理，都是墮落常邊。我不僅不如外道所說，是與蘊的體性相異，也不是自續派以下的

122 德格版，論，中觀，ཡ།卷，第十二品，190背頁；對勘本版，書號60，1381頁。漢譯大藏經內並無此譯。

宗義師所說，蘊是補特伽羅，故說我只是依蘊而被施設的補特伽羅。以此理遠離有關造業者與樂苦果的領納者等諸過。此義如《入中論釋》云：

> **「如為不壞世俗諦故，唯許依彼因緣有此法生，不許無因生等，如是此中許假有者，雖破上述有過諸相，然為世間名言得安立故，亦許依止諸蘊假立之我。現見施設名言我故。」**[123]

爲不壞建立無因不生等世俗，主張事物只是緣起。同樣地，當「我做此事」等正當名言被世間共許時，自然能遣除「蘊是我」或「我與施設處蘊體相異、無關」等，諸如此類的過失，故要承許我只是依所計處蘊體而被施設而已。

車子並非常一自主，也非絕無，只是依其支輪等被施設有而已。同樣地，我非常一自主，是隨世間共許，且是在唯名言安立的基礎上，成爲五蘊、六界、六處的取蘊者；所取五蘊是「業」[124]，我是依其而成立的作者。如《入中論釋》云：

123 德格版，論，中觀，འ卷，第六品，303背頁；對勘本版，書號60，802頁。漢譯與藏譯稍有不同。漢譯原文：法尊法師譯《入中論釋》：「如為不壞世俗諦故，唯許依彼因緣有此法生，如是此中許假有者，雖破上述有過諸相，然為世間名言得安立故，亦許依止諸蘊假立之我。現見施設名言我故。」

124 譯者註：下文《入中論釋》的「業」。

「如依輪等假立名車，輪等為所取，車為能取。如是於世俗諦中，為不斷滅世間名言故，亦許我是取者，如車。五蘊、六界、六處，是我之所取，以依蘊等假立我故。如輪等為車之所取，如是蘊等亦是我之所取。如於世間名言，安立所取與取者之建立，如是業與作者之建立，亦當如車而許。」[125]

《中觀根本慧論》云：

「煩惱業及身，作者及果報，如乾闥婆城，如幻亦如夢。」[126]

應成派表示，在承許「我非自性有、我只是名言有」的立場上，才可合理安立作用與作者。如不實的乾闥婆城、陽燄、夢、貪等煩惱以及隨其力所造諸業、具根之身、作者我、業果等皆非自性有，又非絕無，只是存在於名言中。

總之，內外多數宗義論師都一致主張業與樂苦的領納者。然而，有人認爲，若是無我，將無造業者與樂苦的領納者。對

125 德格版，論，中觀，འ།卷，第六品，307正頁；對勘本版，書號60，809頁。漢譯來源：法尊法師譯《入中論釋》。

126 德格版，論，中觀，ཙ།卷，第十七品，第8句偈頌文，10背頁；對勘本版，書號60，269頁。漢譯來源：蔣揚仁欽博士譯《中觀根本慧論》。鳩摩羅什大師翻譯的《中觀根本慧論》與藏譯稍有不同，鳩摩羅什大師譯文為（T.30.1564.23c.2）：「諸煩惱及業，作者及果報，皆如幻與夢，如炎亦如響。」

此，佛教宗義論師們以區分所遮之我與樂苦領納者之我的兩種差異，回覆此諍。所謂的「業」是指，與在某個別動機下，某作者造新行爲之因緣；業的梵文是「karma」，具有動作之義，如阿闍黎眾賢的《阿毘達磨順正理論》云：

「所作自體故名為業。」[127]

佛教論師們主張，一旦有任何身語意的變動行爲，都會在自心上留置各類善惡習氣，再由彼等習氣於未來形成種種類別的樂苦。

乙二、如何安立我的性質於名言之中

宣導無我的佛學家們是如何安立業果所依的補特伽羅？補特伽羅的性質是，依五蘊任一而施設的士夫。補特伽羅的異名有：我、有情、壽者、養者、士夫、補特伽羅、意生、儒童、作者、受者。《大方等大集經．無盡意菩薩品》云：

「不了義經者，若說我、人、眾生、壽命、養育士夫、作者、受者……」[128]

127 德格版，論，阿毘達磨，ཀུ།卷，第四品，163正頁；對勘本版，書號79，1102頁。漢譯大藏經內並無此譯。

128 德格版，經，中觀，མ།卷，第六品，150背頁；對勘本版，書號60，375頁。漢譯來源：北涼天竺三藏曇無讖譯《大方等大集經》（T.13.397.205b.18）。

如天授等，某一補特伽羅相續中只有一我，但「我分」卻有許多。以比丘天授爲例，其相續中有「是人分」、「是士夫分」、「是比丘分」等一一所緣，進而產生我想，故有多個「我分」。同樣地，其他補特伽羅也須安立多個「我分」。主要依人身的差別蘊聚而成人，依畜生身的差別蘊聚而成畜生。人中又有男女、體型大小、智愚等，都是隨其蘊聚的不同差別而被安立。

佛教宗義諸師皆見，安立補特伽羅時，所立面過強則墮常邊，所破面過強則會否定造業者與果報受用者、墮入斷邊，所以諸師都以其智各自安立不墮二邊的準繩，並提出相關的經論與理路依據。所有佛教宗義諸師的依據則是《入中論釋》所引用的小乘經文，如論云：

「如即攬支聚，假想立為車，世俗立有情，應知攬諸蘊。」[129]

129 德格版，論，中觀，འ།卷，第六品，296背頁；對勘本版，書號60，792頁。漢譯來源：法尊法師譯《入中論釋》。我等未見此偈出現於藏譯甘珠爾中，與此偈稍有不同的譯文則出現在《金剛女經》（瓦拉那西版，《金剛女經》，249頁）中。此經是於西元2008年，由印度阿闍黎羅摩商羯羅・特里帕蒂（Rāmśaṅkartripāṭhi），以及瓦拉那西大學的西藏譯師善慧金剛洲二人，從巴利文譯成藏文。如經云：「如即攬支聚，其名立為車，於諸蘊有情，名世俗有情。」此偈是於舍衛城，由比丘尼金剛女對凶魔朵尖所誦。藏譯丹珠爾中，《阿毘達磨俱舍論自釋》、《阿毘達磨俱舍論心髓燈疏》（ཆོས་མངོན་པའི་འགྲེལ་པ་གནད་ཀྱི་སྒྲོན་མ།）、《俱舍論切要釋》（མཛོད་ཀྱི་འགྲེལ་བཤད་ཉེ་བར་མཁོ་བ།）等說，此偈是由羅漢女山岩對惡魔所說。我等認為，這二偈除了譯詞的差異以外，說偈者並非指向不同人。

所有佛教宗義諸師一致引用此經文，但宗義諸師們對此經文的解讀各有不同，從此可知彼等如何安立補特伽羅之理。說實派的多數論師認爲，「諸蘊」[130]的「蘊」是各個五蘊，依一一蘊支才能安立蘊聚，所以只有蘊聚是補特伽羅，這正是前引經義，即「世俗立有情，應知攬諸蘊」的明示內容。

佛教隨經瑜伽行派表明，尋找補特伽羅的施設義時，最終必須可得補特伽羅。遠離蘊體不得補特伽羅故，補特伽羅須從蘊中獲得，這就是「攬諸蘊」的意思。從蘊中尋找時，沒有任何一法能合理成爲補特伽羅的事例，所以必須安立阿賴耶識是補特伽羅的事例，以此解讀經義。

阿闍黎清辨等中觀自續派的論師們則說，「依蘊安立補特伽羅」的經文意味著要有另外的安立者，這不能只是分別心，故要以「無謬於境自相的無違害識之所顯」安立我。僅憑無違害識之所顯仍不足以安立，還要從諸蘊本身成爲補特伽羅的施設處才行。如果諸蘊本身與補特伽羅的施設處無關，將有「人的蘊體應成他道眾生施設處」之過。因此「攬諸蘊」的經文具有兩個意涵：從所破的角度而言，不依其他安立者不成立補特伽羅；從所立的角度而言，從蘊處要成立補特伽羅的施設處。

130 譯者註：佛經「如即攬支聚，假想立為車，世俗立有情，應知攬諸蘊」中的「諸蘊」。

中觀應成派表示，車形、一一車支，以及車支的聚體都不合理是車，車子只是依賴彼等施設處而被取名爲車。只能在施設有的前提上，於名言中合理建立「開車過來、開車過去」等說法。補特伽羅也是如此，從施設處蘊裡，補特伽羅不可得，從無關施設處的其他處中，補特伽羅也不可得，所以此派說的補特伽羅，只是依賴因緣及其施設處蘊，以名與分別心去施設的唯我之補特伽羅。《入中論》云：

> **「不離五蘊不即蘊，非諸蘊依非有蘊，此依諸蘊得成立，**
> **如不許車異支分，亦非不異非有支，不依支分非支依，**
> **非唯積聚復非形。」**[131]

總體而言，中觀自續派以下的佛教宗義論師們整體傾向主張，補特伽羅是施設有，而其事例如意識，則是質有補特伽羅。關於彼等對補特伽羅事例的詮釋，毘婆沙正量部的一些論師說是唯蘊，一些論師說是五蘊，一些論師說是唯心，一些論師說是不可說我。克什米爾毘婆沙與隨經經部說是蘊的續流。隨理經部、隨理唯識或隨理瑜伽行派、中觀自續派說是意識。隨經唯識派則說阿賴耶識是補特伽羅。說五蘊是補特伽羅的事例者，不說個個五蘊是補特伽羅，而是指五蘊的聚體是補特伽

131 德格版，論，中觀，ᵃ卷，第六品，第150-151句偈頌文，211背頁；對勘本版，書號60，579頁。漢譯來源：法尊法師譯《入中論》。

羅。說意識是補特伽羅的事例者則認爲，造業者與果的領納者能在不間斷的前後世續流中輪迴，而這種輪迴中的意識是補特伽羅。正量部裡的阿班達卡部說，只有心是我的事例。《入中論釋》云：

「餘有計唯心為我。以經說：『我自為依怙，更有誰為依，由善調伏我，智者得生天』。此頌即說內心名我。何以知之？以無離蘊之我故。餘經亦說調伏心故。如云：『應善調伏心，心調能引樂』。故說我執所依心名為我。」[132]

正量部裡的拘屢拘羅部說，五蘊是我。《入中論釋》云：

「此是內教正量部計。復有異執。頌曰：『有計我見依五蘊，有者唯計依一心。』有計色受想行識五蘊，皆是薩迦耶見之所緣，說此我執從五蘊起。如薄伽梵說：『苾芻當知，一切沙門婆羅門等所有我執，一切唯見此五取蘊』。」[133]

一些克什米爾毘婆沙與經部的論師說，蘊的續流才是業果

132 德格版，論，中觀，ཨ卷，第六品，296正頁；對勘本版，書號60，783頁。漢譯來源：法尊法師譯《入中論釋》。

133 德格版，論，中觀，ཨ卷，第六品，295背頁；對勘本版，書號60，782頁。漢譯來源：法尊法師譯《入中論釋》。

所依之我的事例。《阿毘達磨俱舍論自釋》云：

「知諸我名，唯召蘊相續，非別目我體。」[134]

隨理經部與隨理唯識兩派認為，意識是我。《釋量論》云：

「後心與餘心，結續有何違？」[135]

《釋量論》在詮釋經部與唯識派的共同觀點時說，五蘊裡能結合後世的是意識，故而明確提及意識是我或補特伽羅事例的主張。

中觀自續派如何主張意識是補特伽羅呢？成立意識是我的理由是，我是取蘊者，而意識會取來世蘊，故說意識為我。阿闍黎清辨的《思擇焰論》云：

「我等於名言中，亦於識上設立我名，謂識是我，取後有故。」[136]

阿闍黎獅子賢的《般若八千頌釋》云：

134 德格版，論，阿毘達磨，ཁ།卷，第九品，82正頁；對勘本版，書號76，876頁。漢譯來源：玄奘大師譯《阿毘達磨俱舍論》（T.29.1558.116b.21）。

135 德格版，論，量，ཅེ།卷，第二品，第45句偈頌文，109正頁；對勘本版，書號101，1660頁。漢譯來源：法尊法師譯《釋量論》。

136 德格版，論，中觀，ཛ།卷，第三品，80背頁；對勘本版，書號58，200頁。漢譯大藏經內並無此譯。

「言補特伽羅者，置因果相，能置性是常不應理，隨善惡熏習故，是無常；以決定相順取生、執生之詞，故相續是補特伽羅。」[137]

《般若八千頌釋》所列理由同隨經唯識派，因為隨經唯識派說，以阿賴耶識取得來世的緣故，成立阿賴耶識是我。此派如何主張阿賴耶識是我？隨經唯識派說，阿賴耶識之所以是補特伽羅，是因為要成立一個生死所依的心識。粗分六識不存在於結生之時，故不能取來世，成為習氣的安置處也不合理。習氣所依除了阿賴耶識外並無其他故，否定阿賴耶識將會失壞一切善惡種子。隨經唯識派依此信念，成立異於六識的阿賴耶識是結生心，也是善惡行的所依。《入楞伽經》云：

「意緣阿賴耶，起我我所執。」[138]

阿賴耶識不僅是我想末那識耽執於我的基礎，也是耽執六識是我所的基礎。《解深密經》云：

「廣慧！此識亦名阿陀那識。何以故？由此識於身隨逐

---

137 德格版，論，中觀，ཤ卷，第一品，9正頁；對勘本版，書號51，910頁。漢譯大藏經內並無此譯。

138 德格版，經，經典，ཅ卷，第九品，182正頁；對勘本版，書號48，448頁。漢譯來源：唐實叉難陀譯《入楞伽經》（T.16.672.635b.11）。

執持故。」[139]

經說阿賴耶識是取後身之識，故是我或補特伽羅。此派成立阿賴耶識與末那識的多項理由可從唯識派宗義的章節得知。

中觀應成派的論師們則承許，唯我是我。這是什麼意思？產生我想之念的所緣境，只是於名言中稱我，故是唯我。補特伽羅並非如外道所說，是與蘊的體性相異，補特伽羅也不如佛教下部論師所說，可從蘊上安立。《大般涅槃經》云：

「比丘！一切眾生，色不是我、我中無色、色中無我，乃至識亦如是。比丘！諸外道輩雖說有我，終不離陰，若說離陰別有我者，無有是處。」[140]

《大般涅槃經》又云：

「爾時多有無量比丘，觀此五陰，無我、我所，得阿羅漢果。」[141]

那麼，什麼是補特伽羅的性質？例如，一一車支、車支聚

139 德格版，經，經典，ཅ卷，第五品，12背頁；對勘本版，書號49，28頁。漢譯來源：唐玄奘大師譯《解深密經》（T.16.676.692b.14）。

140 德格版，經，經典，ཉ卷，第四十五品，202背頁；對勘本版，書號53，471頁。漢譯來源：曇無讖譯《大般涅槃經》（T.12.374.566b.19）。

141 德格版，經，經典，ཉ卷，第四十五品，203正頁；對勘本版，書號53，471頁。漢譯來源：曇無讖譯《大般涅槃經》（T.12.374.566b.24）。

體是車不合理，車只是依彼等施設處而被取名爲車，只能在施設的基礎上合理建立「車的來往」等名言。同樣地，依蘊起我想時，無論是從前時或後時的蘊體續流、同一時間的蘊聚，或是蘊支等任何一法，都不能安立爲我的事例。異於蘊支或具蘊性等處，我的事例也是不可得。因此，我只是觀待蘊體而由分別心所施設而已，絕非以自性而有。正因如此，才能無有爭議地安立「我行走、我停留」等作用，令補特伽羅坦然存在於名言中。此派主張，生起我想之念時，其念只是依自身相續的蘊體爲基礎而發起，所以我只是依蘊而被施設的唯我，這就是補特伽羅。《中觀寶鬘論頌》云：

> **「士夫非地水，非火風及空，非識非一切，何者是士夫？士夫六界合，故非有實有，如是一一界，合故亦非實。」**[142]

士夫或補特伽羅只是依六界而被施設有，除此之外，每一界、六界聚，或異於界性，成爲士夫都不合理，《中觀寶鬘論頌》清楚闡釋彼理。

142 德格版，論，本生，ཀི卷，第一品，第78句偈頌文，109背頁；對勘本版，書號96，295頁。漢譯來源：仁光法師譯《中觀寶鬘論頌》。

乙三、附帶解說成立前後世的理由

除順世派外，所有其他古印度宗義論師一致認同，諸有情從前生轉世到今生，今世身滅行至後世，有情的前後世並不間斷。

順世派否定從今世行至後世的說法，成立剛出生的心識只是源於今世的大種而已。我等認為，非順世派的其他宗教及宗義論師大多一致共許前後世，但轉世的士夫、轉世之理、前後世如何結續等，各派卻持種種的不同見解。一些論師認為，只會從人道行至人道或天道行至天道，否定彼此會相互轉世。另一些論師則說唯有後世，無前世。

所有佛學者承許前後世。一出生的心識不是無因生、或由大自在常法或常識而生、或僅從大種所生、或僅從他相續識所生等；善破彼等觀點。主張所依身蘊與能依心識二者為各自有，心識的續流於死後仍不間斷，仍會隨同類因緣，並依種種因緣、緣起取得新身。對於佛教徒而言，抉擇前後世的論述極為重要，因為佛教的許多修行都是建立在前後世的論述之基礎上。

佛經破有情是無因生、從異類因生，成立心識續流不斷，故以八喻廣釋為何捨棄此世的身軀後，再結續後世身軀的投生之理。此處簡略介紹。第一喻、老師誦文教學，學生牢記且如實朗讀其文時，老師語並不轉移成學生語，否則將有老師不再誦文之過；不依老師口誦的學生朗讀不成立，否則將有無因而成之過。如此例，前世結續後世時，不經成爲臨終心識，不能轉成後世心識的體性，否則將有「臨終心識是常，故不能行至後世」之過；不觀待臨終心識的後世心識不成立，否則後世心識將成無因而有。如老師授文，令學生能朗誦文字般，依臨終心識之因而生後世心識。

關於其餘七喻。第二喻、前燈火生後燈火。第三喻、鏡生影像。第四喻、印章生印章圖像於頁面上。第五喻、放大鏡生火。第六喻、種子生苗。第七喻、說「酸」字而流口水。第八喻、由出聲而有回音。應知如何結合彼等一一比喻，對應臨終心識結續後世心識之論述。其義如《指示壽終經》[143]云：

「大王白言，世尊，諸有情亡後轉生，但不以常，亦不以斷，亦不以無因，亦不以作者而生。了知生於世間彼岸不易故，有相順此義之喻乎？世尊曰，大王，應知相順此義之喻有八，即師誦徒知喻、燈火生燈火喻、鏡生影像喻、印生浮印與圖像喻、火齊生火喻、種生苗喻、言酸而垂涎喻、回音等喻而知。大王，從前前者至後後者之彼等八喻，為非常轉移之喻；後後者皆由前前者所

143 ཚེ་འཕོ་བ་ཇི་ལྟར་འགྱུར་བ་ཞུས་པའི་མདོ། *Āyuṣpattiyathākāraparipṛcchā*。

生，是離無因生之喻，亦是離斷滅之喻。」[144]

成立前後世的理由分兩部分，成立有前世以及成立有後世，先說前者。在諸多成立前世的理由中，主要有四：一、先有近取因。二、先有同類因。三、先有串習。四、先有領納。

廣釋第一理——先有近取因，即成立有前世原因中的重中之重。佛教學者認為，因分近取因與俱生緣二類。舉凡是有為法，必定有其近取因與俱生緣二類。以陶瓶為例，能轉成陶瓶性質的陶土是陶瓶的近取因，陶匠和製造陶瓶的器具等是陶瓶的俱生緣。同樣地，剛出生小孩的身蘊也有近取因與俱生緣二類，其近取因是父精母血，而小孩父母的身軀也是由祖父母以及曾祖父母等的精血而有，如是一一追溯身軀前因與前前因，身蘊質續是沒有開端的。《四百論》云：

「若時隨一果，初因不可見，一果見多因，誰能不生畏。」[145]

剛出生後的識蘊也有近取因與俱生緣二類。如稻米種子是麥苗的近取因不合理，在識之前若無任何一識是其近取因，將

144 德格版，經，經典，ས།卷，152背頁；對勘本版，書號72，424頁。漢譯大藏經內並無此譯。

145 德格版，論，中觀，ཙ།卷，第七品，第10句偈頌文，8背頁；對勘本版，書號57，798頁。漢譯來源：法尊法師譯《四百論》。

無識的近取因，畢竟於心識的續流中，諸色成爲心識的近取因不應理。《釋量論》云：

「非識則非識，親因故亦成。」[146]

無關心識的質續爲心識的近取因不合理。《釋量論》未說心識的近取因一定是心識，畢竟仍待安立心識近取因的種子。內四大種的微塵與識性存在著巨大差異，故不能成爲心識的近取因。《中觀心要論》云：

「大種異性相，豈能生覺慧？」[147]

諸事物皆由與其相似的體性而生。無心且具礙性的大種跟心法的性相極爲不同，故不生識。總之，外在色法皆是由大種所造的近取因所生，而諸大種的近取因則是先有的大種，若再持續追溯，一定是某色法。同樣地，內在心識的近取因也必須是先有的心識。成辦其義的正因相是「剛出生孩童的心識有法，先有其近取因識，是識故，如現在識」。《眞如集論》云：

146 德格版，論，量，ཅེ།卷，第二品，第165句偈頌文，113背頁；對勘本版，書號97，515頁。漢譯來源：法尊法師譯《釋量論》。

147 德格版，論，中觀，ཛ།卷，第三品，第205句偈頌文，11正頁；對勘本版，書號58，28頁。漢譯大藏經內並無此譯。

「此故初心識，從其近取有，是識等因相，如識現在際。」[148]

廣釋成立有前世的第二理——先有同類因。是有爲法必定從同類因生，不可能是無因生或從異類因生。譬如，有辣味的種子會生有辣味的果實，有甘味的種子會生有甘味的果實；麥種會生麥苗，稻米的種子會生稻苗，彼此不會錯亂。[149]《大寶積經卷第九十五．善順菩薩會》[150]云：

「種子有辣味，能生辣味果；種子有甘味，能生甘味果。」[151]

成立其義之理是「剛出生凡夫的心識有法，否定轉生時不待同類前者的僅從身生，是識故，如現在識。」同樣的道理應結合呼吸和清澈的眼等諸根。《釋量論》云：

「最初受生時，呼吸根覺等，非不待自類，唯從於身

148 德格版，論，量，ཆེ།卷，第二十六品，第40句偈頌文，69背頁；對勘本版，書號107，171頁。漢譯大藏經內並無此譯。

149 譯者註：直譯為「彼此互反則不生」。

150 འཕགས་པ་དེས་པས་ཞུས་པའི་མདོ། *Ārya-suratāparipṛcchā-nāma-mahāyāna-sūtra*。

151 德格版，經，寶積，ཅ།卷，第二十七品，181背頁；對勘本版，書號43，513頁。漢譯與藏譯稍有不同。漢譯原文：唐菩提流支譯《大寶積經》（T.11.310.417a.4）：「善惡猶種植，皆隨業所生，何有苦子因，成熟甘果者？」

生。」[152]

如果心識只從大種生，本該成色法的某一部分將要成爲非色法、唯領納的識性。然而，在相同性質的微塵種類裡，不存在某些成爲識性，某些不成爲識性的差異，故有「一切色法要成明觀識性」之過。《釋量論》云：

「故根等不待，自類是大種，如一轉變時，皆變無別故。」[153]

廣釋成立前世的第三理——先有串習。有些孩童從小天生聰慧且具悲憫，有些卻具強大貪心，這都是因往昔串習的緣故。成立此義之理是「諸貪瞋有法，先有同類前者，由串習彼等而漸次增上，乃至油然至極生起彼等，是有目共睹故。」《釋量論》云：

「由修習現見，貪等明顯故……」[154]

凡夫極力勤修善心，其力道不僅微弱、短暫，甚至不能發

152 德格版，論，量，ཚེ卷，第二品，第35句偈頌文，108背頁；對勘本版，書號97，503頁。漢譯來源：法尊法師譯《釋量論》。

153 德格版，論，量，ཚེ卷，第二品，第38句偈頌文，109正頁；對勘本版，書號97，503頁。漢譯來源：法尊法師譯《釋量論》。

154 德格版，論，量，ཚེ卷，第二品，第146句偈頌文，113正頁；對勘本版，書號97，513頁。漢譯來源：法尊法師譯《釋量論》。

起善心；凡夫盡力阻擋貪等，其力道卻仍強盛而持久，這可由親身體驗而證實。佛教學者主張，這是因爲於諸前世中，強力串習諸貪，而善等的串習力卻是極爲微薄所致。

廣釋成立前世的第四理——先有領納。不僅古時有人無誤認出前世的住處、物品、親友等，當今在世界許多地方也都一直有這類個案。若說所有這類個案都是虛假與迷信，不僅不是客觀的檢視態度，更是睜眼瞎說。如果前世不能到後世，怎麼會發生這類的無誤憶念？故以領納或憶念的因相成立決定有前世。

憶念又分先天的憶念，以及後天因爲看到前世的住處、物品等，依此因緣而驟然回溯的憶念。多數孩子們成長到五、六歲後，便會逐漸失去關於前世的記憶。憶念自己的前世不同於用神通了知或憶念發生在他人身上的眞相，憶念前世會結合「這是自己」的想法，所以也不同於回溯至今尙存的某人情況之憶念，即便這種憶念是起源於過去親見、親聞的經歷所生。阿闍黎馬鳴的《本生續》[155]云：

「習禪以明憶念力，憶念過去此或彼，比度世間之彼岸……」[156]

155 སྐྱེས་པའི་རབས་ཀྱི་རྒྱུད། 。

156 德格版，論，本生，ཧུ།卷，第二十九品，110背頁；對勘本版，書號94，265頁。漢譯大藏經內並無此譯。

阿闍黎清辨的《思擇焰論》亦云：

「於此世間，回溯生世、憶念多相過去世者中，見有人因行律，不相順父母之行境等相異分類故，應知彼等作為皆由往昔串習而有。」[157]

阿闍黎法上的《成就世間彼岸》[158]中，針對否定前後世宗義的敵方主張，列舉了相關的答辯，於此概說其諍。論云：

「有人以識續之性相說生前死後皆有識，持世間彼岸論。此非正說。非異、不可得性、異於身大種之識，絕非現識（所得）。緣身有始終，若身不異於思，豈能不斷？終究豈有非領納之續能住？識雖異，於四大轉世初時，後識承前識性之續，稍縱即逝。或說於一切時，識可成生識之門，母識將至極生成子識故，不成立世間彼岸。」[159]

某些否定前後世的派系說，與身大種性相異的心識不被現識所得，故與有始亦終的身軀大種非異之心識，其續流的永不

157 德格版，論，中觀，ཛ།卷，第三品，106正頁；對勘本版，書號58，260頁。漢譯大藏經內並無此譯。

158 འཇིག་རྟེན་ཕ་རོལ་གྲུབ་པ། *Paralokasiddhi*。

159 德格版，論，量，ཞེ།卷，246背頁；對勘本版，書號106，669頁。漢譯大藏經內並無此譯。

間斷不成立。即便汝說識是異於身性，也得承許識一開始是從四大所生，之後只是須臾持續且後稍縱即逝。或者，若說在心識續流中一定要先有心識時，親生母親的心識也將生成爲孩子自己的心識，亦可如是承許。爲破彼說，《成就世間彼岸》廣釋相關答辯，可從下文得知其義。論云：

> **「答此議題。汝以破世間彼岸之耽執，於初時說，不應理識非異於四大聚性之身……」**[160]

爲容易理解，此處簡略整理相關答辯。眼看色法時，領納樂苦的感受必須是異於正在看的色法，而且當該領納所引發的知樂苦感受之意，決定該領納是能執性[161]時，像具境識異於正在看的境諸色般，識也必定是異於身。[162]

汝又說，第一剎那的濃煙是從其近取因火而生，而下一剎那的濃煙只會從與濃煙同類的續流而生。同樣地，第一識是

160 德格版，論，量，ཞེ།卷，246背頁；對勘本版，書號106，670頁。漢譯大藏經內並無此譯。

161 譯者註：意知該感受不同於所見色法，因為意知感受是能執，而色法是所執。

162 德格版，論，量，ཞེ།卷，246背頁；對勘本版，書號106，670頁。漢譯大藏經內並無此譯。譯者註：如當代科學家的主流觀點，敵方也認為不存在異於色法的心法。為破此論自宗說，以「用眼看色法時，意知感受是能執，色法是該感受的所執」為例，因為意已決定該感受異於所見色法，要有異於色法的感受般，同樣地，也要有異於色身的心法。

從其近取因身大種所生，而之後的心識只會由與其同類的續流而續有。反駁：不應理。例如，第一剎那的燈火是從火與芯而生，第二剎那以後的燈火也要依不遠離的火與芯而有。同樣地，每一剎那的眼識都得依不遠離的眼根、中間[163]的光線，以及想要見色法的作意等無間緣而有，故與煙喻截然不同。[164]

又，依往昔見青習氣而生見青的意分別，這是由於該習氣全面成熟的緣故，非源於異類因的四大種。若說先有他識，故要主張母親的識生孩子的識。反駁：不應理。孩子的識是因往昔習氣而成智或愚，孩子的識若從母親的識而有，那麼，孩子的識的智愚將要取決於母親識的智愚，事實並非如此。以上是《成就世間彼岸》對此答辯的廣釋。[165]

第二、成立有後世之理。自己前世的心會結續今世的心，同樣地，臨終的心也必定會結續後世，故成立後世。《釋量論》云：

「諸最後心等，暫無相結續，故⋯⋯」[166]

163 譯者註：根與境中間。

164 德格版，論，量，ཞེ།卷，247正頁；對勘本版，書號106，671頁。漢譯大藏經內並無此譯。

165 德格版，論，量，ཞེ།卷，248背頁；對勘本版，書號106，674頁。漢譯大藏經內並無此譯。

166 德格版，論，量，ཅེ།卷，第二品，第45句偈頌文，112正頁；對勘本版，書號97，510頁。漢譯來源：法尊法師譯《釋量論》。

其因相是「凡夫臨終的心識有法，結續其後果識，是具貪之識故，如現在識。」又如《真如集論釋》云：

「具貪之心能生近取處另一心，具貪故，如先有之心，亡時之心亦是具貪。此謂自性因相也。」[167]

167 德格版，論，量，ཞེ།卷，第二十九品，101背頁；對勘本版，書號107，1235頁。漢譯大藏經內並無此譯。

第六品
說瑜伽行派的眞實義

甲一、總說

前述聖域印度的佛教宗義，尤其是大乘宗義的唯識和中觀兩派，都是在基法二諦上建立諸法眞相。由其理引伸的大乘二派宗義裡，首先特說瑜伽行派或唯識派是如何建立眞實義的論述。阿闍黎無著與世親兩兄弟認爲，《般若經》的意趣如中觀派所言，以一切法無差異地皆爲非勝義有的角度而詮釋，不應理。如之前唯識宗義的章節所言，兩兄弟自宗表示，應以遍計執無相性、依他起無生性、圓成實無實性的三無自性，各自分別詮釋「諸法無自性」，而始創其傳統。

阿闍黎無著主要依《解深密經》，將《般若經》中所說的「諸法無自性」分成三類而詮釋，這在無著自身的著作中非常明確地記載。爲能建立這種不共宗義，阿闍黎無著撰《瑜伽師地論》的五分論，以及《攝大乘論本》。《攝大乘論本》一開始以偈句的方式概說十義，如論云：

「所知依及所知相，彼入因果彼修異，三學彼果斷及智，最上乘攝是殊勝。」[1]

聲聞典籍未說的關鍵十義，是由大乘經典逐一廣說建立。

1 德格版，論，唯識，རི།卷，第一品，2背頁；對勘本版，書號76，5頁。漢譯來源：唐玄奘大師譯《攝大乘論本》（T.31.1594.133a.24）。

從此可概略推論阿闍黎無著是如何建立基法眞相、鑑於眞相的解脫之道，以及究竟解脫果位的論述。十義是什麼呢？第一義、所知依，即阿賴耶識。阿賴耶識是一切法的根本或基礎，故稱「所知依」，因爲異熟所依之阿賴耶是能依種子阿賴耶的所依，且隨成熟種子分[2]之力，生成諸有爲法且成立諸無爲法。第二義、所知相，即遍計執、依他起、圓成實三。第三義、入所知相，即如實了知三性相的性質，進而趨入非外境有的唯識之義。基法依他起是空依有法，成立依他起是外境有或所能二元質異有則是所遮遍計執，破除空依有法上的所遮遍計執的唯空之分是圓成實。認知此義，從而證悟一切法只是內在心識的所顯而已，故稱「入所知相」。第四義、入所知相因果，即尋常布施、持戒等是因，而其差別者是果。第五義、入所知相因果修異，即至極修持各個六度，是菩薩的十地。第六義至第八義、三學，即菩薩的戒定慧三。第九義、修行之果的究竟斷[3]。第十義、修行之果的究竟智。《攝大乘論本》如是逐一解說這不共諸處的要義，論云：

「復次，云何如是次第說此十處？謂諸菩薩於諸法因要先善已，方於緣起應得善巧。次後於緣所生諸法，應善

2 譯者註：直譯是「種子之分」，意指「就以是種子的角度而言」。

3 譯者註：斷功德或滅功德。

其相，善能遠離增益損減二邊過故。次後如是善修菩薩應正通達，善所取相，令從諸障心得解脫。次後通達所知相已，先加行位六波羅蜜多，由證得故應更成滿，增上意樂得清淨故。次後清淨意樂所攝六波羅蜜多，於十地中分分差別，應勤修習；謂要經三無數大劫。次後於三菩薩所學，應令圓滿。既圓滿已，彼果涅槃及與無上正等菩提，應現等證。故說十處如是次第。」[4]

比起前述《攝大乘論本》的十義，與宗義更爲相關的是第一義所知依阿賴耶、第二義所知相三性相，以及第三義入所知相唯識義的這三義。《佛法哲學總集・上冊》「闡述唯識的宗義」裡，已經闡釋成立第一義所知依阿賴耶識之理，而本冊將會個別說明第二義所知相三性相，以及第三義入所知相唯識義。

甲二、說諸法自性的三性相

乙一、三性相各自的性質

不只《解深密經》，《入楞伽經》等其他佛經也建立了三性相的論述。《瑜伽師地論》中的「攝決擇分」非常清楚地記

4 德格版，論，唯識，རི།卷，第一品，3正頁；對勘本版，書號76，5頁。漢譯來源：唐玄奘大師譯《攝大乘論本》（T.31.1594.133a.28）。

載以《解深密經》爲首的三性相詮釋。若能了知其義，對建立整體結構的認知絕對有幫助。《瑜伽師地論．攝決擇分》引用《解深密經》的長文如下：

「復次一切法相。當知如解深密經中，德本菩薩請問佛言：世尊，如世尊說於諸法相善巧菩薩，於諸法相善巧菩薩者。齊何名為於諸法相善巧菩薩？如來，齊何施設彼為於諸法相善巧菩薩？……吾當為汝說諸法相。謂諸法相略有三種，何等為三？一者遍計所執相、二者依他起相、三者圓成實相。云何諸法遍計所執相？謂一切法名假安立自性差別，乃至為令隨起言說。云何諸法依他起相？謂一切法緣生自性，則此有故彼有，此生故彼生，謂無明緣行，乃至招集純大苦蘊。云何諸法圓成實相？謂一切法平等真如。」[5]

《瑜伽師地論．攝決擇分》再釋：

「復次德本，如眩瞖人眼中所有眩瞖過患，遍計所執相當知亦爾，如眩瞖人眩瞖眾相，或髮毛輪蜂蠅苣藤，或復青黃赤白等相差別現前。依他起相當知亦爾，如淨眼人遠離眼中眩瞖過患。即此淨眼本性所行無亂境界，圓

5　德格版，論，唯識，ཞི།卷，第十八品，54背頁；對勘本版，書號74，875頁。漢譯來源：三藏法師玄奘漢譯的《瑜伽師地論》（T30.1579.718c.4）。

成實相當知亦爾。」[6]

上文依喻清楚解說三性相或三自性。至於其綱要的陳述，如論云：

「諸法相略有三種。何等為三？一者遍計所執相、二者依他起相、三者圓成實相。」[7]

諸法的性相或自性決定分三，遍計執相、依他起相、圓成實相。如何一一安立彼三的體性呢？如《瑜伽師地論・攝決擇分》云：

「云何遍計所執自性？謂隨言說依假名言建立自性。云何依他起自性？謂從眾緣所生自性。云何圓成實自性？謂諸法真如、聖智所行、聖智境界、聖智所緣，乃至能令證得清淨，能令解脫一切相縛及麁重縛。」[8]

遍計執相：僅依能計名言而施設或安置所計有法依他起。依他起相：不以自力而生，是依其他因緣而生的有爲法。圓成

6　德格版，論，唯識，ཟི།卷，第十八品，55背頁；對勘本版，書號74，875頁。漢譯來源：三藏法師玄奘漢譯的《瑜伽師地論》（T30.1579.718c.24）。

7　德格版，論，唯識，ཞི།卷，第二十一品，194正頁；對勘本版，書號74，470頁。漢譯來源：三藏法師玄奘漢譯的《瑜伽師地論》（T30.1579.718c.13）。

8　德格版，論，唯識，ཟི།卷，第二品，18背頁；對勘本版，書號74，787頁。漢譯來源：三藏法師玄奘漢譯的《瑜伽師地論》（T30.1579.703a.29）。

實相：是清淨智行境或是其智的究竟所緣。《攝大乘論本》在詮釋遍計執相時，是以各自列舉有能遍計、有所遍計、遍計所執自性而釋，如論云：

「此中何者能遍計？何者所遍計？何者遍計所執自性？當知意識是能遍計，有分別故。所以者何？由此意識用自名言熏習為種子，及用一切識名言熏習為種子，是故意識無邊行相分別而轉，普於一切分別計度，故名遍計。又依他起自性，名所遍計。又若由此相令依他起自性成所遍計，此中是名遍計所執自性。」[9]

有能遍計是如何遍計依他起呢？《攝大乘論本》云：

「復次，云何遍計能遍計度？緣何境界？取何相貌？由何執著？由何起語？由何言說？何所增益？謂緣名為境，於依他起自性中取彼相貌，由見執著，由尋起語，由見聞等四種言說而起言說，於無義中增益為有，由此遍計能遍計度。」[10]

依名所緣爲境，依想取相，依想執相，依見執其義且欲

9 德格版，論，唯識，རི།卷，第二品，16背頁；對勘本版，書號76，39頁。漢譯來源：唐玄奘大師譯《攝大乘論本》（T.31.1594.139b.10）。

10 德格版，論，唯識，རི།卷，第二品，16背頁；對勘本版，書號76，39頁。漢譯來源：唐玄奘大師譯《攝大乘論本》（T.31.1594.139b.18）。

於他示該所執之義時，以尋伺發起言說，即「見聞等四種言說」——所見、所聞、分別、識的四名言而表述，且將無增益爲有，故有遍計性相。論中所言此義甚是關鍵，例如，緣蛇的稱謂後，產生執繩爲捲曲蛇相等的「相執」，實際無蛇然執爲蛇，後又爲示他人而表述「看到蛇」等的言說，相同此喻。

以事例色法而言，彼三性相是什麼呢？色是執色分別心的增益處或基礎，是依他起。如執色識見外境有，以及執色是外境有的分別心之增益，即於色法上的自性遍計所執與如是所計色生的差別遍計所執，是色法的遍計執。不成立於識如是顯現——彼色於聲與分別心之境上是自性有；或是，不成立執外境有分別心所耽執般地存在，是色法的圓成實。《攝大乘論本》云：

「如此諸識，皆是虛妄分別所攝，唯識為性，是無所有非真實義顯現所依；如是名為依他起相。此中何者遍計所執相？謂於無義唯有識中似義顯現。此中何者圓成實相？謂即於彼依他起相，由似義相永無有性。」[11]

此論明說，增益處是依他起，於彼處的增益性是遍計執，破彼處上的增益之空是圓成實。至於所知三性相是否爲勝義或

11 德格版，論，唯識，རི卷，第二品，13背頁；對勘本版，書號76，371頁。漢譯來源：唐玄奘大師譯《攝大乘論本》（T.31.1594.138a.9）。

自性有？《辯中邊論頌》說此差異，如論云：

「虛妄分別有，於此二都無，此中唯有空，於彼亦有此。」[12]

以色法爲例，虛妄的分別依他起是勝義有。[13]此色所能二元質異不如增益般地存在、所能質異之空，則是自性有的圓成實。即便是分別依他起，圓成實也存在於其中。[14]若念，自性有的圓成實存在於色等依他起中，如有情以現識了知色，也應以現識證知圓成實。答：有情相續中尚有障蔽空性的二元謬障分別依他起，故無法證知，不同於知色喻。

既然三性相是否爲勝義有的差異如前述，那麼，如何以彼等差異建立遠離二邊的中道呢？《辯中邊論頌》云：

「故說一切法，非空非不空，有無及有故，是則契中道。」[15]

12 德格版，論，唯識，ཕི།卷，第一品，第21句偈頌文，40背頁；對勘本版，書號70，902頁。漢譯來源：唐玄奘大師譯《辯中邊論頌》（T.31.1601.477c.9）。

13 譯者註：「分別依他起」是法我執。法我執如色法雖是虛妄，但其本身是勝義有。

14 譯者註：法我執本身也是非外境有，所以非外境有之空的圓成實，也存在於法我執中。

15 德格版，論，唯識，ཕི།卷，第一品，第3句偈頌文，40背頁；對勘本版，書號70，902頁。漢譯來源：唐玄奘大師譯《辯中邊論頌》（T.31.1601.477c.11）。

存在於有法依他起上的圓成實是自性有、勝義有，故非空[16]。依他起本身也不是非所能質異之空，所以一切有爲法與無爲法皆是如此[17]。諸色依他起是自性有；於有法依他起上所能質異的遍計所執是自性無；圓成實是自性有。如所知的性相是有，圓成實不僅存在於自性有的有法依他起中，也存在於諸法的體性中，是遠離二邊的究竟中道。《攝大乘論本》以喻一一表明所知三性相，如論云：

「法無而可得，無染而有淨，應知如幻等，亦復似虛空。」[18]

遍計執：當幻化師變石木爲馬象時，石木中雖無馬象等法，眼受咒質所染[19]的觀眾卻只見馬象。同樣地，依他起的自性與差別二者，於聲與分別境中不成立自相有，但心識所顯卻是其自相有；或是外境有不成立，心識所顯卻是外境有。依他起：幻師以物質等力，顯石木爲馬象，實際卻非馬象。同樣地，雖見依他起是外境有，或見依他起於聲與分別境中是自相

16　譯者註：故非勝義有之空，因為是勝義有。

17　譯者註：「如此」是指，一切法都是所能二元質異之空。

18　德格版，論，唯識，རི།卷，第二品，18背頁；對勘本版，書號76，44頁。漢譯來源：唐玄奘大師譯《攝大乘論本》（T.31.1594.140a.20）。

19　譯者註：直譯為「眼染」，意指受咒語、物質影響的眼睛。為讀者能更好理解，此處依意譯。

有，實際卻非如此，故表相與眞相不同。圓成實：虛空本性清淨，故不被諸雲所障蔽；離雲霧時才稱「晴朗」，且遍佈一切處。如同此喻，圓成實也離自性污垢，且遍佈一切內外法。

另外，猶如幻化等八喻，執依他起識的所見也不合眞相，概說其義。第一喻，若非外境有，依他起爲何是見外境有識之境？爲斷此疑念，答：幻化中無馬象卻見馬象。同樣地，諸色六處雖非外境有，卻是外境有識之境。第二喻，水不存在於浮動的陽燄中，但仍起執水識。同樣地，器世間等非外境有，但仍起執彼等識。第三喻，睡時仍於心心所中生樂苦感受，同樣地，食衣等受用非外境有，依彼仍生樂苦。第四喻，鏡映面相雖非面容，卻能浮顯面容優缺點的影像。同樣地，善惡二業非外境有，依彼二仍生業果樂苦。第五喻，光影[20]並非事實，卻仍生見光影識。同樣地，外境非有，卻仍生見種種色之識。第六喻，回音非眞音。同樣地，語業並非如同所見耳境般的外境有，卻仍有各類名言。第七喻，清澈水中無月卻顯月影。同樣地，外境不存在於根本定的心境中，外境有卻仍被緣取。第八喻，幻術不合眞相卻行種種義。同樣地，諸大士身非外境有，卻能趣入利諸有情義。《攝大乘論本》說此喻義的結合，如論云：

20 譯者註：因為眼眩而見有二條線在前。

「復次，何緣如經所說於依他起自性說幻等喻？於依他起自性為除他虛妄疑故。他復云何於依他起自性有虛妄疑？由他於此有如是疑：云何實無有義而成所行境界？為除此疑說幻事喻。云何無義心心法轉？為除此疑說陽炎喻。云何無義有愛非愛受用差別？為除此疑說所夢喻。云何無義淨不淨業愛非愛果差別而生？為除此疑說影像喻。云何無義種種識轉？為除此疑說光影喻。云何無義種種戲論言說而轉？為除此疑說谷響喻。云何無義而有實取諸三摩地所行境轉？為除此疑說水月喻。云何無義有諸菩薩無顛倒心，為辦有情諸利樂事，故思受生？為除此疑說變化喻。」[21]

阿闍黎無著所造的《瑜伽師地論．攝事分》與《攝大乘論本》廣釋三性相的要義、一一性相，以及彼此內部之間的關聯等。我等認爲，不僅阿闍黎世親的《唯識三十頌疏》總結其義，世親的弟子阿闍黎安慧的《唯識三十頌疏》也列舉並解釋了《唯識三十頌疏》的本文，如論云：

「若一切唯識，怎麼不與經相違呢？因為經說有三種存在：遍計所執性、依他起性、圓成實性。這不矛盾，因為唯識要在三自性中建立。如何建立？故說頌曰：『由

21 德格版，論，唯識，ཤི卷，第二品，19正頁；對勘本版，書號76，46頁。漢譯來源：唐玄奘大師譯《攝大乘論本》（T.31.1594.140a.20）。

彼彼遍計，遍計種種物。此遍計所執，自性無所有。』因為內外分別事體的差別，為了顯示分別的無限，故說『由彼彼遍計』。『遍計種種物』，內或外，最後乃至佛法，都是所分別，故說『遍計所執性』。此中說其因，即『無所有』。所遍計的外境事體，即『自性無所有』。所以，遍計所執性的事體，並不是因緣所行的自性，因為在一事體和不存在的事物中，能看到彼此相違的很多分別轉起。於同一事物，或它不存在時，有很多彼此相違的自性，這就不合理。所以，所有的這一切，都是唯分別，因為這是外境的遍計所執狀態。經說：『復次，須菩提，如愚夫、異生執著的東西，如是諸法不可得。』

遍計所執之後，應說依他起自性，故說：『依他起自性，分別緣所生。』此中『分別』，是說依他起的自相。『緣所生』，是以此說明『依他』所詮釋的轉起因。此中『分別』，是由善、不善、無記的不同所辨別的三界心和心所。如說：而虛妄分別就是三界心和心所。如是，因為其他因緣而起，所以稱為依他起。其義如是。乃至說為，除自己以外，由於其他因緣而得自體。已說依他起性。

圓成實性如何？故說頌曰：『圓成實於彼，常遠離前性。』由於不變異的圓滿成就，故稱『圓成實』。『於彼』，即於依他起性。『前性』，即遍計所執性。即於這種分別中，遍計所執能取和所取是有。如是因為於此分別中，對於不可得的能取和所取進行遍計，這就稱為遍計所執。即於依他起性，恆常一切時畢竟遠離能取和所取，這就是圓成實自性。『故此與依他，非異非不異。』『故此與依他非異』，即依他起性，永遠與遍計所執性遠離，就是圓成實性。『遠離性』，就是法性，與法非異非不異，應理[22]。圓成實性就是依他起的法性，所以應當明白，圓成實性與依他起性非異非不異。如果圓成實性異於依他起性，則依他起性就不應當因為遍計所執而是空。若不異，圓成實性就不應當是清淨所緣，因為它就像依他起性那樣是雜染體性。如此看來，依他起性不應當以雜染為其體性。因為與圓成實非異，所以如圓成實一樣。頌曰：『如無常等性。』還需說明『非異非不異』。如無常性、苦性和無我性，與諸行等非異非不異。假若無常性與諸行相異的話，若爾，諸行則為常。若不異，諸行則如無常性一樣，是壞自性的狀態。於苦性等也應當這樣說。」[23]

乙二、觀察三性相是一或異

所知三性相是一還是異？該派大致的主張於前引阿闍黎世

22 譯者註：按照西藏原文，是「不應理」。

23 德格版，論，唯識，ཤི卷，167背頁；對勘本版，書號77，440頁。漢譯來源：韓廷傑譯《唯識三十頌疏》（http://big5.xuefo.net/nr/article63/625897.html）。

親的《唯識三十論頌》中有明確的記載，而某些更爲詳細的檢視，則如《攝大乘論本》所云：

「復次，此三自性為異為不異？應言非異非不異。謂依他起自性，由異門故成依他起；即此自性由異門故成遍計所執，即此自性由異門故成圓成實。由何異門此依他起成依他起？依他熏習種子起故。由何異門即此自性成遍計所執？由是遍計所緣相故，又是遍計所遍計故。由何異門即此自性成圓成實？如所遍計畢竟不如是有故。」[24]

《攝大乘論本》說，若依前述異門依他起而言，三性相非異。爲何呢？是阿賴耶上的習氣種子所生之依他起，故稱依他起爲「異門依他起」。依他起是分別妄念之所依或是其理，以及此妄念遍計諸色，故稱「異門遍計執」。依他起不像分別所遍計般存在，故稱「異門圓成實」。[25]那麼，三性相是一、非異嗎？《攝大乘論本》云：

「若由異門，依他起自性有三自性，云何三自性不成無差別？若由異門成依他起，不即由此成遍計所執及圓成

24 德格版，論，唯識，རི卷，第二品，16背頁；對勘本版，書號76，39頁。漢譯來源：唐玄奘大師譯《攝大乘論本》（T.31.1594.139b.24）。

25 德格版，論，唯識，རི卷，第四品，227正頁；對勘本版，書號76，593頁。

實；若由異門成遍計所執，不即由此成依他起及圓成實；若由異門成圓成實，不即由此成依他起及遍計所執。」[26]

三性相非一，因爲由各異門所安置的異門皆是各異，像由某異門成立爲依他起的「異門」不是遍計執。還有，阿闍黎無性的《攝大乘論釋》也依理安立三性相是異，如論云：

「非不異者，有與非有不成一故。依他起性與圓成實亦復如是，性不清淨、性清淨故。」[27]

論說，依他起以及「增益依他起是外境有」的遍計執，彼二中依他起是勝義有，而遍計執不是勝義有，故彼二是一不應理。還有，依他起及其上的圓成實，彼二亦隨是否清淨自性垢染而被成立或不成立，以有其差異故，是一不應理。

《攝大乘論本》結合雜染法與清淨法來詮釋三性相彼此之間的差別。分別妄念於依他起上的增益遍計執相是雜染法。依他起不如遍計所執，此空是清淨法。不清淨分別妄念緣依他起時，見執依他起是外境有，由此而說爲雜染分所攝；緣依他起而現證依他起的眞相圓成實，現起彼智故，由此而說爲清淨分

26 德格版，論，唯識，རི།卷，第二品，18背頁；對勘本版，書號76，44頁。漢譯來源：唐玄奘大師譯《攝大乘論本》（T.31.1594.140a.8）。

27 德格版，論，唯識，རི།卷，第一品，227正頁；對勘本版，書號76，592頁。漢譯來源：唐玄奘大師譯《攝大乘論釋》（T.31.1595.404a.24）。

所攝。因此，依他起相具有雜染與清淨二分。《攝大乘論本》以非常易解的比喻說明其義，如論云：

> **「世尊依何密意於《梵問經》中說：『如來不得生死，不得涅槃？』於依他起自性中，依遍計所執自性及圓成實自性，生死涅槃無差別密意。何以故？即此依他起自性，由遍計所執分成生死，由圓成實分成涅槃故。《阿毘達磨大乘經》中薄伽梵說：『法有三種：一、雜染分，二、清淨分，三、彼二分。』依何密意作如是說？於依他起自性中，遍計所執自性是雜染分，圓成實自性是清淨分，即依他起是彼二分；依此密意作如是說。於此義中以何喻顯？以金土藏為喻顯示。譬如世間金土藏中三法可得：一地界，二土，三金。於地界中土非實有而現可得，金是實有而不可得；火燒鍊時，土相不現，金相顯現。又此地界，土顯現時虛妄顯現，金顯現時真實顯現，是故地界是彼二分。識亦如是，無分別智火未燒時，於此識中所有虛妄遍計所執自性顯現，所有真實圓成實自性不顯現。此識若為無分別智火所燒時，於此識中所有真實圓成實自性顯現，所有虛妄遍計所執自性不顯現；是故此虛妄分別識依他起自性有彼二分，如金土藏中所有地界。」**[28]

28 德格版，論，唯識，རི།卷，第二品，第11句偈頌文，19背頁；對勘本版，書號76，47頁。漢譯來源：唐玄奘大師譯《攝大乘論本》（T.31.1594.140c.1）。

建立瑜伽行派的三性相論述，是以阿闍黎無著的著作爲主。我等認爲，此宗的三性相論述極爲重要，故於至尊慈尊的《大乘莊嚴經論》與《辯中邊論頌》，以及阿闍黎世親的《唯識三十論頌》與《三自性論》等其他著作中，亦皆闡釋瑜伽行派的三性相論述，雖然彼此之間存在少許差異，但其根本意趣與前引阿闍黎無著的論典所說非常吻合。

瑜伽行派主張，遠離所能二元之識是眞實有，這與非佛吠檀多的「無二元識是常法、眞實有」的立場相同。又，如果這種識是眞實有，將如外道所說會是我。中觀學者見此疑慮後，主張色心二法不存在眞實有無之別，特說一切法皆非勝義有的宗義。《辯中邊論頌》云：

「依識有所得，境無所得生；依境無所得，識無所得生。」[29]

阿闍黎世親的《辯中邊論》詮釋其義，如論云：

「論曰：依止唯識有所得故，先有於境無所得生；復依於境無所得故，後有於識無所得生。由是方便，得入所取能取無相。復次頌曰：『由識有得性，亦成無所得，

29 德格版，論，唯識，ཕི卷，第7句偈頌文，40背頁；對勘本版，書號70，903頁。漢譯來源：唐玄奘大師譯《辯中邊論頌》（T.31.1601.477c.19）。

故知二有得，無得性平等。』論曰：唯識生時現似種種虛妄境故，名有所得。」[30]

依詞義看，似是在說，因爲唯識而破外境有後，唯識本身也是不可得、也得破，故說色心二法同樣非眞實有。眾所周知，主張心識是眞實有乃瑜伽行派的根本宗義，所以我等認爲，《辯中邊論頌》以及其注釋的意思是，於離妄念的根本定中，色心二法同樣是無所能二元，要這麼解釋。

甲三、廣說圓成實性

乙一、依他起爲何是遍計執之空

從前章節「三性相各自的性質」與「觀察三性相是一或異」可知，依他起是遍計執之空是圓成實，才是瑜伽行派所說的究竟眞相，這是顯而易見的。瑜伽行派認爲，圓成實就是入勝義諦、法界、眞實際、眞實義的中邊。[31]

了解瑜伽行派詮釋圓成實的定義，這對通達此派如何安立眞實義至關重要，所以這個章節將會稍爲細說瑜伽行派的圓成

30 德格版，論，唯識，ཕི卷，第一品，3正頁；對勘本版，書號71，6頁。漢譯來源：唐玄奘大師譯《辯中邊論》（T.31.1600.465a.7）。

31 德格版，論，唯識，ཕི卷，第一品，第15句偈頌文，41正頁；對勘本版，書號70，903頁。

實。《辯中邊論頌》云：

「諸相及異門，義差別成立，應知二空性，略說唯由此。」[32]

論說圓成實之義應以圓成實的定義或性質、異名、異門、分類、成立如是分類的理由而知。《辯中邊論頌》述說圓成實的定義，如論云：

「無二有無故……是說為空相。」[33]

遍計依他起是所能二元質異的事物，其空性是圓成實的定義或性質。《辯中邊論頌》再釋圓成實的異名與內義，如論云：

「謂真如實際……」[34]

關於空性的分類及其成立之理，如《辯中邊論頌》云：

「此雜染清淨，由有垢無垢……」[35]

---

32 德格版，論，唯識，ཕི།卷，第一品，第12句偈頌文，40背頁；對勘本版，書號70，903頁。漢譯來源：唐玄奘大師譯《辯中邊論頌》（T.31.1601.478a.2）。

33 德格版，論，唯識，ཕི།卷，第一品，第12句偈頌文，41正頁；對勘本版，書號70，903頁。漢譯來源：唐玄奘大師譯《辯中邊論頌》（T.31.1601.478a.4）。

34 德格版，論，唯識，ཕི།卷，第一品，第13句偈頌文，41正頁；對勘本版，書號70，904頁。漢譯來源：唐玄奘大師譯《辯中邊論頌》（T.31.1601.478a.6）。

35 德格版，論，唯識，ཕི།卷，第一品，第15句偈頌文，41正頁；對勘本版，書號70，903頁。漢譯來源：唐玄奘大師譯《辯中邊論頌》（T.31.1601.478a.10）。

依未清淨煩惱垢染的空依有法依他起，以及清淨煩惱垢染的空依有法依他起二者，分雜染與清淨[36]圓成實兩類。同樣地，隨十六個不同增益處內外諸法，彼上法無我圓成實也分十六，如此分類是為淨除緣彼等的增益垢染而安置，詳細的相關內容如前章節「瑜伽行派說三性相攝入二諦之理」所說。《辯中邊論疏》[37]總結此義，如論云：

「圓成實相是有事物與無事物的遮性，空性周遍一切至極分類故。異名乃異門。異門之義，謂相順異門、趣入異門之因故。如虛空，非異性相故。無妄念亦隨相遇驟然近煩惱，以及離彼時之相異，故而分類。此外，增益補特伽羅與法相異故，分十六類。應理成立空性的至極分類。」[38]

如慈氏典籍所述，阿闍黎無著也釋瑜伽行派的整體宗義，尤其是圓成實的建立。《攝大乘論本》云：

「若說四清淨，是謂圓成實。自性與離垢，清淨道所

36 譯者註：直譯是「具垢與無垢」。此處的譯詞則是根據由唐玄奘大師漢譯、由阿闍黎世親造《辯中邊論》，如論云：「空性差別略有二種，一雜染、二清淨。」

37 དབུས་མཐའི་འགྲེལ་བཤད། ，阿闍黎安慧造。

38 德格版，論，唯識，བི།卷，第一品，211背頁；對勘本版，書號71，550頁。漢譯大藏經內並無此譯。

緣。」[39]

論以自性清淨、離垢清淨、道清淨、所緣清淨的四清淨，建立圓成實。一、自性清淨的圓成實：不變爲他的諸法共相皆是一味，故是眞實義；依他起是遍計所執之空，故是空性；究竟眞相，故是眞實際；遠離一切諸色之相，故是無相；是現證眞相識之所知，故是勝義；緣爾修行故，清淨自身相續的一切無知，故是法界。二、離垢清淨：圓成實是遠離二障垢染的清淨性。三、道清淨：證圓成實而得道，故清淨道。四、所緣清淨：由緣爾的聞等之行而生諸道，故說教典是清淨所緣。根據《攝大乘論本》，前二是無變異圓成實，後二是無顚倒圓成實。[40] 總之，前二是眞正的圓成實，後二並非眞正的圓成實。

阿闍黎陳那也以四清淨而說瑜伽行派的圓成實，如《佛母般若波羅蜜多圓集要義論》[41]云：

「般若波羅蜜，說三種依止；謂徧計依他，及圓成實性。

39 德格版，論，唯識，རི།卷，第二品，19正頁；對勘本版，書號76，46頁。漢譯來源：唐玄奘大師譯《攝大乘論本》（T.31.1594.140b.14）。

40 德格版，論，唯識，རི།卷，第四品，151正頁；對勘本版，書號76，389頁。漢譯來源：真諦大師譯《攝大乘論釋》（T.31.1595.191c.20）：「四種清淨法者，一、此法本來自性清淨，謂如如、空、實際、無相、真實、法界……第一第二清淨由無變異故成真實，第三第四由無顛倒故成真實。」

41 འཕགས་པ་ཤེས་རབ་ཀྱི་ཕ་རོལ་ཏུ་ཕྱིན་པ་སྡུད་པ་ཚིགས་སུ་བཅད་པ། 。

無此等說句，一切徧計止；幻喻等見邊，此說依他性。有四種清淨，說圓成實性；般若波羅蜜，佛無別異說。」[42]

般若經的「諸法無自性」不可如言而取，所以只能依賴三性相的「無相性、無生」等經文而解讀其義。遍計執無相性；以幻化與夢境等喻，破依他起有生性；[43]經示四清淨故，破圓成實有實性，因爲清淨乃淨除，緣爾所緣能淨除障礙，故說圓成實無實性。[44]建立依他起是遍計執之空的圓成實之際，《攝大乘論本》又云：

「依他所執無，成實於中有，故得及不得，其中二平等。」[45]

依他起無遍計所執相卻有圓成實相，因此，當量未見依他起的眞實義時，可得遍計執卻不得圓成實；見眞實義時，不得遍計執卻可於同時得圓成實。

42 德格版，論，般若，ཁ卷，第二品，第26句偈頌文，293背頁；對勘本版，書號55，1379頁。漢譯來源：宋施護等譯《佛母般若波羅蜜多圓集要義論》（T.25.1517.906b.12）。

43 譯者註：幻化也得從幻化師、咒、質等因緣聚合而有，並非僅依自力而生。同樣地，「依他起無生性」指的是依他起無不依他緣的生性。

44 譯者註：圓成實是勝義根本定之境的勝義有，故說圓成實是勝義有。圓成實也是無法我或外境的實性，故說圓成實無實性。

45 德格版，論，唯識，རི卷，第二品，21背頁；對勘本版，書號76，51頁。漢譯來源：唐玄奘大師譯《攝大乘論本》（T.31.1594.141b.21）。

瑜伽行派的某些典籍只說，執所能質異是法我執，並不廣釋其他法我執。然而，如前多次已述，像《解深密經》中的「依他起之自性與差別的遍計所執性非自性有、非相性有，方爲法無我」，依此立場，依他起之自性與差別的遍計所執是自性有，方爲法我執。又如即將述說的內容中，像阿闍黎無著的《菩薩地持經》、《攝事分》、《攝大乘論本》也依多理成立，執依他起是遍計所執時，其所取之空的空性方爲究竟中道、法無我的圓成實。

不同於其他大乘宗義論師，此派論師建立基法見解時，所破有二：觀待分別顯現的所遮，以及觀待離分別根識的法我。關於前者，不觀待名言卻以境本身的存在之力，令其法的自性及差別存在於結合名言的聲與分別心的所趨處中，以此標準成立觀待分別意識的法我。以青爲例，觀待名言的緣故，青才能成爲詮爾之聲與立爾之識的境。若不觀待名言卻從境青色本身而成聲識之境時，必定是所遮法我。法我有二：結合名言於彼自性的聲與分別所趨境中，境以自身存在之力而有；結合名言於彼差別的聲與分別所趨境中，境以自身存在之力而有。關於後者，諸色等法並非只是執爾根識的體性或是所顯而已，成立諸色與識的體性相異或與識具間距，以此標準成立觀待離分別根識的法我。以青爲例，如果成立執青眼識與其所取青色二法的體性非一，且青是從外境的諸多微塵集聚而有，必定是所遮。

乙二、辨認所遮增益

阿闍黎無著的《菩薩地持經》云：

「如是無所有，亦非一切都無所有。彼云何有？有實、謗實此二俱離如是有……」[46]

依他起於聲與分別的所趨境中非自性有故，「彼是自性有」之執是增益；依他起本身是自性有故，「彼是自性無」之執是損減。

所遮的增益與損減兩者爲何呢？執「依他起於詮爾聲與分別的所趨境中是自性有」的分別妄念是所遮增益，其識的所耽境是增益邊，也是「成立依他起是遍計執之空因相」的所遮。執「依他起是自性無」的分別心是損減，其識的所耽境是損減邊，也是「成立依他起是自性有之因相」的所遮。《菩薩地持經》云：

「若色等諸法色等諸事，施設假名說自性自相，於不實法妄想計著；二者施設假名處假名所依，離言說自性，第一實義誹謗毀滅，一切都無所有。」[47]

46 德格版，經，唯識，ཤི།卷，第四品，24背頁；對勘本版，書號73，582頁。漢譯來源：北涼曇無讖譯《菩薩地持經》（T.30.1581.894a.23）。

47 德格版，經，唯識，ཤི།卷，第四品，25背頁；對勘本版，書號73，584頁。漢譯來源：北涼曇無讖譯《菩薩地持經》（T.30.1581.894b.10）。

論說，依他起於聲與分別的所趣境中非自性有故，非佛論師或佛教論師若執彼是自性有，將是增益。施設名相處的依他起雖是勝義有，卻被說無自性的論師視爲勝義無，則是損減。如同於依他起上的增益見或損減見般，圓成實也應如是。《瑜伽師地論‧攝事分》云：

「若於依他起自性或圓成實自性中，所有遍計所執自性妄執，當知名增益邊……損減邊者，謂於依他起自性，及圓成實自性諸有法中，謗其自相言無所有。」[48]

依他起與圓成實是勝義有，若視彼二非勝義有，則是對於依他起與圓成實的損減見，所以損減並非只是執、許彼二是名言無。同樣地，視、許遍計執是自性有、勝義有，才是「存在遍計所執」之見，彼見並非只是執、許名言有。《瑜伽師地論‧攝事分》云：

「問此諸現觀，由如是名由如是言所安立故，當言是彼自性，當言非彼自性耶？答：世俗說故當言是彼自性，第一義故當言非彼自性。」[49]

---

48 德格版，論，唯識，ཞི卷，第二十二品，194背頁；對勘本版，書號74，470頁。漢譯來源：三藏法師玄奘漢譯的《瑜伽師地論》（T30.1579.656c.7）。

49 德格版，論，唯識，ཞི卷，第三十一品，279背頁；對勘本版，書號74，675頁。漢譯來源：三藏法師玄奘漢譯的《瑜伽師地論》（T30.1579.692a.25）。

方才所釋的損減執只會存在於宗義師中，故是遍計[50]。不思惟宗義者也會執依他起的自性與差別於聲識境中是自性有，發起如是增益，所以此執也有俱生識。阿闍黎無著依凡夫愚識的所顯、所執兩種角度，明晰檢視其義，如《瑜伽師地論·攝事分》云：

> **「復次由五因緣，當知愚夫如名如言於所詮事執有自性。」**[51]

論以五相之理概說，凡夫生「執色事物於能詮色聲與能立色分別識的所耽境中是自性有」之俱生識。若要詳細解說第一問答[52]為何生執？答：不思宗義的士夫結合詮色之聲於色時，若問色為何？不說色是由內在習氣成熟所見的色法，卻說色是如自身眼識所見之色。因此，成立凡夫生「如所見般，執諸色於聲與分別境中是自性有」之俱生識。以幻化咒質令目眩者見、執石木是馬象為例，若問此人，結合馬象之聲的馬象是什麼？不說是依目眩所見的馬象，卻說就是前方的馬象，即從石

50　譯者註：此處的「遍計」是指經理由思惟而有、非自然發起的意思，無關唯識的三性相。

51　德格版，論，唯識，ཞི།卷，第三十五品，21正頁；對勘本版，書號74，793頁。漢譯來源：三藏法師玄奘漢譯的《瑜伽師地論》（T30.1579.704a.19）。

52　譯者註：《瑜伽師地論·攝事分》所說的五相之理中的第一者。

木本身所顯般有的馬象。《瑜伽師地論．攝事分》云：

> **「問言，此事用何以為自性？答言，此事是色自性非是色名。」[53]**

第二理，因尋相而生執。不思宗義的士夫會生「執諸色於聲與分別的所趨境中是自性有」的俱生識，因爲該士夫尋找諸色的自相、共相時，只會在「聲與分別的所趨境中是自性有」的基礎上尋找，不會在「僅依聲與分別所施設」的基礎上尋找。例如，因幻化咒質所染而見執石木是馬象，該士夫在尋找馬象時，只會以「是馬象」的想法去尋找，不會以「是幻所變之馬象」的想法而去尋找。《瑜伽師地論．攝事分》云：

> **「復次獨處空閑，精勤觀察諸法自相共相，尋思此事是色相非色名。」[54]**

第三理，因喜厭生執。不思宗義的士夫執諸色於聲與分別的所耽境中是自性有，因爲觀察諸色時，若得色是所計色性，將生歡喜；若得色是唯名施設之色，將生厭惡。例如，見執幻

53 德格版，論，唯識，ཞི།卷，第三十五品，21正頁；對勘本版，書號74，793頁。漢譯來源：三藏法師玄奘漢譯的《瑜伽師地論》（T30.1579.704a.20）。

54 德格版，論，唯識，ཞི།卷，第三十五品，21正頁；對勘本版，書號74，794頁。漢譯來源：三藏法師玄奘漢譯的《瑜伽師地論》（T30.1579.704a.23）。

化馬象的士夫，若從自己所見的幻化馬象而得馬象，將生歡喜；若因只是目眩而不得馬象，將生厭惡。《瑜伽師地論·攝事分》云：

「復次於此色事尋求色相，不能得時便生不樂，非求色名不能得時。」[55]

第四理，因愚者耽著而生執。一般凡夫會生「執名言結合處是自性有」的俱生增益，因爲名只能顯示各個異境，即名顯示自性性相或差別性相任一時，自然不能顯示另一者。還有，凡夫都是基於自己所見而結合名言於彼等諸境，故起如所見般的增益——視無爲有之執。例如，以見執幻化馬象爲馬象的士夫而言，石木雖非馬象，卻見執石木爲馬象。《瑜伽師地論·攝事分》云：

「此中若名能顯自相義，非此能顯差別相義。」[56]

第五理，習氣所縛故而生執。不思宗義的士夫會生「執諸色於聲與分別的所趨境中是自性有」的俱生識，因爲隨無始串

55 德格版，論，唯識，ཤི།卷，第三十五品，21正頁；對勘本版，書號74，794頁。漢譯來源：三藏法師玄奘漢譯的《瑜伽師地論》（T30.1579.704a.25）。

56 德格版，論，唯識，ཤི།卷，第三十五品，21正頁；對勘本版，書號74，794頁。漢譯來源：三藏法師玄奘漢譯的《瑜伽師地論》（T30.1579.704b.1）。

習執相的習氣之力，如所見般而生執著。例如，見執幻化馬象的士夫會生「因幻化咒質而目眩」的見與執。《瑜伽師地論·攝事分》云：

> **「復次一切愚夫於諸相中名言所縛故，當知如名如言於所詮事妄執自性。」**[57]

以上是《瑜伽師地論·攝事分》依五理明示，一般凡夫會增益且執「遍計執於依他起的自性與差別上是自性有」，進而愚昧諸法眞實義，故生我見與我所見之妄念，故生非理作意妄念，故生諸習氣煩惱及其苦果。[58]

乙三、依理成立依他起是遍計執之空

如何破除前述的增益與損減？先說破除增益之理，其中以破「聲與分別心依事物之力趨入其境」爲首述[59]。不僅聲與分別心的所趨境返體是分別施設，《攝大乘論本》、《菩薩地持

57 德格版，論，唯識，ཞི།卷，第三十五品，21背頁；對勘本版，書號74，795頁。漢譯來源：三藏法師玄奘漢譯的《瑜伽師地論》（T30.1579.704b.15）。

58 德格版，論，唯識，ཤི།卷，第四品，28背頁；對勘本版，書號73，590頁。

59 譯者註：破除法我增益的詮釋有多種不同說法，如破聲與分別心依事物之力趨入其境、破所能二元是質異、破外境有等等。在此先說初者——破以事物之力趨入聲與分別心之境。

經》、《瑜伽師地論・攝事分》等論亦依多理，破其返例[60]自相於聲與分別所趨境中是自性有。

執青眼識有三見：見青是青、見青存在於詮青聲的所趨境中、見青於其所趨境中是自性有。其中的第三者[61]是凡夫相續意分別的所顯，而這般執著則是此處的法我增益。觀察意分別如何認定諸色是名言的所趨境時，可知意分別不僅顯現「諸色在不觀待聲詮與分別心的施設下，從自身成爲名言所趨境」，也如是耽執。如《菩薩地持經》云：

> **「若色等諸法色等諸事，施設假名說自性自相，於不實法妄想計著。」**[62]

若問：所遮法我是「諸色於名言所趨境中是自相有」，而破彼是細微法無我，那麼，「破諸色於名言境中是自性有」是指「破諸色是能詮直接境的這部分是自相有」還是指「破諸色是能詮所耽境的這部分是自相有」？若是前者，毘婆沙與經部兩派都無須成立「依他起是能詮直接境的這部分是無自相」，

60 གཞི་ལྡོག。譯者註：瓶子是瓶子的返體，而金瓶是瓶子的事例，故金瓶是瓶子的返例。

61 譯者註：直譯是「後者」。

62 德格版，經，唯識，ཤི卷，第三品，25背頁；對勘本版，書號73，584頁。漢譯來源：北涼曇無讖譯《菩薩地持經》（T.30.1581.894b.10）。

故彼空是細微法無我不合理。若是後者，其義是指「破所趨境的返例是自相有」還是「破所趨境的返體是自相有」？若是前者，將會破依他起是自相有；若是後者，經部亦能成立共相非事物[63]，故不應理。還有，諸色於名言境中是自相有之空本身，不具完整破所能二元異質的唯識義，豈知彼義是此宗的細微法無我？

以六義完整回覆此問。一、即便是單一根識，仍隨各個習氣產生多個相異所顯。二、以執青根識爲例，彼根識在所見上的差異是，見青是青、見青是外境有、見青於聲與分別的所趨境中是自相有。三、青等「於名言境中是唯有[64]」與「於彼境中是自相有」的差異。四、經論反覆說，諸色「是分別心的所耽境」與「於所遮時說的分別心之所耽境」，彼二不同之理。五、爲何「執諸色是分別心的所耽境本身非自相有」絕對不同於「諸色於分別心的所耽境中非自相有」。六、應知經部與唯識派對於如是所現、所執是否成立的區別，這很重要。下文將依序解說六義。

一、即便是單一根識，仍隨各個習氣產生多個相異所顯。以執青眼識爲例，隨同類習氣之力而見青；隨名言習氣之力而

63 譯者註：經部亦知所有法的返體都是常法、非事物、是共相、非自相。

64 譯者註：「唯有」是指「只是青色存在於名言之境中」，無須多添其他解讀。

見青是詮青名言的所趣境；隨我見習氣之力而見青於名言之境中，且在不觀待名言下，能以境自身之力成立。因此，即便是單一根識，卻隨堅固習氣之力，令其所顯多種，即自相的依他起、唯名言安立的遍計執，以及無法依名言安立其存在，僅依分別而施設之分等。至於瑜伽行派如何詮釋由成熟阿賴耶上的習氣之力而見諸色，以及習氣內部又分同類習氣、名言習氣、我見習氣等內容，已於《佛法哲學總集・上冊》[65]中解說。

二、執青眼識不僅見青是青，也會以「具間距」的方式見青，故執青眼識見青是外境有。尤其是執青眼識見青時，會見青在不觀待聲與分別下，青從境自身成爲名言之境。爲什麼呢？若問，什麼是所謂的「青性」時，會說[66]：「眼識見青是從自身成爲名言之境，且意也是這麼執著，此性即是色。」正是因爲執青眼識本身，產生了想要如此回覆的動機分別心。俱生識不見「色於詮色名言之境中，只是依聲與分別所施設而已」，卻見「不觀待聲與分別的安立，色以自力成爲彼境」。

三、青等「於名言境中是唯有」與「於彼境中是自相有」的差異。青在結合詮青是色的名言下，成爲聲與分別之境，這就是「於名言境中是唯有」之義。在不觀待名言的結合下，執

65 譯者註：可參考「戊四、能依種子的阿賴耶」的章節。

66 譯者註：未證法無我的一般人會說。

青是以事物自身之力，成爲詮青之聲的所趨境，以及耽著青之分別心的所耽境，則是「於名言所趨境中是自相有」之義。

四、經論反覆說「諸色是分別心的所耽境」與「於所遮時說的分別心之所耽境」，彼二不同之理。前者是，色在執色分別心的耽執下成爲其分別心的所持境。後者的所現是，在不觀待聲與分別所結合的名言下，諸色從自身成爲名言所趨境，之後生起的分別心也會依照如是所現這般執著，認定並表示這種耽執境之色才是色。

五、爲何「執諸色是分別心的所耽境本身非自相有」絕對不同於「諸色於分別所耽境中非自相有」。色是分別心的所耽境，所以「色是分別心的所耽境」本身是存在的，而且「色是執色分別心的所耽境」本身[67]只是由分別心所施設而已，故無自相。[68]諸色不以事物自身之力，卻在觀待聲與分別結合名言下成爲分別心的所耽境，是「諸色於分別所耽境中非自相有」之義。

六、經部與唯識派對於如是所現、所執是否成立的區別。經部認爲，眼識見青於名言所趨境中是自相有，由彼眼識所引生的分別心也這般耽執，並承許這般耽執應理。唯識派否定青

67 譯者註：直譯是「色是執色分別心的所耽境之分」。

68 譯者註：像是桌子會隨時間而變質，但「是桌子」本身卻不會變質，無論是十年前的「是桌子」，還是十年後的「是桌子」。因此，「是桌子」不是無常法，是常法。

於名言所趨境中是自相有。經部又說，聲之所詮的返體不是事物，但瓶等是以自力成爲聲之所詮。唯識卻說，這種以事物之力成爲名言的所趨境，必定是法我。

《攝大乘論本》、《菩薩地持經》，以及《瑜伽師地論．攝事分》三論，各以三理破諸色於名言所趨境是自相有。《攝大乘論本》云：

> **「由名前覺無，稱體相違故；由名有眾多，多體相違故；由名不決定，雜體相違故。」**[69]

《攝大乘論本》的三理是：一、稱體相違。二、多體相違。三、雜體相違。[70]稱體相違：「腹鼓者[71]有法，彼於詮瓶名的所趨境中非自性有，因爲尚未取詮瓶之名前，僅見腹鼓者，不起『彼是瓶』之識故。」如果腹鼓者於詮瓶之名的所趨境中是自性有，該所趨境一定是從腹鼓者的不共性而有。若是，僅憑腹鼓者的存在，腹鼓者就自然要存在於詮瓶之名的所趨境中。若是，在不觀待名言下，將生「彼是瓶」之識故，將有「尚未結

69 德格版，論，唯識，རི།卷，第二品，18背頁；對勘本版，書號76，44頁。漢譯來源：唐玄奘大師譯《攝大乘論本》（T.31.1594.140a.15）。

70 譯者註：此處三理的譯詞是以《攝大乘論本》為主。

71 譯者註：腹鼓者是「腹鼓、縮底、且具有盛水作用者」的縮寫。瓶子的定義是腹鼓、縮底、且具有盛水作用者。

合詮瓶名之前，仍生『彼是瓶』之識」的過失。以此類推，應知下述的第二理多名，以及第三理一名爲二，如何與「於名所趨境中是自性有」相違之理。

二、多體相違。名爲「丹增」的某人有兩個名字，尚未出家前叫「次仁」，出家後叫「丹增」。「如是丹增有法，彼於詮次仁與丹增等多名的所趨境中非自性有，彼無多異相續[72]故。」

三、雜體相違，即「王族優波毱多與婆羅門族優波毱多兩人有法，彼二於詮優波毱多之名的所趨境中非自性有，彼二補特伽羅非一相續故」。

同樣地，《菩薩地持經》也說三理。第一理：以應成一義多性，成立依他起是遍計所執之空。阿闍黎無著的《菩薩地持經》云：

> **「若法隨說有事轉者應有自性，若然者，一法一事應有眾多自性。」**[73]

詮釋其義的應成語是「帝釋天有法，彼性應成多異性，彼於帝釋天與釋提桓因陀羅等多名的所趨境中是自性有故」。由此應成語而引發且結合因相的論式是「帝釋天有法，彼於多名

72 譯者註：一補特伽羅只有一個相續，所以一個補特伽羅不會有多種且相異的相續。

73 德格版，經，唯識，ཝི།卷，第四品，25正頁；對勘本版，書號73，582頁。漢譯來源：北涼曇無讖譯《菩薩地持經》（T.30.1581.894a.25）。

的所趨境中非自性有，彼性非多異性故」。

第二理：以尚未取名時應成無義[74]，成立依他起是自性與差別遍計所執之空。《菩薩地持經》云：

「復次色乃至涅槃法，若隨名字有自性者，要先有法而後隨意制名，未有名時彼法應無自性。若無自性者，無事制名。」[75]

詮釋其義的應成語是「前有而後被取名的具枝葉事物有法，尚未被取『彼是樹』之名時應成無樹，彼於詮樹聲與分別的所趨境中是自相有，且該名稱於尚未制名時未存在故」。結合因相的論式是「具枝葉事物有法，彼於名言境中非自性有，尚未取名爲樹時仍有彼故」。

第三理：以應成無義性，成立依他起是自性與差別遍計所執之空。《菩薩地持經》云：

「若法本來自性是色，然後以名字言說攝取是色。若然者，應離名有色施設，眾生應自知，是色不待名知。而眾生無名則不知色，以是故知一切諸法離言說自性。」[76]

74 譯者註：直譯是「無義」，意指無境。

75 德格版，經，唯識，ཤི།卷，第四品，25正頁；對勘本版，書號73，583頁。漢譯來源：北涼曇無讖譯《菩薩地持經》（T.30.1581.894b.2）。

76 德格版，經，唯識，ཤི།卷，第四品，25正頁；對勘本版，書號73，583頁。漢譯來源：北涼曇無讖譯《菩薩地持經》（T.30.1581.894b.5）。

詮釋其義的應成語是「堪成色有法，在某士夫尚未取名爲色之前，應成有『彼是色』之識，因爲彼於詮色名言的所趨境中是自性有」。由此應成語引發且結合因相的論式爲：「堪成色有法，彼於詮色言的所趨境中非自性有，在某士夫尚未取名爲色之前，不生『彼是色』之識故。」

總之，如阿闍黎海雲[77]的《菩薩地釋》[78]說，於一切萬法上，要結合破諸色是所遮遍計所執之空的前述諸理由。論云：

「如是，將有三過故，應知一切法皆是不可說性。同理，應知名詞攝取諸受等法乃至涅槃。」[79]

《瑜伽師地論．攝事分》也以三理成立依他起是遍計所執之空，而三理中的兩理與《攝大乘論本》及《菩薩地持經》所說相同，即《瑜伽師地論．攝事分》的第一理與《攝大乘論本》的第一理及《菩薩地持經》的第三理相同；《瑜伽師地論．攝事分》的第二理與《攝大乘論本》的第二理及《菩薩地持經》的第一理相同，故不另做說明。《瑜伽師地論．攝事分》的第三理與《攝大乘論本》及《菩薩地持經》所說稍有不同，故於

77 རྒྱ་མཚོ་སྤྲིན། 。

78 བྱང་སའི་རྣམ་པར་བཤད་པ། 。

79 德格版，經，唯識，ཡི།卷，第四品，68背頁；對勘本版，書號75，771頁。漢譯大藏經內並無此譯。

此章節另做解說。「腹鼓者有法，彼於詮瓶名的所趨境中非自相有，因為取『彼是瓶』之名是由聲與分別決定故。」其義如《瑜伽師地論・攝事分》云：

「是故名言依相而立不應道理。」[80]

依前述觀待意識分別、所能二元等諸理而破所遮故，成立執青識謬見青是分別所耽境，故錯亂於所現境。若能成立彼義，則成立青與見青識非質異。於《攝大乘論本》、《菩薩地持經》、《瑜伽師地論・攝事分》等論中，阿闍黎無著所說的「於聲與分別的所趨境中是自相有之空」，此義具足瑜伽行派整體認同的破所能二元異質的完整唯識義。

甲四、別說所能非異質

乙一、依理破除所能為質體異

前述瑜伽行派的典籍建立諸法的眞實義時，是以意識分別心的所現，成立諸色於執爾分別心的所趨境中非自性有，進而抉擇依他起是遍計所執之空的圓成實。還有另一角度，則是以根識離分別的所現，成立諸色與執爾根現識非質異、非間距

80　德格版，論，唯識，ཞི།卷，第三十五品，12正頁；對勘本版，書號74，771頁。漢譯來源：三藏法師玄奘漢譯的《瑜伽師地論》（T30.1579.700b.6）。

有，從而抉擇圓成實，故有兩種途徑。前者的主要內容如已述阿闍黎無著的典籍所言。此章節將述說後者，即以離分別識的所現境而破所能爲質體異，由此建立眞實義之理。

諸色等法並非只是執爾根識的體性或所現，而與執爾識的體性爲異，所能二元中有間距，這就是依離分別根識的角度而述說的法我，或是此派的外境有。阿闍黎世親的《唯識二十論》云：

「見境故唯識，絕無有彼等，如有眩翳見，未有諸髮月。」[81]

論說，三界唯是識性或心性，故無一法是因積聚外境的微塵而有，但我等見諸色似是外境有。例如，遍地髮絲、一月成二月等非眞相，而眼翳者卻因病況而見遍地髮絲、一月成二月。

主張外境有的說實派下二部論師表示，青不只是由識所現的青，更是獨立於識的所現，是由無方分極微塵作爲構成因素而有的一種外境色法。又說，不僅依領受能夠證實諸色等法是外境有，依理成立時，以一一分解石土等粗色爲例，最終必定

81 德格版，論，唯識，ཤི卷，第1句偈頌文，3正頁；對勘本版，書號77，8頁。藏譯與漢譯稍有不同。漢譯原文：唐玄奘大師譯《唯識二十論》（T.31.1590.74c.3）：「若識無實境，則處時決定，相續不決定，作用不應成。」

是最小單位的極微塵。如果這種極微塵還有其支分，將有「能被繼續分解、不能成爲最小的究竟單位」的過失。所以只能承許無方分，或是能永無止盡地被分解任一。若是後者，極小的一滴水也仍被永無止盡地分解，水將不會用盡，故只剩下承許無方分的選項。

唯識表示，極微塵並非從外境而有、不觀待執爾識，而是識之所現、依識而被區分的極微塵。無論任何色法，最終都不會是從積聚構造因素的外境無分塵而有，一切只是內在心識的所現分而已。

那麼，「所能質異之空」是指「一般所知與能知質體相異之唯空」、「分別心與其所取質體相異之空」，還是指「根識與其所取質體相異之空」？初者不應理，一般來說，名言量也成立所知是無爲法，不與識質體相異。[82]此理亦成立次者不應理。[83]關於後者。見二月根識不與其識所取質體相異，[84]這是學過語文卻不懂宗義的老人都能以現識得知，故不應理。因此，其義要指「隨堅固習氣所生的現識與其境色聲等質體相異之空」。阿闍黎法稱的《定量論》云：

82 譯者註：若甲與乙質體是相異的話，甲必定是質體有，故甲一定是有為法。

83 譯者註：分別心的所取本身也是無為法，所以不成立與任何法質體相異。

84 譯者註：不懂哲學的人們都知道沒有兩個月亮，自然會否定兩個月亮是質有，故而否定見二月根識的所取是質有。

「『由決定俱時緣故，青及彼慧非為異』。何以故，雖是顯現不同性，但青色者非是以與領受相異為其自體性，由決定與彼俱時緣故，如二月等。」[85]

什麼是堅固習氣所生的心識呢？《定量論》云：

「此外者謂由習氣穩固故乃至不離生死恆隨順相屬，於語言中觀待不虛妄，此中始為能量。」[86]

論說，因習氣是不能被[87]止盡且其續流穩定而生其識，且其識不受當下謬因所害。了知前述內容後，今正說以六理破所能質體異。一、《攝大乘論本》成立緣一事物可生異類心識之理。二、夢與影像等法之理。三、《觀所緣緣論》破集聚塵與極微塵是所取之理。四、《唯識二十論》破無分塵之理。五、《釋量論》破所能生似性相[88]之理。六、俱緣決定之理。

第一、《攝大乘論本》成立緣一事物可生異類心識之理。

85 德格版，論，量，ཚེ卷，第一品，166正頁；對勘本版，書號97，645頁。漢譯原文：剛曉譯《定量論》，179-182頁。

86 德格版，論，量，ཚེ卷，第一品，167正頁；對勘本版，書號97，648頁。漢譯原文：剛曉譯《定量論》，191頁。

87 譯者註：直譯是「不能」，意指未成佛前不能止盡。

88 譯者註：不僅能知的心識是由境或「所」而生，又如執青與青是相似般，境識彼二亦是相似。執青識是依似青之相而生，故說執青與青是相似，猶如扎西的照片與扎西相似。

論云：

> **「諸義現前分明顯現而非是有，云何可知？如世尊言：若諸菩薩成就四法，能隨悟入一切唯識都無有義。一者、成就相違識相智，如餓鬼傍生及諸天人，同於一事，見彼所識有差別故。」**[89]

人道與畜生等異類眾生見一整碗流濕[90]物時，會產生多種相異的看法，像是河水中的畜生魚類視此爲住所，人類視此爲飲水。如果諸法非唯識所現是外境有，將有「這一整碗流濕物定成所見般的多異，即住所與飲水兩者皆是」之過。

還有，舉凡是外境有，識見境相時，必定從境等諸色顯現相似相於執諸色根現識，進而生起見彼境相的執諸色根現識，而且眞相必須是如彼根現識所見。若是如此，以親敵同時見某人爲例，所見是同一人，卻隨兩位見者的喜好與否而產生各自看法。按你所說，[91]所見境將成被喜愛與被討厭兩者皆是。同樣地，可口與否若是從外境本身而顯現其相的話，某食物對一

89 德格版，論，唯識，རི།卷，第二品，15背頁；對勘本版，書號76，36頁。漢譯來源：唐玄奘大師譯《攝大乘論本》（T.31.1594.139a.12）。

90 譯者註：根據唐玄奘大師翻譯的《大乘阿毘達磨集論》，流濕是水大的定義。論云：「何等水界？謂流濕性。」（T.31.1605.663b.21）

91 譯者註：原文並無這句「按你所說」。為使讀者容易理解內義，譯者決定於此處及其他處加入這句。

人是可口時，必將對其他所有人都是可口；對一人難以下嚥時，必將對其他所有人都是難以下嚥。因此，所有補特伽羅對任何事的看法都應爲一。按你所說，彼食品必定如可口與否的兩種看法般，既是可口又是難以下嚥，兩者皆是。因此，安立可口與否只是各自補特伽羅的心識所現而已，否定無關心識所現，從外境而有。

第二、《攝大乘論本》成立夢與影像等法之理。《攝大乘論本》云：

> **「於過去事等，夢像二影中，雖所緣非實，而境相成就。」**[92]

青非外境有，卻可產生緣青心識，如現在時的心識可見過去際與未來際。同樣地，在一個小房間內無象群，但夢識卻可見象群；鏡中的面容影像不是面容，卻可從其中見到面容；大地上無遍滿骷髏，觀不淨之三摩地卻見大地上遍滿骷髏。《攝大乘論本》的「夢像二影中」謂明鏡中的面容影像以及觀不淨之三摩地的所行境影像兩者。亦依上述內容，同理推論他義。

三、《觀所緣緣論》破集聚塵與極微塵是所取之理。經部認爲，外境諸色是執爾根識的所緣緣，所以是外境有。阿闍黎

92 德格版，論，唯識，རི།卷，第二品，16正頁；對勘本版，書號76，37頁。漢譯來源：唐玄奘大師譯《攝大乘論本》（T.31.1594.148b.3）。

律天的《觀所緣緣論注》[93]說，經部承許由無分塵累積的外境是所緣緣。論云：

「有人順從父輩許外境有、許集聚極微塵相是根識因。彼等言，亦有極微塵的聚相。」[94]

唯識如何破彼經部義？那麼，外境諸色有法，應成非執爾根識的所緣緣，因爲外境極微塵非彼識的所取義，粗分外境也非彼識的所取義。應成前者[95]，極微塵雖可成爲根現識的直接因，但根現識不見極微塵，如眼根是眼識的直接因，卻非眼識的所緣緣。關於因相的第二部分，粗塵或聚體非根識的所取義，因爲塵聚非質有，如「一月是二月」本身不是質有。經部表示，根識的所緣緣與根識的所取義是同義。上理如《觀所緣緣論》云：

「極微於五識，設緣非所緣，彼相識無故，猶如眼根等。和合於五識，設所緣非緣，彼體實無故，猶如第二月。」[96]

93 དམིགས་པ་བརྟག་པའི་རྒྱ་ཆེར་འགྲེལ་པ། 。

94 德格版，論，量，ཞེ།卷，180正頁；對勘本版，書號106，479頁。漢譯大藏經內並無此譯。

95 譯者註：前者指的是，外境極微塵非彼識的所取義。

96 德格版，論，量，ཅེ།卷，第1-2句偈頌文，86正頁；對勘本版，書號97，430頁。漢譯原文：唐玄奘大師譯《觀所緣緣論》（T.31.1624.888b.10）。

四、《唯識二十論》破無分塵之理。以瓶爲例，瓶應成外境無，不可能存在構成外境因素的無分微塵故。即便是究竟最小的極微塵，觀察彼性時，也得承許彼是有方分。旁有四方與上下二方的微塵，共有六塵圍繞、位於中央的微塵有法，應成有方分，中央微塵朝向東方之分並非彼塵朝向西方、南方之分。若非如此，將有「在東方微塵的所在位上也有其他五方的微塵」，以及「六方微塵的所在位彼此混合」之過。彼等所在位若是彼此混合，即便累積再多的微塵，將有「與一極微塵大小相同」之過。上理如《唯識二十論》云：

> **「極微與六合，一應成六分；若與六同處，聚應如極微。」**[97]

破外境有之諸理中，破無分塵之理極爲重要。主張外境有的佛教說實派與非佛外道等認爲，外在諸色等法都是從小而累積成粗大。至於構成粗色的究竟基礎爲何是最小色法的無方分極微塵，相關主張的細節已在《佛法科學總集．上冊》中解說。因此，阿闍黎世親的《唯識二十論》以多理破無分塵。否定外境有是瑜伽行派的根本宗義，因爲這點很重要，所以此處將廣泛引述《唯識二十論》。論云：

97 德格版，論，唯識，ཤི卷，第12-13句偈頌文，3背頁；對勘本版，書號77，9頁。漢譯來源：唐玄奘大師譯《唯識二十論》（T.31.1590.75c.27）。

「『以彼境非一，亦非多極微，又非和合等，極微不成故。』論曰：此何所說？謂若實有外色等處與色等識各別為境，如是外境或應是一，如勝論者執有分色。或應是多，如執實有眾多極微各別為境，或應多極微和合及和集，如執實有眾多極微皆共和合和集為境。且彼外境理應非一，有分色體異諸分色不可取故。理亦非多，極微各別不可取故。又理非和合或和集為境，一實極微理不成故。云何不成？頌曰：『極微與六合，一應成六分；若與六同處，聚應如極微。』論曰：若一極微六方各與一極微合，應成六分，一處無容有餘處故。一極微處若有六微，應諸聚色如極微量，展轉相望不過量故，則應聚色亦不可見。加濕彌羅國毘婆沙師言：『非諸極微有相合義，無方分故，離如前失；但諸聚色有相合理，有方分故。』此亦不然。頌曰：『極微既無合，聚有合者誰？或相合不成，不由無方分。』論曰：今應詰彼所說理趣。既異極微無別聚色，極微無合聚合者誰？若轉救言：『聚色展轉，亦無合義。』則不應言：『極微無合，無方分故。』聚有方分，亦不許合。故極微無合，不由無方分。是故一實極微不成。又許極微合與不合，其過且爾。若許極微有分無分，俱為大失。所以者何？頌曰：『極微有方分，理不應成一；無應影障無，聚不異無二。』論曰：以一極微六方分異多分為體，云何成一？若一極微無異方分，日輪纔舉光照觸時，云何餘邊得有影現？以無餘分光所不及。又執極微無方分者，云何此彼展輪相障？以無餘分他所不行，可說此彼展轉相礙。既不相礙，應諸極微展轉處同，則諸色聚同一極微量，過如前說。云何不許影障屬聚不屬極微？豈異極微許有聚色發影為障？不爾，若爾聚應無二。謂若聚色不異極微，影障應成不屬聚色。安布差別立為極微，或立為聚，俱非一實，何用思擇極微聚為？猶未能遮外色等相，此復何相？謂眼等境亦是青等實色等性。應共審思，此眼等境青等實性為一為多？設爾何失？二俱有過，多過如前。一亦非理。頌曰：『一應無次行，俱時至未至，及多有間事，并難見細物。』論曰：若無隔別，所有青等眼所行境執為一物，應無漸次行大地理，若下一足至一切故。又應俱時於此於彼無至未至。一物一時，理不應有得未得故。又一方處，應不得有多象馬等有間隙事，若處有一亦即有餘，云何此彼可辯差別？或二如何可於一處有至不至中間見空？又亦應無小水蟲等難見細物，彼與麁物同一處所，量應等故。若謂由相此彼差別即成別物，不由餘義，則定應許此差別物展轉分析成多極微。已辯極微非一實物，是則離識，眼等色等、若根若境皆不得成。由此善成唯有識義。」[98]

98 德格版，論，唯識，ཤི卷，6背頁；對勘本版，書號77，19頁。漢譯來源：唐玄奘大師譯《唯識二十論》（T.31.1590.75c.16）。

五、吉祥法稱的《釋量論》破所能生似性相之理。唯識派問佛教說實二派，以何識證知外境有？答：由知青黃等一一現識而證知。再問：爲何知青黃等識證知外境有？答：彼識與外境相似，[99]故證知外境有。唯識派駁：此說非正理，因爲見一月是二月的根識似同二月而生，將有「彼識證知二月」之過。唯識派依此理破所能生似性相。《釋量論》云：

「何為了知義，若謂別別了，此所有現量，彼由何知義，由彼相同者，應當成錯亂。」[100]

「何爲了知義」示第一問答；「別別了，此所有現量」示其答覆；「彼由何知義」示第二問答；「由彼相同者」示其答覆。

唯識派說，即使心識似外在境，但依相似之理說外境有是所取，進而成立彼是證知外境有的領受性，實爲謬理，故不成立。說實二派表示，與彼義相似，又從相似的彼義而生時，彼義自然是其識的所取，其識將成證知彼義的具領受性相者，故非謬理。唯識派駁：那麼，執青從與彼相似，且相應彼的等無間緣之前執青而生故，將有「前執青是執青所取，執青是證知

99 譯者註：如前譯者腳註所說，扎西的照片與扎西相似，同樣地，執外境識因為具有似外境相，與外境相似。

100 德格版，論，量，ཅེ卷，第三品，第320句偈頌文，130背頁；對勘本版，書號97，554頁。漢譯來源：法尊法師譯《釋量論》。

前執青的領受者」之過。唯識派依此理而破。其義依序如《釋量論》下文云：

「縱是由錯亂，故非能成立，彼領受體性。若彼同彼生，是領受相者，則應等義識，領受等無間。」[101]

六、以俱緣決定之理破外境有。阿闍黎智作護的《成立俱緣決定論》說，就以外境有的主張而言，俱緣決定不應理。論云：

「如是斷識性，初緣白黃等一一義相，次見十方時卻無識相所緣緣，故不成立俱緣決定，豈能具立無法成立之義？」[102]

主張外境有的論師們表示，見非識性的白黃等法時，會現一一境相；見十方時，卻無識相，故無境識兩者的俱緣決定。此時，豈能決定成立無法決定之事？以此理破俱緣決定。

破外境有之俱緣決定的「俱」是同時，「緣」是以量所緣，「決定」是周遍。總之，是周遍同時證知之義。這又是什麼意思呢？量緣所與能的某一者時，周遍另一者也會被量所緣。例如，執青現量在緣青的同時，執青現量也周遍被領受執青現量的自

101 德格版，論，量，ཅེ།卷，第三品，第322句偈頌文，130背頁；對勘本版，書號97，554頁。漢譯來源：法尊法師譯《釋量論》。

102 德格版，論，量，ཞེ།卷，275正頁；對勘本版，書號106，752頁。漢譯大藏經內並無此譯。

證所緣；該自證緣執青現量的當下，青也周遍被執青現量所緣。若是質體相異，必定不是俱緣決定，如青黃二法雖可俱有，彼二是質體相異，故非俱緣決定。論說，若無具境則定無境，故要觀待具境而成立境。《釋量論》說俱緣決定之因相。論云：

「定與覺俱時，所頓領受境，破除而為餘，由何相成立。」[103]

「青與見青根現有法，是質體相異之空，是俱緣決定故。」此因相如何成立俱緣決定呢？分二途徑成立：成立周遍以及成立宗法。前者如《釋量論》云：

「如亂識二月，雖無而見異……」[104]

錯亂識會清楚見到二月，但實無相異的兩個月亮。《釋量論》又云：

「青黃等異法，非有決定受。」[105]

103 德格版，論，量，ཅེ།卷，第三品，第387句偈頌文，133正頁；對勘本版，書號97，560頁。漢譯來源：法尊法師譯《釋量論》。

104 德格版，論，量，ཅེ།卷，第三品，第388句偈頌文，133正頁；對勘本版，書號97，560頁。漢譯來源：法尊法師譯《釋量論》。

105 德格版，論，量，ཅེ།卷，第三品，第388句偈頌文，133正頁；對勘本版，書號97，560頁。漢譯來源：法尊法師譯《釋量論》。

彼二法若是俱緣決定，彼二一定不是質體相異。如青黃等質異法雖可同時有，但非決定同時領受。《釋量論》一一列舉同品喻和異品喻成立此根本因相的周遍。第二、成立宗法。《釋量論》云：

「無受或有義，或無義之受，未見有領受……」[106]

青與見青眼識兩者是俱緣決定，因為執青眼識的自證若未領受執青眼識時，執青眼識絕無可能領受其境之青；執青眼識若未領受其境之青時，執青眼識的自證亦周遍不能領受執青眼識。《釋量論》總結此因相，論云：

「故識時現義，非離識為餘，此極難遮止……」[107]

青與執青眼識非質體相異，故於識時所見的青等諸境，不與識質體相異，即便是正量亦是極難遮止此論，故非外境有。

前述諸理中，破集聚塵與極微塵是所取之理，以及破無分塵之理，此二理間接破外境有，直接破的是無分塵——破外境有的前提之一。緣一事物可生異類心識之理、夢與影像之理、

106 德格版，論，量，ཅེ卷，第三品，第389句偈頌文，133正頁；對勘本版，書號97，560頁。漢譯來源：法尊法師譯《釋量論》。

107 德格版，論，量，ཅེ卷，第三品，第390句偈頌文，133正頁；對勘本版，書號97，560頁。漢譯來源：法尊法師譯《釋量論》。

破所能生似性相之理，以及俱緣決定之理，則是直接破外境有。

依多理破外境有後，再依他理成立心識是諦實有且非外境有，如「醒時心識有法，是外境有之空，是心識故，如夢識」、「醒時心識的所緣境有法，所現雖是外境有，但實爲無外境的虛假，因爲是境故，如夢識之境」、「污染品與清淨品的基礎依他起有法，彼若非自性有，將無依彼而有的污染品與清淨品諸法，因爲無彼則無爾等所依故，如龜毛之衣」。由上述所列舉的三理，成立心識是自性有，非外境有。

以上陳列多理而破外境有的主張、建立外境無的論述，以及成立內外一切諸法僅是內在識性——此派的根本宗義。

乙二、說無外境有的結論

此處說破所能質體相異的結論——承許無外境有。前章節提及《攝大乘論本》成立緣一事物可生多異心識之理，以及夢與影像等法之理。然而，於前章節尚未述說的理由有：若是外境有，應成有情不須辛勤而解脫或雖辛勤而不解脫，以及依三種勝智隨轉妙智之因成立地等非外境有。唯識派的偉大始祖阿闍黎無著說，依彼等諸理更能簡易成立外境無。《攝大乘論本》云：

「如世尊言：『若諸菩薩成就四法，能隨悟入一切唯識

都無有義。一者、成就相違識相智，如餓鬼傍生及諸天人，同於一事，見彼所識有差別故。二者、成就無所緣識現可得智，如過去未來夢影緣中有所得故。三者、成就應離功用無顛倒智，如有義中能緣義識應無顛倒，不由功用智真實故。四者、成就三種勝智隨轉妙智。何等為三？一、得心自在一切菩薩，得靜慮者，隨勝解力諸義顯現。二、得奢摩他修法觀者，纔作意時諸義顯現。三、已得無分別智者無分別智現在前時，一切諸義皆不顯現。』由此所說三種勝智隨轉妙智，及前所說三種因緣，諸義無義道理成就。」[108]

引文中「菩薩成就四法」的四法：一、成就相違識相智。二、成就無所緣識現可得智。三、成就應離功用無顛倒智。四、成就三種勝智隨轉妙智。三種勝智隨轉妙智是：一、得心自在且得色與無色靜慮的菩薩眾變化諸形色等法。二、得奢摩他的瑜伽師可依己欲見地水等法。三、入聖者根本定中，不見外境有，進而成立諸色只是識性與諦實有。

關於前述的破集聚塵與極微塵是所取之理。經部等師說構成外境的因素是極微塵，但不見[109]此極微塵故，生其具相[110]果

108 德格版，論，唯識，རི།卷，第二品，15背頁；對勘本版，書號76，37頁。漢譯來源：唐玄奘大師譯《攝大乘論本》（T.31.1594.139a.12）。

109 譯者註：極微塵太過渺小，無法被根識所見。

110 譯者註：如生起見瓶根識需要瓶相，故稱「具相果識」。

識之因無法齊全。經部等師說聚體是外境有，雖可見其聚體，但其聚體非質有故，生其具相果識之因也無法齊全。因此，唯識派的大阿闍黎陳那表示，彼等論師主張的構成外境因素之極微塵，以及是外境有的極微塵之聚體兩者，皆非所緣緣與外境有。《觀所緣緣論自釋》云：

> **「故外二事於所緣緣互闕一支，俱不應理。有執色等各有多相，於中一分是現量境，故諸極微相資各有一和集相。此相實有，各能發生似己相識，故與五識作所緣緣。此亦非理。」**[111]

關於前述破所能生似性相之理。唯識派的大阿闍黎法稱表示，執青根識所領納的青就是執青根識的體性，執青根識不領納與己質異之境，而各自現識所知的色聲等法，則是該能知現識的體性，非外境有。《釋量論》云：

> **「彼領彼體性，彼非餘誰領，現量別別了，彼是彼體性。」**[112]

總之，這些唯識派的大阿闍黎們是以直接或間接的方式破

111 德格版，論，量，ཅེ卷，86背頁；對勘本版，書號97，433頁。漢譯原文：唐玄奘大師譯《觀所緣緣論》（T.31.1624.888b.20）。

112 德格版，論，量，ཅེ卷，第三品，131正頁；對勘本版，書號97，555頁。漢譯來源：法尊法師譯《釋量論》。

所能為質體相異，成立外境無。其他唯識派的阿闍黎們也持相同觀點。因此，非外境有是唯識派所許的宗義結論。

甲五、如何成立唯識

乙一、成立唯識

瑜伽行派依多理破粗分外境，並特別成立萬法唯識，又以唯識義詮釋諸法的性相——三自性。如同實際上並無遍滿的髮絲，一月也非二月，但眼翳者見遍滿的髮絲，也將一月看成二月。瑜伽行派說，同理，三界內在的心、心所、內在具境所見的諸色聲等一切外在法，只是該識所見而已，實際上並無任一所見之法是外境有、是從外在而顯現其相。阿闍黎世親述說彼義，如《唯識二十論自釋》云：

> **「安立大乘三界唯識，以契經說三界唯心，心、意、識、了，名之差別。此中說心，意兼心所，唯遮外境，不遣相應，內識生時似外境現，如有眩瞖見髮蠅等，此中都無少分實義。」**[113]

《唯識二十論自釋》說，以色與執色根現識為例，彼二為質體一。當觀察唯識派承許的色與執色識為體性一的意思為何

113 德格版，論，唯識，ཤི卷，4正頁；對勘本版，書號77，13頁。漢譯來源：唐玄奘大師譯《唯識二十論》（T.31.1590.74b.27）。

時，若問：補特伽羅「天授」與「供施」兩人共同看一個瓶子時，所看瓶子是與兩人的眼識質體爲一，還是與各自的眼識質體爲一？若是前者，兩人的眼識將成彼此爲質體一。若是後者，與天授的眼識爲質體一的瓶子，將與供施的眼識質體爲異，若是如此，供施將有「不見此瓶」、「此瓶非共同所見」之違過。

答：天授與供施兩人共同看一個瓶子時，一者所見之瓶不被另一人見，但這與安立唯獨瓶子是共同所見不相違。例如，天授與供施兩人都說「聲是無常」時，天授所說並非供施所說，而共同所詮的「聲是無常」之詞也不與彼二各自之詞質體異，卻仍可只安立兩人共說的「聲是無常」之詞般，故無相違之過。因此，天授與供施兩人各自眼識所見之瓶雖與各自眼識爲質體一，兩人的眼識卻不需要質體爲一。

執瓶眼識見瓶時，會見瓶是從自身而現瓶相，但這不是瓶子的眞相。隨無始以來串習的所顯[114]只是遍計所執而已，雖現眞正的瓶子似與執瓶識的體性爲異，但眞相並非如此。還有，眞正的瓶子不是執瓶識，也不與執瓶識的體性爲異。如夢裡所見之象不是從境上而有的象，夢象也非夢識，夢象只是夢識所見而已。同樣地，瓶子只是由執瓶識及其同類習氣而生的所見

114 譯者註：從外境瓶子而顯瓶相的「所顯」，並非只是單純的執瓶識之所顯。

而已。

某些主張外境有的論師說，天授相續中「證知供施之心」的量[115]，其所取境的供施之心若與其量爲質體一，天授與供施兩人將成同一相續。例如，某講者的身語行爲乃是由該講者自身的相續所攝，故其行爲成爲聽者的識性不應理。這樣一來，透過聽者的身語行爲而推理得知聽者相續中的動機，將有不應理之過。

唯識派回：聽者不直接緣取講者的身語行爲，卻依緣取屬於聽者識性行爲之似相，得知講者對方的動機，故無應成「自他兩人成爲同一相續」及「成爲不同相續的補特伽羅」之過。

詳細補充的話，許外境有的論師表示，講者的身語行爲是從對方顯現於聽者本人，令聽者直接見到。唯識派反駁，不同相續者的身語行爲是從該相續者的習氣而有故，自身所見不可能完全如實。然而，自身仍會依想表述的動機，產生自身表述的行爲，以這種表述行爲的因相得知自身的動機爲何。同樣地，基於「他人表述必定觀待其動機」的決定，以及對方表述的似相顯現於聽者的心識後，被取名爲「對方的語行爲」，依此因相得知對方的動機。阿闍黎法稱廣釋此義，《成他相續論》云：

115 譯者註：如他心通，甲的相續中有證知乙心的量。

「自身先有覺，見行而於他，持故覺若知，唯識亦如是。」[116]

以三理成立色聲等一切法是唯識。一、非外境有且皆唯識。二、於一識中，境是理由或「所」，而具境是見或「能」。三、某識見各種圖案時，當此識的某一分轉成各種境的同時，另一分則轉成具境。依此三理成立，身、身者、食者識，以及所受識與能受識。彼等諸法非見爾之識本身，[117]也絕非獨立於見爾之識，且不與見爾之識存在間距，更不與見爾之識質體異，諸法只是見爾之識的所見而已。《攝大乘論本》說諸法皆唯識，如論云：

「云何安立如是諸識成唯識性？略由三相：一、由唯識，無有義故；二、由二性，有相有見二識別故；三、由種種，種種行相而生起故。」[118]

很難想像一切法皆是唯識，所以此處依喻述說。譬如，夢中所見的人不是夢識，也不與夢識質體異，只是夢識所見而

---

116 德格版，論，唯識，ཤི།卷，355背頁；對勘本版，書號98，941頁。漢譯大藏經內並無此譯。

117 譯者註：如瓶子並非見瓶之識本身。

118 德格版，論，唯識，རི།卷，第二品，15正頁；對勘本版，書號76，35頁。漢譯來源：唐玄奘大師譯《攝大乘論本》（T.31.1594.138c.13）。

已。鏡中所映的面容影像不是鏡子，也不與鏡子的體性爲異，只是顯現於鏡中的面容似相而已，這就是「唯識」的唯心識或唯所見之義。關於「唯識」的「識」，不應解讀爲是某能知之識，而應解讀爲是某心識的所見。

如是識分身識等十五識，其中的所受識涵蓋不相應行及常等諸法，所以沒有一法不被十五識所攝。至於十五識的一一數量、事例、何識依何習氣成熟而有，以及其依據等相關細節，可參考已述說於《佛法哲學總集・上冊》的唯識派章節[119]。唯識派否定一切外在的事物是隨心所造[120]，也否定內外情器世間是心識。有情各自心識所見的苦樂、善惡等都是執爾心識的體性，只是心識所見而已。除心識所見外，並無一法從境而有。《攝大乘論本》云：

> **「又此諸識皆唯有識，都無義故。此中以何為喻顯示？應知夢等為喻顯示。謂如夢中都無其義獨唯有識，雖種種色聲香味觸，舍林地山似義影現，而於此中都無有義。由此喻顯，應隨了知一切時處皆唯有識。」**[121]

119 譯者註：戊四、能依種子的阿賴耶。

120 譯者註：想什麼就變什麼。

121 德格版，論，唯識，རི།卷，第二品，13背頁；對勘本版，書號76，32頁。漢譯來源：唐玄奘大師譯《攝大乘論本》（T.31.1594.138a.20）。

阿闍黎律天的《唯識二十頌釋》云：

「依種子與所見之意趣，言有諸色之處。若識已衰，彼等皆無。」[122]

以瓶爲例，瓶若是外境有，最終將要有構成瓶子因素的無分塵，但不可能累積無分塵而成粗色，故有不能安立瓶子之過。生執瓶眼識時，執瓶眼識會顯現瓶相，此相就是瓶子。所見瓶相不從外境而有，是內在的習氣所生，與該眼識爲體性一，所以瓶子是由內在習氣所生，更是唯心或唯識的體性。例如，以放大鏡看文字時，會見較前更大的文字，而且見此字體無關放大鏡的顯現，彷彿是從紙張而呈現其字體。如果更大的字體是從紙張而有，那麼，即便不用放大鏡看，無論誰看都要見到這麼大的字體才對，但事實並非如此。從此可知，這種更大字體的似相不僅不與放大鏡之間有間距，還是放大鏡的體性。

「諸色是識性」的「識」不一定是證知爾的心識。以瓶爲例，成熟習氣而有瓶時，也會同時產生瓶子的無常、瓶子的有爲法等特徵。這些特徵不僅被執瓶現識所見，也必定是習氣成熟而有，但執瓶現識不一定要證知這些特徵。

122 德格版，論，唯識，ཤི卷，183正頁；對勘本版，書號77，485頁。漢譯大藏經內並無此譯。

若說，唯識派主張色聲的話，破彼等是外境有將成唯詞之諍，因爲所見外在諸色就是外境有。答：唯識派若否定色聲，就得否定五蘊、十八界、十二處等論述，故不應理。《攝大乘論本》云：

> **「何緣此識亦復說名阿陀那識？執受一切有色根故。一切自體取所依故。所以者何？有色諸根，由此執受，無有失壞，盡壽隨轉。」**[123]

《瑜伽師地論‧攝事分》亦如是教誡。阿闍黎世親的《緣起經釋》[124]也說，依阿賴耶識等因緣而立名色。「名色」的「名」是餘四蘊，而「色」是指大種所造之色。色不存在於無色界中，卻存在於其他二界等等，唯識派針對色法的主張不可計數。說「所知是內」的意思是，色聲等所知非外境有，是與內在心識爲體性一之事物。

乙二、於唯識中建立名言

在諸法皆是唯識的基礎上，方可合理建立一切名言。經部

123 德格版，論，唯識，རི།卷，第一品，3背頁；對勘本版，書號76，8頁。漢譯來源：唐玄奘大師譯《攝大乘論本》（T.31.1594.133b.29）。

124 རྟེན་འབྲེལ་རྣམ་བཤད། *Pratityasamutpada-vyakhya*。德格版，論，經釋，ཆི།卷，116背頁；對勘本版，書號66，1020頁。漢譯大藏經內並無此譯。

說，以是否爲正量所緣而定是有或無；諸量中，現量最勝。如汝唯識派說，若外境有是不可能，豈能生起我等現見色聲等法之識？唯識派答：非外境有，仍可生見諸色的現識，如夢境非外境有，仍生見馬象之識；汝經部以認爲我現見色等境而說外境有，今破彼義不得見故，汝說現識見外境有[125]不應理。阿闍黎世親的《唯識二十論》云：

> **「諸法由量刊定有無，一切量中現量為勝。若無外境寧有此覺：我今現證如是境耶。此證不成。頌曰：『現覺如夢等，已起現覺時，見及境已無，寧許有現量？』論曰：如夢等時雖無外境，而亦得有如是現覺，餘時現覺應知亦爾，故彼引此為證不成。又若爾時有此現覺：我今現證如是色等；爾時於境能見已無，要在意識能分別故，時眼等識必已謝故。剎那論者有此覺時，色等現境亦皆已滅，如何此時許有現量？」**[126]

當唯識派主張，見色等現識不見外境有，只見諸色等相時，聲聞二部辯駁：執爾現識若不以外境之力而見諸色的話，將有「必定於一切處時皆見，故無決定處時」之過，即顯現其

125 譯者註：因為非外境有，經部所承許的先是外境有，後被現識所見的論述不應理。

126 德格版，論，唯識，ཤི卷，8正頁；對勘本版，書號77，22頁。漢譯來源：唐玄奘大師譯《唯識二十論》（T.31.1590.76b.15）。

相於某處，不出現於一切處，故而決定處；顯現其相於某時，不出現於一切時，故而決定時。例如，眩瞖者見髮蠅與蚊虻時的處時不定，而對非眩瞖者見而言，若處時不定將不見彼等。[127] 以補特伽羅於某時、某處見某相爲例，按汝所言，將有「一切補特伽羅見其相的處時不定」之過。然而，某些補特伽羅見其相時的處時決定故，不僅心識的處時不定，而所有心識的一切處時亦須是決定、亦須遠離不定。例如，眩瞖者所見的髮繩、蚊虻、腐肉蒼蠅，依序遠離綑綁、吸血、噁心等作用，但無眼疾者所見的髮繩與蚊虻等卻具綑綁等作用。還有，夢中所見的食物、飲品、穿著、毒物、武器等，依序遠離被食、被飲、禦寒、殺害、切割等作用，而醒時所見的食物等才會具有被食等作用。再者，將有「乾闥婆城並不具城市的作用，而眞正的城市決定具有城市的作用不應理」之過，如《唯識二十論》云：

> **「即於此義，有設難言。頌曰：『若識無實境，則處時決定，相續不決定，作用不應成。』論曰：此說何義？若離識實有色等外法，色等識生不緣色等，何因此識有處得生，非一切處？何故此處有時識起，非一切時？同一處時有多相續，何不決定隨一識生？如眩瞖人見髮蠅等，非無眩瞖有此識生。復有何因，諸眩瞖者所見髮等**

127 譯者註：患有眼疾者於無蚊虻處仍見蚊虻，但沒有眼疾、眼睛正常的人只會在有蚊虻的地方才會見到蚊虻。

無髮等用，夢中所得飲食、刀杖、毒藥、衣等無飲等用，尋香城等無城等用。餘髮等物其用非無，若實同無色等外境，唯有內識似外境生，定處、定時、不定相續、有作用物皆不應成。」[128]

唯識答：執爾現識不依外境之力而見諸色等法，量仍必定成立處時的決定。例如，夢非外境有，但某些如夢中的城市、花園、男女等境不會顯現於一切處，故而決定處。夢中所見偶時發生，卻不顯現於一切時，故等同決定時。成立見諸色聲等法的心識也是不定，以隨業的餓鬼爲例，雖是餓鬼同業異熟，有些餓鬼見河滿膿，有些卻見滿屎，因此餓鬼的心識也是不定。眞相非外境有，然無眼疾者所見的髮繩與蚊虻等卻具綑綁等作用、醒時所見的食物等具被食等作用、眞正城市具有城市的作用，皆是應理。例如，夢中所遇女子不是眞正女子，卻會猶如相遇眞正的女子而洩精；夢中所遇猛獸虎豹不是眞正的虎豹，卻會猶如遇到眞正的虎豹而飽受驚嚇。《唯識二十論》云：

「非皆不成……如夢意說如夢所見，謂如夢中雖無實境，而或有處見有村園男女等物，非一切處。即於是處，或時見有彼村園等，非一切時。由此雖無離識實境，而

128 德格版，論，唯識，ཤི卷，4正頁；對勘本版，書號77，12頁。漢譯來源：唐玄奘大師譯《唯識二十論》（T.31.1590.74c.2）。

處時定非不得成。說如鬼言，顯如餓鬼。河中膿滿故名膿河，如說酥瓶其中酥滿。謂如餓鬼同業異熟，多身共集皆見膿河，非於此中定唯一見。等言顯示或見糞等，及見有情執持刀杖遮捍守護不令得食。由此雖無離識實境，而多相續不定義成。又如夢中境雖無實，而有損失精血等用。由此雖無離識實境，而有虛妄作用義成。如是且依別別譬喻，顯處定等四義得成。」[129]

當唯識派主張，只有在現識的所見理方可安立決定處等四義，色等不以外境有或間距有而存在，諸色只是執爾現識的所見而已，此時聲聞二部辯駁：如果此等色法只是執爾現識的所見而已，那麼，他心通能否得知他人的想法？若不知，稱「他心通」不應理。若知，顯現所能是質體異故，他心通如何得知所能無二性的他人想法？[130]若要說，如自心無法如實得知自身的想法，他人的想法也無法如實得知。反問：證知自心之識為何不能如實得知自心？

唯識派答：世間人用與瓶顏色相似的氈毹包覆瓶子，並於

129 德格版，論，唯識，ཤི卷，4背頁；對勘本版，書號77，13頁。漢譯來源：唐玄奘大師譯《唯識二十論》（T.31.1590.74c.14）。

130 譯者註：不認同唯識的對方說，甲以他心通得知乙的想法，是以所能二元的形式得知。如果甲乙兩人的想法是同一體性，等同甲只知自身的想法，而非知道乙的想法，這樣一來，甲的他心通豈知乙的想法？

見此氆氇時成立見瓶。同樣地，僅知持取自他心識而安立得知自他心識，卻不能如實證知自他心識，遑論如實證知佛陀的現識行境——不可說的自他二識是所能無二性，畢竟該相續的補特伽羅尚未斷除所能質異的妄念，而且所能非質體異，但彼等顛倒見所能是質體異。唯識以此答覆遣除經部的辯駁。《唯識二十論》云：

「若唯有識，諸他心智知他心不？設爾何失？若不能知，何謂他心智？若能知者，唯識應不成。雖知他心，然不如實。頌曰：『他心智云何，知境不如實？如知自心智，不知如佛境。』論曰：諸他心智云何於境不如實知？如自心智。此自心智云何於境不如實知？由無知故。二智於境各由無知所覆蔽故，不知如佛淨智所行不可言境。此二於境不如實知，由似外境虛妄顯現故、所取能取分別未斷故。」[131]

聲聞二部又說，夢非外境有，夢中卻能見到一個小房間裡有一群大象，生起其見識。同樣地，醒時非外境有，卻能生見諸色之識的話，世人必知非外境有卻可生見諸色之識，但世人不知其義，故不同於夢識。一切見諸色之識的所緣境非外境

131 德格版，論，唯識，ཤི卷，9背頁；對勘本版，書號77，25頁。漢譯來源：唐玄奘大師譯《唯識二十論》（T.31.1590.77a.19）。

無，故迴異於夢。唯識派答：非外境有卻生見諸色之識，不成立世人亦要知曉此理的原因。例如，就以世間的說法而言，夢中見象雖非眞相，直至醒前卻不知是夢，同樣地，隨執所能質異妄念的習氣迷夢之串習，猶如世人做夢，雖非外境有，卻見外境有；乃至惡毒習氣的迷夢未醒之間，不知所見爲錯。某時得以對治其惡毒習氣，得證所能非質異之智，且從惡毒習氣的迷夢而醒時，方能如實證知非外境有，故同於夢。《唯識二十論》云：

> **「如世自知夢境非有，覺時既爾，何不自知？既不自知覺境非有，寧如夢識實境皆無？此亦非證。頌曰：『未覺不能知，夢所見非有。』論曰：如未覺位，不知夢境非外實有，覺時乃知。如是世間虛妄分別串習惛熟如在夢中，諸有所見皆非實有，未得真覺不能自知。若時得彼出世對治無分別智，乃名真覺。此後所得世間淨智現在前位，如實了知彼境非實，其義平等。」**[132]

聲聞二部再反駁，以世間的說法爲例，夢識之境非外境有，醒時的識境又非外境有的話，那麼，睡時善行與醒時善行的彼二悅意之果豈有勝劣之別？睡時惡行與醒時惡行的彼二不

132 德格版，論，唯識，ཤི卷，8背頁；對勘本版，書號77，23頁。漢譯來源：唐玄奘大師譯《唯識二十論》（T.31.1590.77a.19）。

悅意之果豈有勝劣之別？唯識派回：雖同爲非外境有，睡時的善惡之行是由睡意主宰之心所造，不合眞相。醒時的善惡之行符合眞相，無關睡意主宰之心所造，所以睡時與醒時所造善惡行之果仍有勝劣不同。《唯識二十論》云：

「若如夢中境雖無實而識得起，覺識亦然，何緣夢覺造善惡行，愛非愛果當受不同？頌曰：『心由睡眠壞，夢覺果不同。』論曰：在夢位心，由睡眠壞，勢力羸劣。覺心不爾，故所造行當受異熟，勝劣不同非由外境。」[133]

乙三、如何因見唯識的眞實義而得解脫

述說見唯識的眞實義而得解脫之理。情器諸法不僅無所能二元，皆是唯識，且是不可說性，那麼，爲何要述說這般不可說的唯識性而令他人聞知呢？經論說，無法如實述說唯識眞實義時，自然不能如實述說不可說的法性，令他人聞知。既然用詞句不能如實述說於他人，他人之耳亦無法如實聞知時，豈能如實得知不可說的唯識性？爲令他人如實聞、如實知其所詮義，的確是要爲他解釋，然而，應知由不如實遍知不可說的唯識性而生基礎三事，以及成辦一切情器世間之因的八種妄想。

133 德格版，論，唯識，ཤི卷，9正頁；對勘本版，書號77，24頁。漢譯來源：唐玄奘大師譯《唯識二十論》（T.31.1590.76c.22）。

愚昧凡夫依何而起妄想，以及妄想內容任一的妄想處或其所緣的戲論事物有三，即基礎三事：一、諸色。二、見與想我之我慢。三、貪、瞋、癡等。其義如《菩薩地持經》云：

「如是一切法離言說自性者，一切言說為何所應？若無言語，不能為人說離言法。既無說，亦無聞。無說無聞，彼一切法離言說自性無能知者，是故應有言說令彼聞知。如是如實，凡愚不知，以是因緣起八種妄想而生三事，一切眾生器世間增。」[134]

論說，由不如實知不可說唯識性而生八種妄想，其八妄想爲：一、自性妄想。二、差別妄想。三、攝受積聚妄想。四、我妄想。五、我所妄想。六、念妄想。七、不念妄想。八、俱相違妄想。依序，妄想戲論處、所緣，或是妄想戲論所緣事物的色法，就是前三者的所緣。第四者生成壞聚見以外的所有見，第五者生成想我之我慢以外的所有慢心。第六者生貪，第七者生瞋，第八者生癡。總之，一、諸色。二、見與想我之我慢。三、貪、瞋、癡。彼三是妄想戲論所緣事物之基礎三事，由八種妄想所生。妄想戲論事物是壞聚見與想我之我慢的基礎；壞聚見與想我之我慢是貪、瞋、癡等的基礎；貪等三者則

134 德格版，經，唯識，ཤི།卷，第四品，28正頁；對勘本版，書號73，590頁。漢譯來源：《菩薩地持經》（T.30.1581.895b.3）。

是後續流、輪迴生老病死等一切痛苦的基礎。唯識說，可知依此基礎三事，有情被種種痛苦所束縛。《菩薩地持經》云：

> **「是名八妄想。云何所生三事？一者自性妄想、差別妄想、攝受積聚妄想，此三妄想，是妄想虛偽處、虛偽攀緣事，由此而生於色等假名。若彼事處以名想言語攝受增長，無量虛偽常行不息。二者彼我我所妄想，此二妄想是身見，身見為一切見根本及慢根本，我慢能生一切諸慢。三者彼念妄想、不念妄想、俱相違妄想，隨其所應生貪恚癡。是名八種妄想生三種事。所謂妄想處虛偽事、身見我慢事、貪恚癡事，依妄想虛偽生身見我慢，依身見我慢生貪恚癡。此三種事，一切世間積聚分一切熾然。」**[135]

基礎三事等妄想戲論事物是由八種妄想而生，此處簡略說明彼八體性。第一、自性妄想：至極執著諸色於詮爾名的所趣境中是自性有。第二、差別妄想：至極執著有形與無形、可說與不可說、有礙與無礙、有漏與無漏、有爲與無爲、善與惡、有記與無記、過去與非過去、未來與非未來、現在與非現在等，於詮彼等名的所趣境中是自性有。關於第三者攝受積聚妄想，如阿闍黎海雲的《菩薩地釋》云：

135 德格版，經，唯識，ཤི།卷，第四品，28背頁；對勘本版，書號73，591頁。漢譯來源：《菩薩地持經》（T.30.1581.895b.11）。

「為示攝受積聚妄想而說執多為一性之妄想。」[136]

如論所云，我、有情、壽命、生者、舍宅、戰爭、林園、食物、飲品、坐騎、衣服等各類名言總集於「法」一詞處，並執著彼於詮「法」之名的所趨境中是自性有。[137]又如阿闍黎海雲的《菩薩地釋》云：

「於自身相續的有為中，妄想執我與我所相者，是我與我所妄想。」[138]

第四者我妄想，以及第五者我所妄想，依序是長時間將自身有漏相續的近取蘊，以及擁有其蘊的近取者，至極執著爲我或我所。[139]第六、念妄想：緣可愛境而增上悅意相的增益。第七、不念妄想：緣不可愛境而增上不悅意相的增益。第八、俱相違妄想：所緣非可愛也非不可愛，故不增上悅意相或不悅意

136 德格版，經，唯識，ཞི།卷，第四品，74背頁；對勘本版，書號75，785頁。漢譯大藏經內並無此譯。

137 其義如至尊無畏正法大海（རྗེ་འཇིགས་མེད་དམ་ཆོས་རྒྱ་མཚོ།）的《了不了義路徑》（དྲང་ངེས་འཇུག་ངོགས།），書版，424頁中明文記載。藏文注釋裡，可見關於《菩薩地持經》之「攝受積聚」的各種解讀。

138 德格版，經，唯識，ཞི།卷，第四品，73背頁；對勘本版，書號75，783頁。漢譯大藏經內並無此譯。

139 譯者註：我妄想是，長時間將擁有其蘊的近取者，至極執著為我。我所妄想是，長時間將自身有漏相續的近取蘊，至極執著為我所。

相，卻強烈緣中庸之境的增益。《菩薩地持經》云：

> 「云何自性妄想？於色等假名事，若妄想言是色，是名自性妄想。云何差別妄想？於此色等假名事，言此是色此非色、此可見此不可見、此有對此無對、此有漏此無漏、此有為此無為，如是等無量分別，於自性妄想處作差別妄想，是名差別妄想。云何攝受積聚妄想？於色等假名事，我、人、壽命、眾生，於彼俗數妄想，於色等饒益，積聚多法、積聚攝受，因起舍宅軍眾林叢飲食衣服車乘。於彼俗數妄想饒益，是名攝受積聚妄想。云何我我所妄想？若彼諸事是有漏受陰，久遠積習我我所著，是故無攝受處習自見處事，以是因緣起不如實妄想，是名我我所妄想。云何念妄想？於彼淨妙及所憙事緣妄想。云何不念妄想？於不淨及所不憙事緣妄想。云何念不念俱相違緣妄想？於彼淨不淨、所喜所不喜俱離事緣妄想。」[140]

《菩薩地持經》說，八種妄想中的自性妄想、差別妄想、攝受積聚妄想三是法我執；我妄想、我所妄想二是人我執；念妄想、不念妄想、俱相違妄想三是非理作意妄想。唯識派又表示，法我執是人我執的基礎，人我執是非理作意妄想的基礎。

140 德格版，經，唯識，ཝི།卷，第四品，29正頁；對勘本版，書號75，592頁。漢譯來源：《菩薩地持經》（T.30.1581.895b.25）。

因此，我等認爲，法我執分初中後三，基礎法我執是初；法我執以及由其所生的人我執二是中；彼二及其生的非理作意妄想三是後。

無論是直接或間接，如何得知這八種妄想是顛倒執且其所執不符眞相呢？應以四種求、四種如實知而精通其義。四種求謂：一、名求：無關名、義、名義等相屬，名不以自性之力而相應其義的觀察。二、事求：無關名、義、名義等相屬，事物腹鼓於詮瓶名的所趨境中非自性有的觀察。三、自性施設求：無關名、義、名義等相屬，唯瓶性於詮唯瓶性名的所趨境中非自性有的觀察。四、差別施設求：無關名、義、名義等相屬，色之生的差別於詮色之生差別之名的所趨境中非自性有的觀察。

四種如實知謂：一、隨名求如實知：隨無關名、義、名義等相屬，名是否以自性之力而相應其義的觀察，最終證知不相應。世間人爲成辦送乳、見聞、聽懂表述等目的，將名詞結合於義。如果連名詞都不能結合義，無論是誰都不能知堪成色法是色法，其義若無人能知，將無「無關名、義、名義等相屬，其義於名的所趨境中是自性有」的增益或耽執。若無彼增益與耽執，將無對治力與不耽執。若無增益與對治力、耽執與不耽執，將無依彼等意樂發起的知、詮、相應三者之名。二、隨事求如實知：隨無關名、義、名義等相屬，事物於名的所趨境中是否自性有的觀察，最終證知非自性有。三、隨自性施設求如實知：隨無關名、義、名義等相屬，唯色性[141]於詮唯色性名的所趣境中是否自性有的觀察，最終證知非自性有。此隨自性施設求如實知將證知「色性並非無關名、義、名義等相屬，且於詮色性名的所趣境中非自性有，故其性[142]如化現、影像、迴音、光影、水月、夢境、幻化」。四、隨差別施設求如實知：隨無關名、義、名義等相屬，色之生於詮色之生差別之名的所趣境中是否自性有的觀察，最終證知非自性有。《菩薩地持經》說，色之生的差別絕非無關名、義、名義等相屬，也非於詮色之生差別之名的所趣境中是自性有，更非絕無，而是不可說的唯識性，如論云：

「云何知妄想？有四種求、四種如實知。云何四種求？一者名求；二者事求；三者自性施設求；四者差別施設求。名求者，菩薩於名，名分齊觀名求。如是事，事分齊觀事求。自性施設，自性施設分齊觀自性施設求。差別施設，差別施設分齊觀差別施設求。彼名與事，若離相觀、若合相觀，名事合依自性施設、差別施設觀。云何四如實知？隨名求如實知、隨事求如實知、隨自性施設求如實知、隨差別施設求如實知。云何隨名求如實知？菩薩

141 譯者註：唯色性是指，只是這是色的體性，不加任何其他「這是好看的色法」等特徵。

142 譯者註：其性是指，於詮爾名的所趣境中非自性有的體性。

於名，名分齊求，如是名如實知，此名為此事立、為想為見、為流布。於色等假名事不立色等名者，無有能知色等事者。若不知者，無思量事。會無思量者，則無言說。如是如實知者，是名隨名求如實知。云何隨事求如實知？菩薩於事，事分齊求觀色等假名事，一切言說事離言說，是名第二隨事求如實知。云何隨自性施設求如實知？菩薩於色等假名事自性施設，自性施設分齊，求彼自性施設。此自性事，觀自性相如實知，如化如影、如響如焰、如水中月、如夢如幻，觀自性相無有真實，是名第三如實知甚深義處隨自性施設求如實知。云何隨差別施設求如實知？菩薩於差別施設，差別施設分齊，求是假名色等事差別施設不二。觀彼事非有性、非無性，言說自性不可得，亦非無性。」[143]

無論是直接或間接，何時智者若能以四種如實知而精通八種妄想是顛倒執、彼八所執不合眞相後，將不生八種妄想之所依——尚未如實證知不可說唯識性的愚癡，也不生絲毫相順八種妄想的所緣色等戲論事物。因爲不生該所依或因，不生彼相順所緣，自然不生八種妄想之果。應知遣除妄想及其因生起的機會時，將可遣除凡夫相續中生起一切因煩惱及其果生老病死等苦之戲論的機會。遣除生起如是所有戲論的機會時，將從因

143 德格版，經，唯識，ཝི卷，第四品，29背頁；對勘本版，書號73，594頁。漢譯來源：《菩薩地持經》（T.30.1581.895c.18）。

煩惱及其果輪迴中而獲解脫。《菩薩地持經》云：

「若菩薩依四種如實知，現世知八種妄想。現世知已，未來依處緣中虛偽事則不復起。彼事不起者，彼未來緣中妄想不生。如是彼事彼妄想滅已，一切虛偽亦滅。虛偽滅已，菩薩疾得大乘大般涅槃。」[144]

關於四求[145]與四知。《大乘莊嚴經論》、《大乘阿毘達磨集論》、《攝大乘論本》所述內容，與前引《菩薩地持經》的所釋內容並無絲毫差異。爲容易理解四求與四知，《佛法哲學總集》於此處引用《菩薩地持經》而行簡略注釋。

尋思爲何名不以事物本身的境力而相應於名，稱「名求」。名求分三：名身、句身、文身，[146]彼三各自有其尋思。《大乘阿毘達磨集論》云：

「云何名尋思？謂推求諸法名身、句身、文身自相皆不成實。」[147]

144 德格版，經，唯識，ཡི།卷，第四品，31正頁；對勘本版，書號73，592頁。漢譯來源：《菩薩地持經》（T.30.1581.896a.28）。

145 譯者註：藏文用詞相同，都是「ཡོངས་སུ་ཚོལ་བ་བཞི།」，漢譯卻有不同，曇無讖譯「四求」，唐玄奘大師譯「四尋思」。為保持譯詞相同，此處以一開始引用的《菩薩地持經》之譯詞為主。

146 譯者註：藏文直譯是「名聚、句聚、文聚」。

147 德格版，論，唯識，རི།卷，第三品，103正頁；對勘本版，書號76，258頁。漢譯來源：唐玄奘大師譯《大乘阿毘達磨集論》（T.31.1605.687a.24）。

尋思爲何義於名的所趨境中不以境本身之力而有，稱「義求」或「事求」。《大乘阿毘達磨集論》云：

「云何事尋思？謂推求諸法蘊界處相皆不成實。」[148]

尋思爲何唯義於名的所趨境中不以境本身之力而成唯義，稱「自性施設求」。《大乘阿毘達磨集論》云：

「云何自體假立尋思？謂於諸法能詮所詮相應中推求自體，唯是假立名言因性。」[149]

尋思爲何義之差別於名的所趨境中不以境本身之力而成義之差別，稱「差別施設求」。《大乘阿毘達磨集論》云：

「云何差別假立尋思？謂於諸法能詮所詮相應中推求差別，唯是假立名言因性。」[150]

此處結合譬喻說明。以瓶爲例，尋思詮瓶之名不依腹鼓自身之力而相應境，瓶名只是由欲述的分別心所施設而已，這是

---

148 德格版，論，唯識，རི卷，第三品，103正頁；對勘本版，書號76，258頁。漢譯來源：唐玄奘大師譯《大乘阿毘達磨集論》（T.31.1605.687a.25）。

149 德格版，論，唯識，རི卷，第三品，103正頁；對勘本版，書號76，258頁。漢譯來源：唐玄奘大師譯《大乘阿毘達磨集論》（T.31.1605.687b.8）。

150 德格版，論，唯識，རི卷，第三品，103背頁；對勘本版，書號76，259頁。漢譯來源：唐玄奘大師譯《大乘阿毘達磨集論》（T.31.1605.687b.9）。

名求。尋思詮瓶之名的所趨義腹鼓，於詮瓶名的所趨境中不依腹鼓之力而有，瓶名只是意的表述、分別心所施設而已，這是事求。尋思腹鼓於詮瓶體性之名的所趨境中非自性有，只是分別心所施設而已，這是自性施設求。尋思瓶於詮瓶生差別之名的所施設境中非自性有，只是分別心所施設而已，這是差別施設求。四求各有三類：是伺察識的四求、是量的四求、是已決識的四求。

以名求而尋思時，證知不成立彼尋思義之識，是隨名求如實知，應以此理類推其他。生成四種如實知，謂不成立眞相如四求尋思，故而名相應於義只是施設有，非從境之力，這是隨名求如實知；證知事物[151]於名的所趨境中只是施設有，這是隨事求如實知；證知彼義是由詮唯體性之名所施設，卻非由彼義的自性、彼義本身而有，是隨自性施設求如實知；證知彼義是由詮差別之名所施設，卻非由彼義的自性、彼義本身而有，是隨差別施設求如實知。唯識派主張，依此四求與四知，證知名與分別心的所趨境不如分別心所見般地成立，並破所能質異而相應唯識，進而得知八種妄想皆是顚倒識，停止生起不如實知唯識眞實性的愚癡、相順妄想所緣諸色事物。如是，以對治力遣除妄想及其因，故而從煩惱及其果粗細痛苦而得解脫。

151 譯者註：直譯是「義」。為維持「隨事求如實知」譯詞的一貫性，此處翻「事物」。

第七品
別說中觀師的空見

甲一、阿闍黎龍樹建立諸法皆無自性

乙一、總說

阿闍黎龍樹及其弟子諸中觀師，又是如何主張深奧空性——諸法的究竟眞相呢？此品針對其義稍做詳細解釋。如前所述，聖域印度的大阿闍黎龍樹認爲，大乘般若經廣說一切法非自性有，這才是究竟了義。大師不僅依多理破除內道說實派論師所許的「諸蘊等法是自性有」，也破除外道論師所承許的「我與時間等爲眞實事物」。眾所周知，《中觀根本慧論》與《六十頌如理論》等中觀理聚諸論，廣釋爲何諸法非自性有是空性之理。

大阿闍黎龍樹的中觀典籍，以無盡理路特別建立諸法究竟眞相——甚深空性——的目的爲何？形成各類不欲苦的諸業，皆由內在意樂貪瞋等煩惱所造，而彼等煩惱皆由非理作意的妄念所成，非理作意的妄念則是從愚昧眞相的無明、眞實執著所生。如執不淨爲淨、執苦爲樂等都是非理作意的妄念。例如，緣某人而起強烈貪念時，見所貪之人的一切皆是悅意。然而，若某時與此人產生不愉快，變成敵人時，則見此過去所貪之人的一切都是問題。由此可見，親與敵不僅不是從他人方面而有，其過失與功德也都源於非理作意妄念的過度增益其好壞所致。總之，依非理作意的妄念發起了強烈貪瞋，造各種業，生種種不欲苦，故而只能依串習與眞實執著所執相違的空性智，增上其串習而破實執戲論。因此，種種痛苦的根本是愚癡的眞實執著。爲斷此顚倒所持、爲破此眞實執著，諸經論等皆廣釋空性義。

如是蒙昧於境的愚癡無明，是一切煩惱與痛苦的根本。樹根若斷，其枝葉將會枯萎，同樣地，止盡無明方能破除一切煩惱。《佛說如來不思議祕密大乘經》云：

「寂慧！譬如大樹若斷其根，即枝葉莖幹而悉枯悴。此有身見亦復如是，若近止已，諸煩惱亦止。」[1]

《中觀根本慧論》云：

「業惑從妄念，彼從戲論有，依空滅戲論。」[2]

《讚法界頌》云：

「意緣法稱最，自性恒遠離。」[3]

1 德格版，經，寶積，ཀ卷，第十五品，161背頁；對勘本版，書號39，439頁。漢譯來源：《佛說如來不思議祕密大乘經》（T.11.312.732c.7）。

2 德格版，論，中觀，ཙ卷，第十八品，第5句偈頌文，11正頁；對勘本版，書號57，26頁。漢譯來源：蔣揚仁欽博士譯《中觀根本慧論》。鳩摩羅什大師翻譯的《中觀根本慧論》與藏譯稍有不同，鳩摩羅什大師譯文為（T.30.1564.23c.28）：「名之為解脫，業煩惱非實，入空戲論滅。」

3 德格版，論，禮讚，ཀ卷，64背頁；對勘本版，書號1，180頁。漢譯來源：宋施護譯《讚法界頌》（T.32.1675.755b.11）。

阿闍黎提婆的《四百論》云：

「如身中身根，癡遍一切住，故一切煩惱，由癡斷隨斷。」[4]

應理解《四百論》中的「癡」指的是眞實執著的無明。別人讚美自己時，會產生「我被人稱頌」的想法，內心深處會現起一種「突出的我」之我執。因爲有這種我見，故而區分自方與他方，並行利自方事，且對與己志同道合者起貪。同時，也會對瞋害己者，且對與己不合者起瞋，從而發起三門的所有過失。《入中論釋》明示：

「煩惱謂貪等，諸過患謂生、老、病、死、愁等，彼等皆從薩伽耶見生。經云：『薩伽耶見為根本，薩伽耶見為因，薩伽耶見為集。』此說一切煩惱皆以薩伽耶見為因，由未斷除薩伽耶見，能起諸行，能招生等眾苦，故說皆以薩伽耶見為因也。」[5]

還有，經論所說的貪之對治——不淨觀，彼觀不能止盡瞋，只能暫時壓制貪，不能斷除貪根。同樣地，經論所說的瞋

4 德格版，論，中觀，ཚ།卷，第六品，第10句偈頌文，7背頁；對勘本版，書號57，796頁。漢譯來源：法尊法師譯《四百論》。

5 德格版，論，中觀，འ།卷，第六品，292背頁；對勘本版，書號60，774頁。漢譯來源：法尊法師譯《入中論釋》。

之對治——慈心觀，不僅不能止盡貪，也只能暫時壓制瞋，不能斷除瞋根，我慢等也是如此。貪等一切煩惱的根本是愚癡實執，而令愚癡的眞實執著止盡的究竟對治，只能是與實執所持正相違的證空智。根斷則枝枯，同樣地，根愚癡眞實執著若斷，依其而有的貪等煩惱亦斷。阿闍黎月稱於《顯句論》中明示其義。論云：

> **「於此，為斷貪所言者不能盡瞋；為斷瞋所言者不能盡貪；為斷我慢等所言者不能盡其他垢。是故，不能廣大周遍且非大義。為斷癡所言者卻盡一切煩惱，故世尊說所有煩惱當正依癡。」**[6]

乙二、破四邊之生故，成立諸法皆無諦實生

在成立諸法非自性有的阿闍黎龍樹的著作中，如同國王般的著作是《中觀根本慧論》。《中觀根本慧論》的禮讚文在相順論中內義的基礎上，以導師世尊宣說甚深緣起眞實義而頂禮世尊，並成立有爲緣起諸法遠離生滅等八邊。其關鍵在於：關乎我等平日利害的作用及其因果，其基礎都是有爲法。然執有爲法是眞實有，實爲大亂；念無法生果的無爲法是眞實有，其

6 德格版，論，中觀，འ།卷，198背頁；對勘本版，書號60，480頁。漢譯大藏經內並無此譯。

亂則小。總之，聖域印度內外說實派者們，都會特別成立有爲法是眞實有。此理如阿闍黎龍樹的《中觀根本慧論》云：

「有為法無故，何得無為法？」[7]

是故《中觀根本慧論》特別破除諸有爲法是眞實有。阿闍黎月稱的《顯句論》亦云：

「念以破生再破滅等法為易，故於初時破生。」[8]

論說，以破諸事物的自性生而破自性有會較爲容易，故《中觀根本慧論》依此意趣於一開始便破自性生。如論云：

「非自非從他，非共非無因，事物何時處，其生終非有。」[9]

《中觀根本慧論》以破四邊生——因果緣起法的自生、他

7 德格版，論，中觀，ཙ།卷，第七品，第33句偈頌文，5背頁；對勘本版，書號57，13頁。漢譯來源：蔣揚仁欽博士譯《中觀根本慧論》。鳩摩羅什大師翻譯的《中觀根本慧論》與藏譯稍有不同，鳩摩羅什大師譯文為（T.30.1564.12a.14）：「有為法無故，何得有無為？」

8 德格版，論，中觀，འ།卷，第一品，5正頁；對勘本版，書號60，10頁。漢譯大藏經內並無此譯。

9 德格版，論，中觀，ཙ།卷，第一品，第3句偈頌文，1正頁；對勘本版，書號57，3頁。漢譯來源：蔣揚仁欽博士譯《中觀根本慧論》。鳩摩羅什大師翻譯的《中觀根本慧論》與藏譯稍有不同，鳩摩羅什大師譯文為（T.30.1564.2b.6）：「諸法不自生，亦不從他生，不共不無因，是故知無生。」

生、自他共生、無因生的四邊——而破自性生，並直接顯示破其論式的因相與有法[10]後，間接影射該論式的所立法。

生決定爲二：由因而生與無因而生。由因而生又決定分三：因與果爲體性一、因與果的體性爲異，以及因與果的體性亦一亦異的二俱。因此，若是自性生，則決定由四邊的任一而生，故破四邊任一而生，方能易破自性生。正因如此要義，承許諸法是從自方有的內外道論師們，主張「若果是自性生，將要由四邊的任一而生；若非由四邊的任一而生，則周遍非自性生」之理，故說諸事物是從四邊的任一而生。換言之，若破某事物由四邊的任一而生，則易成立該事物非自性生，這正是爲何阿闍黎龍樹於《中觀根本慧論》一開始就破除事物是由四邊而生的關鍵。阿闍黎龍樹以破四邊而生之理而破法我之舉，令人讚嘆。

以下將用容易理解的方式說明。「諸內外事物有法，非自性生，不從四邊任一而生故，如鏡中的面容影像。」此因相又稱「金剛屑因」，如阿闍黎蓮花戒於《中觀明論》云：

10 譯者註：破自性生的論式為：「內外諸事物有法，非自性生，非自生、他生、自他二生，或無因而生故。」《中觀根本慧論》直接顯示的是其論式的有法與因相，因為內外諸事物是其論式的有法，而「非自生、他生、自他二生，或無因而生」是其論式的因相。《中觀根本慧論》的偈句中並未以直接顯示非自性生，即其論式的所立法。

「如是，為破內外一切別說實派，諸大士皆至極宣說四無礙金剛屑，此道遠離一切相違。」[11]

如金剛石的每顆微粒（屑）也能摧毀平庸寶物。同樣地，於此因相中，四邊的每一部分都能一一破除敵方眞實有的立場，故稱「金剛屑因」。

個別詮釋一一破除四邊之理。第一理破自生：「內外諸事物有法，無論於任何的時間、空間、宗義，皆永無自生，因爲再生[12]是無義與無窮故。」

第二理破他生：「內外諸事物有法，無論於任何的時間、空間、宗義，皆永無他生，應成一切因與非因生一切果與非果故。」

第三理破自他二生：「內外諸事物有法，無論於任何的時間、空間、宗義，皆永無自他共生，自生與他生被一一破除故。」

第四理破無因而生：「內外諸事物有法，無論於任何的時間、空間、宗義，皆永非無因生，一切爲能得果的努力應成無義故。」

11 德格版，論，中觀，ཙ卷，202正頁；對勘本版，書號62，1282頁。漢譯大藏經內並無此譯。

12 譯者註：已經生成的瓶子能夠再次被生成，故稱「再生」。

破自生

接下來一一略說依何理破四邊生。關於第一理：非佛教的數論派是持自生論述者，該派述說自生之理爲：主張彼此相異的因緣有著共同的果，且彼等因緣必須隨後同一體性的共主相，因此，舉凡是因種子的體性，或是水、肥料等緣的體性，都同爲苗的體性。不僅果與其因緣的體性彼此互屬，一切變異的體性也是如此。種苗雖是彼此互屬，但不說苗生苗，卻說苗從種子及種子的體性而生，因爲苗種二法爲體性一，故許自生。又說，未顯現的苗在因位時便有。此乃主張自生之理。《眞如集論釋》中引用數論派的典籍云：

「猛取如是說：『酸乳定是乳，乳定是酸乳。』魯迪亦說此。」[13]

爲破此義，《中觀根本慧論》云：

「若眾緣和合，是中有果者，和合中應有，而實不可得。」[14]

13　德格版，論，量，ཞེ།卷，第六品，152正頁；對勘本版，書號107，401頁。漢譯大藏經內並無此譯。

14　德格版，論，中觀，ཙ།卷，第十九品，第1句偈頌文，11背頁；對勘本版，書號57，27頁。漢譯來源：鳩摩羅什大師譯《中觀根本慧論》（T.30.1564.26b.16）。

若說，於種子等因緣的和合中存在苗果，那麼，該果應要可得，然眞相並非如此。若仍說該果是可得，此說不應理，如不可得氈氀於瓶聚中。依此理而破自生。《中觀根本論釋・佛護論》詮釋此《中觀根本慧論》破四邊生之偈句的內義時，論云：

> **「首先，事物等不從自身的己性而生，（否則）該生應成無義故，（該）生應成無窮無盡故。如是，存在於自己的己性之事物等無須再生。若已有（事物）仍會再生，應永遠（復）生，然（我）不許（該義）。此故，首先（確認）諸事物非由自生。」**[15]

若是自生，生應成無義、無窮。爲何生應成無義？若苗已於自因時便有，且由此再生，生應成無義，因爲已得苗自身的體性故。生的目的是爲得自身的體性，既然已得，再生將成無義。若念：雖然已得自身的體性，但與再生不相違。反駁：這樣一來應成無窮，故要破除。爲何呢？按照你的說法，苗將會一直生，因爲已生還得再生故。對方數論派說，果的能力於因時尚未顯現，故要生已有之果爲顯現，已顯現者無須再生，故

15 德格版，論，中觀，ཙ卷，第一品，161背頁；對勘本版，書號57，451頁。漢譯來源：蔣揚仁欽博士譯《中觀根本論釋・佛護論》，56頁。

以不周遍答覆前後兩應成。[16]反駁：此說仍不能斷過，因爲已顯現果於因時[17]有，將無須再生，或已顯現果於因時有而再生應成無窮，其過相同故。此外，「已顯現果於前因時無」與「果於前因時有」相違故。

論式爲「主張存在於自因時未顯現的苗有法，再生無義，有故，如已顯現之苗」、「彼有法，其生非再生或非無窮，有故，如已顯現之苗」應成的論式爲「內外事物有法，應成再生無義，自因時已有故」。若不周遍時，[18]「彼有法，應成其生無窮，已生再生是有意義故。」《入中論》云：

「彼從彼生無少德，生亦復生亦非理。若計生已復生者，此應不得生芽等，盡生死際唯種生。」[19]

論以二過——生不同種類之果以及同類因不間斷地在生，

16 譯者註：前應成論式：「諸苗有法，應成無義，已得苗的體性故。」後應成論式：「諸苗有法，應成無窮，已生再生故。」數論派皆答不周遍，即已得苗的體性不周遍應成無義，以及已生再生不周遍應成無窮。

17 譯者註：直譯為「前時」。

18 譯者註：這裡的「若不周遍」是指：於自因時已有，不一定是再生無義。「若不周遍」意味著對方數論派認為，果於自因時已有且再生有義，並非再生無義。為能反駁果於自因時已有且再生有義，自宗反駁「彼有法，應成其生無窮，已生再生是有意義故」。

19 德格版，論，中觀，འ卷，第六品，第8-9句偈頌文，204正頁；對勘本版，書號60，562頁。漢譯來源：法尊法師譯《入中論》。

推理自生相違。此義與《中觀根本論釋‧佛護論》所破之理相同。

還有另一過失：若說諸果是自生，將有「所生果與能生因，彼二爲一」，以及「作事[20]與作者爲一」之過。關於前者，如《中觀根本慧論》云：

「若因果是一，生及所生一。」[21]

因果若爲同一體性，將有「父子爲一」以及「眼與眼識爲一」等眾過。關於後者，《中觀根本慧論》又云：

「凡柴若為火，作作者則一。」[22]

敵方不說父子爲一，也不說作者與作事是一，卻說彼等是自性有的體性一。反駁：若是自性有的體性一，將有「實爲是一」之過，汝仍不能避免此理之違害。《入中論》云：

「若計自生能所生，業與作者皆應一，非一故勿許自生，

---

20 譯者註：如造善惡等行為。

21 德格版，論，中觀，ཙ།卷，第二十品，第19句偈頌文，12正頁；對勘本版，書號57，29頁。漢譯來源：鳩摩羅什大師譯《中觀根本慧論》（T.30.1564.27b.27）。

22 德格版，論，中觀，ཙ།卷，第十品，第13句偈頌文，6背頁；對勘本版，書號60，562頁。漢譯來源：蔣揚仁欽博士譯《中觀根本慧論》。鳩摩羅什大師翻譯的《中觀根本慧論》與藏譯稍有不同，鳩摩羅什大師譯文為（T.30.1564.14c.4）：「若燃是可燃，作作者則一。」

以犯廣說諸過故。」[23]

阿闍黎清辨的《思擇焰論》也說眾理而破自生。論云：

「數論師承許自生。為此，論云：『於此說自生，世俗亦非理，有自體性故，酪非由自生。』其中『由自』之詞謂決定由自身。如是，若諸事物由自而生，則無因緣生應理，然而，於世間不見如是生，違論見於勝義。『有自體性故』謂『自』乃具（果）自身之體性，『有自體性』謂（果）自身。（果）事物乃『自體性』也。『有自體性故』之詞，謂決定有（果）自身之體性。將生者若是有，豈能再生？如世間說由乳生酪，不說酪生酪自己。同理，既有事物體性，則非自生，將有自造自之違過故。」[24]

論說，若果本身的體性於正在生時已成立，而後再生，其生將成無義。例如，酸奶由乳而生，卻不由酸奶本身而生。《思擇焰論》又云：

「若說因果相異，安立『此是因、此是果』等名言應理，故非他性不應理，種子將成非苗之因故。何以故？（種）

23　德格版，論，中觀，འ།卷，第六品，204背頁；對勘本版，書號57，451頁。漢譯來源：法尊法師譯《入中論》。

24　德格版，論，中觀，ཛ།卷，第三品，91正頁；對勘本版，書號58，226頁。漢譯大藏經內並無此譯。

不與彼（苗）相異故，（因）是果之體性故。」[25]

因果的體性相異，因此分別「此是彼之因」的說法方可應理。如果主張因果爲體性一，區分因與果將不合理，從而指出種子也不能成爲苗因等過失。

破他生

第二，誰說他生？阿闍黎月稱等應成派的學者們認爲，自續派以下主張他生。爲什麼呢？自續派以下說自生無義，自生不應理，故自他共生不應理；決定荒謬的無因生更不應理。然而，破他生不應理，因爲經說諸事物是自性有的四緣所生，所以自續派以下的論師即便有所不願也得承認他生。總之彼等主張，由自性有的他因生自性有之果，依此持他生論。

略說破他生之理：《中觀根本論釋．佛護論》詮釋《中觀根本慧論》破四邊生的偈句時，論云：

「（事物）亦不從他生。何故？所有（事物）應從一切而生故。」[26]

25 德格版，論，中觀，ཛ།卷，第三品，92正頁；對勘本版，書號58，229頁。漢譯大藏經內並無此譯。

26 德格版，論，中觀，ཙ།卷，第一品，161背頁；對勘本版，書號57，451頁。漢譯來源：蔣揚仁欽博士譯《中觀根本論釋．佛護論》，56頁。

若是自性有的他[27]，則無觀待的相屬。在無相屬之他的基礎上，若某果從其因而生，將從一切非因而生；若某因生其果時，也將生一切非其果的果事物；一切因與非因將生一切果與非果。例如，種子與幼苗兩者若是自性有的他，苗觀待種子將不應理，故種子不生苗。或是，如同種子生苗，除黑暗之烈火也能生所除之黑暗，因爲同爲無觀待的自性有之他。依此理而破他生。《入中論》亦云：

「若謂依他有他生，火焰亦應生黑暗，又應一切生一切，諸非能生他性同。」[28]

又如稻種生與其相異的稻苗般，火炭也能生稻苗。或是，如稻苗從與其相異的稻種所生般，瓶子和氆氌等物也能從稻種所生。依此相同之推理而破他生。《中觀根本慧論》云：

「若因果是異，因則同非因。」[29]

破他生時，佛教的說實派反駁：經說諸事物由四緣生，

27 譯者註：為保持「他生」用詞的一貫性，此處不譯「相異」卻譯「他」。

28 德格版，論，中觀，འ卷，第六品，第14句偈頌文，204背頁；對勘本版，書號60，563頁。漢譯來源：法尊法師譯《入中論》。

29 德格版，論，中觀，ཙ卷，第二十品，第20句偈頌文，12正頁；對勘本版，書號57，29頁。漢譯來源：鳩摩羅什大師譯《中觀根本慧論》（T.30.1564.27b.28）。

故汝宗與契經相違。四緣是：因緣，即如種子等是因的體性，由此生各自果。所緣緣，即心與心所皆依此所緣而生。等無間緣，即生果於因滅的當下。增上緣，即自主生其果者。如《中觀根本慧論》云：

> **「如諸法自性，不在於緣等，若無自事物，他事物亦無。」**[30]

對此偈文，阿闍黎月稱的《顯句論》提出兩種解讀。第一種解讀：[31]以苗爲例，諸果事物的體性不以相異的形式，如水果與其所依的容器般，存在於其前緣種子之時。若有，將是可得，然眞相並非如此，況且於其因時已有再生是無意義故。果事物的體性若不存在於其前因時，種子等絕非是自性有的他緣，《顯句論》說此過失。

爲何是他生時，果一定要存在於其前因之時？舉凡主張生，因的即將滅與果的即將生一定是同時。說唯生[32]或生於名

30 德格版，論，中觀，ཙ།卷，第一品，第5句偈頌文，1正頁；對勘本版，書號57，3頁。漢譯來源：蔣揚仁欽博士譯《中觀根本慧論》。鳩摩羅什大師翻譯的《中觀根本慧論》與藏譯稍有不同，鳩摩羅什大師譯文為（T.30.1564.2b.18）：「如諸法自性，不在於緣中，以無自性故，他性亦復無。」

31 《顯句論》，德格版，論，中觀，འ།卷，第一品，26正頁。漢譯大藏經內並無此譯。

32 譯者註：不加自性有或勝義有等簡別，只是單純地說有生。

言中，沒有不合理，然而，若是主張勝義生與自性有而生，將成矛盾，畢竟因的即將滅之作用與果的即將生之作用也一定是同時。[33]這樣一來，因果必須是同時。爲什麼呢？所謂「生此」的形成果之作用，必須依附具該形成的作用者——苗，所以苗與苗生之作用兩者爲所依與能依。若所依與能依是自性有，將成自性有的相異法，這不應理。若彼二非自性有的相異，將不具足自性有的所依與能依的意涵。[34]總之，苗永遠是苗生作用的所依，故苗的即將生也需要其所依——苗。這樣一來，因果將成同時，故汝宗將被「因與非因將相同」之理所害。然而，對說生僅於名言中有的中觀師而言，一次的所生與能生不代表要生於一切時，[35]故不相同。[36]

第二種對彼偈的解讀：[37]以苗爲例，果事物不存在於種

33 譯者註：種子生幼苗的現象，只是完全依賴主觀的名言、世間通俗的說法而被成立，無須追根究柢地去成立種子何時生苗或種子如何生苗等客觀的細節。

34 譯者註：自性有的相異等同無關，既然已無相屬、沒有關聯，豈能是所依與能依？

35 譯者註：只有一次形成因果，不須一切時都形成因果。

36 譯者註：同前譯者註，因為無須追根究柢地去成立種子何時生苗或種子如何生苗等客觀的細節，中觀師的「唯名言中坦然安立一切作用」的論述，自然不被前述的推理所害，故不相同。

37 《顯句論》，德格版，論，中觀，འ།卷，第一品，26背頁。漢譯大藏經內並無此譯。

子等因緣的非變異期[38]，若存在於彼時，果將是無因。為什麼呢？若果體性的事物不存在於因時，豈能依果而說因緣是他？[39]因此，種子等是自性有之他不應理。其關鍵是，說諸法非自性有的中觀派表示，因緣依賴其果後才能成立與果相異，若是自性有，那麼，所依之果將必定一直成為因緣的所依，故果要存在於其因時。我等認為，其理要義要結合前後文所述的諸多理路。

阿闍黎清辨等自續派的學者們承許名言中有他生，故於破他生時，會於所遮上多加勝義的簡別。《思擇焰論》指出《中觀根本慧論》破他生的敵方時，論云：

「經部與毘婆沙部等人言，種子、地水火風等他法生諸苗等外在事物；由無明、愛、業他法生內處事物。同理，勝論派等人亦言，依地等之二、三顆微塵與極微塵，漸次現成地等質。」[40]

經部等說自性有的宗義論師們說，種子等外事物與無明等內事物，皆以勝義生其果。《思擇焰論》破此敵方立場，破除

38　譯者註：種子尚未轉成幼苗的階段，故稱「非變異期」。

39　譯者註：果是他生、與因相異的話，反問：如果因時無果，豈知果是與因相異？

40　德格版，論，中觀，ཛ།卷，第三品，93背頁；對勘本版，書號58，231頁。漢譯大藏經內並無此譯。

之理如論云：

「『眼等於他緣，非以勝義生，諸眼等心識，他故如木枝。』謂一切他若有能力生成，應同為他。然而，眼等只生成眼識等，卻不生成圍籬、瓶、氆氌等；木枝只生成圍籬、毛線只生成氆氌、泥只生成瓶，卻不生成眼識等。各別因緣生成何者皆是決定的因相差別，應說彼義。」[41]

論說，眼若以勝義而生與其相異之果的眼識，因果將成無相屬之他法。這樣一來，將有此過：同爲相異法，眼生眼識卻不生成由細木枝編織的圍籬；一一木枝生成圍籬卻不生成眼識，故有「無法詮釋爲何因緣各自決定」之過。自續派說，若是勝義[42]他生應成一切生一切，除了所遮上是否加勝義簡別外，對此理的安立同於前引的《中觀根本論釋．佛護論》及《中觀根本慧論》。

破共生

第三，耆那派與某些數論派人主張共生。彼等如何述說自他共生？有神數論派表示，諸果皆是源於大自在天與共主相

41 德格版，論，中觀，ཚ卷，第三品，94正頁；對勘本版，書號58，232頁。漢譯大藏經內並無此譯。

42 譯者註：這段的原文中並無「勝義」二字，為避免讀者錯誤解讀為「自續派破他生」，故於此處多加「勝義」二字。

兩者，故是共生。耆那派說，當瓶子由陶土、木棍、輪盤、紋線、水、陶師等而生時，是從於陶土時就有的陶瓶性而生，故是自生。與此同時，又從陶師的作用等相異他法所生，故是他生。因此，不是從單一的自或他各別而生，卻一定是從自他共生。阿闍黎清辨反駁敵方的共生說法，如《思擇焰論》云：

> **「某數論派師言，果是由地等分因及種子性相之不分因緣所生，念彼義者說自他生。耆那派亦說，真金戒指是由金與火所成，念此自他生者言，果於前時亦有亦無，且如是說，果金戒是等無間生，故於前時有；不得自體性，故於前時無。」**[43]

一些數論派師表示，以苗為例，苗由地等的共因或稱「分因」所生，故是他生；苗又從其因種子不共因或稱「不分因」所生，故是自生。耆那派師則說，以金戒為例，從金所生，故是自生；從火所生，故是他生。

如何破共生論？自他共生不應理，猶如前述各個過失，故共生論亦有彼過。依賴陶土而說陶瓶是自生，將有前述無義等過，故由此破。依賴陶師而說陶瓶是他生，將成荒謬[44]等過，

43 德格版，論，中觀，ཛ卷，第三品，103正頁；對勘本版，書號58，252頁。漢譯大藏經內並無此譯。

44 譯者註：一切可生成一切的荒謬說法。

故由此破。《中觀根本論釋．佛護論》云：

「亦不從自他兩者生，應成兩過故。」[45]

《入中論》亦云：

「計從共生亦非理，俱犯已說眾過故。」[46]

《中觀心要論》及其自釋亦破共生。如《思擇焰論》云：

「『由自他所生，不許有無性，說二皆非有，前示其理故。』共生之說亦有違過，故不應理。若是由自，豈能由他？然而，若是由他，如是，將與由自相違。如前一一破由自與由他，故應如是說。」[47]

如論說云，若許自生，將違他生立場；若許他生，將有違自生立場之過。承許自生與他生時，會被前述各個過失所害。

破無因生

第四，順世派師主張無因生。彼等如何述說其義？若是有

45 德格版，論，中觀，ཙ卷，第一品，161背頁；對勘本版，書號57，451頁。漢譯來源：蔣揚仁欽博士譯《中觀根本論釋．佛護論》，56頁。

46 德格版，論，中觀，འ卷，第六品，第98句偈頌文，209正頁；對勘本版，書號60，571頁。漢譯來源：法尊法師譯《入中論》。

47 德格版，論，中觀，ཛ卷，第三品，103正頁；對勘本版，書號58，253頁。漢譯大藏經內並無此譯。

因生，將得承許是自生、他生，或是共生，這樣一來，將有前述過失；爲避前三過失，不說我是有因生。如是，不見有誰造粗細的蓮花莖瓣，也未見有誰造其瓣蕊、花心的各種形狀與顏色。如外在諸法，也未見有哪些具內在體性者努力創造孔雀與家禽等形色，因爲事物之生實屬本性。相關內容早在詮釋順世派的宗義時已經解說。爲破此宗，《思擇焰論》云：

「為此，論云：『世俗亦不許，眼是驟然生。具共別相故，其例猶如瓶。』於世間中，不見任何內外事物是無因。蓮花亦有水土質、種子等因。同理，世間人依欲而言『開屏』，孔雀由此得知而張扇狀，翠綠斑紋。荊棘尖銳、花朵柔軟等亦是源於有情業力。同理，眼亦有淚、血、珠等，皆是源於大種之因。即便是於世俗諦法，不許彼是驟然而生，因彼具無常等共性相，以及眼等具由大種所生色體性的差別性相故。其例如瓶，瓶亦具無常等共性相，以及大腹鼓、廣瓶口、圓形狀等差別之性相故，亦不許驟然生於世俗中。」[48]

論說，無任何內外一法是無因生，況且蓮花有水與種子等因也是有目共睹。以瓶爲例，瓶是共性相無常的體性，故而成立瓶具其因緣。還有，瓶具形成大腹鼓等差別性相之因，故而

48 德格版，論，中觀，ཛ།卷，第三品，103背頁；對勘本版，書號58，254頁。漢譯大藏經內並無此譯。

成立瓶具其因緣。況且，世間名言亦不許無因、驟然而生。依此理破無因生。《中觀心要論》云：

「果故依次生，滅故變異故，因緣決定故，應知是生故。」[49]

諸內外事物是逐漸形成的果、非同時成立、最終是壞滅的體性，且會從此性變異成彼性。彼等不是從所有的因緣而生，見彼等是從各自的決定因緣而有；見彼等是未有過的新生，從而成立彼等非無因生、非驟然生。佛教典籍提出諸多破無因生理。

如果諸事物是無因生，諸事物將由非其因而生，諸法同爲非因故。這樣一來，烏鴉將有孔雀花翎，胎內的孔雀將有鸚鵡的羽毛，無須觀待其因故。世間人爲秋季豐收而努力將成無義，彼等之有皆是本性故。依此理破無因生。《中觀根本論釋．佛護論》云：

「亦不從無因生，所有（事物）應永遠從一切而生故，一切努力應成無意義故。」[50]

49 德格版，論，中觀，ཛ།卷，第三品，10背頁；對勘本版，書號58，24頁。漢譯大藏經內並無此譯。

50 德格版，論，中觀，ཙ།卷，第二品，161背頁；對勘本版，書號57，451頁。漢譯來源：蔣揚仁欽博士譯《中觀根本論釋．佛護論》，56頁。

《入中論》亦云：

「若計無因而有生，一切恒從一切生，世間為求果實故，不應多門收集種。」[51]

諸多典籍又說，諸事物若是無因生，將有「永遠在生或絕對不生」之過。

中觀師如是否定由自他四邊而生，這與世尊所說的「諸事物由四緣生」不相違。世尊是以世俗的角度而說「四緣生」，並非以真實義的角度。因此，安立世俗因果的論述應要主張唯此緣性所成的緣起；若主張是由四邊而生，將要承許事物是自性有，這樣一來，將會被前列諸理所害。《顯句論》清楚說明其義。如論云：

「若諸事物無自生、他生、共生、無因生，為何薄伽梵示無明生行？答：此乃世俗，非真實義也。問，何以故依世俗論述而言？依唯此緣性所成立的世俗而說，不許四方，應成事物是自性有故，彼義不應理故。」[52]

《中觀根本論釋．佛護論》云：

---

51 德格版，論，中觀，འ།卷，第六品，第99句偈頌文，209正頁；對勘本版，書號60，572頁。漢譯來源：法尊法師譯《入中論》。

52 德格版，論，中觀，འ།卷，第一品，18背頁；對勘本版，書號60，42頁。漢譯大藏經內並無此譯。

「如是，（以上述）一切行相不能成立事物之生，故無有生，言『生』僅為名言。」[53]

以上實爲要義！總之，佛教與非佛外道多數宗師認爲，若是唯依名言安立生諸事物，實難滿足生義，故而承許四邊任一之生。說事物非自性有的阿闍黎龍樹父子及阿闍黎月稱等師，以破四邊生之理指出彼論相違，即直接破除彼宗之生並間接否定自性生，令我等能更簡易決定非自性生。

乙三、依因果性三與作處作者作業三等，破自性有

不僅前章節說破四邊生之理，《中觀根本慧論》等阿闍黎龍樹的著作中，也列舉諸多成立諸法非自性有的理由，不可勝數。此處將觀察因、果、體性三法，以及作者、作業、作處三法，並略釋彼等爲何非自性有之理；前章節中的破四邊生之理則是觀因的因相。

《中觀根本慧論》的「觀緣品」檢視生成諸內外事物的四緣——因緣、所緣緣、等無間緣、增上緣。該章節不僅依共相理破彼四是自性有，也一一破彼四是自性有。先說如何依共相

53　德格版，論，中觀，ཙ།卷，第二品，161背頁；對勘本版，書號57，451頁。漢譯來源：蔣揚仁欽博士譯《中觀根本論釋・佛護論》，56頁。

理破諸緣是自性有。有人執：破四邊生是直接破諸果從緣的自性生，雖破四邊生，卻無過失。以眼識爲例，眼識並非直接從眼的三緣而生，生識作用卻是從眼等諸緣而形成，可承許心識依此作用的自性力而生。《中觀根本慧論》說破此之理。論云：

> **「作用不具緣，無緣無作用，無作用非緣，然非具作用。」**[54]

眼的具緣作用是自性有，故生識果，不應理。前時未生的心識，其生的作用非自性有，已生再生的作用也非自性有。觀察生識的作用是否爲自性有時，已生之識無須生的作用，因爲不可能已生再生；未生之識的生之作用是自性有，也不應理，因爲生識的作用若是自性有，將有「存在識之生的作用時，定有其作者識」之過。若說，已生識與未生識皆無生的作用，但正在生之識有此作用。反駁：此說不應理，因爲除了已生與未生外，不存在正在生。[55]若說：生的作用若已開始卻未圓滿，將非已生；已開始生的作用，故非未生。因此，正在生具有生

54 德格版，論，中觀，ཙ།卷，第一品，第6句偈頌文，1背頁；對勘本版，書號57，4頁。漢譯來源：蔣揚仁欽博士譯《中觀根本慧論》。鳩摩羅什大師翻譯的《中觀根本慧論》與藏譯稍有不同，鳩摩羅什大師譯文為（T.30.1564.2c.6）：「果為從緣生，為從非緣生，是緣為有果，是緣為無果。」

55 譯者註：因為除了已走的路與未走的路，豈有正在走的路？像是已跨步的路是已走，尚未跨步的路是未走故。

的作用。反駁：此說不應理，如是心識將成某部分已生、某部分未生的緣故，汝得承許一半已生、一半未生的心識，然無一法是生又是非生。若說，已生與未生兩者皆有正在生的作用。反駁：這樣一來，將有「過去與未來是正在生」、「三時皆是正在生」之過。

又，若說：不具緣的作用生識。反駁：不具緣的作用亦無。若有，將有無因而生之過。若說：不具勝義有作用的眼等諸緣，是以自性力而生眼識。反駁：以眼為例，眼於名言中是眼識之緣，若眼等三緣於名言中不具生眼識的作用，應成非眼識緣。然而，否定眼是自性有的緣。若說：只有具足自性有作用的緣會生識。反駁：依「絕不存在具自性有作用的緣」而破汝說。總之，該偈[56]的第四句與第一句破，以眼等具生果作用而說眼等是勝義有的緣。該偈的第二句破「作用不具緣，但不具緣之作用是勝義有」之念。該偈的第三句破「雖不具作用，仍可安立緣是勝義有」之念。該偈依理成立，無論緣是具作用或不具作用，皆非勝義有，故諸緣皆非自性有。《中觀根本慧論》也廣釋生事物的四緣各別非自性有之理。

關於破因緣是自性生。說實派們主張，因緣的定義是生自果，故因緣是自性有。《中觀根本慧論》云：

56 譯者註：即「作用不具緣，無緣無作用，無作用非緣，然非具作用」。

「諸法皆非有，非無非有無，能成何稱因？如是不應理。」[57]

觀察果法於因時是有、是無、是有無二俱時，皆不得該因是自性有。因此，不應以因緣定義是存在的理由而說因緣是自性有。其理的關鍵在於，果於因時有且從因生，其生將成無義與無窮；於因時不存在的苗若是自性有且是從因而生，那麼，於因時不存在的這點既已相同，豈有生苗卻不生兔角的差異？自性有的事物於一時無，必定於一切時中亦無，這樣一來，自然無法區分「此是此因」、「此非此因」的差異。因時亦有亦無的二俱者也不能從因而生，因爲無一法是彼此互違的有無兩者，[58]且仍有前述二過故。

關於破所緣緣是自性有。《中觀根本慧論》云：

「細說此有法，所緣僅唯無，如是法無緣，豈能有所緣？」[59]

57 德格版，論，中觀，ཙ卷，第一品，第9句偈頌文，2正頁；對勘本版，書號57，4頁。漢譯來源：蔣揚仁欽博士譯《中觀根本慧論》。鳩摩羅什大師翻譯的《中觀根本慧論》與藏譯稍有不同，鳩摩羅什大師譯文為（T.30.1564.3a.2）：「若果非有生，亦復非無生，亦非有無生，何得言有緣。」

58 譯者註：沒有一法既是有又是無。

59 德格版，論，中觀，ཙ卷，第一品，第10句偈頌文，2正頁；對勘本版，書號57，4頁。漢譯來源：蔣揚仁欽博士譯《中觀根本慧論》。鳩摩羅什大師翻譯的《中觀根本慧論》與藏譯稍有不同，鳩摩羅什大師譯文為（T.30.1564.3a.12）：「果若未生時，則不應有滅，滅法何能緣，故無次第緣。」

若有人認爲，依是心識生處的理由，說所緣緣是自性有。反駁：是在緣取所緣之前已有的心識具有所緣緣，還是在緣取所緣之前未有的心識具有所緣緣？若於前時有，不觀待所緣緣也能成立心識，將無須安立所緣緣。因此，當存在的心識絕無其所緣緣時，「彼識觀待所緣」只是汝隨意的贅述而已。若說，於前時未有的心識有所緣緣，那麼，心識與所緣緣將無相屬，因爲有所緣緣時無其能緣者，有能緣者時卻無其所緣緣故。此理的關鍵在於，並非說要破所緣緣與能緣者二法於名言上的相屬，此處要破的是，所緣緣是自性有；若所緣緣與能緣者二法的相屬是自性有，彼二將是眞實有，這樣一來，彼二的隨轉隨遮將永遠不會出錯，故其相屬將趨入於一切時空之中。

關於破等無間緣是自性有。《中觀根本慧論》云：

「諸法若不生，則滅應非理，故無間非理，若滅緣亦何？」[60]

有人說，因在滅的當下以自性力成爲果的等無間緣。反駁：苗等果法在未生時或是生前，種子已滅不應理，故說種子

60　德格版，論，中觀，ཙ卷，第一品，第11句偈頌文，2正頁；對勘本版，書號57，4頁。漢譯來源：蔣揚仁欽博士譯《中觀根本慧論》。鳩摩羅什大師翻譯的《中觀根本慧論》與藏譯稍有不同，鳩摩羅什大師譯文為（T.30.1564.3b.2）：「如諸佛所說，真實微妙法，於此無緣法，云何有緣緣。」

已滅的當下是苗的等無間緣不應理。[61]如果苗前種子已滅，那麼，在苗的直接因種子與苗二者之間，將有「苗滅」的階段介入，這樣一來，種子不能成爲直接生苗的等無間緣。自宗認爲，即將要滅的前識才是後識的等無間緣，前識已滅並非後識之因。

關於破增上緣是自性有。《中觀根本慧論》云：

「諸法無自性，故無有有相，有此故生此，彼論不成立。」[62]

有人說，因爲某因的存在，自在生其果，便是該果增上緣的定義，而且彼因是自性有。反駁：說此因若是自性有，便能自在生此果，是增上緣的定義，不應理。事物的存在非以自性力而有，所有事物皆是緣起，故非自性有。

《七十空性論》還說，無論是個別緣或聚合緣皆無其果，論依此共相理，破諸緣是自性有。論云：

「一切法自性，於諸因緣中，若總若各別，無故說為

---

61 譯者註：種子已滅的第一剎那與苗生的第一剎那同時存在，所以苗生之前種子已滅不應理，故種子已滅並非苗的等無間緣，因為與苗同時產生故。

62 德格版，論，中觀，ཙ卷，第一品，第13句偈頌文，2正頁；對勘本版，書號57，4頁。漢譯來源：蔣揚仁欽博士譯《中觀根本慧論》。鳩摩羅什大師翻譯的《中觀根本慧論》與藏譯稍有不同，鳩摩羅什大師譯文為（T.30.1564.3b.9）：「諸法無自性，故無有有相，說有是事故，是事有不然。」

空。」[63]

一切內外諸事物皆非自性有。何以故？因為以自性力而生事物的能力，不存在於因緣的和合體，也不存在於各自的因緣中。如果各自因緣以自性力而生其果，將有「不觀待水、肥料等他法，靠單一種子便能生苗果」之過；若是如此，因緣和合體將成無義。若說：因緣聚合的緣故，事物是自性生。反駁：當各自因緣不具以自性力而生的能力時，和合體卻能具彼能力，不應理。其理[64]的關鍵在於，若是自性有，觀待他法則不應理。若各自因緣以自力而生其果，果觀待其他因緣自然不能應理。各自因緣非自性有，和合體是自性有也不應理。

依破有無生之因相觀察諸法之果，並破彼是自性生。此處列舉易懂論式，即「苗有法，非自性生或勝義生，因為於其因時有則不生，於其因時無則非勝義生故」。此理的關鍵在於，一切果若於其因時有而從因生，其生將成無義與無窮；若於因時無，因仍以自性力生苗，那麼，同是不存在於因時的緣故，[65]

63 德格版，論，中觀，ཙ卷，第3句偈頌文，24背頁；對勘本版，書號57，65頁。漢譯來源：法尊法師譯《七十空性論》。

64 譯者註：其理是指，各自因緣若以自性力而生其果，將有「不觀待水、肥料等他法，靠單一種子便能生苗果」之過的道理。

65 譯者註：自性有的事物，即以自力而存在的事物，自然不會觀待因緣或他法，所以沒有任何因緣可令其形成。這樣一來，將有「於一時無，等同於一切時皆無」之過，因為一旦沒有了的話，便無任何因緣可形成彼事。

將不成立生苗卻不生兔角的差異。任何自性有的果不存在於一切時，自然不能區分「此是此因」、「此非此因」的差異。一切果於因時亦有亦無，也不成立是從因生，因爲於因時有與於因時無相違故，且仍有前述二過故，此即破理，如前引《中觀根本慧論》所云：

「諸法皆非有，非無非有無……」[66]

同理，《七十空性論》亦云：

「有故有不生，無故無不生，違故非有無，生無住滅無。」[67]

論說諸多內義，如諸果非自性生，故無自性住，亦無自性滅。

依體性的觀察而破自性有之理，其主要因相是離一異因。至於阿闍黎寂護的《中觀莊嚴論》及其自釋廣釋彼義，我等擬於下文再行說明，於此章節將會述說其概要。《中觀根本慧論》

66 德格版，論，中觀，ཙ卷，第一品，第7句偈頌文，2正頁；對勘本版，書號57，4頁。漢譯來源：蔣揚仁欽博士譯《中觀根本慧論》。鳩摩羅什大師翻譯的《中觀根本慧論》與藏譯稍有不同，鳩摩羅什大師譯文為（T.30.1564.3a.2）：「若果非有生，亦復非無生……」

67 德格版，論，中觀，ཙ卷，第12句偈頌文，24背頁；對勘本版，書號57，65頁。漢譯來源：法尊法師譯《七十空性論》。

前後多個章節中，[68]都在觀察是一或異，進而破除一異二法與自性有的相屬。尤其是《中觀根本慧論》第十八品成立人無我時，論云：

> **「如果蘊是我，即是生滅者；若從蘊而異，蘊相不應有。」**[69]

若我與蘊是自性有的一，我應同蘊體，是生滅性[70]。若我與蘊是自性有的體性異，我將失去體現有爲法的生住滅等性相，[71]故我與蘊非自性有的體性一或異。彼論式爲「補特伽羅有法，應成具生滅，與蘊是自性有的體性一故」、「補特伽羅有法，應成失去體現有爲法的生住滅等性相，與蘊是自性有的體性異故」。以上直接說理路所害，即我與蘊兩者若是自性有

68　如《中觀根本慧論》的2.18（第二品的第十八偈）/6.3/10.1-2/21.10/22.2/27.15-16。

69　德格版，論，中觀，ཙ卷，第十八品，第1句偈頌文，10背頁；對勘本版，書號57，26頁。漢譯來源：蔣揚仁欽博士譯《中觀根本慧論》。鳩摩羅什大師翻譯的《中觀根本慧論》與藏譯稍有不同，鳩摩羅什大師譯文為（T.30.1564.23c.20）：「若我是五陰，我即為生滅；若我異五陰，則非五陰相。」

70　譯者註：此處的生滅性是指，身蘊只生於今世，若身蘊滅，身蘊不能延續到後世。但我並非只有今世，我可延續至後世。

71　譯者註：我與身蘊若是自性異，將成依自力所成的相異，且不觀待他力。這種相異等同毫無關聯，那麼，身蘊的生老病死將與我的生老病死無關，故說我將無蘊的生住滅等性相。

的體性一或異任一，將有相違。間接說我決定無絲毫的自性有。

總之，此理表達，若我蘊二法是自性有的體性一，我應如生滅性的諸蘊，每一剎那都是自性有的生滅性。[72]還有，就以返體的角度而言，形成我想的基礎——我，應成與今生的蘊體成一，這樣一來，將不能區分蘊與我。因每一剎那的自性有而區分各自的生與滅，而我若隨此生滅，那麼，前後剎那的我將無相屬，將是一一個體，這樣一來，將無「之前我做此」的記憶，會有此過。我與蘊體若是返體一，我將不存在於他世，將有「我有開始、新生於此世」之過。又如蘊體是多相，將有「存在多個我」之過。我與蘊二若是自性有的體性異，如馬不具牛的性相——背峰與頸下垂肉，我將失去體現有為法蘊體的生住滅等性相，這樣一來，應成我是無為法，並有「在俱生我執與遍計我執的所顯與所緣中，不成立我是彼二執的所緣」之過。

聖者提婆的《四百論》也提及離一異之理。如論云：

「審觀諸法時，無一體實有，無體既非有，多體亦應無。」[73]

---

72 譯者註：猶如細胞，當蘊體某部分在壞滅的同時，也會新生蘊體的某部分。如果我蘊為一，我將亦生亦滅，每一剎那都在發生我滅與我生。

73 德格版，論，中觀，ཙ卷，第十四品，第19句偈頌文，16正頁；對勘本版，書號57，815頁。漢譯來源：法尊法師譯《四百論》。

全面觀察瓶子、氆氌等事物是否爲眞實有時，無論任何事物，皆非眞實有的一，具方分故。依何理成立無任一眞實有，便能依同理成立無眞實異[74]，畢竟「異」是由一累積而成。總之，「內外諸事物有法，非眞實有，非眞實有的一異任一故，如影像。」

關於成立作處、作者、作業三非自性有之理。《中觀根本慧論》的第二章〈觀來去品〉中，觀察了行走作用並破補特伽羅是自性有。同樣地，在第八章〈觀作者、作業品〉的破除之理中，先是破作業與作者各自是自性有，而後共破作業與作者是自性有。以行走爲例而解說的話，行走於道路上時，有行走的作者或行者、行走於道路上的作業，以及於何處行走的道路三者。

道路有三，已經走的路、正在走的路、尙未走的路。依理如何破於彼三種道路上正在行走的作業呢？在已走的道路上，行走的作業已滅，故無；在尙未行走的道路上，行走的作業未生，故無。因此，必須得安立行走的作業於目前正在行走的道路上。然而，正在行走的作業於名言上的確不存在於已走的路與未走的路上，雖不破名言上的正在行走之作業，卻破該作業

74 譯者註：關於此處的「異」字，其藏文是「དུ་མ།」，也是「離一異因」的「異」字。

是自性有。《中觀根本慧論》解說彼義，如論云：

> **「已去不行走，未去亦非行，離已去未去，不得知跨步。」**[75]

行走的作業是現在式，故於行走作業已滅的道路上，以及行走作業尚未形成的道路上皆無行走的作業。若說，自性有的行走作業存在於正在行走的道路上。反駁：此說不應理。自性有的正在行走或正在跨步的道路，尋後不可得，因爲已跨步的某部分意味著行走的作業已滅，而未跨步的某部分意味著行走的作業尚未形成，除此外，以量尋求其[76]施設義皆是不可得。如腳有多分，腳趾後部所壓之處屬於已走之路，而腳跟前部所壓之處屬於未走之路。若說，由於各自腳趾與腳跟所壓之處，依賴彼二成爲一一自性有的正在行走的路。反駁：此說亦不應理。腳趾與腳跟也各有其前後部位，如尋腳而不可得腳，同樣地，自性有的正在行走之路也是不可得。

以上依理破非已去、非未去的正在行走之路是自性有，進

75 德格版，論，中觀，ཙ卷，第二品，第1句偈頌文，2背頁；對勘本版，書號57，5頁。漢譯來源：蔣揚仁欽博士譯《中觀根本慧論》。鳩摩羅什大師翻譯的《中觀根本慧論》與藏譯稍有不同，鳩摩羅什大師譯文為（T.30.1564.3c.8）：「已去無有去，未去亦無去，離已去未去，去時亦無去。」

76 譯者註：正在跨步道路。

而破行走的作業是自性有[77]，但不破正在行走之路。同理，依理成立腳的支分不是腳，無關腳的支分又無腳，所以要破的是腳是自性有，而不破腳的存在。還有另一理破行者與行走作業是自性有。《中觀根本慧論》云：

> **「去法即去者，是事則不然，去法異去者，是事亦不然。若謂於去法，即為是去者，作者及作業，是事則為一。若謂於去法，有異於去者，離去者有去，離去有去者。事物於一性，事物於異性，兩性皆非有，如何有二法？」**[78]

有人說，以補特伽羅天授爲例，見此人在跨步，故稱「行者」，所以行者與行走的作業都是自性有。反駁：若天授的跨步行爲與跨步者天授是自性有，必定是自性有的一與異任一，然而，走的行爲與行走者無論是自性有的一或自性有的異，皆不應理。若彼二是自性有的一，作者與作業應成爲一，這樣一來，將有無法區分「此是作業」、「此是作者」之過。若許彼

77 譯者註：直譯為「進而破行走的作業」。

78 德格版，論，中觀，ཙ卷，第二品，第18-21句偈頌文，3正頁；對勘本版，書號57，6頁。漢譯來源：蔣揚仁欽博士譯《中觀根本慧論》。鳩摩羅什大師翻譯的《中觀根本慧論》與藏譯稍有不同，鳩摩羅什大師譯文為（T.30.1564.5a.22）：「去法即去者，是事則不然，去法異去者，是事亦不然。若謂於去法，即為是去者，作者及作業，是事則為一。若謂於去法，有異於去者，離去者有去，離去有去者。去去者是二，若一異法成，二門俱不成，云何當有成？」

二是自性有的異，將有「不觀待行者的行走之作業」與「行走者能在不觀待行走的作業下獨立出來」之過。總之，作者與作業非自性有的一或自性有的異，故執彼二是自性有之執，只能是增益而已。

甲二、另說中觀師依何盛名理破諦實事物

乙一、阿闍黎清辨之理——同理推論

前章節已概說阿闍黎龍樹《中觀根本慧論》為首的眾多中觀大教典，是如何破四邊生、因果、作業與作者等是自性有之理。從這個章節起，會依據彼師弟子中觀學者的著作，列舉其他成立空性的盛名理路。阿闍黎清辨等中觀大論師一致以阿闍黎龍樹《理聚》的破四邊生滅之理為自宗，但我等認為，彼等論師以何理為主卻不一致，像阿闍黎清辨則是以同理推論為主。《中觀心要論》云：

「地非堅硬性，大種故如風。」[79]

《般若燈論釋》——阿闍黎清辨撰《中觀根本慧論》的注釋——亦云：

79 德格版，論，中觀，ཛ།卷，第三品，第27句偈頌文，4背頁；對勘本版，書號58，10頁。漢譯大藏經內並無此譯。

「如先偈言，如是彼眼根，不能見自體；若不見自體，云何得見他？以第一義中眼不見色。何以故？不見自體故，譬如耳等。」[80]

彼等論式爲「地有法，於勝義中非堅硬，是大種故，如水」、「眼根有法，於勝義中不見色，不見自身故，如耳根」。如果地等一切四大種都是勝義有，將不成立地是堅硬而水不堅硬的差異，因爲地的堅硬性將不觀待他法故。因此，以地是堅硬的理由，同理推論其他三大種也應成堅硬，進而破除諸法是勝義有。因爲若是勝義有，將在無關心識的施設下，從境自身而有，那麼，將成自主有，故無須依他。如煙若不依因而生，將從一切法生，或應成不依火，以此推論。同理，眼於勝義有中若見色法，其見必定不依他法，且耳也應成見色等，提出如是同理推論之理。

他方如何批評此理呢？有人說，汝成立地等非堅硬性不應理，這樣一來，將與自宗承許相違故、將與現識相違故、將與共許相違故。成立第一過：導師的契經說：「婆羅門，言一切者謂五蘊、十二處、十八界。」同樣又說「色之性相是堪成色」。從此可見，契經指出諸蘊等法以及其性相。如果汝承許

80 德格版，論，中觀，ཚ།卷，第三品，76正頁；對勘本版，書號57，998頁。漢譯來源：唐波羅頗蜜多羅譯《般若燈論釋》（T.30.1566.66b.23）。

此經為量，將違汝破彼等法。成立第二過：為證境的不共性，無餘量比根識更勝。汝眼亦見亦執大種所成的形與色，眼識明明具此作用卻被汝破除，是睜眼說瞎話。成立第三過：世間共同承許地是堅硬性。以上是無法理解勝義無與無之間的差異所拋出的批評。《思擇焰論》云：

「於此他駁，依汝導師之詞，如是，婆羅門，言一切者謂五蘊、十二處、十八界。同理，色相謂堪成色法。汝如是許卻破彼，故被汝所許而害！同理，決定趣入於各境者是根現識，此乃共許，且無餘量能勝於見。汝眼亦見大種所造之形與色；一切世間人亦尋執、近取彼等粗糙等觸性，破彼亦被現識所害。同理，山人與屠夫亦共許諸色及其硬、濕、炙、動等性，汝言亦被一切世間顯然的共許事物性所害。」[81]

阿闍黎清辨是如何反駁的呢？吾宗無前述三過任一。我等不破地是堅硬，破地是勝義有的堅硬，故無汝言的第一過。薄伽梵說諸法體性是以世俗角度，故說諸法非勝義有。如《般若波羅蜜多一萬頌》[82]云：

81 德格版，論，中觀，ཛ།卷，第三品，60正頁；對勘本版，書號58，150頁。漢譯大藏經內並無此譯。

82 ཤེར་ཕྱིན་ཁྲི་པ། *Daśasāhasrikā prajñāpāramitā*。

「善現！如是，一切法皆自性空。何以故？空性不可求，誰亦不可求空性故。」[83]

亦無第二過。愚者以根識尋求諸法眞相故。根識明明沒有能力見眞相，如眩瞖者見髮絲，僅憑根識所見不足爲量。

亦無第三過。世間凡夫以癡尋求諸法眞相，故不能尋獲眞相，而此處正是觀察勝義有的時候。《思擇焰論》提出以上反駁之理，如論云：

「即將解說。謂以勝義有之差別而承許，故無現識及共許所害。」[84]

因此，諸事物若是勝義有，將不依賴因緣、將不依賴集聚多種支分的和合體、自身體性將成單一的獨立性，要如是承許。然而，大種與大種所造並非不依賴集聚八質塵的和合體，其體性也不是單一的獨立性。心與心所相互也是如此，若缺其中的某一方，另一方也不能獨自存在。一切事物都是從自因的

83 德格版，經，般若一萬頌，第五十二品，377正頁；對勘本版，書號32，676頁。漢譯與藏譯稍有不同。漢譯原文：唐玄奘大師譯《大般若波羅蜜多經》（T.10.287.553b.17）：「善現！諸法自性皆無所有不可得故即是無性，如是無性即是般若波羅蜜多。非無性法能書無性，是故般若波羅蜜多不可書寫……諸菩薩眾行深般若波羅蜜多，觀法皆空都無所有，誰沉、誰沒、誰惑、誰疑、誰迷、誰悶？是故此事未為希有。」

84 德格版，論，中觀，ཛ卷，第三品，60正頁；對勘本版，書號58，151頁。漢譯大藏經內並無此譯。

和合體而有，遠離此和合體時，將決定不生。此阿闍黎的著作中，廣釋如何破所遮眞實有，並成立絕無絲毫的勝義有。

乙二、阿闍黎寂護之理——離一離異

如前概述，《中觀根本慧論》等中觀典籍以離一異之理觀察諸法體性。同樣的做法也出現在阿闍黎聖者提婆的著作[85]、阿闍黎清辨與吉祥月稱的著作，還有佛教量學阿闍黎吉祥法稱的著作[86]。尤其是阿闍黎寂護的《中觀莊嚴論》及其自釋，以及阿闍黎蓮花戒的《中觀明論》，特別詳說此理，故於此章節中，將對《中觀莊嚴論》及其自釋的相關內容進行解說。大乘經典中亦出現離一異之理的記載，如《入楞伽經》云：

「猶如鏡中像，雖離一異性。所見非是無，生相亦如是。」[87]

85 《四百論》（德格版，論，中觀，ཚ།卷，第十四品，16正頁；對勘本版，書號57，815頁。漢譯來源：法尊法師譯《四百論》）云：「審觀諸法時，無一體實有，無體既非有，多體亦應無。」

86 《釋量論》（德格版，論，量，ཅེ།卷，第三品，132正頁。漢譯來源：法尊法師譯《釋量論》）云：「由何觀察事，真性中無事，何故於彼等，一多性皆無。」

87 德格版，經，經典，ཅ།卷，第八品，184背頁；對勘本版，書號49，453頁。漢譯來源：唐實叉難陀譯《大乘入楞伽經》（T.16.671.547a.8）。

離一離異之理可分二。第一：中觀典籍觀察我的體性為何時，會觀察補特伽羅是否與其施設處蘊是體性一或異，透過觀察其相屬破我是諦實有。阿闍黎寂護於《中觀莊嚴論》云：

「自他言事物，遠離勝義中，一性與異性，如影無自性。」[88]

第二：破佛教自部或非佛他部宗義師所計之我、心識，以及無分微塵等常事物時，破彼法體性是眞實有的一，又因為眞實有的一不被量所緣，故不成立由此累積的眞實有的異。認清彼二破除之理[89]甚是重要。第一破除之理與下述七相之理的內容緊密相關，故於次章再解釋。此處依《中觀莊嚴論》解釋第二破除之理。為能容易理解其義，列出該論式：「自他宗所說一切事物有法，無勝義有的體性，因為非勝義有的一或異任一故，如影像。」阿闍黎蓮花戒的《中觀明論》亦說同理，如論云：

「種種相建立於一相中，故依此因而破一切是一，此時

88 德格版，論，中觀，ས卷，第1句偈頌文，53正頁；對勘本版，書號62，895頁。漢譯大藏經內並無此譯。

89 譯者註：第一破除之理：破補特伽羅與其施設處蘊是體性一或異。第二破除之理：「一切事物有法，無勝義有的體性，因為無勝義有的一或異任一故，如影像。」

亦能破異。何以故？異乃一之聚性故。一異周遍一切相。何以故？一與異是相互排斥而有的性相故。」[90]

論說，此因相圓滿四要義：一、決定所遮要義。二、決定周遍要義。三、決定遠離眞實有之一要義。四、決定遠離眞實有之異要義。

如何成立此因相宗法的前一部分——非眞實有的一？「諸法有法，非眞實有的一，有支分故。」如何成立此論式的周遍？有爲法中，諸色法具有其方分，而非色法的心識具有其前後剎那的支分；無爲法中，以虛空爲例，瓶之虛空的所在處並非碗之虛空的所在處，故虛空也有其支分，從而成立是存在一定是有支分。於名言中，一法具有多支應理。然而，支分與和合體若是勝義有的體性異，將無相屬；若是勝義有的體性一，如和合體是一，各個支分也將是一。或是，如各支是異，和合體也將是異，會有此過。毋庸置疑，實際上支分與和合體是體性一，但於表相中見彼二是體性異，這點於虛幻中並不矛盾。反之，若是眞實有，表相不可能不吻合眞相。

如何成立此因相宗法的後一部分——非眞實有的異？「諸法有法，非眞實有的異，破眞實有的一故。」如何成立此論式

90 德格版，論，中觀，ས།卷，218背頁；對勘本版，書號62，1323頁。漢譯大藏經內並無此譯。

的周遍？異是累積一的和合體，故以「有支分」的因相，破眞實有的一或異任一後，再以「非眞實有的一或異任一」的因相而破眞實有。依理成立，若非眞實有的一或異任一，必定不是眞實有，其關鍵原因在於，一與異是相互排斥直接相違，所以不存在非一亦非異的所知。

《中觀莊嚴論》說，非佛外道所計眞實有的一分二：周遍一眞實[91]以及不遍一眞實[92]。破周遍一眞實又分二：破常事物一眞實[93]，以及破補特伽羅一眞實[94]。同樣地，破不遍一眞實分二：破粗分外境以及破細分外境。此外，《中觀莊嚴論》又一一破佛教說實派毘婆沙與經部二宗、外道，以及唯識派等師增益所計 —— 心識於一性中是眞實有。至於成立破眞實有的異，則是以不可得眞實有的一之因相，而破眞實有的異。再以相互排斥直接相違的關鍵，成立根本論式的周遍。

關於破周遍一眞實。首先，如何依理破非佛外道增益所計常事物於一性中是眞實有？《中觀莊嚴論》云：

「漸次結合果，諸常非一性，各果若是異，從常而變

91 མ་ཁྱབ་པའི་གཅིག་བདེན། 。

92 ཁྱབ་པའི་གཅིག་བདེན། 。

93 རྟག་དངོས་གཅིག་བདེན། 。

94 གང་ཟག་གཅིག་བདེན། 。

衰。」[95]

主張是常事物的共主相有法，應成於一性中非眞實有，因爲前後多項利益漸次結合前後多種果實故。若說，不成立此論式的周遍，因爲雖於一性中是眞實有，這與前後利益結合前後之果不相違。反駁：共主相是否有能力產生前後果？若無，常事物的共主相有法，應成同時生一切果，因爲彼生一切果卻無能力令一切果於前後時生故。若說，共主相有能力於前後時生一切果。反駁：常事物的共主相有法，應成非於常性與一性中是眞實有，具有於前後時生各自多果的相異能力故。

破自部佛教所計常事物擇滅於一性中是眞實有，其理如《中觀莊嚴論》云：

「由修所生知，說無為所知，彼宗亦非一，漸次相屬故。」[96]

自部佛教毘婆沙部表示，擇滅無爲不僅是修所生根本定的所知，也於一性中是眞實有。反駁：「擇滅有法，應成於一性中非眞實有，修所生的前後識漸次與境、識有相屬故。」

95 德格版，論，中觀，ས། 卷，第2句偈頌文，53正頁；對勘本版，書號62，895頁。漢譯大藏經內並無此譯。

96 德格版，論，中觀，ས། 卷，第3句偈頌文，53正頁；對勘本版，書號62，895頁。漢譯大藏經內並無此譯。

依何理破自部佛教犢子派所計補特伽羅於一性中是眞實有？犢子派說，不可說爲常或無常任一體性的補特伽羅，於一性中是眞實有。爲此，《中觀莊嚴論》云：

「補特伽羅非，剎那非剎那，故善知遠離，一異之體性。」[97]

論式爲「補特伽羅有法，應成非眞實有的一，不可說是常故」、「補特伽羅有法，應成非眞實有的異，不可說是無常故」。彼二論式的周遍應理，爲什麼呢？若是剎那性，將可分前後多階段的各剎那，故成多異性。若非剎那性，將不可分前後多階段的各剎那，故成一體性。若是不可說爲剎那性或非剎那性其一。反駁：這樣一來，將能輕易成立遠離眞實有的一或異任一。

以何理破非佛外道所計周遍虛空於一性中是眞實有？《中觀莊嚴論》云：

「相屬相異方，故遍豈是一？」[98]

周遍的虛空與時間等有法，應成非眞實有的一，具有東邊

97 德格版，論，中觀，སེ卷，第9句偈頌文，53正頁；對勘本版，書號62，896頁。漢譯大藏經內並無此譯。

98 德格版，論，中觀，སེ卷，第10句偈頌文，53正頁；對勘本版，書號62，896頁。漢譯大藏經內並無此譯。

等相異的多個方分故、與同時放收樹等諸法有相屬故。[99]

破不遍一眞實分二：破外境一眞實與破心識一眞實。先說破外境於一性中是眞實有。依何理破毘婆沙部等所許粗分外境於一性中是眞實有呢？《中觀莊嚴論》云：

「有覆與無覆，故粗分非一。」[100]

瓶等粗分有法，於一性中非眞實有，因爲有覆與無覆是依質的相違，動搖與靜止是依業的相違，染色與不染是依德的相違故。破外境於一性中是眞實有中。依何理破極微塵於一性中是眞實有呢？《中觀莊嚴論》云：

「貼附或環繞，或是無間縫，中間極微塵，於他極微塵，所顯現面向，若說是彼性，汝言若是實，地水豈能增？極微塵向他，若說是相異，極微塵豈能，成一無方分？」[101]

非佛外道食米齋派表示，構成外境的無方分極微塵彼此

99 譯者註：周遍一切空間的虛空，非真實有的一，因為具有東邊等相異的多個方分故。周遍一切時的時間，非真實有的一，因為與同時放收樹等諸法有相屬故。放收的意思是，由周遍一切時的時間釋放出如樹等法的成長時間，以及收回如樹等法的存在時間。

100 德格版，論，中觀，ས卷，第9句偈頌文，53正頁；對勘本版，書號62，896頁。漢譯大藏經內並無此譯。

101 德格版，論，中觀，ས卷，第11句偈頌文，53正頁；對勘本版，書號62，896頁。漢譯大藏經內並無此譯。

貼附。自部佛教毘婆沙宗則表示，隨風和質之力，環繞著的無方分微塵彼此不僅不貼附且具間縫。佛教經部說，諸無方分微塵以無間縫之態而有。在此提出反駁前述任一觀點的論式，即「位於十方微塵中的中間極微塵有法，應成彼的所在位無異於十方微塵的所在位，因爲彼朝向西邊等九方微塵的諸面，與朝向東邊的那一面，彼二爲一故」。如果是一，由累積微塵逐漸形成的土地與湖水等粗分，應成不可能增長廣大，因爲汝說「彼二爲一故」。若汝又說，朝向西邊等九方微塵的諸面，不同於朝向東邊的那一面。反駁：「位於十方微塵中的中間極微塵有法，應成非一、非無方分、不同於佛教與非佛增異所計——是無方分極微塵，因爲汝說朝向西邊等九方微塵的諸面，不同於朝向東邊的那一面。」

破不遍一眞實有。此中分二：破承許外境派——說心識於一性中是眞實有，以及破否定外境派——說心識於一性中是眞實有。前者分二：破佛教的說實二派，以及破外境宗。前者再分二：破說識爲無相的毘婆沙部，以及破說識爲有相的經部。

先說如何破毘婆沙部許識是無相？成立自證的緣故，心識具所取與能取二相，故破識爲無相，以及破無相識於一性中是眞實有。《中觀莊嚴論》如何成立自證呢？論云：

「至極生識性，迥異物體性，一切非物體，是此識體性。」[102]

心識有法，應成自證合理，馬車等物體於模糊時，得依他物令其明顯，但燈火本身是明顯性故，不依他法也能明顯自身，更何況至極而生的明觀性不同於物體的性質。此論式的周遍應理，因爲非物體的明觀性無須依賴其他能明者，便能證知自身體性，實爲此心識的自證故。論以此理破他宗。

如何破經部說心識是眞實有？經部以三種途徑[103]說心識具相，其中先破種種無二派。種種無二派說，眞實有的心識同時現起多相。《中觀莊嚴論》云：

「一識非相異，故不成多相，此故不安立，顯相而知義，不離諸相故，一識將不成。不然如何說，彼二法是一？」[104]

所知有法，當某一識現青黃白紅等相時，應成顯現多相不合理，因爲彼相與眞實一的心識非體性異故。若如是許，由

102 德格版，論，中觀，ས།卷，第16句偈頌文，53正頁；對勘本版，書號62，896頁。漢譯大藏經內並無此譯。

103 譯者註：種種無二、半卵對開、能取同數。

104 德格版，論，中觀，ས།卷，第22-23句偈頌文，53背頁；對勘本版，書號62，897頁。漢譯大藏經內並無此譯。

於顯現境相，進而安立證知相異質境不成立，因為某一識現青黃白紅等多相時，其識顯現多相不應理故。執彩色的根識有法，應成非眞實有的一，因爲彼與青黃白紅等相是質體一故。若說，彼與青黃白紅等相是質體一，與彼是眞實有的一並不相違。反駁之理：執彩色的根識有法，說彼與青黃白紅等相是質體一不應理，因爲彼是眞實有的質體一，而青黃白紅等相是眞實有的質體異故。總之，和合體的心識是一，心識與其支多相於眞實有中和合爲一不應理，論依前理成立彼宗不應理。

如何破半卵對開或稱「漸成種種」？半卵對開派說，我等並無種種無二的過失。彩色中的白等諸色以及等同其數量的不同心識，是漸次形成且非同時有。以快速旋轉柴火爲例，雖有前後刹那，但因旋轉太快而誤以爲是同時。同樣地，識趨入諸境極快，導致愚者誤以爲是同時發生。《中觀莊嚴論》以「極速不一定是視爲同時的謬因」之理而答覆，如論云：

「證知白等法，彼識漸次有，極速故愚者，念其同時識……[105] 細籐聲等識，極速生成故，視其為同時，於此豈不成？」[106]

105 德格版，論，中觀，སྭ卷，第24句偈頌文，53背頁；對勘本版，書號62，897頁。漢譯大藏經內並無此譯。

106 德格版，論，中觀，སྭ卷，第25句偈頌文，53背頁；對勘本版，書號62，897頁。漢譯大藏經內並無此譯。

所知有法，細籐又稱「拉達」[107]，此與達拉[108]樹之名被快速唸誦時，應成聽者誤以爲是同時，生起其錯亂識，因爲聞彼聲之識極速生成故。若如是許，應成聞者未聽彼等一一聲，這樣一來，將成睜眼瞎話。還有，意識分別心以極速證境時，應成同時執境，將有此誤，《中觀莊嚴論》依此理反駁。

如何破能取同數派呢？此派說，執彩色的眼識見與青黃等境同等數量之相，有多少境則生多少識。《中觀莊嚴論》云：

「如是白等相，緣一心識之，初中後亦異，所緣成種種。」[109]

汝所說的能取同數，不應理，因爲緣彩色中的白相或單一相的心識有法，應成緣種種相，畢竟單一的白色亦有初中後等相異多分。若如是許，將絕無只持某單一境之識。[110]如前述，《中觀莊嚴論》廣釋相關破理。

簡略介紹《中觀莊嚴論》如何破外道說心識於一性中是眞

107 譯者註：梵文為「latā」。

108 譯者註：梵文為「tāla」。

109 德格版，論，中觀，སེ卷，第32句偈頌文，54正頁；對勘本版，書號62，898頁。漢譯大藏經內並無此譯。

110 譯者註：《中觀莊嚴論》的自宗是，只持單一境的心識是存在的，但不存在只見單一境的心識，故而區分持與見兩者。如下述，所有識於其所現境中都會見多種境相。

實有。論云：

「不成立外道，識見一之論。」[111]

所知有法，外道說心識只見一境不應理，因爲一切識都見多相故。如前述，《中觀莊嚴論》廣釋相關破理。

如何破唯識派說心識於一性中是眞實有？眞相與假相唯識二派中的眞相唯識派說，識見境時有三種途徑[112]，這與經部相同。然而，經部說彼等諸相是從外境而顯現，而唯識派卻否定與識體性相異的外境，這是其中唯一的差異。

如何破眞相半卵對開派？《中觀莊嚴論》云：

「若正心識為，相異而亦復，成一則違故，無疑成各自。」[113]

心識有法，應成是異，彼與所顯多相於質體一中是眞實有故。如是諸相有法，應成是一，彼與心識於質體一中是眞實有故。若說周遍不應理。反駁：所知有法，應成相與識二法

111 德格版，論，中觀，ས།卷，第34句偈頌文，54正頁；對勘本版，書號62，898頁。漢譯大藏經內並無此譯。

112 譯者註：種種無二、半卵對開、能取同數。

113 德格版，論，中觀，ས།卷，第46句偈頌文，54背頁；對勘本版，書號62，899頁。漢譯大藏經內並無此譯。

是各自質體，心識於一中是眞實有，而諸相於異中是眞實有故。

如何破能取同數派？《中觀莊嚴論》云：

「若有多少相，則有多少識，若依微塵觀，汝難以反駁。」[114]

所知有法，見彩色之境時，無論有多少青黃等境，應成不同時生等同數量的同類識，如前破無方分微塵的理路是如何損害無支分般，汝宗於此處亦受相同損害。如何依破無方分理而損害汝宗呢？反駁：位於十方微塵中的中間極微塵是無方分，還是有方分？若是無方分，十方微塵與中間極微塵的十一個所在處必須混合，從而只會顯現爲一。這樣一來，無論累積再多的塵，都不可能形成粗分的和合體，也不可能生成見粗分和合體之識。如是，將違眞相派的承許。若是有方分，中間極微塵必定要有朝向十方微塵的十面，並生緣彼諸面的十識。這樣一來，將不可能存在見單一粗分和合體的心識。這樣一來，將違眞相派的承許。

如何破眞相種種無二派——說眞實有的某一心識能見多相？《中觀莊嚴論》云：

114 德格版，論，中觀，ས།卷，第49句偈頌文，54背頁；對勘本版，書號62，899頁。漢譯大藏經內並無此譯。

「種種若是一，莫非天衣派？種種非一性，猶如種種寶。種種若一性，能見種種性，有覆與無覆，豈能是相異？」[115]

如耆那派或稱「天衣派」，以及吠檀多密義派所說，見種種相識若是眞實有的一。反駁：所知有法，於一性中非眞實有，見種種相故，如種種聚寶。若說種種相於一性中是眞實有；反駁：見種種青黃，以及見有覆與無覆等相異多相，應成不應理，種種諸相於一性中是眞實有故。此處所破，不是自宗所說的一識見種種相，而是破說此識是眞實有。

如何破假相派？假相派說，吾宗並無諸相與諸識於勝義有中是質體一或異的過失。心識一開始於眞實有或勝義有中如琉璃般的清淨，心識所見諸相非以事物體性之力而有。如眩瞖者誤見髮絲，從無始時以來，隨錯見二相的習氣成熟而見青等諸相。《中觀莊嚴論》云：

「如於體性中，無彼等諸相，真實中無相，識謬見彼等。」[116]

115 德格版，論，中觀，ས卷，第49-51句偈頌文，54背頁；對勘本版，書號62，899頁。漢譯大藏經內並無此譯。

116 德格版，論，中觀，ས卷，第52句偈頌文，54背頁；對勘本版，書號62，900頁。漢譯大藏經內並無此譯。

概說《中觀莊嚴論》如何破假相派的宗見。如論云：

「若無彼事物，豈能明領納？故非相異於，事物之心識。」[117]

反駁：若只是見到諸相，而無彼等事物，那麼，諸相有法，我等以現識明晰領納[118]諸相，應成不應理，無事物故，如眼無法領納兔角之形。周遍應理，因爲沒有心識不具其相[119]故。《中觀莊嚴論》還提出其他諸多的反駁之理。

如何依理成立因相的後一部分——非眞實有的異？《中觀莊嚴論》云：

「觀一切事物，彼彼皆無一，若是皆無一，於彼亦無異。」[120]

事物有法，不成立眞實有的異，因爲無眞實有的一故。周遍應理，因爲異是由累積一而有的體性故，如無樹則無森林。

《中觀莊嚴論》如何依理成立離一離異的根本論式之周遍

117 德格版，論，中觀，ས།卷，第53句偈頌文，54背頁；對勘本版，書號62，900頁。漢譯大藏經內並無此譯。

118 譯者註：領納的作用只會發生在不顛倒識上。

119 譯者註：直譯是「相事物」，意思是所有識都有其所見之相。

120 德格版，論，中觀，ས།卷，第61句偈頌文，53正頁；對勘本版，書號62，900頁。漢譯大藏經內並無此譯。

呢？論云：

「除一與異外，事物具餘相，皆是不應理，彼二相違故。」[121]

所知有法，若非眞實有的一或異任一，應成定非眞實有，因爲非一亦非異的事物不存在故。何以故？一與異是相互排斥的直接相違故。

總之，離一離異之理的關鍵在於，無論是佛教自部或是非佛他部的立場，無論是存在於前後的時序、是粗或細，還是識的境相等，都不可能是無法區分其多支的無分。又說，若其有多個支分，於名言上一法有多個支分應理，然而，於眞實有中，和合體與其支分若是體性異，將成無相屬的他法。若和合體與其支分是體性一；反駁：如和合體是一，其諸支分也將成一。或如其諸支分是多異，和合體也將成多異。依此理示他宗違害而破勝義有。

眾所周知，藏譯的中觀著作依五種最具盛名理路成立空性，此處大概列舉彼五。一、即前述的觀察體性之離一離異理。論式爲：「苗有法，非勝義有，因爲於勝義有中非一或異任一故，如鏡中影像。」

121　德格版，論，中觀，ས།卷，第62句偈頌文，55正頁；對勘本版，書號62，900頁。漢譯大藏經內並無此譯。

二、觀察因位的金剛屑因，即前章節《中觀根本慧論》破諸有爲法是由四邊所生，並依其理破勝義有之生。論式爲：「苗有法，於勝義有中不生，因爲於勝義有中非自生、於勝義有中非他生、於勝義有中非自他共生、非無因而生故，如空花。」

三、觀察果位的破有無生因。論式爲：「苗有法，於勝義有中不生，於其因時有也不生，於其因時無也非勝義生故，如空花。」《中觀明論》云：

> **「關乎破有果之生。成立該二因喻，於汝皆無之駁，亦不應理，何以故？說如是有，謂無分絕不能以支分所成立故；一切體性若已周遍成立，依他則不能區分彼周遍成立的體性異於前時無。若依他不能區分異於前時無，將永恆不生，如空花等。」**[122]

若於自因時有而生，必將再生。若於自因時無而勝義生，猶如空花，將不從因生。爲什麼呢？於眞實有中，不存在於一時，必將不存在於一切時，因爲眞實有而觀待因不應理，從而只能是永恆有或永恆無其一。

四、觀察因果二法的破四邊生因。論式爲：「苗有法，於

122 德格版，論，中觀，ས།卷，202背頁；對勘本版，書號62，1283頁。漢譯大藏經內並無此譯。

勝義有中不生，因爲多因不只生單一果、多因於勝義有中不生多果、只從單一因不生多果、只從單一因不生單一果故，如影像。」《中觀分別二諦文》云：

> **「多不作一物，多亦不作多，一不作多物，一亦不作一。」**[123]

除了多因生多果要加上勝義有的簡別外，其他三者只須加上「只……單一」即可，無須加上勝義有的簡別，因爲無一果只從單一因生，也無一因只生單一果故。爲何無一果只從單一因生呢？因爲舉凡是有爲法，必定要從其諸多因緣而生故。爲何無一因只生單一果呢？因爲生某一果時，必生其果的多個方分與時分故。一般而言，一顆種子會生一果與多果，多個因緣也會生一果與多果，像是從一顆種子、一粒穀物會生苗、葉、穗等多果。還有，種子、水、肥料等多個因緣也會生其果一根苗故。於名言中多因生多果應理，但於勝義有中名言中多因生多果不應理。以三緣生眼識爲例，眼識就具有三緣所生的三分。總之，於名言中一法具多支分應理，但於勝義有中一法具多支分不應理。

五、理中之王——緣起因相。論式爲：「苗有法，於勝義

123　德格版，論，中觀，ས།卷，第14句偈頌文，2正頁；對勘本版，書號62，756頁。漢譯大藏經內並無此譯。

有中不生，是緣起故，如幻化。」如《中觀明論》云：

「何法是緣起，將是勝義有的自性空，如幻化。」[124]

後面章節將會廣釋此緣起理。

乙三、阿闍黎月稱之理——七相

聖域印度的中觀大阿闍黎吉祥月稱，撰中觀典籍《入中論》及其自釋成立法無我與人無我。其中，破法我的主要理由是《中觀根本慧論》提出的破四邊生之理，而破人我的主要理由則是《中觀根本慧論》的第十品與二十二品所提出的五相之理，如《中觀根本慧論》云：

「非蘊不離蘊，彼此中互無，如來不具蘊，如來應為何？」[125]

人與蘊二法的相屬有七相：一、異。二、一。三、依蘊。

124 德格版，論，中觀，ས།卷，205正頁；對勘本版，書號62，1290頁。漢譯大藏經內並無此譯。

125 德格版，論，中觀，ཙ།卷，第二十二品，第1句偈頌文，3正頁；對勘本版，書號57，31頁。漢譯來源：蔣揚仁欽博士譯《中觀根本慧論》。鳩摩羅什大師翻譯的《中觀根本慧論》與藏譯稍有不同，鳩摩羅什大師譯文為（T.30.1564.29c.10）：「非陰不離陰，此彼不相在，如來不有陰，何處有如來？」

四、蘊之所依。五、以自性力具蘊。六、蘊形是我。七、蘊聚是我。加上後兩者共七。《入中論》專注詮釋破除該七的七相之理，不僅主要依此破除人我，也說此理是易獲深見之道。《入中論》云：

「七相都無復何有，此有行者無所得，彼亦速入真實義，故如是許彼成立。」[126]

以七相理尋找車的施設義時，車不可得，故車無自性，而且瑜伽師也不可得如是存在之車。雖如此，瑜伽師仍不失壞世俗的建立。這種作法易於趨入眞實義。如中觀派於此處所說，成立車應依不尋找施設義的途徑。

七相之理的論式爲：「補特伽羅有法，非自性有，因爲彼與蘊非自性有的體性一、與蘊非體性異、不以自性而依蘊、不以自性成爲蘊的所依、不以自性而具蘊、蘊聚非彼、蘊形亦非彼故。例如，以車與車支是體性一、體性異、具有、雙方彼此依賴、支聚、聚形等七相尋找時，車不可得。」其中，除了我與蘊是體性一、我依蘊、我是蘊的所依、我有蘊等要加上所遮的簡別，除此外，破除我與蘊是體性異，蘊聚、蘊形是我時，無須加上所遮簡別，正常破除即可。

126 德格版，論，中觀，འ卷，第六品，第160句偈頌文，212正頁；對勘本版，書號60，537頁。漢譯來源：法尊法師譯《入中論》。

一一破除七邊時，我若與蘊是體性一，如蘊體有五，將有「我亦有五」之過。或是，如我是一，將有「五蘊亦是一」之過。即便是說我與心識爲體性一，仍有眼識等六識以及每一剎那生滅諸多心識，故有「存在多種我」之過。《入中論釋》云：

「諸計五蘊為我者，由蘊多故我亦應多。其計唯心為我者，由眼識等差別或由剎那生滅有多識故，我亦應多。」[127]

此處所破並非只是多蘊，或我與蘊是體性一。此處所破的是，我與蘊決定非異、是一之說。於虛化中，我蘊是體性一、我與蘊也是異，這種說法並無過失。雖然對方一開始也不說我與蘊是一，卻說我與蘊二法是眞實有，這樣一來，我與蘊若是體性一，將有「成爲不可區分之一」的過失，再以此推理成立我應成多，以及蘊應成一而破。

破我與蘊是體性異。我與蘊若是體性異，將是獨立相異，故無觀待。若無觀待，有害蘊時必有不害我之過，或害我時必有不害蘊之過，事實卻非如此，故不成立我與蘊是體性異。下述於破常一自主之我時，將再說另一過失。

我不以自性力依賴蘊體，蘊也不以自性力依賴我，因爲

127 德格版，論，中觀，འ卷，第六品，296正頁；對勘本版，書號60，783頁。漢譯來源：法尊法師譯《入中論釋》。

所依能依的關聯只能於名言施設當中存在。若彼關聯是獨立成立，水的容器是水的施設處不應理。同樣地，蘊是我的施設處也不應理。我蘊兩法若是體性異，將是無相屬的他法，故所依能依不應理；世間可見盤與酪是體性相異的所依能依，但不見我蘊二法是體性相異的所依能依，故我與蘊的所依能依非自性有。《入中論釋》云：

「若有異性能依所依乃能應理。如云盤中有酪，世間許盤與酪異性，乃成能依所依。然諸蘊非異我，我亦不異諸蘊，故蘊與我無能依所依性，我亦非有蘊。」[128]

我絕不以自性力而具其蘊。例如，天授有牛的說法結合體性相異，而天授有耳的說法卻不結合體性相異。我不以自性力具有蘊體，因爲我不與蘊是自性有的一或異。我與蘊若是自性有的異且是有蘊，則如天授有牛，即牛已經遠離他處，天授仍在原處般，必有「撇開蘊體可以安立我」之過，事實卻非如此。我若與蘊是勝義有的一且有其蘊，我與蘊必須成爲獨立一體、不能區分，故不成立所具與能具之詞。《入中論釋》云：

「我與諸蘊一性異性如前已破。若計我有蘊者，不異而有，如云天授有色。異性而有，如云天授有牛。然我與色，

128 德格版，論，中觀，ཨ卷，第六品，302正頁；對勘本版，書號60，797頁。漢譯來源：法尊法師譯《入中論釋》。

一性異性二俱非有，故計我有色，亦不應道理。」[129]

蘊聚是我不應理，因爲補特伽羅是由觀待蘊聚而施設有。因此，蘊聚是補特伽羅的施設處，卻非補特伽羅。任一法的施設處與施設法皆相違，如青色和眼睛等法是由因大種生，施設爲大種所造，因大種與大種所造的青等是相違。前章節述說破我諍議時已說《寶鬘論》如何破蘊聚是我。《入中論釋》亦云：

「凡依他法而立者，即非唯所依之支聚，依他立故。如大種所造，如以大種為因，安立青等大種所造色及眼等根。然彼二法非唯大種積聚，如是以蘊為因安立為我，亦不可說唯是蘊聚。」[130]

不成立蘊聚是我，因爲蘊聚如果是我，車的支聚將成車，這樣一來，將有「聚集未組裝的車支時，仍有車」之過。《入中論》云：

「若謂積聚即是車，散支堆積車應有。」[131]

---

129 德格版，論，中觀，འ།卷，第六品，302正頁；對勘本版，書號60，798頁。漢譯來源：法尊法師譯《入中論釋》。

130 德格版，論，中觀，འ།卷，第六品，300正頁；對勘本版，書號60，792頁。漢譯來源：法尊法師譯《入中論釋》。

131 德格版，論，中觀，འ།卷，第六品，第152句偈頌文，211背頁；對勘本版，書號60，536頁。漢譯來源：法尊法師譯《入中論》。

蘊聚的特別形狀是我不應理，因爲這種特別形狀只是色法。汝主張這種特別形狀是我，所以唯有色法才能是我，則依此理破：心與心所的聚體是我不應理，畢竟心與心所的聚體並無形狀。《入中論》云：

「若謂是形色乃有，汝應唯說色是我，心等諸聚應非我，彼等非有形狀故。」[132]

還有，說唯有蘊的形狀是補特伽羅，不應理。例如，觀察一一車支的形狀與車支聚體的形狀兩者時，車形皆非車，同樣地，無論是觀察一一蘊體的形狀或蘊聚形狀，唯蘊的形狀是補特伽羅不應理。《入中論》云：

「汝形各支先已有，造成車時仍如舊，如散支中無有車，車於現在亦非有。」[133]

總之，若車非僅由名言施設爲有，是從車自身的施設處而有、可得的話，從車施設處的每一部分必定有車。這樣一來，車支聚中的每一塵上都要找到車。這樣一來，眼識必須看到每

132 德格版，論，中觀，ཡ卷，第六品，第136句偈頌文，211正頁；對勘本版，書號60，577頁。漢譯來源：法尊法師譯《入中論》。

133 德格版，論，中觀，ཡ卷，第六品，第163句偈頌文，211正頁；對勘本版，書號60，579頁。漢譯來源：法尊法師譯《入中論》。

一塵上的車子，事實卻非如此，故不應理。若又說，車子各個零件聚集時將有整台車。反駁：彼等零件尚未組裝時也定要有車子，因爲彼等零件於組裝或未組裝時的體性並無絲毫差異。

若從車的施設處能得車，反問，該車與車輪大小相同，還是大於車輪？若說車與車輪的大小相同，必定要說和合體的車子與其支車輪大小一樣，這不應理。若說車與車輪大小不同、車大於車輪時，反駁：那麼，從車施設處的各部分得車只是種說詞而已。還有，如果說車子從施設處車輪是自性有，將有僅執車輪的眼識會見完整車子之過。車支與車聚是車的所擁有物，車是擁有者，故有承許所擁有物與擁有者爲一之過。同樣地，若我從自身的施設處是可得的話，將有觀察車時的前述過失，故而承許沒有絲毫的自性有。

乙四、理據之王——緣起因相

諸內外有爲法皆由各自的因緣所生，故非自性有的生，也非四邊生。補特伽羅觀待其施設處蘊體而被施設有，故以七相尋後不可得。這正是爲何在中觀典籍中，爲破自性有所說的一切理由，最終都是依據緣起的因相而破，故說其理爲「理中之王」。依此緣起理能夠同時去除二邊，因爲了知緣起的「緣」字之義而直接遣除不觀待的常邊，也因了知「起」字之義而直接遣除絕無的斷邊。《入中論》云：

「由說諸法依緣生，非諸分別能觀察，是故以此緣起理，能破一切惡見網。」[134]

緣起理的論式爲：「苗有法，非自性有，是緣起故，如影像。」若是自性有，將與觀待其他因緣相違，如《四百論釋》云：

「於此，何法自之體性、自性、自主、不觀待他，皆非從己成立，故非緣起，然一切有為法皆為緣起。如是，事物依何而生，彼事物不能自主，觀待因緣而生故。『此皆無自在……』是故，任何事物皆是無我、非自性有。」[135]

《無熱惱龍王問經》云：

「無因無緣法未有，當知法有其因緣。依緣而生則不生，於此非有自性生，何者依緣則說空，知空者則不放逸。」[136]

134 德格版，論，中觀，འ།卷，第六品，第115句偈頌文，209背頁；對勘本版，書號60，532頁。漢譯來源：法尊法師譯《入中論》。

135 德格版，論，中觀，ཡ།卷，第十四品，220背頁；對勘本版，書號60，1452頁。漢譯大藏經內並無此譯。

136 德格版，經，經典，ཕ།卷，230背頁；對勘本版，書號58，598頁。漢譯大藏經內並無此譯。關於後四句，《菩提道次第廣論》卷19，法尊法師譯：「《無熱惱請問經》云：若從緣生即無生，於彼非有生自性，若法仗緣說彼空，若了知空不放逸。」

非自性有，故離有邊；於此亦能安立無自性的因果，故離無邊。爲離一切邊見，以緣起義詮釋非自性有的意涵，應知這才是阿闍黎月稱等應成派的不共說法。關於緣起的更爲詳細的內容，將於下述成立性空緣起是同義時再行闡釋。

甲三、觀察成立空性理的所遮爲何

前章節引用阿闍黎龍樹的《中觀根本慧論》等中觀典籍，以及其弟子中觀論師們的觀點，解說彼等論師是如何依其不同主要諸理成立非勝義有。這個章節將會解說彼等理路的所遮爲何，以及「諸法無自性有」的「無」之體性爲何。若問：諸法若是本性有、自性有，將有何過？爲知其過，中觀師們會以破與不破的標準爲何、認清所遮爲依據，來建立空性，故先在此略說成立空性時的所遮爲何。例如，要以分別心念「此處無水」時先要認清所「無」的水爲何，又如要抓小偷時要認清小偷的長相，同樣地，在抉擇諸法無我、無自性有之前，一定要先仔細認清沒有的「我」、所無的「自性」爲何，因爲未善顯所遮的義總之前，無論如何破，都不能得知空性。如《入菩薩行論》云：

「不依所察實，不取彼無實……」[137]

137 德格版，論，中觀，ལ，第九品，第138句偈頌文，36正頁；對勘本版，書號61，1029頁。漢譯來源：如石法師譯《入菩薩行論》。

如果心識尚未善顯增益事物——所遮義總，該識不能善取其所遮之破。所遮差異雖有成千上萬，但以整體的角度而認清其根本且破除時，一切所遮之分將會隨之破除。若不能破除細微所遮且仍有剩餘時，將墮入有邊；若不認清所遮，所破太過時，不能安立因果緣起次第，將墮入斷邊。因此，透澈釐清所遮界線顯得極為重要，畢竟不認清時將有墮入常邊或斷邊之過，所以《中觀根本慧論》云：

「謂有則執常，謂無則見斷，此故於有無，智者皆不住。」[138]

無論是有見或常見、無見或斷見，彼等任一都是種種過患的起源，所以智者不住其二任一。那麼，執取何者是住常見或斷見呢？阿闍黎佛護的《中觀根本論釋．佛護論》云：

「若見有性及無性，豈有應成常見及斷見之過？（自方道，《中論》）云：是法有自性，非無則是常；先有而今無，故應成斷滅。若某法有自性，後無將不合理，自性無變化故，有性之見將成常見。若說該事物先有

138 德格版，論，中觀，ཙ卷，第十五品，第10句偈頌文，9正頁；對勘本版，書號57，21頁。漢譯來源：蔣揚仁欽博士譯《中觀根本慧論》。鳩摩羅什大師翻譯的《中觀根本慧論》與藏譯稍有不同，鳩摩羅什大師譯文為（T.30.1564.20b.13）：「定有則著常，定無則著斷，是故有智者，不應著有無。」

今無，將是壞滅存在事物之見，應成斷見。如是，諸事物的有性及無性之見將有諸多過失。因此，（見）諸事物無自性者方見真實義，此即中觀道，並由此成辦殊勝義。」[139]

主張事物是自性有時，因爲自性爲不轉變性，事物將不會變無，所以主張事物是自性有則成常見。若說事物先是自性生，今說事物後滅故無，則成斷見。自宗否定事物是自性有，故無依賴自性而起的常見或斷見。此處所指的是，主張自性有的某法於後時壞滅，故有墮二邊之過，若僅是主張前有事物於第二剎那壞滅本身並無墮二邊之過。

若不能妥善安立如何依量成立作用，將執諸法如兔角皆無。只是爲了斷除用詞的缺陷而說「既非有，也非無」，這對避免墮入二邊沒有幫助，如《中觀根本論釋．佛護論》云：

「我已見諸事物如非有之兔角；（我）並非為了斷除用詞之過而說『非有性，亦非無性』……」[140]

同理，若執絕無諸法亦成斷見。《中觀根本慧論》的注釋

139 德格版，論，中觀，ཙ卷，第十五品，226背頁；對勘本版，書號57，588頁。漢譯來源：蔣揚仁欽博士譯《中觀根本論釋．佛護論》，434頁。

140 德格版，論，中觀，ཙ卷，第十八品，244正頁；對勘本版，書號57，652頁。漢譯來源：蔣揚仁欽博士譯《中觀根本論釋．佛護論》，524頁。

《顯句論》亦云：

「若念一切皆空，故無一切。此時之念成顛倒見。」[141]

所遮分二，所遮顛倒執，以及彼顛倒執所取的自性有。前者是道所遮，後者是理所遮。《四百論》云：

「見境無我時，諸有種皆滅。」[142]

論說依理破除我執的所耽境，進而滅除輪迴種子無明實執。爲斷執自性有的顛倒執，先要破除彼執所取的自性有。因此，於道所遮與理所遮兩者之中，主要的所遮是後者，即於補特伽羅或法上，依緣起理所要破除的、假設爲有的「以自體性之力而有」。若自性有是所知，自然不能依理破除，故此所遮必定不是所知。

爲何要破除不存在的所遮呢？例如，基法色等雖非眞實有，仍有執色是眞實有的增益執，故要破除彼執。如何破除彼執呢？其破法不同於用鍾壞瓶，而是依理生量，知無爲無、決定無彼，方可破除執取色等是眞實有的顛倒執。同樣地，依理

141 德格版，論，中觀，འ།卷，第二十四品，164背頁；對勘本版，書號60，399頁。漢譯大藏經內並無此譯。

142 德格版，論，中觀，ཚ།卷，第十四品，第25句偈頌文，16背頁；對勘本版，書號57，815頁。漢譯來源：法尊法師譯《四百論》。

成立時，也不同於種子生苗，新生未有之物，而是如實證知彼法為何，生起知彼之量。

勝義與究竟自性稱「空性」，而真實有與自性有則是要被破除的所遮，故應區分勝義與勝義有、自性與自性有的差異。那麼，此處要破除的自性或體性是存在的話，其性將會是什麼呢？《中觀根本慧論》云：

> **「自性非造作，且不待他法……[143] 自性成相異，是事終不然。」[144]**

如是所遮自性具三特徵：不由其他因緣所造作、安立其體性時無須觀待其他任何一法、其體性不會轉變為他性。《顯句論》說明其義，論云：

> **「謂何是我所？即不由某法所造作。如水溫度，舉凡由某法所造作，則非我所。不觀待任何一法是我所，如自家傭人與財物。舉凡觀待他法，則非我所，如不能自主**

143 德格版，論，中觀，ཙ།卷，第十五品，第2句偈頌文，8背頁；對勘本版，書號57，21頁。漢譯來源：蔣揚仁欽博士譯《中觀根本慧論》。鳩摩羅什大師翻譯的《中觀根本慧論》與藏譯稍有不同，鳩摩羅什大師譯文為（T.30.1564.19c.28）：「性名為無作，不待異法成。」

144 德格版，論，中觀，ཙ།卷，第十五品，第8句偈頌文，9正頁；對勘本版，書號57，21頁。漢譯來源：蔣揚仁欽博士譯《中觀根本慧論》。鳩摩羅什大師翻譯的《中觀根本慧論》與藏譯稍有不同，鳩摩羅什大師譯文為（T.30.1564.19c.28）：「性若有異相，是事終不然。」

之傭人與借物。」[145]

如是自性或勝義之我所，皆是不被造作，且定相異於依他的傭人與借物。《中觀根本慧論》云：

「是自自性則非，由因緣所生；將成因緣生，自性所造作。」[146]

凡是依自力而有的體性，不成立彼是從因緣生；若是從因緣生，彼性將是成果、造作性，故離非造作性。造作與非造作是直接相違，否定一者的同時必定要成立另一者；是成果一定是造作性，是自性有一定非造作性。所以於一法上，是造作性與是自性有、依自力而有，彼二無法相容，只是相違。《聖持世所問經》[147]云：

「諸法非真實，故亦皆無，如打空拳、孩童以種種鮮豔之色而繪畫，唯是依計所生、觀待而有，僅此而已。」[148]

145 德格版，論，中觀，ཞ卷，第十五品，89正頁；對勘本版，書號60，216頁。漢譯大藏經內並無此譯。

146 德格版，論，中觀，ཙ卷，第十五品，第1句偈頌文，8背頁；對勘本版，書號57，20頁。漢譯來源：蔣揚仁欽博士譯《中觀根本慧論》。鳩摩羅什大師翻譯的《中觀根本慧論》與藏譯稍有不同，鳩摩羅什大師譯文為（T.30.1564.19c.22）：「眾緣中有性，是事則不然，性從眾緣出，即名為作法。」

147 འཕགས་པ་འཇིག་རྟེན་འཛིན་གྱིས་ཡོངས་སུ་དྲིས་པའི་མདོ། *Ārya-lokadharaparipṛcchā-nāma-sūtra*。

148 德格版，經，經論，ས卷，第七品，59正頁；對勘本版，書號60，143頁。漢譯大藏經內並無此譯。

經說，一切法非眞實有，只是分別施設、只是觀待而有。如果非僅由內識分別心所施設，而是以自身體性之力從境而有，這稱「有我」、「自性有」。《四百論釋》說，於補特伽羅上遣除這種體性是人無我，於非補特伽羅之眼耳等法上遣除這種體性是法無我。如論云：

「言『我』者，謂某事物不觀待他之體性、自性也。無彼性者稱『無我』。知無我分法與人二，稱『法無我』與『人無我』[149]……於此，何法是本性、自性、自主、不觀待，彼將成非緣起有，然彼不從自身有，一切有為法亦是緣起。」[150]

如前引文，自性有、本性有、以自主之力而有、不觀待成立，皆是同一要義。唯分別施設或僅依識安立而有是成立世俗之義，其反義則爲非唯分別施設、非僅依識安立而有、從施設處尋後可得、眞實有、勝義有、眞實成立、依自力而有、自相有、自性有等等，彼等皆是應成派擬訂的所遮標準。中觀師在認清所遮時所說的「自相」，[151]與其他典籍所說的內容大相逕

149 德格版，論，中觀，ཡ卷，第十二品，190背頁；對勘本版，書號60，1381頁。漢譯大藏經內並無此譯。

150 德格版，論，中觀，ཡ卷，第十五品，220背頁；對勘本版，書號60，1452頁。漢譯大藏經內並無此譯。

151 《中觀根本頌智慧論釋．正理海》：宗喀巴大師文集，塔爾寺版，第十五品釋，164頁。

庭，這點很重要。量學典籍說，只有「具足能力引發作用者」是自相，而阿毘達磨等論著卻說，如火之炎性，不共於他法的體性方爲自相。

諸法如何依分別識所施設呢？如《優婆離經》[152]云：

「種種悅意花盛開，金碧輝煌豪宅耀，彼等非由己造作，皆依分別所安立，依分別故世間計。」[153]

《四百論釋》亦云：

「此故，唯存在分別，故而為有；無分別則是為無。彼等無疑如計繩為蛇，決定非自性有。」[154]

論說，僅依能計分別方得各境性質；無能計分別時，各境性質皆不可得，故一切法都是依分別心之力所施設。因此，貪等一切法皆非自性有。此處的分別心是指，隨往昔串習而念想的「此是青、此是黃」之平日俱生思。分別心的施設法爲何呢？當依賴車支生起「此是車」的想法時，彼識境車只是依賴車支所顯、依賴車支而被施設而已，除此以外，一一車支或其

152 ཉེ་བར་འཁོར་གྱིས་ཞུས་པའི་མདོ། 。

153 德格版，經，寶積，ཅ།卷，第二品，129背頁；對勘本版，書號43，358頁。漢譯大藏經內並無此譯。

154 德格版，論，中觀，ཡ།卷，第八品，133正頁；對勘本版，書號60，1249頁。漢譯大藏經內並無此譯。

聚任一都不是車，撇開車支或車聚任一也不得車。猶如計繩爲蛇，諸法只是分別施設而已。

以分別心施設諸法之理雖與計繩爲蛇相同，但彼二中仍有是有是無、有無其作用等絕對差異，畢竟彼二的能立識是否爲順諦識也大不相同。還有，於世間共許上，不僅能否合理成爲彼二的施設處亦不相同，於名言中，彼二是否會被他量所害也截然不同。諸法是唯名施設的「唯」字，要破的只是非名言施設，不破他法。其義也非「雖有，然量不成立」，要破的是以自性之力而有。

甲四、中觀師是否持其自宗主張

於前章節中，列舉中觀大阿闍黎龍樹提出的破四邊生之理，以及吉祥月稱所提出的七相之理等，進而特別破除內外諸法是從施設處上尋後可得。那麼，中觀師是只破他宗、不立自宗，或是毫無自宗的立場嗎？這個問題的確非常關鍵。《中觀根本慧論》在成立諸法非自性有時記錄了佛教說實派等人的諍議，即諸法非自性有，四諦與三皈依將不應理，故中觀宗將成斷邊。《中觀根本慧論》對此回答：即便是非自性有，仍然合理建立一切名言，其義如阿闍黎龍樹於前引《中觀根本慧論》的「謂有則執常」所說。此外，《六十頌如理論》亦云：

「諸大德本性，無宗無所諍，彼尚無自宗，豈更有他宗。」[155]

《迴諍論》亦云：

「若我宗有者，我則是有過；我宗無物故，如是不得過。」[156]

《四百論》也說同理。論云：

「有非有俱非，諸宗皆寂滅，於中欲興難，畢竟不能申。」[157]

吉祥月稱的《入中論》亦云：

「誰定有宗乃有過，我無此宗故無失。」[158]

按照詞義，看似偉大的中觀論師們在說，中觀自派要否

155 德格版，論，中觀，ཙ།卷，第51句偈頌文，22正頁；對勘本版，書號60，995頁。漢譯來源：蔣揚仁欽博士譯《六十頌如理論》。宋施護譯的《六十頌如理論》為：「自分不可立，他分云何有？自他分俱無，智了無諍論。」

156 德格版，論，中觀，ཙ།卷，第29句偈頌文，28正頁；對勘本版，書號57，77頁。漢譯來源：後魏毘目智仙共瞿曇流支譯《迴諍論》（T.32.1631.13b.28）。

157 德格版，論，中觀，ཚ།卷，第十六品，第25句偈頌文，18正頁；對勘本版，書號57，820頁。漢譯來源：法尊法師譯《四百論》。

158 德格版，論，中觀，འ།卷，第六品，第171句偈頌文，212背頁；對勘本版，書號60，582頁。漢譯來源：法尊法師譯《入中論》。

定任何立場。依據該詞，後來的某些注釋也說，中觀師不僅不立他派所許的眞實事物之宗，中觀自派更是毫無立宗。若有自宗，中觀師將成邊見者。還有一說，中觀派不僅否定成立自宗的因相，更是否定成立語、立宗因相，只是提及說明一切有無皆是相違的應成而已。

阿闍黎清辨的著作也對中觀派是否立宗提出說明，如《思擇焰論》云：

> **「若言，不立自宗故，與他宗較量故。豈非如此？……[159]**
> **答：自宗謂體性空，諸法體性乃是彼空，故非較量，如是建立無過之宗。」[160]**

持有中觀自宗的論師們又是如何詮釋其義呢？前引的《中觀根本慧論》「謂有則執常」是指，執事物是自性有則成常見；承許事物是自性有卻於後時壞滅則成斷見。然而，只是一般的有無之執並非常見或斷見。

《六十頌如理論》的意思是，中觀師不立自性有之宗、不主張事物是自性有，更不依此宗而反駁他派。既然中觀派自方不立自性有之宗，豈有他宗所說的自性有之執？故而不能解讀

159 德格版，論，中觀，ཛ卷，第三品，60背頁；對勘本版，書號58，152頁。漢譯大藏經內並無此譯。

160 德格版，論，中觀，ཛ卷，第三品，60背頁；對勘本版，書號58，152頁。漢譯大藏經內並無此譯。

爲中觀師無一般立場或是無宗。

也不應解讀《迴諍論》的意思爲中觀師不立自宗。說實派反駁中觀師說：若諸法非自性有，汝所說的「諸法非自性有」之詞是自性有還是自性無？若是自性有，汝說非自性有不應理。若該詞非自性有，將無能力破除自性有。中觀師答：若我立自性有之宗，則有彼過。然而，我不承許自性有，故無彼過。應搭配前後文來解讀此義。

前引《四百論》「有非有俱非，諸宗皆寂滅，於中欲興難，畢竟不能申」，其義是：「有」謂諸事物是自性有；「非有」是絕無一切具足能力引發作用者的事物；「俱非」是我宗並無「主張事物壞滅是自性有無兩者」之過。於此，無人能夠反駁。因此，不應理解爲一般中觀師沒有立宗。

關於《入中論》的「誰定有宗乃有過，我無此宗故無失」。有人說此過失：無論破者是否會合所破對象，舉凡是宗都會被破。「誰定有宗」的意思是，誰立自性有之宗，將有此過失。中觀自宗認爲，無論是敵立二方都非自性有，所以尋伺施設義時，不被有無會合的尋伺之過所染，其義可從前後文得知。[161]

161 眾所周知，宗大師及其追隨者主張中觀派成立自宗。不僅如此，過去西藏大中觀師阿闍黎孔雀菩提精進也說，中觀師只破他宗不應理。可參考孔雀菩提精進的《中論釋・理成莊嚴論》（噶當文集，冊號36，13背頁）：「此外，承許破宗故，亦許所遮、能遮、破除三故，豈能不立自宗？因此，不立任一自宗，破除他宗之說，極為荒謬。經論亦以多相反駁『破一切之敵方』」。

《六十頌如理論釋》云：

「緣起乃欺誑故，非真實也。以非真實之知而除事物之貪……[162]何時絕不立宗，彼處乃是無宗，於此豈有他宗？此時，如是事物皆是無故，自宗與他宗皆無，故而決定滅除如是見之煩惱。」[163]

結合上述論中的兩段文句可知，不應以中觀派絕不立任何自他觀點而去理解前引《六十頌如理論》的意思，而是以「中觀派否定自性有，故中觀派無自他二宗所說的眞實有」而去解讀。《迴諍論自釋》亦云：

「此外，不承許與不觀待名言諦時，不可說一切事物是空；不許名言諦時，不能示法……[164]。立某宗時，如汝所言，吾先有承許性相，則是有過，然吾不立任何一宗故，於一切事物之空、於絕對寂靜之自性空中，豈能有宗？豈有承許性相？豈有承許性相所生之過？於此，駁

162 德格版，論，中觀，ཡ卷，27背頁；對勘本版，書號60，995頁。漢譯大藏經內並無此譯。

163 德格版，論，中觀，ཡ卷，27背頁；對勘本版，書號60，996頁。漢譯大藏經內並無此譯。

164 德格版，論，中觀，ཙ卷，128正頁；對勘本版，書號57，348頁。漢譯大藏經內並無此譯。

道：『汝為得承許性相，汝將有過』，則不應理。」[165]

顯而易見，結合上述論中的兩段文句亦知，不應以中觀師絕不立宗去解讀《迴諍論》，而應以中觀派不立自性有之宗去理解該論義。《中觀根本慧論》的注釋《顯句論》云：

「斥云：中觀師與說無者無異。答：非也。中觀師宣說緣起，是緣起故，說此世間與出世間等一切非自性有……[166]**。斥云：雖是如此，彼等卻計事物非自性有為無，故依此見而言仍是相同。答：非也。中觀師承許世俗有，然而彼等卻不承許，故不相同。」**[167]

有人拋出此過：中觀師立事物非自性有之宗與斷見無異。於此，其正確答覆不是「說無者立宗將有過，但中觀師不立宗，故無汝說之過」，也不是「說無者許無，而中觀師雖不說無，卻許非有，故而無過」。中觀師表示，非自性有，然是世俗有；說因爲是緣起，故非自性有，也不是否定一切，故與斷見不同。由此明顯可知，中觀派不僅立自宗，亦承許「諸法不

165 德格版，論，中觀，ཙ卷，128背頁；對勘本版，書號57，349頁。漢譯大藏經內並無此譯。

166 德格版，論，中觀，འ卷，第十八品，117背頁；對勘本版，書號60，287頁。漢譯大藏經內並無此譯。

167 德格版，論，中觀，འ卷，第十八品，118正頁；對勘本版，書號60，288頁。漢譯大藏經內並無此譯。

存在於名言中」或「諸法雖存在於名言之中，但不等於是有」皆與斷見無異。

中觀阿闍黎龍樹等論師雖以多理破諸法從自方有，仍順應世間名言，在不尋找施設義的前提下，建立從此因生此果的自宗。《七十空性論》云：

「依彼有此生，世間不可壞。」[168]

不分唯有與自性有的佛教與非佛教的論師們是持怎樣的反對立場呢？如《中觀根本慧論》云：

「若一切皆空，無生亦無滅，於汝則應無，四聖諦之法。」[169]

這些論師駁道：中觀師汝若說，此等內外事物非自性有，等同主張否定一切事物、事物將不發生任何生滅等。此題的答覆如《中觀根本慧論》云：

168 德格版，論，中觀，ཙ卷，第70句偈頌文，26背頁；對勘本版，書號57，71頁。漢譯來源：法尊法師譯《七十空性論》。

169 德格版，論，中觀，ཙ卷，第二十四品，第1句偈頌文，14背頁；對勘本版，書號57，35頁。漢譯來源：蔣揚仁欽博士譯《中觀根本慧論》。鳩摩羅什大師翻譯的《中觀根本慧論》與藏譯稍有不同，鳩摩羅什大師譯文為（T.30.1564.32b.14）：「若一切皆空，無生亦無滅，如是則無有，四聖諦之法。」

「汝今因不知，空性及空義，以及其目的，故成如是破。」[170]

中觀師對此諍議的回覆是，說實派汝等認爲，自性有之空等同沒有，這是因爲不知示空之目的、定義、正確解讀所致，故而無法安穩建立有爲法的生滅等，產生如是違害。示空目的：寂靜貪等一切戲論。空性定義：於現證眞實義的心識中，一切戲論都是顚倒性。空性的正確解讀：緣起的詞義就是遠離獨立自主、自性有之空性的詞義。依此答覆亦能成立中觀派的正向立宗：承許內外一切諸法只存在於名言中；中觀派的反向立宗：一切諸法非自性有，故要區分有與自性有、絕無與自性無的差異。《中觀根本慧論》云：

「若汝見諸法，皆是有自性，即為見諸法，無因亦無緣。」[171]

170 德格版，論，中觀，ཙ卷，第二十四品，第7句偈頌文，14背頁；對勘本版，書號57，36頁。漢譯來源：蔣揚仁欽博士譯《中觀根本慧論》。鳩摩羅什大師翻譯的《中觀根本慧論》與藏譯稍有不同，鳩摩羅什大師譯文為（T.30.1564.32c.11）：「汝今實不能，知空空因緣，及知於空義，是故自生惱。」

171 德格版，論，中觀，ཙ卷，第二十四品，第16句偈頌文，15正頁；對勘本版，書號57，36頁。漢譯來源：蔣揚仁欽博士譯《中觀根本慧論》。鳩摩羅什大師翻譯的《中觀根本慧論》與藏譯稍有不同，鳩摩羅什大師譯文為（T.30.1564.33b.1）：「若汝見諸法，決定有性者，即為見諸法，無因亦無緣。」

若瓶是自性有，必有「不會合陶師等因緣」、「瓶是永遠有或永遠無任一」之過。若是永遠有瓶，瓶將成常法且違盛水作用。若是永遠無瓶，造瓶的陶師等亦成無。中觀應成派依此理成立，諸法皆非自性有也非絕無之宗，以及諸法只於名言中有之宗。

問：中觀師是否承許有量？若許有量，必須安立量之所量，故而中觀師將持自宗。若不許量，將無決定破他宗與立自宗之識，亦有中觀師永不破他宗之過。又說：中觀師並無自宗，卻以示他宗內部之矛盾加以破除。此時，他方因知其不合理性遣除一切邪見，除此以外，並無更殊勝的目的。答：此說不應理，這樣一來，無自他任一之宗的中觀師必須成爲只破他宗、爲破而破者，這不合眞相，如《入中論》云：

「汝是無宗破法人。」[172]

有人指責：汝不立宗，只行破他之事，故稱「破一切者」，因爲汝中觀師只是爲破而破。於此，《入中論》詳細答覆無此過失。從此亦知中觀師持其自宗。

一些佛教與非佛論師起疑，若非自性有則應絕無，故許諸

172 德格版，論，中觀，'a卷，第六品，第172句偈頌文，212背頁；對勘本版，書號60，581頁。漢譯來源：法尊法師譯《入中論》。

法是自性有。依相同的邏輯，若中觀師不許緣起非自性有，[173] 等同要承許緣起是自性有，因爲自性有與自性無是直接相違，非彼二任一者並不存在。《迴諍論》詮釋其理。論云：

「若非無自性，至極成自性。」[174]

自宗認爲，詞彙本身非自性有卻可破除自性有合理，像幻師可阻擋其他幻師的來去作用。《迴諍論自釋》詮釋其理。論云：

「如幻師阻礙因某事來往的幻師，以及幻師所化之人阻礙因某事來往的幻師。於此，所化之人的所阻是空，阻擋是空，所阻幻師亦是空。同理，我之用詞雖空，卻可成立一切事物皆是空性，且破一切事物自性，實屬應理。是故，不成立『汝詞空性故，破一切事物自性不應理』之說。」[175]

173 譯者註：直譯是「無自性生」。

174 德格版，論，中觀，ཙ卷，第26句偈頌文，27背頁；對勘本版，書號57，76頁。漢譯與藏譯稍有不同。相似的漢譯原文：後魏毘目智仙共瞿曇流支譯《迴諍論》（T.32.1631.17b.14）：「若無遮所遮，無有能遮，則一切法成，彼自體亦成。此偈明何義？若非有遮、非有所遮、非有能遮，是則不遮一切諸法，則一切法皆有自體。」

175 德格版，論，中觀，ཙ卷，127正頁；對勘本版，書號57，345頁。漢譯大藏經內並無此譯。

仍要說中觀師不立自宗時，那麼，《中觀根本慧論》的「非自非從他……」[176]之無四邊生的承許，將不成爲中觀師的主張，這樣一來，此聲明將不成爲任何宗義論師之主張。

又有另一派認爲，雖說中觀師持破自性有之宗，卻無正向成立因果緣起於名言中是有之宗時，此說亦不應理。若中觀師不持正向立宗，就要否定中觀師持從因生果之宗。如果中觀派不建立因果緣起，就得承認有毀謗因果的佛教宗義。

總之，中觀師持反向的破宗及正向的立宗兩類。前類如無四邊生之宗。《顯句論》云：

> **「此故，永無從自所生事物，應如是結合。同理，三宗亦如是結合。」**[177]

後類如依世間正立的瓶、柱、山、房舍等，以及依世間倒立的陽焰、回音、面容影像等，僅於名言中有的立宗。《中觀根本論釋．佛護論》云：

176 德格版，論，中觀，ཙ།卷，第一品，第3句偈頌文，1正頁；對勘本版，書號57，3頁。漢譯來源：蔣揚仁欽博士譯《中觀根本慧論》。鳩摩羅什大師翻譯的《中觀根本慧論》與藏譯稍有不同，鳩摩羅什大師譯文為（T.30.1564.2b.6）：「諸法不自生……」

177 德格版，論，中觀，འ།卷，第一品，5正頁；對勘本版，書號60，11頁。漢譯大藏經內並無此譯。

「薄伽梵也說：『世間共許什麼，我亦說其有；世間不共許什麼，我亦說其無。』因此，（經論）說：『舉凡世間名言、世間共許的任何真相，薄伽梵亦說（其為）真相；世間共許何為非實，薄伽梵亦稱（其為）非實。』」[178]

此外，立宗共有三類：唯依他立、依自他二方共立、自方不共立宗。初者唯依他立之宗，如《入中論》云：

「果故此等雖非有，我依世間說為有。」[179]

諸法非自性有，但爲證自性有之空，以及依此證而破自性有之執，僅依世間他人而暫說自性有之宗。

第二、依自他二方共立之宗，如《迴諍論》云：

「不承許名言，非吾等所釋。」[180]

佛教與非佛宗師也共同承許名言中的「瓶子是腹鼓、縮

178 德格版，論，中觀，ཙ།卷，第十八品，244背頁；對勘本版，書號57，653頁。漢譯來源：蔣揚仁欽博士譯《中觀根本論釋．佛護論》，526頁。

179 德格版，論，中觀，འ།卷，第六品，第81句偈頌文，208正頁；對勘本版，書號60，528頁。漢譯來源：法尊法師譯《入中論》。

180 德格版，論，中觀，ཙ།卷，第28句偈頌文，28正頁；對勘本版，書號57，77頁。漢譯與藏譯稍有不同。相似的漢譯原文：後魏毘目智仙共瞿曇流支譯《迴諍論》（T.32.1631.18c.17）：「我依於世諦，故作如是說……又我所說不違世諦、不捨世諦，依世諦故能說一切諸法體空；若離世諦，法不可說。」

底、且具有盛水作用者」以及「柱子是具撐樑作用者」。

第三、自方不共立宗。《入中論》云：

> **「如離於本論，餘論無此法，智者定當知，此義非餘有。」**[181]

非中觀典籍的其他經論不示正確的甚深空性。以辯駁答覆而建立的不共中觀宗，實屬非中觀典籍中沒有涵蓋的宗義。

甲五、爲何注釋阿闍黎龍樹著作的中觀師有自續及應成兩派

如《佛法哲學總集．上冊》在中觀宗義的前章節所略說，阿闍黎佛護在著作《中觀根本論釋．佛護論》時，以應成的論式一一破除四邊生等，拋出這類的眾多應成論式，以此闡釋《中觀根本慧論》的意趣。於此，阿闍黎清辨廣釋佛護論師用應成論式破四邊生不應理。針對此諍，阿闍黎月稱表示，清辨所指佛護的種種過失都不存在，從而凸顯了清辨的不共主張。清辨等人依此立場詮釋阿闍黎龍樹的意趣，宣揚不同於說實派的觀點，導致解讀龍樹意趣的中觀師分兩大派系，即清辨與其

181 德格版，論，中觀，'a卷，第十品，第53句偈頌文，218背頁；對勘本版，書號60，595頁。漢譯來源：法尊法師譯《入中論》。

追隨者的派系，以及吉祥月稱的派系。後來學者稱此二派系爲「自續派的宗義」和「應成派的宗義」，形成如是傳統。

這個章節將會簡略介紹阿闍黎清辨如何指責佛護，以及阿闍黎月稱如何反駁該指責的內容。阿闍黎清辨造《中觀根本慧論》的注釋——《般若燈論釋》——云：

> **「釋曰：諸法無有從自體起，彼起無義故，又生無窮故，彼不相應。此義云何？以不說因及譬喻故，又不能避他說過故。」**[182]

《般若燈論釋》中的敵方論述——阿闍黎佛護所提出的破自生之應成論式，缺乏舉出無自生的正因與正喻，只是立宗而已。數論派所謂的「從自」是指，若果是從顯現的體性而有，將有再生之過；若果是從未顯現的體性而有，一切生法都只是從未顯現的體性而生，這樣一來，將有周遍相違之過。[183]觀察

182 德格版，論，中觀，ཚ卷，第一品，49正頁；對勘本版，書號57，914頁。波羅頗蜜多羅譯《般若燈論釋》（T.30.1566.65b.26）：「如先立驗破去去者，諸餘作法亦應例遮。此品中明去無自性者，欲令信解無來無去別緣起義，是故得成。」

183 譯者註：清辨論師認為，佛護論師所提出的應成論式「苗有法，應成非自生，生有意義故」不能破數論派的主張。為何？如果「非自生」指的是「非從已顯現的體性而生」，數論派也會答應這種的「非自生」。如果「非自生」指的是「非從未顯現的體性而生」，數論派將回「周遍相違」，因為一切有意義之生，必定是從未顯現的體性共主相所生。

立宗時，佛護論師汝應要如是除過，卻提出無法除過的論式。清辨揭示以上多責。

阿闍黎清辨論師的自宗爲何呢？如《般若燈論釋》云：

「此品答覆敵方所駁，且示無過自主比度，故說諸行皆無自性。」[184]

當說實派成立事物是眞實有時，如《中觀根本慧論》諸品是以宣示自續因破除諸行的眞實體性，所以阿闍黎清辨表示，不僅詮釋《中觀根本慧論》的內義時要承許自續因，承許自續因更是阿闍黎龍樹父子的意趣。

阿闍黎月稱的《顯句論》云：

「吾等已見，此等一切過失皆不應理。」[185]

論說清辨對佛護的各個指責皆不成立，並以多理破除清辨所許的「三相[186]是從自方而有的自續因」，這點可依《顯句論》

184 德格版，論，中觀，ཚ།卷，第十三品，153正頁；對勘本版，書號57，1180頁。藏譯與漢譯稍有不同。漢譯原文：唐波羅頗蜜多羅譯《般若燈論釋》（T.30.1566.90a.20）：「復次為令他解一切諸行種種差別皆無自性，有此品起。」

185 德格版，論，中觀，འ།卷，第一品，5背頁；對勘本版，書號60，12頁。漢譯大藏經內並無此譯。

186 譯者註：正因的定義：宗法、同品遍、異品遍之三相。

廣說的內義得知。接下來將概說吉祥月稱如何破自續因。月稱論師的宗派認爲，沒有絲毫自性有的微塵，所以堅決否定三相是從自方而有的因相。又說，持中觀見者承許自續因不應理，其義如《顯句論》云：

「若是中觀師，自續比度亦不應理，不許他宗故……[187] 應知持中觀見時，亦詮自續成立語者，皆是極大聚罪之處。」[188]

假設諍處有法與譬喻有法兩者、所立法、因相的同品遍與異品遍兩者、宗法等等不單純是由辯者的心識所立，卻是從自方而有的三相，這就是自續因的性質。總之，所謂的「自續因」就是從自方而有的三相，非唯名言施設而有的因相。從自方而有、自續、自主、自相有等，這類所遮都是同一要義。

如前略說，阿闍黎佛護的《中觀根本論釋．佛護論》提出了破數論所許的自生之理。於此，阿闍黎清辨駁道：僅憑佛護所說理由不能破自生，所以破自生要列舉清辨自宗的自續因。破自生的自續因是「眼等內處有法，於勝義中非自生，有故，

187 德格版，論，中觀，འ卷，第一品，6正頁；對勘本版，書號60，13頁。漢譯大藏經內並無此譯。

188 德格版，論，中觀，འ卷，第一品，8背頁；對勘本版，書號60，19頁。漢譯大藏經內並無此譯。

如有心識」。阿闍黎月稱破此論述，如《顯句論》云：

「此外，此推理是由極為精通推理論著之某一大士所許。」[189]

阿闍黎月稱表示，清辨汝在成立眼等非自生時，勝義簡別是要加於所立法上，還是於欲知有法上？於所立法上不應理，中觀師本身無須添加簡別，因爲中觀自派也否定自生眼等存在於世俗之中，所以破自生時莫要添加勝義的簡別。《顯句論》所示破除之理依序如下：生苗時，無關任何的自生、他生、共生；有因種子，故有果苗；因種子與果苗非體性一，果苗不與因種子是自性有的體性異，苗亦非種；因種子與果苗不是體性一，故種子與苗，彼二非常；契經說，因種子與果苗不僅不是自性有的體性異，苗也非種子，故彼二非斷性；《中觀根本慧論》也說，果與其因非體性一，也非勝義有的體性異；因果非常亦非斷，如《顯句論》云：

「此不應理，世俗亦不許從自所生，如經云：『因種生苗時，非自生、非他生、非共生、非自在天生、非時所轉、非由微塵、非從自性、非從體性、非無因生。』又云：『如若有種則有苗，舉凡是種皆非苗，亦非異性非彼性，

189 德格版，論，中觀，འ卷，第一品，8背頁；對勘本版，書號60，19頁。漢譯大藏經內並無此譯。

非常非斷法性也。』又云：『依何生何法，彼非彼體性，亦不異於彼，故非常非斷。』」[190]

即便以非佛外道他宗的角度而言，也無須於所立法上結合勝義簡別，因為破眼等非自生時，應以二諦途徑破除此衰損洞悉二諦的外道宗見。因此，就以從非佛外道論典的角度而言，結合二諦簡別亦不應理。《顯句論》云：

「若言：『依他宗而論差異。』此亦不應理，亦不許於世俗中建立彼等。乃至依二門破衰損無顛倒二諦見之外道，方可知德。如是，依他宗而論差異亦不應理。」[191]

若說依世間名言的角度要結合勝義簡別，也不應理，因為自生也不存在於世間名言中，畢竟觀察種子是否生苗時，世間人只執種子生苗，卻不針對是否為自生或他生做觀察。《顯句論》云：

「依何而成具果差異？世間亦不知自生，知世間人不趨行從自、從他等論，唯言從因生果。」[192]

190 德格版，論，中觀，ཐ卷，第一品，8背頁；對勘本版，書號60，19頁。漢譯大藏經內並無此譯。

191 德格版，論，中觀，ཐ卷，第一品，8背頁；對勘本版，書號60，19頁。漢譯大藏經內並無此譯。

192 德格版，論，中觀，ཐ卷，第一品，9正頁；對勘本版，書號60，20頁。漢譯大藏經內並無此譯。

若是破勝義眼等生，則有「不成立有法」之過，但世俗之眼等是勝義生皆被理破，有此差異。此說不應理，畢竟汝未如是區分而說。[193]即便這麼區分，仍有「於敵方仍不成立有法」之過。《顯句論》云：

> **「此外，若承許破生於世俗中而言此異時，自方仍有不成立有法之過，或是不成立因相之過，自方不許眼等於勝義中有故。」**[194]

阿闍黎清辨以喻成立無須於所立法上加上勝義簡別。對此，阿闍黎月稱又是如何反駁？阿闍黎清辨表示，以「聲有法，是無常，是所作性故」的論式爲例，要視其論式中的所立法與欲知有法是一般性，無須區分彼二是否爲大種所造或虛空功德、是所作性或是因由前緣所顯現、是壞滅具體性異之因[195]還是壞滅不具體性異之因等差異。反之，若要以大種所造或虛空特徵等差異去持取所立法等，這樣一來，相關比度的因相、

193 譯者註：有人說此差異，即根據清辨，「破眼等勝義生」與「破世俗之眼等勝義生」的區別。前者有過，後者無過。此說不應理，畢竟清辨論師並未這麼區分。

194 德格版，論，中觀，འ།卷，第一品，9正頁；對勘本版，書號60，20頁。漢譯大藏經內並無此譯。

195 譯者註：事物的壞滅並非源於事物本身具有壞滅性的緣故，而是一定要依賴其他因緣導致令其壞滅。

所立法、比度等用詞將不復存在。像是佛教學者對外道勝論派成立聲是無常時，若是持取大種所造的聲音，將被對方勝論派給否決；若是持取虛空特徵的聲音，則被自方佛教否決。同理，當勝論派對數論派說「聲是無常」時，若是許所作性的聲是無常，[196]則被對方數論派否決；若是指因由前緣所顯現的聲是無常，將被勝論自派所否決。同樣地，當佛教經部宗師對毘婆沙部說壞滅具因時，若是指壞滅具體性異之因，將被經部否決；若是指壞滅不具體性異之因，將被對方毘婆沙部所否決。總之，成立聲是無常時，可持一般性的所立法與欲知有法等，無須區分彼二是否爲大種所造或虛空特徵。同樣地，此處也無須結合勝義與世俗的簡別，只持一般性的眼等有法即可。總之反駁[197]阿闍黎月稱說，即便以中觀師自身角度而言，汝無須添加簡別，前述拋出的過錯對自皆是無害。《顯句論》云：

> **「設如是言，猶如說聲是無常，僅持總相有法與法，不持差異。持差異時，將無比度、所比度之詞。如是，若持四大所生之聲，對方否決；若持虛空之德，自部佛教否決。同理，勝論雖許聲是無常，若持所作性聲，對方否決；若持顯現，自宗否決。同理，任一壞滅若是具因，**

196 譯者註：勝論派說聲是常的特徵，但有時也說聲是無常。

197 譯者註：清辨對月稱的假設性反駁。

佛教自宗否決；若是無因，對方否決。是故，如僅持總相之法與有法，此處亦是僅持捨差異之有法。」[198]

假設阿闍黎清辨回：破自生時不用結合勝義與世俗兩者任一簡別，可以只持一般的有法，就像成立聲是無常時，可以不分大種所造與虛空特徵兩者任一的差異，只持一般的所立法與欲知有法。於此，阿闍黎月稱反駁：阿闍黎清辨汝的答覆不合眞相。爲何？就以汝破自生時所提出的「眼等有法，於勝義中非自生，有故」之論式爲例，汝亦承許「於勝義中非自生」是該論式之所立法的緣故。清辨汝自己也說，僅於名言識可得爾性的所立法與其所依有法的眼等內處，皆不存在於眞實中或於勝義中。既已如是承許，非眞實性的眼等內處則不會是不顯自相的無誤識境，只會是顚倒顯現自相的錯亂識境。不顯自相的無誤識與顚倒顯現自相的錯亂識，因爲彼二識的所得義是彼此相違，彼二自然成爲相應異境的相異識。例如，眞相是自性無，但如眩瞖根識見落下髮絲，錯亂顯現自相之識卻見自性有，故此錯亂識不見絲毫符合實際且是自性無的眞相。又如非眩瞖的根識不見落下髮絲般，因爲非自性有，不顯自相的無誤識境不見自性有，也不增益不合眞相義，故該無誤識豈見絲毫

198 德格版，論，中觀，འ卷，第一品，9正頁；對勘本版，書號60，21頁。漢譯大藏經內並無此譯。

世俗性、見非自性有的色聲等法？皆不會見。

阿闍黎龍樹也表示，現量、比量、譬喻量、言量四者若證自性有的某法，龍樹我亦要成立自性有。或是，我雖說要破自性有，但因四量永不得獲知自性有之某義，故我無須成立自性有，甚至連反駁其義都不需要。[199]還有，不僅無汝所謂的知自性有義的現識等量，彼等量之所知境的自相也是無。《迴諍論》說，當學者觀察如是諍議時，龍樹自方並無過失。

如是顛倒錯亂識與不顛倒的無誤識，以彼二識的所得義是彼此相違而成相異。於不顛倒的無誤識之所得義中，並無顛倒錯亂識之所得義，故於顯現自相的無誤識之所得義中並無眼等世俗有法。因此，清辨汝無法避免「無有法之體性，故不成立其宗」以及「不成立相應該因相的欲知有法，故是不成因」之過，畢竟汝宗承許自性有於名言中，也承許存在自續論式的有法等，故而汝答「吾無宗過與因過」不應理。

阿闍黎清辨汝所舉譬喻亦不應理。佛教對勝論派成立聲是無常時，對於立方佛教和反方勝論兩派而言，可以共同成立無關大種所造或虛空特徵等差異的一般性聲音。然而，對於我倆——皆是說自性空的月稱我，以及否定自性空的清辨汝——

199 譯者註：這一整段是針對龍樹菩薩的「設若現識等，某義故緣取，無立亦無駁，故吾無諍議」偈句的解讀，尤其是其中的「無立亦無駁」。

而言，無論是於世俗或勝義中，不結合真假二諦差異的一般眼等都是被否定的。月稱以此破除阿闍黎清辨的回覆。《顯句論》云：

> 「亦非如是，於此，許破生是所立法時，衰退所依有法僅於真實有、唯顛倒中可得我之事物，汝自許其義故。顛倒與不顛倒相異也。是故，如眩瞖者見髮，執非顛倒有為有時，豈緣一絲有分？如非眩瞖者於髮如何，不顛倒遠離增益、非實，此時，豈緣世俗、非有之分？是故，阿闍黎亦道：『設若現識等，某義故緣取，無立亦無駁，故吾無諍議。』如是，顛倒與不顛倒相異故、不顛倒時無顛倒故，豈有如世俗眼之有法？此故，不可避免無有法之宗過以及無有法之因過，故此答不應理。譬喻亦不同也。不同於不詮差異且雙方皆有聲總與無常總，於說空性與說非空性者而言，不許眼總於世俗與勝義故，譬喻亦不相同。」[200]

簡略說明前述引文中，月稱如何答覆阿闍黎清辨的諍議。月稱反駁：成立色等非自生、非勝義生時，若有法諸色可被不顯自相的無誤不顛倒識所得，那麼，不顯自相的無誤不顛倒識之境一定是勝義，這樣一來，將會結合眞實簡別而持有法諸

200 德格版，論，中觀，འ卷，第一品，9背頁；對勘本版，書號60，21頁。漢譯大藏經內並無此譯。

色，所以汝說「可持總相色法，無須結合眞假其一簡別」不應理。或是，若是不顯自相的無誤不顚倒識之境，一定是眞實不顚倒，假顚倒境與眞實不顚倒境是二諦相異、直接相違。況且，表相與眞相不合的諸色是假非眞，所以色等不被無誤於體性的心識所成立，而且成立眼等有法之量是不顯諸色自相的無誤識不應理。還有，不顯自相的無誤識所成立的有法中並無世俗眼等，所以對於清辨汝而言，無關二諦簡別，只持總相的有法色與眼不應理。這點與佛教對勝論派成立聲是無常時，不結合大種所造與虛空特徵任一差異而持有法聲音，截然不同。

總之，阿闍黎清辨及其追隨者認爲，以有法諸色爲例，色可被無誤於自相的眼識所成立，僅憑這點就無須結合二諦任一差異而成立色。因此，觀察色是否勝義有時，豈有「遠離結合二諦任一差異，只持總相有法不應理」之過？

阿闍黎月稱及其追隨者自宗則表示，從自方而有、自相有、眞實有都是同一要義。如果諸色是從自方而有，當量證知有色時，必須證知色是從自方有、自相有、勝義有，這樣一來，有法諸色必須是自相有，故無不結合眞假差異而持色爲有法。依此理破除「無關眞假差異、只持總相有法」的說法。

根據應成派，對方自續派與立方應成派，雙方在從境上如何建立所量的議題上並無交集，如應成派承許依三相因而生比度卻否定自續因，故要區分承許的因相與否定的因相兩者的差異。所許三相不從自方而有的因相又稱「自許因相」或「他許因相」[201]。依他宗立場而提出對方自身認同的因相，故稱「自許因相」；以立方應成派的角度而言，該因相是對方他宗所共許的緣故，稱「他許因相」。《顯句論》云：

> **「為此，詮釋推理性相無義，佛教論師等人言，自身共許合理故，助益不知真實義之士夫。」**[202]

西藏的某些中觀著作說，中觀應成與自續二派在見解上並無深淺之別，[203]但我等認爲彼二差異在於，建立眞實義時，一派要以自續因相成立其宗，而另一派卻否定自續，並以應成論式爲主，進而顯示他宗內部矛盾。反之，主張中觀應成與自續二派在見解上確實存在深淺差異的學者們，其意趣所指爲何呢？顯而易見，在阿闍黎龍樹的追隨者中，存在著承許與否定自續因相兩派，都是源於名言上有否自相的不同關鍵立場所致。

201 譯者註：「自許因相」與「他許因相」的「許」字，是認同、共稱的意思，而非承許的「許」。

202 德格版，論，中觀，འ卷，第一品，11背頁；對勘本版，書號60，20頁。漢譯大藏經內並無此譯。

203 譯者註：我等認為，西藏學者達倉譯師主張應成與自續二派在見解上存在深淺差異；薩迦派的果讓巴與釋迦確登兩位，以及寧瑪派的後起學者居米旁等人表示，應成與自續二派在見解上並無深淺差異。然而，該二派在是否承許自續因相、是否承許量、是否持有自宗的立場上存在差異。

阿闍黎清辨著作裡，無論是直接或間接都是主張自相有，如《般若燈論釋》云：

「於此，若言無以意詮色、以詞詮色之遍計所執性，則謗事物且謗意詮與詞詮也……無自性而生故。」[204]

論說，當唯識派主張遍計執無性相時，清辨論師反駁：此說則謗依他起。因為拋出如是諍議，清辨論師顯然是主張遍計執為有性相。《思擇焰論》也同樣記載：當說實派表示若無地等體性為硬、水等體性為濕，則被現識與共許所害。於此，清辨論師的回覆是，彼等非勝義有，故不遭現識與共許所害。從此答覆也知，清辨論師主張地水等非勝義有，但於名言中是體性有。

阿闍黎清辨是以「非勝義生」去解讀「無生依他起」的經義。清辨主張，自性生就是以自己的性相而生，所以要破除內外事物是以自己的性相而生時，必須加上勝義的簡別；若於名言中無自性生，一般量自然不能成立自性生。

顯而易見，清辨也說構造色法的極微塵是質有，如《思擇

204 德格版，論，中觀，ཛ卷，第二十五品，242正頁；對勘本版，書號57，1410頁。藏譯與漢譯稍有不同。漢譯原文：唐波羅頗蜜多羅譯《般若燈論釋》（T.30.1566.107c.21）：「有此色等境界，覺此色等境界。覺見真實時得空解已，色等境界執覺不起，由見道理故。直言無者，是事不然。」

焰論》云：

「若以因相而釋『積累同類微塵而作色法非質有』。駁：如是義無法由任何因相成立。何以故？……同理，瓶等聚性亦是質性……」[205]

阿闍黎清辨主張，眞相如現識所見，是自性有。《思擇焰論》云：

「現識僅緣事物自身性相，遠離分別與隨憶妄念故……」[206]

論說，不僅事物自性是現識所見，又如阿闍黎陳那的《集量論頌》所言般，現量是不錯亂識。從此得知，阿闍黎清辨承許於名言中成立自相有。又如前章節所說，清辨認爲尋找補特伽羅的施設義時，安立意識是補特伽羅，所以清辨主張從自方有、自相有。

阿闍黎慧心要《中觀分別二諦文自釋》云：

「如所見唯事物，具作用能力故。應知因緣所生是正世

205 德格版，論，中觀，ཛ卷，第五品，209背頁；對勘本版，書號57，510頁。漢譯大藏經內並無此譯。

206 德格版，論，中觀，ཛ卷，第五品，207正頁；對勘本版，書號57，504頁。漢譯大藏經內並無此譯。

俗諦，何以故？如是，應知相順凡愚之識皆見因緣所生，故是正世俗，相應與識所見、合真相故。不見真實生，如實應理或唯依宗義所增益故。」[207]

論說，現識所見符合眞相，如現識所見事物具有其作用能力，以及根識不見所遮眞實有等內容。因此，事物等並非唯由心識安立方有其作用，其作用能力卻是從境自身而有。從此可知，承許自相有於名言中乃是該派的顯著立場。

阿闍黎寂護父子自宗的《七量論》中，多理皆爲中觀與唯識兩派共許，其義是由《眞如集論》及其自釋，以及《中觀明論》所闡述。由此也可成立，於名言中承許自相有乃是該派的立場。

中觀應成與自續兩派在宗見上存在差異，那麼，在安立諸法之識的說法上，彼二的差異又是爲何呢？自續派說，安立諸法之識就以其所耽境與所現境顯現自相有而言，是不錯亂的無違害識。反之，應成派否定該識是無違害識。以顯現自相而言，該識雖是錯亂識，仍可安立其境，安立諸法之識只是名言施設之識，無須是「無誤於其所耽境與所現境中顯現自相有」的不錯亂識。名言施設識所安立的一切，不一定存在於名言

207 德格版，論，中觀，ས།卷，5背頁；對勘本版，書號62，767頁。漢譯大藏經內並無此譯。

中，但於名言中有，一定是被名言施設識所安立。[208]總之，中觀自續派表示，色聲等法無法以名言施設識所安立，名言有要以無違害的根識所見而安立。

中觀兩派在如何定義眞實義的觀察也不同。應成派說，因無法依名言施設而滿足安立所謂的「生苗」，從而檢視是由自生或由他生、尋找從施設義上而有的觀察。這種眞實義的觀察與世間說法中「從哪來、往哪去、在內外的哪個地方」的觀察絕對不同。自續派則說，光是這種觀察並非眞實義的觀察，眞實義的觀察是針對「非由無違害識的顯現所立，是從境本身而有」的檢視。其關鍵差異是源於兩派對所遮的認同不一所致。

自續派主張，雖不存在「非由無違害識的顯現所立，是從境而有」，這與「從境而有」並不相違。應成派則說，諸法不僅不是「非由無違害識的顯現所立，是從境而有」，也絕非從境上而有。所以中觀應成與自續兩派在所遮的認知上，有著巨大的深淺差異。正因如此，這兩派在解讀契經「諸法皆是唯名施設」的「唯」字之所遮爲何時產生了分歧。自續派說，如是的「唯」字之所遮是「諸法非由無違害識的顯現所立，是從境本身的不共性而有」，而應成派則說是「從自方而有」。

208 《辨了不了義善說藏論》，宗喀巴大師文集，73背頁。

問：若不成立「並非僅依名言施設之識而有，卻是從境自方而有」，那麼，假人與眞人同爲不從自方而成爲人時，豈能區分彼二是否爲人？應成派的論師們答：分別心會同樣施設假人與眞人爲人，而且眞假二人也同樣不從施設境上成爲人。然而，如何判斷其境爲人與否？若假人是人，將被名言量所害；若說眞人不是人，也會被共許所害。可是，眞人爲人卻不被名言量所害，故而無過。

甲六、成立空性與緣起同義

乙一、總說

依怙龍樹父子以「依彼彼因緣，生滅彼彼果」的因果論述建立自性空，又說於自性空中方可合理成立因果與作用。反之，若是自性有，一切將不合理，並依多理證實彼義。中觀典籍亦依同理宣示緣起是空性義，進而詮釋空性與緣起同義，這就是此派宗義的究竟奧義。

緣起是所有佛教宗義論師共同承許的要義。《緣起經》[209]云：

「從因所生法，如是滅已生，如來作此說，大沙門說

209 རྟེན་འབྲེལ་གྱི་མདོ། *Pratītyasamutpādasūtra*。

此。」[210]

如《佛法科學總集》引此偈時所說，佛教認爲內外情器世間不由創物主所造，只是因果緣起而有，這是共同宗旨，是根本原則。中觀學者們區分緣起義的深淺後，以最究竟的緣起義成立自性無，進而安立空性與緣起是同義、相輔相成。認知緣起義極爲關鍵，故於本中觀章節開始，將會依緣起義的深淺次序做深入淺出的介紹，最終針對中觀派的「空性與緣起同義」之理稍做廣釋。

乙二、緣起的詞義及其解讀

根據吉祥月稱的《顯句論》，在「緣起」的梵文「pratītyasamutpāda」裡，「pratītya」有相會、依賴、緣起三個意思；「samutpāda」有形成、生起、存在或成立的意思。如論云：

「於此，巴拉帝（pratī）謂相會；奕帝（iti：根本動詞是 i 字）謂行走；拉押巴（lyab：結合 y 字）謂後綴。巴拉帝達雅（pratītya）謂趨入於相會，即依賴……薩姆

210 德格版，經，續，ཞ།卷，41背頁；對勘本版，書號88，184頁。抑或，德格版，經，經部，ཚ།卷，125背頁；對勘本版，書號62，343頁。對應的相似漢譯可參考《佛本行經》卷第四十八（T.3.190.876b.26）：「諸法從因生，諸法從因滅，如是滅已生，沙門說如是。」

特（samut）後[211]的巴達（pāda）乃生起之義，故薩姆特巴達（samutpāda）之詞趨入『起』也，故事物等觀待因緣、是緣起義也……『緣』謂相會、趨行相屬之義；彼聚[212]『緣』之詞謂相會也。」[213]

「緣」字謂此等事物有其因緣，其義依「從彼因緣生」、「從因緣聚、從相會、從和合體生」、「從此因緣處生」等成立，並說非因果之諸法皆從各自的施設處而有。阿闍黎世親的《緣起初別釋》云：

「『緣』謂從緣生，如柴生火，顯然是從彼所生。『由雲降雨』，顯然是從雲聚生。『雪山生藥』，顯然是從此處生。」[214]

阿闍黎月稱的《顯句論》云：

「相會短、觀待短、依賴短而許是長。」[215]

211 譯者註：直譯的話是「薩姆特（samut）位於前位的巴達（pāda）乃生起之義」。

212 譯者註：相會與行走的結合。

213 德格版，論，中觀，ཙ卷，第一品，2背頁；對勘本版，書號60，5頁。漢譯大藏經內並無此譯。

214 德格版，論，經釋，ཅི卷，第一品，2背頁；對勘本版，書號66，719頁。漢譯大藏經內並無此譯。

215 德格版，論，中觀，ཙ卷，第一品，4正頁；對勘本版，書號60，8頁。漢譯大藏經內並無此譯。

「緣」字謂相會義。由於與因果相會的緣故，不僅種子的即將壞滅與幼苗的即將生成是同時有，種子的正在壞滅與幼苗的正在生成也是同時有，故令因果生滅作用彼此[216]相會，並成立非因果法與各自的施設處相會。阿闍黎德慧的《緣起初別廣釋》[217]云：

> **「『緣彼緣』謂不間斷至壞滅前支之間，因壞滅與果體性之二時非異時也。」**[218]

《顯句論》云：

> **「『緣』謂相會義。」**[219]

「起」字有兩種解讀。與說實派的共同立場是，將此詞結合生等有為法；中觀師的不共立場是，以觀待成立詮釋「起」詞，其義結合一切法。《緣起初別廣釋》云：

---

216 譯者註：原文並無「彼此」之詞。為讀者更好理解，譯者決定多加此詞，即滅因作用相會生果作用；生果作用相會滅因作用。

217 རྟེན་ཅིང་འབྲེལ་བར་འབྱུང་བ་དང་པོ་དང་རྣམ་པར་དབྱེ་བ་བསྟན་པའི་རྒྱ་ཆེར་བཤད་པ། 。

218 德格版，論，經部，ཆི།卷，第一品，72正頁；對勘本版，書號66，906頁。漢譯大藏經內並無此譯。

219 德格版，論，中觀，འ།卷，第一品，3正頁；對勘本版，書號60，6頁。漢譯大藏經內並無此譯。

「『起』謂至極生也。」[220]

《中觀根本論釋．佛護論》云：

「作者依靠作業而具有作業，依靠作業而被施設且稱為『作者』」[221]

論說，作業非作者之因，然依作業成立作者。以此類推，量與所量、能立與所立皆是彼此觀待而有，然互爲其因不應理。

關於相互觀待之緣起，《中觀根本慧論》云：

「因業有作者，因作者有業，除了依緣起，不見成立因。知近取亦爾，破業作者故，由業及作者，應知諸餘事。」[222]

依賴作業成立作者、依賴作者與作業成立所作事或所作

220 德格版，論，經部，ཁི།卷，第一品，72正頁；對勘本版，書號66，906頁。漢譯大藏經內並無此譯。

221 德格版，論，中觀，ཙ།卷，第八品，201正頁；對勘本版，書號57，547頁。漢譯來源：蔣揚仁欽博士譯《中觀根本論釋．佛護論》，285頁。

222 德格版，論，中觀，ཙ།卷，第八品，第12-13句偈頌文，6正頁；對勘本版，書號57，14頁。漢譯來源：蔣揚仁欽博士譯《中觀根本慧論》。鳩摩羅什大師翻譯的《中觀根本慧論》與藏譯稍有不同，鳩摩羅什大師譯文為（T.30.1564.13a.18）：「因業有作者，因作者有業，成業義如是，更無有餘事。如破作作者，受受者亦爾，及一切諸法，亦應如是破。」

境，彼等皆是相互依賴而被安立。同樣地，因果也是如此，即依賴其果而被安立爲因，畢竟若無其果則不成立爲生該果之因；果也是依賴其因所生而被安立。例如，火依賴所燒柴而成爲柴之果，並非自主成立其體性。此派主張，彼等僅於名言中相互依存，而且不只是果依因，因亦依果。因依果時，不需要於因時有果，卻可依賴將來所生之果而施設、安立爲因。《入中論釋》云：

> **「非唯支等是互相觀待而立，即因果二法亦是相待而立。」**[223]

此外還有諸多相互依賴的緣起，如支分與支聚、事物與特徵、性相與名相、所量與量等等。《中觀根本論釋．佛護論》云：

> **「如同依賴作業而施設作者，作業也依賴著作者而被施設，同樣的，果也依賴因而被施設，因也依賴果而被施設。具支者也依賴支分而被施設，支分也依賴具支者而被施設。火也依賴柴而被施設，柴也依賴火而被施設。具德者也依賴功德而被施設，功德也依賴具德者而被施設。性相之處也依賴性相而被施設，性相也依賴性相之處而被施設。如是，除了依賴而施設外，以任何其他行**

223 德格版，論，中觀，𝔞卷，第六品，309正頁；對勘本版，書號60，815頁。漢譯來源：法尊法師譯《入中論釋》。

相而成立，皆不應理。」[224]

阿闍黎月稱的《顯句論》云：

「以觀察支與支聚、德與具德、量與所量等一切事物之作業與作者，破自性有，應知皆是相互觀待成立。」[225]

佛教自派的多數毘婆沙部、經部、唯識等部，都是以相會解讀「緣」的詞義，而相會是指滅因的作用相會生果的作用；「起」字是指生作用，故說緣起一定是有爲法。《阿毘達磨俱舍論自釋》云：

「云何為緣起？謂一切有為乃至廣說。」[226]

《大乘阿毘達磨集論》云：

「順逆故，是緣生義。一切皆是緣生，唯除法界法處一分諸無為法。」[227]

---

224 德格版，論，中觀，ཙ།卷，第八品，202正頁；對勘本版，書號57，550頁。漢譯來源：蔣揚仁欽博士譯《中觀根本論釋．佛護論》，289頁。

225 德格版，論，中觀，འ།卷，第八品，64背頁；對勘本版，書號60，155頁。漢譯大藏經內並無此譯。

226 德格版，論，阿毘達磨，ཀུ།卷，第三品，125背頁；對勘本版，書號79，310頁。漢譯來源：玄奘大師譯《阿毘達磨俱舍論》（T.29.1558.48c.27）。

227 德格版，論，唯識，རི།卷，第一品，65正頁；對勘本版，書號76，167頁。漢譯來源：唐玄奘大師譯《大乘阿毘達磨集論》（T.31.1605.670c.15）。

乙三、因果緣起

第一順序的緣起就是因果緣起，這是所有佛教宗師的共許觀點。根據佛法教義，有爲法都是依賴其能生之因緣所生，所以不是無因生。雖有因緣，因時無彼果體性，故諸果不與自因是體性一。能生因若是不變、是常法，則不能成生果的體性，故不從常因生。一切因不生一切果，因果中要有同類性。種種因生種種果，僅憑一因而僅生一果不應理。總之，「唯此緣性所成」是指建立唯依因緣而有的廣大論述。

「唯此緣性」不是中觀專有術語。[228] 以一般佛法的教義而言，「唯」字是破他宗的造物主。以說自性無派的不共觀點而言，該詞要破的是四邊生、從自方而有之生。針對性的「此」詞與「唯」詞相同，同有僅義，因爲在排不存在性、排他性、排不可能性之中，「此緣性」中的「此」詞與「唯此緣性」中的「唯」詞必須是排他性。一般佛教是以因果緣起理解緣起，即內外有爲諸法只是從因緣所生，並非是先由其他造物主的內心動搖而生。相關的詳細內容已在《佛法科學總集・上冊》

228 不僅是《顯句論》、《入中論自釋》等中觀應成的典籍出現「唯此緣性」的用詞，阿闍黎獅子賢的《現觀莊嚴論疏——明義釋》、阿闍黎金洲（གསེར་གླིང་པ།）的《難證光明論》（རྟོགས་དཀའི་སྣང་བ།）、《釋量論帝釋慧註釋》、阿闍黎蓮花戒的《真如集論釋》等下部宗義的典籍也出現該詞。

解釋。

乙四、觀待施設之緣起

緣起的另一個意思，是觀待某他法而被施設的意思。要將其義分二：依賴自支而成立的緣起，以及唯名施設而有的緣起。前者要以支分與具支都是相互依賴而有來理解。中觀應成派與自續派共同表示，支分與支聚、支與具支都是彼此觀待而被施設的緣起。根據這種理解，緣起不僅周遍有爲法，更周遍一切所知。所知決定分爲事物與非事物兩種，事物又分是色法與非色法兩類。如東方等，色法要有其方分，心識等要有前後剎那的時分，不相應行要有各自的施設處與階段的支分，故事物一定是有支分。即便是如無爲虛空的非事物之法，也得承許有周遍東方、周遍其他方位的支分，並應依此類推其他的無爲法。因此，無論是有爲法或是無爲法，任何一法都得依賴支分而被安立爲具支，也得依賴具支而被安立爲是彼支或此支。總之，支與具支、和合體與具和合體、支分與支聚，都不可能不彼此觀待而有。

關於所謂的「唯名施設而有的緣起」。僅依名言與分別心安立而有，方可合理成立各自作用，即破自性有後只剩名言中有；如果能依此細微唯名、緣起而無誤安立諸法作用，即唯名施設而有的緣起、只有中觀應成派主張的緣起。若要通達緣起，僅依對因果緣起與觀待支分而有的緣起是不夠的，必須知唯名施設而有的緣起。於此應知唯名施設、尋找施設義然不可得、唯於名言中作用方能合理等內容。

關於尋找施設義然不可得的觀察。「尋找施設義」的「施設義」以及其尋找之法是什麼呢？所謂的「施設義」是指名言與分別心所施設之義。無法僅依名言施設而滿足，要從自方而有，光是這種觀察就是尋找施設義。以補特伽羅為例，補特伽羅是依賴其施設處蘊體而被取名為補特伽羅，並產生「是補特伽羅」的分別心，又因為是彼名言與分別心所施設之義，故為施設義。此處所要尋找的施設義就是補特伽羅，而這種尋找無關有無補特伽羅的尋找，卻是「補特伽羅並非僅依心識所施設便能滿足其性，其性是如何從境上而有」的尋找。依如此尋找理路，無論是從一一蘊支或蘊聚去找，補特伽羅都不可得，而且遠離蘊支或蘊聚，補特伽羅也不可得。這種的不可得，意味著補特伽羅非自性有，絕非全面否定補特伽羅的存在。其關鍵在於，若是自性有，一定得要尋後可得，然只是存在本身無須尋後可得，像陽焰若是水，靠近時必須緣取是水；若陽焰只是陽焰時的話，無須緣取是水。《中觀寶鬘論頌》亦云：

「遠處所見色，近見更明瞭。陽燄設是水，云何近不見？」[229]

同樣地，計算何年、何月、何日、何時、何分、何秒時，實難安立「此前爲過去、此後是未來，如是排除後的某時間點才是現在」的論述，故三時也是依賴各自所依而被分別心施設爲有，必須以此安立法滿足彼性，因爲尋找施設義時皆是不可得。將腹鼓取名爲瓶而滿足，且不觀察施設義爲何時，才能成立瓶子；若不因此而滿足施設處瓶子，一定要從其瓶口、瓶腹、瓶底等支分去尋找瓶子爲何時，不可得瓶故，不能成立瓶子。

略說如何以唯名施設諸法之理而破諸法是自性有的要義。所知分有爲法與無爲法兩類。有爲法中的五蘊被色、識、不相應行三類所攝。在色法中，以自身的色蘊爲例，若具五肢的身體是從自方而有，那麼，觀察頭、兩手、兩腳時，該五肢體是一或異呢？這麼觀察時皆不可得，故五肢體只是施設有，絕非自性有。以各個肢體而言，一隻手又可從肩膀至指尖分三部分，無論是從哪個部分，尋找手時皆是不可得。手又有五根手指，每根手指又有三個指節，每個指節又有上下東西南北六

229 德格版，論，本生，གི卷，第一品，第51句偈頌文，108背頁；對勘本版，書號96，293頁。漢譯來源：仁光法師譯《中觀寶鬘論頌》。

方。觀察該東方等六面，尋找哪裡有手時，終究仍不可得。因此，全身上下與肢體乃至毛細孔都不是從自方而有。

應將此理結合外在的山丘、牆垣、房舍、草樹、森林等一切色法。以房舍爲例，當眼識見到房舍的前後面時，見房舍是自主地從其支土石等聚而有，並非只是施設安立，分別心也會如是執取，這就是所遮的顯現。此處要觀察的不是一般房舍是否與其支一一土石爲一或異，而是前述所遮——從自方而有的房舍——若存在，是否與其支一一土石爲一或異的觀察。如前述觀察的話，最後不會產生「只有房舍並無其他」的決定，卻能產生「房舍不從土石等聚而有」的決定。

例如，柱子只是依賴其施設處豎木而被取名爲「柱子」。如果從施設處本身就是柱子的話，園內的施設處豎木早在過去有枝葉時，將要有「這是柱子」的念頭，然事實並非如此。此外，園內施設處豎木的枝葉被截斷時，只會產生「這是木頭」的念頭，不會想是柱子。若說，用樑頂住時會起「這是柱子」的念頭。反駁：自從用樑頂住後，便念「這是柱子」不應理，若改變彼木，且用其他豎木頂住彼木時，只會念彼是樑，不念是柱。若將彼木放置樑上，做成椽桷，只會念「這是椽桷」，不念「這是樑柱其一」。

在第二類識法中，又分根識與意識兩種。以一天的意識而言，可分早中晚三分，而早上意識又分前中後三分，中分再分生住滅三個剎那時分。依此觀察時，續流意識是否與具續前後剎那等意識是自性有的一或異呢？這麼觀察到最後會發現，一切心識只依其前後剎那的時分而被取名爲有，除此之外，心識絕非從境本身而有。不僅如此，一切根識與意識只因見到其境而成爲心識。總之，觀待見境而被安立爲識，不見任何境者是識不應理，故具境的心識等也非從自方而有。

第三類不相應行。就以觀察時間而言，長時間的劫數是由多個連續的年份所成，年又是從月、月從日、日從時、時從分、分從秒等，若從各個時分尋找的話，皆不可得。還有，年月日等聚只是由名言去施設有而已，不從自方而有。若是從自方而有，必須是一或異。若是一，如同存在多個施設處的緣故，施設法——年——亦應成多，或是年爲一的緣故，其施設處[230]也應成一；若是異，撇開日月等一一支分，將有可成立年之過，然事實並非如此。無常或士夫等不相應行的生與滅，也只是觀待其所生事物與所滅事物而被名言施設有而已，不是從自方而有。

關於第二類無爲法。如虛空只因觀待「唯遮觸礙」而被取名爲虛空，故虛空不是從自方而有。若是從自方有，則要在不觀待觸與礙的前提下仍可成立虛空，然事實並非如此。又如觀

230 譯者註：月份。

察房舍內的虛空，是否存在於其上下與四方中，皆是不可得。檢視法無我時，像色法於方分或八質塵上、識法於前後剎那的時分上、不相應行於各自的施設處與階段上、無爲法於不同返體上等進行觀察時，不可能存在絕無其支分之法，是法一定是有支分。若是具支，必須是只依其支而被施設有，故一切法只是隨名言與分別心，觀待各自其支而被施設有，除此之外，沒有任何一個名言的施設義是從自方而有。

總之，主張唯名施設的中觀師表示，在不尋伺的前提下可成立一切法。若是檢視、尋找的話，一切都是不可得；不可得不是沒有的意思，畢竟仍要承許諸法的存在。諸法是如何存在的呢？一切都是觀待而有、依賴緣聚而有，不從境上而有，故而《入中論釋》云：

「是故不應妄觀察，世間所有名言諦。」[231]

關於諸法僅由分別心施設之理。一切法並非從施設處而有，卻是由能計分別心所成立，或是僅由分別心所安立而已。在不明亮的黑暗處，對於同樣的花色、同樣類似蛇般的捲曲，見繩爲蛇且生蛇想。此時，無論是繩支或其支聚任何一處都無是蛇的事例，只是依分別心施設爲蛇而已。同理，依蘊而起我

231 德格版，論，中觀，འ卷，第六品，第35句偈頌文，205正頁；對勘本版，書號60，527頁。漢譯來源：法尊法師譯《入中論釋》。

想時，無論是在蘊上的前後續流之聚、同時之聚，以及蘊支等任何一處都無是我的事例；蘊支與蘊聚體性相異的情況下，也不能安立我的事例，所以我只是由分別心依賴蘊體被施設而已，非自性有，如視繩爲蛇。

分別施設與名言安立同義。諸法又是如何依名言而被安立呢？以大小相同的三房之某房舍爲例，由於取名的緣故，成立了一間佛堂、一間臥房、一間餐房，而在未取名爲佛堂等前，並無佛堂等。又如，想遇天授的某人由於只隨「在第三間房裡有天授」的說詞，前往該房間後相遇天授。若不被此而滿足，所謂「天授」名字的施設處，是否與其蘊爲體性一或異？硬要依此尋找天授、相遇天授的話，是不可能相會天授的。因此，無論任何一法，都只是能詮名言與分別識安立而已，其義如《中觀寶鬘論頌》云：

> **「色體唯名故，虛空亦唯名，無大何有色，故唯名亦無。」**[232]

232 德格版，論，本生，ཀི卷，第一品，第98句偈頌文，110背頁；對勘本版，書號96，297頁。漢譯來源：仁光法師譯《中觀寶鬘論頌》。

乙五、空性與緣起彼此如何互助

如前述，緣起的「緣」是觀待，「起」是生成有爲法與成立無爲法之義。根據中觀派的解讀，「緣起」謂觀待或依賴聲與分別、支分、施設處而成立之義。因諸法是自性空進而理解諸法是觀待有，是性空現緣起之義；依賴因緣、觀待他法而有故，無須自主而有。因此，由於觀待他法而理解自主空，則是緣起現性空之義。

證內外緣起皆非自性有之識，可在無須依賴他識的前提下，能夠引發「僅於名言施設中成立一切因果與作用」的決定識，即性空現緣起之義。證內外事物皆是緣起的決定識，可在無須依賴他識的前提下，能夠引發「自性有之空」的決定識，即緣起現性空之義。

依諸法皆是緣起的理由證知空性，且在未忘失彼決定義期間，無論事後是見、聞、憶念任何一緣起法，便能以其力獲得自性空的決定識，只有如是補特伽羅能現緣起爲性空之義，而其他補特伽羅不能。例如，知背峰與頸下垂肉的和合體是牛的特徵，並在未忘失彼決定義期間，該知者若在事後見某一法具有此[233]特徵，將會自然產生「這是牛」的念頭。關於性空現緣

233 譯者註：背峰與頸下垂肉的特徵。

起之義，又如《中觀根本論釋．佛護論》云：

「我說，何者是緣起，彼皆是空性，即是觀待施設，彼性亦是中道。」[234]

論說，緣起義就是空性義，空性義就是緣起義，又說如此空性才是中道。《顯句論》亦云：

「舉凡是空性，皆為觀待施設，何以故？空性即觀待施設矣。觀待輪等車支，施設為車。何法觀待自支，皆非自性生；何法非自性生，皆是空性。具非自性生之性相空性為中道也。」[235]

凡是觀待自因緣或施設處而被施設有的緣起，皆是自性有之空；凡是自性有之空，皆是依緣而有的緣起。

總之，自性有一定是不觀待他，若是不觀待他法，將與緣起相違。此派以多理成立，依緣起理而破自性有；非自性有，不意味著不建立任何作用，卻是指緣起之義。

說實派等人說以緣起理成立事物是眞實有。此言有將墮常邊或斷邊之過，而此派依緣起理成立諸法如水中月影，雖非自

234 德格版，論，中觀，ཙ།卷，第二十四品，271正頁；對勘本版，書號57，729頁。漢譯來源：蔣揚仁欽博士譯《中觀根本論釋．佛護論》，673頁。

235 德格版，論，中觀，འ།卷，第二十四品，167背頁；對勘本版，書號60，406頁。漢譯大藏經內並無此譯。

性有卻又成立作用等合理性，故非眞實有，亦非倒有的絕無，進而不被常邊見或斷邊見所奪。《六十頌如理論》云：

「若許緣起法，又許法有性，彼等由常患，[236] 云何能不違？若法依緣生，猶如水中月，非實亦非倒，彼不被見奪。」[237]

《出世間讚》[238] 云：

「外道計諸苦，自造及他造，共造無因造，佛說即緣起。舉凡是緣起，[239] 佛說即是空，諸法無自性，無等獅子吼。」[240]

說實派認爲，諸苦皆從四邊其一所生。然而，導師世尊說諸法皆是緣起，而一切緣起皆非絕無，亦非自性有；沒有任何

236 譯者註：蔣揚仁欽博士原先的漢譯是「彼等由因患」，應改為「彼等由常患」。

237 德格版，論，中觀，ཙ卷，第44句偈頌文，22正頁；對勘本版，書號57，55頁。漢譯來源：蔣揚仁欽博士譯《六十頌如理論》。宋施護譯的《六十頌如理論》為：「若成立多性，即成欲實性；彼云何非此，常得生過失。若成立一性，所欲如水月；非實非無實，皆由心起見。」

238 འཇིག་རྟེན་ལས་འདས་པར་བསྟོད་པ། 。

239 譯者註：蔣揚仁欽博士原先的漢譯是「若法是緣生」，應改為「舉凡是緣起」。

240 德格版，論，禮讚，ཀ卷，第73句偈頌文，69正頁；對勘本版，書號1，197頁。漢譯來源：蔣揚仁欽博士譯《出世間讚》。

事物是不觀待性的自主有，一切都是觀待有，從而發出除常斷諸邊的獅子吼。又如經云：

「見緣起[241]則見法，若見法者則見如來。」[242]

經說，見緣起眞實義則見法性，見法性者即見如來。

現緣起相時，也能順現自性無，故依現相除有邊；現諸法自性空時，也能順顯所見唯是分別施設，故依空相除無邊。下部宗師們皆說，依現相除無邊且依空相除有邊，而此派卻反其道而說，可依現相除有邊且依空相除無邊，此是應成派的不共觀點。

由空現緣起因果，此義並非以空性爲因而生內外諸法的意思，而是指諸法自性有的空性，方爲理解因果緣起的最終途徑，故而當知空性是釐清緣起之因。《中觀根本慧論》云：

「以有空義故，一切法得成；若無空義者，一切則不成。」[243]

241 譯者註：此詞的原譯是「因緣」。

242 德格版，經，寶積，ག卷，第六品，38正頁；對勘本版，書號41，96頁。藏譯與漢譯稍有不同。漢譯原文：北涼天竺三藏曇無讖譯《大方等大集經．第十二無盡意菩薩品》（T.13.397.116c.3）：「見因緣則見法，若見法者則見如來。」

243 德格版，論，中觀，ཙ卷，第二十四品，第14句偈頌文，15正頁；對勘本版，書號57，36頁。漢譯來源：鳩摩羅什大師翻譯的《中觀根本慧論》（T.30.1564.33a.22）。

謂論空者方可合理成立一切名言作用。總之，無絲毫自性有，自宗仍可以量成立業果等一切作用，無須僅依他派而建立其宗破立。[244]因爲決定緣起法，愈強烈發起非自性有的決定。空性與緣起相輔相成，即是空性故，只剩成立觀待的選項，又觀待故非自性有，從而由空建立現相，亦僅依現相成立自性空。所以，空相與現相不相違；承許諸法非自主有、自性有故，建立勝義諦應理；依賴他法並以量成立彼義故，建立世俗諦更是應理。如吉祥月稱等師，方爲唯一否定名言中有自相的大中觀師。

244 譯者註：應成派自宗可立自派的破與立，應成派的破與立並非只是隨他宗的見人說人話而已。

第八品
建立佛教量學

甲一、總說聖域印度的量學

量學是古老佛教典籍所述的五明之一，異名是「因明」，細說所知境、能知具境量、知境途徑之因相，以及識如何知境等要義。在聖域印度，量學是很早期便已興盛的學科。一般而言，以因相如何生起知境量、該量所依因相要具備什麼特徵、所立與能立之間有何相屬、建立所知境、識如何知境、聲音與分別心的趨境之理、具境識裡有什麼其他種類的心識等，這類量學的諸多要義，都是多數聖域印度的非佛教與佛教雙方著名的隨理論師們所一一探究的內容，進而藉此建立自宗。

根據當今某些歷史專家的研究，聖域印度的第一本推理論著，是遮羅迦學者所造醫典第三章節中的推理四十四句義；勝論派的「六句義」之詞也是由此而成。然而，一般普遍認爲，外道自宗的最初量學或推理論著，則是正理派導師瞿曇仙人所造的《正理經》。《正理經》所說十六句義——量、所量、疑、目的、譬喻、宗義、支分、思擇、決了、論議、詮釋、壞義、似因、曲解、似諍、墮負[1]——皆被怙主龍樹的《精研論》一一破除。由此可知，正理派的論述早在很久前就已興盛。依《正理經》，正理派將量分爲現識、比度、教言、譬喻四類，並建

1　可參考《佛法哲學總集．上冊》的「丙一、總說十六句義」。

立成立語的五種支分等義。

外道數論派的量學依據典籍爲《自在黑續》、《六十續》[2]、《金七十論》[3]、《三十學說》[4]、《五十性相論》[5]。[6]《自在黑續》或稱《數論頌》云：

> **「證比及聖言，能通一切境，故立量有三，境成立從量。」**[7]

《數論頌》細說量的數量、性質、各量的所證爲何，以及量如何成立其境等內容。《數論經》又云：

> **「先證因與具因之相屬，從而得知能周遍之義者謂比度，領悟彼義士夫則具比度識。」**[8]

---

2 རྒྱུད་དྲུག་ཅུ་པ། 。譯者註：英譯《佛法哲學總集・下冊》將其譯為*Sixty Tantras*，360頁。

3 གསེར་བདུན་ཅུ་པ། 。譯者註：英譯《佛法哲學總集・下冊》將其譯為*Seventy Golden Ones*，360頁。

4 གཞུང་ལུགས་སུམ་ཅུ་པ། 。譯者註：英譯《佛法哲學總集・下冊》將其譯為*Thirty Scriptural Traditions*，360頁。

5 མཚན་ཉིད་ལྔ་བཅུ་པ། 。譯者註：英譯《佛法哲學總集・下冊》將其譯為*Fifty Defining Characteristics*，360頁。

6 遍知文殊笑的《宗義寶炬論》（臺灣書版，頁數76）。

7 瓦拉納西版，頁數1，第4句偈頌文。漢譯來源：《金七十論》（T.54.2137.1245c.23）。

8 《數論經》第1卷，第100頌。漢譯大藏經內並無此譯。

量之所依的成立語、如何成辦因相，以及依彼如何發起比度識等義，都是《數論經》所說。

勝論派量學的主要依據則是《勝論經》。其論說因、果、結合相屬於一義、相違等義爲因相之理，又廣釋依何理成立聲乃虛空之德等內容。那麼，《數論經》與《勝論經》又是何時撰著的呢？對此眾說紛紜，但我等認爲，西元二世紀時已有諸多論典以印度文撰寫，故而造《數論經》與《勝論經》的時間也應在當時。

伺察派的量學典籍則是以阿闍黎耆米尼造的《彌曼差經》爲主。尤其從西元七世紀阿闍黎鳩摩梨拉婆吒造《頌釋論》起，蓬勃發展了伺察派的量學。當代稱爲「Jain」或是耆那派的量學依據，我等認爲，是據說由阿闍黎巴德拉巴夫[9]所造的《十護時經》[10]，以及八世紀的阿闍黎悉檀舍那・迪伐迦羅[11]所著的《入正理論》[12]。

自西元五世紀佛教的著名量學大師陳那起，佛教量學如日方升，可是早在此前，佛教已經高度發展了與量學有關的研究，這點可從阿闍黎龍樹《迴諍論》及其自釋與《精研論》得

---

9 རྣམ་པར་དུས་སྤྱོད་པ་བཅུའི་མདོ། Daśavaikālikaniryukti。

10 བཟང་ལག *Bhadrabāhu*，西元前四世紀。

11 གྲུབ་སྡེ་ཉིན་མོ། Siddhasena Divākara。

12 གྲུབ་པའི་སྡེ། སིདྡྷ་སེ་ན། *Siddhasena*。

知。不僅如此，許多的大乘經也都建立了四理的論述[13]，特別是《解深密經》還針對四理中的證成理另行解釋。此外，關於成立人無我的諸多因相要義，也都在阿育王時代結集的三藏、現存於巴利文的《雜難經》（*Kathāvastu*），以及一切有部的《阿毘達磨識身足論》等典籍中提及。阿闍黎無著的著作中，《本地分》闡釋了比度的分類及譬喻；《聲聞地》揭示了四理論述；《大乘阿毘達磨集論・論議品》述說了具五支成立語，以及量分爲現量、比度、教言量三類。[14]據說世親有造《論軌》[15]、《論心》[16]等論，所以我等認爲，阿闍黎世親也曾另撰量學典籍。

佛教阿闍黎陳那仔細研究《數論經》的句義後，建立八句義於自宗。一、決定自識所知之方便——正現識。二、正比度有二，以及彼二的各個謬處爲何。三、見似現識。四、見似比度有二。爲決定自識所知後而攝受他人，故說後四者：五、他義比度或是正成立語。六、正駁理有二，以及彼二謬處。七、見似成立語。八、見似駁理。陳那建立如是八句義的著作有：

13 譯者註：法爾理、觀待理、作用理、證成理。相關細節可參考《佛法科學總集・上冊》的「三、佛教的基法真相或科學」。

14 譯者註：《大乘阿毘達磨集論・論議品》云：「能成立有八種：一立宗、二立因、三立喻、四合、五結、六現量、七比量、八聖教量。」成立語的五支是前五者；現量、比度、教言量是後三者。

15 རྩོད་པ་སྒྲུབ་པ། *Vādavidhi*。

16 རྩོད་པའི་སྙིང་པོ། 。

《觀總相論頌》[17]、《觀正理論》[18]、《觀勝論論》[19]、《觀數論論》[20]、《觀所緣緣論》、《觀三世論》[21]、《因明正理門論》[22]、《風類論》[23]、《因門論》（*Hetumukha*）[24]、《入量理門論》[25]、《因輪論》[26]。陳那所造具六章節的《集量論頌》及其自釋，更是一切後起佛教量學的始祖，從而建立無誤推理句義以及量學的諸多要義。[27]

繼阿闍黎陳那後，又有外道勝論派的阿闍黎鉢羅奢思波陀（西元六世紀末）、正理派的阿闍黎烏底耶塔加羅（西元六世紀）、伺察派的阿闍黎鳩摩梨拉婆吒（西元七世紀左右）、耆

---

17 སྤྱི་བརྟག་པ། *Investigation of the Universal Sāmānyalakṣaṇaparikṣā*。

18 རིགས་པ་ཅན་པ་བརྟག་པ། *Investigation of the Nyāya System Nyāyaparīkṣā*。

19 བྱེ་བྲག་པ་བརྟག་པ། *Investigation of the Vaiśeṣika System Vaiśeṣikaparīkṣā*。

20 གྲངས་ཅན་པ་བརྟག་པ། *Investigation of the Sāṅkhya System Sāṅkhyaparīkṣā*。

21 དུས་གསུམ་བརྟག་པ། *Investigation of the Three Times*。

22 ཚད་མ་རིགས་པའི་སྒོ། *Hetuvidyānyāyadvāraśāstra*。

23 རླུང་གི་རབ་དབྱེ། *Classification of the Winds*。

24 ཧེ་ཏུ་མུ་ཁ་སྟེ་གཏན་ཚིགས་ཀྱི་སྒོ། *Introduction to Logic Hetumukha*。

25 ཚད་མ་རིགས་པ་ལ་འཇུག་པའི་སྒོ། *Introduction to Entering into Valid Reasoning*。

26 གཏན་ཚིགས་ཀྱི་འཁོར་ལོ། *Drum of a Wheel of Reason Hetucakraḍamaru*。

27 《阿闍黎陳那的量學匯集》（སློབ་དཔོན་ཕྱོགས་གླང་གི་ཚད་མའི་གཞུང་ཕྱོགས་བསྡུས།，印度要義文集，量，第一品）的序文中，記錄了當今阿闍黎陳那仍剩哪些著作。譯者註：藏文《阿闍黎陳那的量學匯集》的作者，是觀音尊者首席英文翻譯劍橋博士圖登錦巴格西。

那派的阿闍黎摩拉瓦丁[28]等外道量學大師。這四位論師在反駁阿闍黎陳那的量學諸多要義後，撰著了成立自宗合理的量學典籍，從而高度發展聖域印度的量學宗義。我等認爲，阿闍黎陳那的親授弟子自在軍[29]雖造了《集量論頌》的注釋，現今卻不見此釋。

眾所周知，在聖域印度的量學歷史中，最具豐功偉業的論師之一是阿闍黎自在軍的弟子——吉祥法稱（西元七世紀）。阿闍黎法稱爲廣泛詮釋《集量論頌》及其自釋的內容，造七量論。七量論中，廣釋是《釋量論》，中釋是《定量論》，極略釋是《正理滴論》。彼三論因完整詮釋推理八句義，故是如身之論；《因滴論》、《觀相屬論》、《成他相續論》、《諍正理論》只有詮釋八句義的某些部分，故是如支之論。其中，《因滴論》特別說明難解的因相定義，故而是從《釋量論．自義品》所延伸出來的論著。《觀相屬論》及其自釋則是從《釋量論．自義品》中的因法[30]相屬之詮釋所延伸，而且《觀相屬論》及其自釋另說因法相屬非勝義有、是世俗相。

《釋量論．現識品》決定色等是唯識時，問：自身所見敵

28　མ་ལ་བ་དིན། Malavādin。

29　དབང་ཕྱུག་སྡེ། Īśvarasena。

30　譯者註：因相與所立法。

方若是自心體性，述說成立語的對象——他人相續——豈能應理？《成他相續論》爲破此駁說道，色等並非與能見之識是質體相異，然而，成立他人相續仍合理。從《釋量論．他義品》所延伸的《諍正理論》則又另釋，述說成立語和習彼語之理的立敵兩方定義爲何、彼二的諍論之理、諍論的性質是理駁、建立應成以及彼之謬處——似破——的分類爲何等內容。

總之，吉祥法稱的七量論，特別是其中聞名遐邇的《釋量論》，不僅依理建立阿闍黎陳那的量學理路，更清楚點出阿闍黎陳那尚未清楚解釋，或雖解釋卻未細說的內容。像是阿闍黎陳那雖示正因的定義是三相，卻未細說「正因事例的果正因、自性正因、不可得正因，皆具三相定義」的決定量。阿闍黎陳那又說，正因需要因法無則不生的相屬[31]。此時，阿闍黎法稱補充廣說，這種相屬決定分爲「生起相屬」與「同性相屬」兩種，而且正因決定分爲果正因、自性正因、不可得正因三者，極其廣泛建立彼等量學之難解要義。不僅如此，外道阿闍黎缽羅奢思波陀、烏底耶塔加羅、鳩摩梨拉婆吒、摩拉瓦丁等師，針對阿闍黎陳那的量學總義，尤其是成立排他論之理等的種種責難，皆被阿闍黎法稱所反駁，並持阿闍黎陳那的觀點爲法稱

31　譯者註：以「聲有法，是無常，是所作性故」的論式為例，其中的「因法無則不生之相屬」是指「若無所立法無常，則不生因相所作性」的關聯（相屬）。

自宗的合理立場，令佛教量學提升到至高境界。

西元七世紀末的阿闍黎帝釋慧造《釋量論》後三品的注釋，帝釋慧的弟子阿闍黎釋迦慧（西元七世紀末至八世紀初）也撰《釋量論》的注釋。此外，釋迦慧的弟子阿闍黎律天、阿闍黎智作護、阿闍黎法上、阿闍黎大慧[32]、阿闍黎賈馬日[33]、阿闍黎解脫源藏[34]等，也皆注釋七量論任一。尤其當阿闍黎陳那與吉祥法稱的某些量學立場被一些外道的量學論師所破時，相關的一一回覆又由西元八世紀佛教阿闍黎寂護所造的聞名著作《眞如集論》或稱《廣量論》[35]，以及其弟子阿闍黎蓮花戒的《眞如集論釋》所揭示。這兩部論典獨立出研究聲義的章節，並於該章節中細說關於排他論的駁斥與答覆。不僅如此，阿闍黎大慧或稱樂喜（西元十世紀）造《釋量論・第一品自釋注》[36]、《成立相屬》[37]、《成遮論》[38]。阿闍黎賈馬日（西元

32 བྲམ་ཟེ་ཆེན་པོ། Mahāmati。

33 ཛ་མ་རི། Jamāri。

34 ཐར་པའི་འབྱུང་གནས་སྦས་པ། Mokṣākaragupta。

35 ཚད་ཆེན། 。

36 རྣམ་འགྲེལ་ལེའུ་དང་པོའི་རང་འགྲེལ་གྱི་འགྲེལ་བཤད། 。

37 འབྲེལ་པ་གྲུབ་པ། 。

38 སེལ་བ་གྲུབ་པ། 。

十一世紀初）也造《初愚趨理論》[39]、《擇如來教典論》[40]、《抉擇法與有法論》[41]、《抉擇因相眞實義論》[42]。於現有的丹珠爾中可見到彼等論師所撰的眾多典籍。

那麼，聖域印度中世世代代的先後內外諸師，極其廣泛建立量學的目的爲何呢？士夫成辦希願就要依賴正量，畢竟士夫所厭的種種痛苦都是源於不知眞相爲何；若得正量，將由量正確得知何謂取捨之處，所以正量是成辦希願的關鍵要素。這正是爲何吉祥法稱在《定量論》一開始便云：

> **「選擇利益及不利益、獲得及捨棄者，乃由具有正智先行故，為顯示於諸不善巧者而造此。」**[43]

同理，《正理滴論》亦云：

> **「士夫成辦諸事，正智必須先行，故於此處，當敘述之。」**[44]

39 བྱིས་པ་འཇུག་པའི་རྟོག་གེ། 。

40 བདེ་བར་གཤེགས་པའི་གཞུང་རྣམ་པར་འབྱེད་པ། 。

41 ཆོས་དང་ཆོས་ཅན་གཏན་ལ་དབབ་པ། 。

42 གཏན་ཚིགས་ཀྱི་དེ་ཁོ་ན་ཉིད་གཏན་ལ་དབབ་པ། 。

43 德格版，論，量，ཅེ།卷，第一品，152背頁；對勘本版，書號97，614頁。漢譯原文：剛曉譯《定量論》，8頁。

44 德格版，論，量，ཅེ།卷，第一品，231正頁；對勘本版，書號97，812頁。漢譯來源：楊化群譯、北塔藏文班及劉曉丹編校、雲丹審核的《正理滴論》。

甲二、觀察量的數量及其性質

前已略說聖域印度的量學，這個章節將概述佛教量學。聖域印度與西藏量學家都有注釋阿闍黎陳那與法稱的主要著作——《集量論頌》與《釋量論》。我等認爲，這些注釋的內容整體上可歸類爲量的數量、量的性質、量的所知、破果邪念等大綱要，此處將依循這些大綱而解說。如阿闍黎律天的《正理滴論廣釋》[45]云：

> **「正知除四邪念故，當無誤證知。四邪念謂數量邪念、自性邪念、行境邪念、於果邪念。」**[46]

論就去除關於量的數量、性質、行境、果的四種邪念而建立量學要義。先對量的數量進行檢視。聖域印度其他派系的量學家們對於量的數量，分別持有是唯一、有三、有四、有五、有六等不同立場，如阿闍黎解脫源藏《推理論》[47]云：

> **「『二相』之詞，謂去除一、三、四、五、六之邪念。如是，順世派（Cārvāka）言量僅有一現識。數論言現識、**

45 རིགས་ཐིགས་ཀྱི་རྒྱ་ཆེར་འགྲེལ། *Nyāyabinduṭīka*。

46 德格版，論，量，ཞེ།卷，第一品，3背頁；對勘本版，書號105，7頁。漢譯大藏經內並無此譯。

47 རྟོག་གེའི་སྐད། *Tarkabhāṣā*。

比度、聲成。正理派言現識、比度、聲成、近知。烏底耶塔加羅言現識、比度、聲成、近知、義准。伺察派言現識、比度、聲成、近知、義准、非事物。」[48]

第一者——順世派——主張量只有單一的現識，像否定世間彼岸[49]等的理由是當今現識仍不見故。順世派認爲，量只有單一的現識，無須他量。阿闍黎蓮花戒的《眞如集論釋》云：

「世間對岸等皆是依他成立，然非現識之他量亦是非有。」[50]

外道數論派在現比二量之上，再加聲成。正理派在彼三之上，再加近知譬喻。烏底耶塔加羅在彼四之上，再加義准。伺察派在彼五之上，再加非事物之量。遮羅迦在彼六之上，再加理由量、無緣量、聚支量、傳言量、念想量，承許共有十一。應知彼等各自性質、爲何安立彼等是量等相關內容，已在《佛法哲學總集．上冊》各派宗義的章節中揭示。

關於量的數量爲何？眾說紛紜，而佛教量學的創始人阿闍黎陳那父子的觀點是，量的所知決定分爲自相與共相二法，所

48 德格版，論，量，ཞེ卷，第一品，338正頁；對勘本版，書號106，937頁。漢譯大藏經內並無此譯。

49 譯者註：如前註所說，「世間彼岸」是直譯，意思是前世或後世。

50 德格版，論，量，ཟེ卷，第27品，90背頁；對勘本版，書號107，1209頁。漢譯大藏經內並無此譯。

以決定了知彼二法之量亦分爲二：一、以自相爲所取境的現量。二、以共相爲所取境的比量，如阿闍黎陳那《集量論頌自釋》云：

「『現與比是量，二相是所量』……何故量唯二種耶？曰：由所量唯有二相，謂自相與共相。緣自相之有境心即現量，現量以自相為所現境故。緣共相之有境心即比量，比量以共相為所現境故。」[51]

吉祥法稱詮釋其義時，如《釋量論》云：

「所量有二故，能量唯二種。」[52]

前文細說，量決定分爲現識與比度兩者，因爲其所量決定分爲自相與共相兩者。阿闍黎法稱強調，量的所知沒有第三選擇，故決定分爲兩類，因此，能知的量也無現比之外的第三選擇。《釋量論・現識品》云：

「除現不現外，餘所量非有，故由二所量，許能量為二，見二所量故，除遣三一數。」[53]

51 德格版，論，量，ཅེ།卷，第一品，14背頁；對勘本版，書號97，58頁。漢譯來源：法尊法師譯編的《集量論頌略解》。

52 德格版，論，量，ཅེ།卷，第三品，第1句偈頌文，118背頁；對勘本版，書號97，526頁。漢譯來源：法尊法師譯《釋量論》。

53 德格版，論，量，ཅེ།卷，第三品，第63句偈頌文，121背頁；對勘本版，書號97，513頁。漢譯來源：法尊法師譯《釋量論》。

經由現識的現知與比度的推知，建立了量的所知，所以能知量的數量決定分爲現比兩種，這是阿闍黎陳那的意趣。於所知的分類中，不見自共二相之外的第三類，所以非現識與非比度的第三種量，是非有、被量所破。此故，順世派等外道所許的唯一量，以及其他派系所說的聲成、近知譬喻、義准等第三量，也都被量所破。

《釋量論》依四理決定量的所知分二。論云：

「能否作義故……同不同性故，聲境非境故，若有餘因由，有無覺心故。」[54]

生自果之作義者是自相；反之，非此作義者是共相。量知境時，顯現該境之識於其境產生相同顯現，[55]是共相；反之，顯現該境之識於其境產生不相同顯現，是自相。如同是聲境，是顯現該境之識的所見，是共相；反之，是自相。僅憑表達與闡述等其他助因便可產生執自之識，是共相；反之，若不從爾之體性有，便不生執爾識，是自相。量決定分彼二類是大扼要。以上概要，如《釋量論莊嚴疏》云：

54 德格版，論，量，ཅེ།卷，第三品，第1句偈頌文，118背頁；對勘本版，書號97，526頁。漢譯來源：法尊法師譯《釋量論》。

55 譯者註：如見瓶分別心，將瓶子的影像（瓶總）與瓶二視為相同而見其境。

「唯現識與比度所行境是不顛倒智之所量，餘者皆非，謂共與別之體性，故無餘知相。」[56]

阿闍黎智作護又說，依自證現識成立量的境有共自二相。《釋量論莊嚴疏》云：

「此說唯依現識至極成立兩種境相。證知同與不同乃識本身之法，而彼亦由自證現識成立。」[57]

量的性質或性相爲何呢？量的梵語是「prāmaṇa」，此詞相應多義，但量學典籍中的「prā」是「初」，「maṇa」是「證」。因此，初證往昔未知義是量。彼義如《釋量論》云：

「顯不知義爾……」[58]

或者，「prā」是「paramārtha」，謂至上、最勝，而「maṇa」是「證」，所以於爾所量，量是至上無欺的知者，如《釋量論》云：

56 德格版，論，量，ཚེ卷，第二品，155背頁；對勘本版，書號99，1144頁。漢譯大藏經內並無此譯。

57 德格版，論，量，ཚེ卷，第二品，157正頁；對勘本版，書號99，1148頁。漢譯大藏經內並無此譯。

58 譯者註：《釋量論》，第二品，第5句偈頌文。漢譯來源：法尊法師譯《釋量論》。

「量謂無欺智。」[59]

總之，初不欺識是量的性質。量學典籍說，其中的「初」字排除已決識是量；「不欺」排除伺察識、疑識、顛倒識等爲量；「識」字排除眼根色法是量，如阿闍黎智作護的《釋量論莊嚴疏》云：

「『量謂無欺智』總示量之性相。量乃無欺者，有量則成立所量，抑或，是欺則反彼故。」[60]

《釋量論》所說量的性相中，「不欺」是什麼意思呢？吉祥法稱的親授弟子阿闍黎帝釋慧各別結合了境與具境兩者而釋其義，即不欺於何義與不欺者爲何，這是重點。阿闍黎帝釋慧的《釋量論帝釋慧註釋》云：

「論云：『量謂無欺智』。行欺誑故，是『欺』，何識有彼則是欺者。無欺者乃不欺者，謂於何處無欺之義也。不欺謂遍立趨入，成立境自爾能力；希求義的無欺體性是境法，證彼的無欺識是具境法，何識具彼法，謂不欺

59 德格版，論，量，ཅེ卷，第二品，第1句偈頌文，107背頁；對勘本版，書號97，500頁。漢譯來源：法尊法師譯《釋量論》。

60 德格版，論，量，ཏེ卷，第二品，2正頁；對勘本版，書號99，770頁。漢譯大藏經內並無此譯。

識也。」[61]

不欺識遍立[62]安住於境並成立境，故不欺識之境亦是不欺，如《釋量論》云：

「安住能作義，不欺……」[63]

如現量所見——火具能燒作義，事實上，火具有能夠燃燒的作用。還有，於無增益之境的無欺識也是不欺，如《釋量論》云：

「顯不知義爾……」[64]

明顯往昔未知義，量依自力斷除自境上的增益。安立不欺具境、不欺識、不欺聲、不欺士夫、不欺根等，皆是應理。

阿闍黎法上解釋量性相中「不欺」之義時說，量的希求境分爲所取境與所趨境二。阿闍黎法上對所謂「量不欺於境」的闡釋主要是依《因滴論》所說內容——量是具果之決定，即於

61　德格版，論，量，ཆེ།卷，第二品，1背頁；對勘本版，書號98，3頁。漢譯大藏經內並無此譯。

62　譯者註：周遍立斷的縮寫，即決定之義。

63　德格版，論，量，ཅེ།卷，第二品，第1句偈頌文，107背頁；對勘本版，書號97，500頁。漢譯來源：法尊法師譯《釋量論》。

64　德格版，論，量，ཅེ།卷，第二品，第5句偈頌文，107背頁；對勘本版，書號97，500頁。漢譯來源：法尊法師譯《釋量論》。

自境的決定皆會被量所得，以及獲得量的所示之義。像以煙之因相推理有火的比度，於自之所取境是錯亂識，但於自之所耽境——得火——卻是不欺，故得量的所示之義。正因如是要義，必須視其爲量。反之，執陽焰爲水之識只能是錯亂識，其識的所示義是不可獲得的，所以不能安立爲量，與前者有著巨大差異。總之吉祥法稱說，不欺是量的定義，對此意趣阿闍黎法上不僅給予了詳細的詮釋與研究，也著作了《量考察廣論》[65]與《量考察略論》[66]，提出了一些嶄新的重要觀點。我等認爲，若於此章節稍微引用《量考察略論》的原文，將會有助釐清。阿闍黎法上的《量考察略論》云：

> **「量是不欺識。不欺謂至極顯示與獲得作義事物。得謂依示故而趣入所趣境，是以至極顯示量之作用乃得支[67]，即現見或特別耽著現識的至極示義，以及不見無謬因相決定的比度所示。」**[68]

論說，量性相中的不欺之義，是指獲得至極所示的作義事

65 ཚད་མ་བརྟག་པ་ཆེ་བ། 。

66 ཚད་མ་བརྟག་པ་ཆུང་བ། 。

67 譯者註：直譯是「得支」。根據前後文，此詞的意思是「獲得的條件」。

68 德格版，論，量，ཞེ།卷，221背頁；對勘本版，書號106，601頁。漢譯大藏經內並無此譯。

物。顯示自之所趨境就是獲得的意思。如何顯示所趨境？顯示分兩種不同類別：現見識的所示之理，以及不見識比度的所示之理。《量考察略論》依此概說不欺之義。細說其義時，如前述，將量之境畫分爲所取境與所趨境，或決定之境爲二後，以辯論的方式研究並建立爲何量境不欺。阿闍黎法上的《量考察略論》云：

「遍立是耽非取。思不欺，故雖謬仍為量。言『思』謂現求，意指為耽。依如是耽而得為不欺。耽是量之作為，故可無疑成辦。何事無疑成辦故，彼識成量。無疑成辦亦稱為『果』，故量是具果之耽。言『量是具果之決定』的『決定』謂建立、謂耽。此處之耽謂得支、謂趨入具果者，即趨支故，得支之耽乃量也。是趨因故，得支之耽是量，且其境是未知[69]。若知，能得者將是異法，所知事物亦從他識所得，故已知具境將成為量。以耽而得，故士夫趨事物、得事物。因此，於第二、第三剎那不得昔無事物，故非量也。」[70]

假設這麼反駁：如果量的不欺義是指獲得自識所趨境的決

69　譯者註：直譯是「是不知的具境」。這段話的意思是：量是具境，而其境則是之前未知之境。

70　德格版，論，量，ཞེ卷，224正頁；對勘本版，書號106，607頁。漢譯大藏經內並無此譯。

定，那麼，現量獲得自識所趣境不應理，畢竟現量只住於一剎那。同理，比度也是，所以現識與比度都不可安立爲量。《量考察略論》提出如是檢視。阿闍黎法上的《量考察略論》云：

> 「若得支之耽是量之作為，那麼，現識則非量，彼無量之作為故。若念，由現識起立遮念想，此乃量之作為。（駁：）此與量之作為相異，故不應理。此外，若作為是果，（汝）應成周遍否定（因與）果是相異之說。若是如此，稱『現識』將成極為牽強之說，比度亦成非量。（問：）量之作為是得支之耽，比度僅住於一剎那故，比度則非得支性之耽，此時，比度豈能成為得支之耽？若生非比度之其餘念想，那麼，依何而得彼念想？（回應：）得後片刻的究竟比度等聚是量？抑或唯有得後片刻的念想是量，而非比度？以上乃現識與念想之論述。
>
> 故於此處將釋：若知有法被周遍，則無疑決定能遍，此乃比度作為，其餘念想之作為僅是行[71]性。如是，觀察一切根識皆滅時，隨自我能察之見識或見周遍有法，經歷『具相屬性的有法不由餘法決定證知』，故而決定念想行為僅是檢視。除彼本身作為外，應視勝識所見一切皆是他識隨同品與異品所見。『我見此』之決定見於分

71　譯者註：直譯是「行」。英譯《佛法哲學總集．下冊》譯其詞為「經歷」（experience）。

別中是勝識；念想不見彼義，卻是檢視。分別斷自行為之檢視，隨見之作用後而見。何時有現識作用——見，爾時有能立境相之現識；何時具相屬者其他分別見其他相屬，爾時是比度之作用。何時有此，爾時有彼，此乃比度至極所示；見其他相屬而至極顯示所趨境者，非其他念想所能。因此，一切具見作為之念想，皆是未衰行之見、至極顯示之量；一切隨比度作為，皆是未衰行之比量故，得者乃現識與比度也。如是，隨比度自身所得與相順決定而立此念、彼念，應知現識亦是如此。此說應理，任一顯示所趨境者皆是量，且顯示所趨境者本身亦是顯示所趨境者之知者。同理，所示是所趨，且所示是知所示者。」[72]

總之，阿闍黎法上表示，量境分爲所取境與所趨境兩者，因爲量的作爲不是以「取境」[73]，卻要以「決定境」而成立。依此建立吉祥法稱說「量是具果之決定」的合理性。《量考察廣論》云：

「於識，至極安立的所趨境為何？即識所耽之一切義，希求令士夫趨入彼義故。證知之義非取。以知之理成為

72 德格版，論，量，ཞེ卷，224背頁；對勘本版，書號106，607頁。漢譯大藏經內並無此譯。

73 譯者註：量學中的「所取境」是顯現之境、所見之境的意思，所以此處的「取」是「見到」。

所趣境，故稱『識之所趣境』。何為耽者則得彼識所趣之境，不決定則不趣故。如是，識趣入此義，卻不以生成作義之方便而得義，異於不能行走之士夫依扶手而行。不知所趣境，則不能趣，近示其境故。示義亦謂勝耽也。此故，趣入某義者僅謂以識決定，決定亦是趣入，且由彼識趣入故，言『量是具果之決定』也。

顯示此趣作為是決定，故說（得）未知境識是量。如是，若趣之作為異於決定，某一證知之義將由其他強行趣入而得，而此趣入之得者是量，故量亦為（得）已知境識。僅知是趣時，[74] 以知彼事物故，士夫方可趣入彼所趣境，故成得者之量。餘者不得昔無之義，故而非量。無決定時則無餘方便，故不趣入則非所趣境，亦是不得，無餘方便故。此故，論說現識與比度決定且得所趣境故，無異皆為具事物境之量。不決定者，謂現識以見而取，卻不立為現量；不決定者，以非所趣境，故不能得。總之，以執義而言非量，唯執本身非得支故。得量之所趣境僅是決定之義，而非僅取。」[75]

我等認爲，《量考察論》細說量是不欺之義，實乃大要

74　譯者註：直譯為「若僅知是趣」。印度大教典的藏譯裡，有時「若」字是「時」的意思，而非「如果」的意思。

75　德格版，論，量，ཞེ卷，205背頁；對勘本版，書號106，556頁。漢譯大藏經內並無此譯。

義，故於此處廣泛引用《量考察論》。然而，吉祥法稱在《釋量論》及《定量論》中說，現識是不決定的體性，[76]而阿闍黎法上卻說，決定自識的所趣境才是量的不欺義。因此，阿闍黎法稱的作品與彼二論[77]如何不相違之理，仍要再探究。

甲三、建立現量

乙一、總說

以上略述量的數量及其性質的觀察後，接下來將個別說明二量。先以現識的性質與分類建立現識。阿闍黎陳那《集量論頌》及其自釋中明確記載，古老聖域印度的宗義論師們對於現識性質的所持立場，論云：

「諸劫毗羅派，許耳等轉，是為現量。數論派說，耳、皮、眼、舌、鼻等，由意加持，能於境轉，謂於現在之聲、觸、色、味、香等如次緣取，是為現量。」[78]

數論派承許，色法眼根等趨入境色等義，是現量。勝論派

76　如《釋量論自釋》云：「以現量為不定等。」《定量論自釋》云：「若爾，今者云何不決定現量之體性成為語言？」譯者註：前引文的漢譯源於法尊法師的《釋量論略解》，後引文的漢譯源於剛曉譯《定量論釋義》，88頁。

77　譯者註：《量考察略論》與《量考察廣論》。

78　德格版，論，量，ཅེ།卷，第一品，21背頁；對勘本版，書號97，75頁。漢譯來源：法尊法師譯編的《集量論頌略解》。

則說，根與境兩者之間的相屬之質是現識。《集量論頌自釋》云：

「勝論派經說，且唯由繫屬所成，彼於實為現量。」[79]

關於正理派的立場，如《集量論頌自釋》云：

「諸正理派者說，根義和合所生識，非作名言，無有迷亂，耽著為體，是為現量。」[80]

謂根境和合所生的耽著自境之分別識，是現量。外道伺察派則表示，結合根與現有自境所生之識是現識。《集量論頌自釋》云：

「諸觀行派說，與有正結合所生士夫之根覺，是為現量。」[81]

伺察派還特別表示，唯有一開始專注於境的剎那識是離分別，其餘現識都只是分別。關於音中梵[82]的立場，如阿闍黎蓮

79 德格版，論，量，ཅེ卷，第一品，19正頁；對勘本版，書號97，69頁。漢譯來源：法尊法師譯編的《集量論頌略解》。

80 德格版，論，量，ཅེ卷，第一品，2背頁；對勘本版，書號97，33頁。漢譯來源：法尊法師譯編的《集量論頌略解》。

81 德格版，論，量，ཅེ卷，第一品，25正頁；對勘本版，書號97，83頁。漢譯來源：法尊法師譯編的《集量論頌略解》。

82 སྒྲའི་ཚངས་པ་འགྱུར་བར་སྨྲ་བ། śabdabrahma。

花戒的《眞如集論釋》云：

「一切識隨聲，世間無餘識，是故一切識，具聲極為實。」[83]

謂主張一切識的種類都是隨聲而趨入，現識也是如此趨入，故說現識是分別。阿闍黎陳那自宗的立場爲何呢？《集量論頌》云：

「現量離分別，名種等合者。」[84]

遠離分別——區分名稱、種類、特徵、作用、材質等差別——之識，是現識的性質。阿闍黎法稱於此之上再加「無錯亂」。法稱自宗的現識性質是，離分別的無錯亂識。《定量論》云：

「不由目翳、迅旋及乘舟之干擾等生起錯亂並無分別智者為現量。」[85]

83 德格版，論，量，ཟེ།，第五品，185正頁；對勘本版，書號107，483頁。漢譯大藏經內並無此譯。

84 德格版，論，量，ཅེ།卷，第一品，1背頁；對勘本版，書號97，3頁。漢譯來源：法尊法師譯編的《集量論頌》。

85 德格版，論，量，ཅེ།卷，154正頁；對勘本版，書號97，618頁。漢譯原文：剛曉譯《定量論》，37頁。

《集量論頌自釋》沒有直接在現識的性質中提及無錯亂，實際上，阿闍黎陳那卻許現識必須是於自識所現境不錯亂。阿闍黎陳那《集量論頌自釋》云：

> **「此說七種似現量……第七種是無分別、迷亂心，如見陽焰誤為水等之有分別迷亂心。」**[86]

阿闍黎陳那說，將陽焰誤爲水的離分別之謬識是見似現識。這意味著正現識必定是不錯亂，間接影射其義。

一般來說，無錯亂必定是離分別，那麼，爲何要在現識的性質中，各別揭示「離分別」與「無錯亂」兩詞，莫非有特殊目的？阿闍黎法上的《正理滴論大疏》云：

> **「何故說此二別？答：言『無錯亂』謂斬斷翳者謬識故；言『離分別』謂斬斷比度故。」**[87]

若僅離分別是現識，將有「眩瞖者見髮的根識成爲現識」之過，爲破此過揭示「無錯亂」；若許僅不錯亂於自識所現境是現識，將有「比量成爲現識」之過，爲破此過揭示「離分別」。

---

86 德格版，論，量，ཅེ།卷，第一品，16正頁；對勘本版，書號97，256頁。漢譯來源：法尊法師譯編的《集量論頌略解》。

87 德格版，論，量，ཛེ།卷，4背頁；對勘本版，書號105，256頁。漢譯大藏經內並無此譯。

乙二、如何成立現識是離分別且不錯亂

阿闍黎法稱的《釋量論．現量品》中，依據理路極其周密地建立現識是離分別。就以闡述現識是離分別的內容而言，《釋量論》一開始依現識成立其義，再結合理路用比度成立其義。特別是，以根現識爲例，一一詳盡破除根現識爲合義分別及合聲分別[88]後，再以根識是離分別作爲結論。之後，爲破他宗所持「根識是分別」的立場，提出「應成一切識必是分別，故執色識無其領納者」之過。還有，憶念前要有領納，故有「應成不可能憶念過去」、「應成不可能有見自相識」之過等，廣說破除之理，善破他宗。應從《釋量論》及其注釋與再注釋等，詳知其義。這個章節將對現識是離分別的論點，概說阿闍黎法稱所釋二義——依現識成立與依比度成立。初者如《釋量論》云：

「現量離分別，即由現量成。眾分別依名，是各別自證。」[89]

成立執色現識等離分別識，可依領納爾等的現識所見。爲什麼呢？《釋量論》的成立之理如下：士夫的所有分別心皆依

88 譯者註：結合義總的分別心與結合聲總的分別心。

89 德格版，論，量，ཅེ卷，第三品，第123句偈頌文，123背頁；對勘本版，書號97，10頁。漢譯來源：法尊法師譯《釋量論》。

名言，並要以聲義為所現境，而根識等一切現識的所現境必定是自相。分別心與現識會有各自的顯現境相，這點可由各自的自證現識得知。此外，自身相續中的根現識是離分別，這也可依該識的領納者成立。《釋量論》云：

「從一切攝心，內體不動住，眼見諸色時，彼覺是根生。仍少起分別，了我此分別，於前說分位，根知則無彼。」[90]

散動於一切境上的分別心，即內在體性的動搖分別皆被收攝時，仍有見各類諸色的眼識。事實成立，彼眼識是從爾之不共增上緣色根所生的根識，卻非分別。若說：收攝散動於一切境上時仍有分別。反駁：若是如此，收攝而喚醒後，依憶念心而稍做此念：「當我在收攝時是如何生起分別？」此時當知「我生這般或那般的分別」，然不可得如是知。

關於依比度成立根識是離分別。《釋量論》云：

「一所見差別，於餘則不見，非離於彼別，有異體餘總，各異覺無故……[91]**於無根用者，他語不現故，非未作連**

90　德格版，論，量，ཅེ卷，第三品，第124-125句偈頌文，123正頁；對勘本版，書號97，537頁。漢譯來源：法尊法師譯《釋量論》。

91　德格版，論，量，ཅེ卷，第三品，第126句偈頌文，123正頁；對勘本版，書號97，537頁。漢譯來源：法尊法師譯《釋量論》。

繫，應自能知故。」[92]

若根識是分別，根識應與結合名言而見境相的分別相似，然不應理。根識是以自相爲所取境之識，而這種自相的特殊境是不可能隨聲事物之力而趨入。論依此理成立根識是離分別。

以上爲現識乃離分別之理，那麼，現識是不錯亂之理又是什麼呢？一般而言，錯亂於自識所現境就是錯亂識。怎麼錯亂呢？以知聲是無常的比度爲例，因爲彼識顚倒於所現境，或彼識所見不同於眞相，所以錯亂於所現境。以執聲是常的分別爲例，不僅錯亂於所現境，更是顚倒於所趨境，或彼識所執不同於眞相，所以是錯亂於所趨境的顚倒識。總之，錯亂於所現境的心識可分順諦與違諦兩類[93]。

這種錯亂識於自境任一產生錯亂，其因可分究竟謬因與暫時謬因兩類。顚倒於所知眞相的執著及其習氣是究竟謬因，導致意識分別之所現不同於眞相，顚倒於所現境。那麼，眼翳等暫時謬因如何使根識、離分別意識等錯亂呢？阿闍黎律天的《正理滴論廣釋》云：

92 德格版，論，量，ཅེ卷，第三品，第132句偈頌文，123背頁；對勘本版，書號97，537頁。漢譯來源：法尊法師譯《釋量論》。

93 譯者註：「順諦」謂如爾識所趨，真諦亦順應其趨境。「違諦」謂不同於爾識所趨，真諦相違其趨境。

「論說『未被眩瞖、速轉、乘舟混亂等迷惑』，其中『眩瞖』謂害於眼目。『速轉』謂旋轉火輪等。『乘舟』謂以舟乘行也。『混亂』謂風疾、膽疾所致混亂，故不協調。」[94]

論說有隨謬因之所依、其境、所在處，以及等無間緣的暫時謬因，且彼等謬因是根識錯亂於自所現境的主要助緣。《正理滴論廣釋》云：

「如是，眩瞖之害而見二月。速轉生火輪識。以舟乘行見江河彼岸之木行走。風疾與膽疾等混亂故，見事物閃爍。」[95]

《正理滴論廣釋》又說，經部與唯識共同承許，現識不被四謬因所染，所以現識必能不錯亂地獲得自境，如論云：

「隨經部與瑜伽行部欲撰彼品，二宗亦許得境者具無欺性相，是不錯亂。」[96]

---

94 德格版，論，量，ཞེ།卷，5正頁；對勘本版，書號105，11頁。漢譯大藏經內並無此譯。

95 德格版，論，量，ཞེ།卷，5背頁；對勘本版，書號105，12頁。漢譯大藏經內並無此譯。

96 德格版，論，量，ཞེ།卷，4背頁；對勘本版，書號105，10頁。漢譯大藏經內並無此譯。

還有，根識主要依有否暫時謬因而決定是否錯亂。《正理滴論廣釋》云：

「何生錯亂，有彼則誤；何處不生錯亂，則無有誤。眩瞖、速轉、乘舟、不調等不生錯亂時，則不起眩瞖、速轉、乘舟、不調等誤。」[97]

所有現識一定不能由任何前述的究竟或暫時謬因而生，故許現識之所見皆是真相，且是無錯亂識。阿闍黎法稱的《正理滴論》云：

「現量者，謂離分別，不錯亂。分別者，謂混言詮名種顯現之識，當離之耳。不錯亂者，謂未被眩瞖、速轉、乘舟混亂等迷惑所生之智。」[98]

至於心識如何依彼等謬因而錯亂，相關詳細內容可參閱《佛法科學總集．下冊》。

現識見自識所現境時，在不混合境、時、性質之上，明見境上所有特徵，故現識所見符合真相。阿闍黎祇多梨的《愚趨

97　德格版，論，量，ཞེ།卷，4背頁；對勘本版，書號105，12頁。漢譯大藏經內並無此譯。

98　德格版，論，量，ཅེ།卷，第一品，231正頁；對勘本版，書號97，812頁。在漢文譯本找不到該句。漢文譯本：楊化群譯、北塔藏文班及劉曉丹編校、雲丹審核的《正理滴論》。

論》云：

> **「現取真實作義者乃現識。分別與錯亂皆非現取真實性之作義者。」[99]**

現取自識所取境，故是離分別與無錯亂。

彼等典籍皆說，現識遠離混合聲義而執的耽識，遠離常執等究竟謬因，遠離暫時謬因的所依、其境、所在處、等無間緣等任一的污染。現取自識所趨境者是無錯亂識或現識。

根據彼等量學典籍，是現識必定不錯亂，故不須一一成立根現識等四種現識是不錯亂。成立現識是離分別，故而間接成立現識不是錯亂的分別心。離分別錯亂識皆是見似現識，其義已於述說見似現識的章節解釋，故於一一說明四現識的性質時，只有揭示現識是離分別之理，並無特別提及現識是不錯亂之理。

乙三、現識的分類

根現識

現識分四：一、根現識。二、意現識。三、自證現識。

99 德格版，論，量，ཅེ།卷，第一品，326正頁；對勘本版，書號106，902頁。漢譯大藏經內並無此譯。

四、瑜伽現識。阿闍黎陳那與法稱承許現識分四，其關鍵要義如阿闍黎法上的《正理滴論大疏》云：

「為除邪見而示此絕對分支故，應知以『四相』言一切現識，即從根所生、意、自證、瑜伽識四相。有許根為見者，為除此謬，故言初者；從根所生識是現識，卻非根。有人遮難意現識，為周遍斷除此過而言次者。有人否定心心所自證，為除此過故言第三。有人否定瑜伽現識，為除此過故言第四。」[100]

此處所說現識分四，是依據經部與瑜伽部的立場。

第一、根現識的性質：從爾不共增上緣色根與所緣緣色所生，離分別的不錯亂識。以執色眼識爲例，是從所緣緣色、增上緣眼根、爾前一刻識的等無間緣三者所生。《集量論頌》依增上緣根而取名爲「根現識」，論云：

「是不共因故，彼名由根說。」[101]

色根是根現識的不共因，所以可依色根產生根現識的不共

100 德格版，論，量，ཞེ།卷，5背頁；對勘本版，書號105，13頁。漢譯大藏經內並無此譯。

101 德格版，論，量，ཅེ།卷，第一品，1正頁；對勘本版，書號97，3頁。漢譯來源：法尊法師譯編的《集量論頌略解》。

理解，像麥苗所生爲麥，由敲打鼓所生的聲音名爲鼓聲。根現識分執色眼根現識至執觸根現識五種。

意現識

第二、意現識的性質：從爾不共增上緣意根所生，離分別的不錯亂識。其分類如契經云：

「眾比丘，知色為二相，待眼意也。」[102]

意現識分二：一、契經所示意現識，如凡夫相續中的執色意現識。二、非契經所示意現識，如他心通。至於有沒有意現量呢？自證現識與瑜伽現識都是意現識，故有意現量。《釋量論》說，一般凡夫相續中並無契經所示意現量，然而，持非自性有論的應成派則表示，凡夫相續中也有意現量，應知有此差異。

執色意現量有三緣。於意現識的前一刻，即根現識的最後一刹那，是意現識的增上緣與等無間緣。自主生成意現識故，是增上緣；生爲領納性故，是等無間緣。彼二緣只是質體一、

102 此經文雖然著名，量學典籍中卻未見明晰指出該經文是屬於哪部經典。《入楞伽經釋．如來藏莊嚴論》（德格版，論，經典，第二品，65正頁；對勘本版，書號70，155頁）云：「薄伽梵曰，比丘，知色識有二相，即名與隨名後所生之意也。」此經提及現識分類。

返體異。與最後一剎那的根現識同時存在的色法是該意現識的所緣緣。依彼三緣形成了意現識中的境相分、領納分、執境的能力分，不同的三類。依序，彼等是從所緣緣、等無間緣，以及增上緣所生。阿闍黎法上的《決定量論疏》云：

> **「言『意』謂僅依意取，諸知乃意故。言『亦』謂攝現識也。根識是等無間，亦是緣，即由彼所生一切，故示因之差異也。根識與彼義是等無間、與彼執是無間斷，故示境之差異也。許如是意為現識矣。」**[103]

文中的「因」是指增上緣與等無間二緣；「境」是指所緣緣。

那麼，五根現識同時停止時，是五個意現識一起生，還是只生一個意現識？如果五個意現識一起生，一個補特伽羅將成多個相續。如果是只生一個意現識，果的增減將不受因的增減影響。答：不許前者，許後者無過，因爲專注於根現識所取境的第二剎那之意只有一個，故同時不生多個意現識。如何去除關於意現識的性質及其生起之理等邪見，以及意現識如何生起等內容，已於《佛法科學總集．上冊》的經部章節中周詳說明。

---

103 德格版，論，量，ཐེ卷，第一品，86正頁；對勘本版，書號104，963頁。漢譯大藏經內並無此譯。

自證現識

第三、自證現識。佛教宗義裡有承許自證現識與否定自證現識兩派。否定者是毘婆沙宗、隨經部行中觀自續派、應成派，彼等派系不許自證現識。承許者是經部、唯識派、隨瑜伽行中觀自續派。佛教毘婆沙部認爲，心識是領納明觀性，而根識是無相故，否定所取相與自證。彼等[104]否決有中間者——非識所現境相也非執彼的識相——介入境色法與見彼境的眼識之間，故不許自證。還有，心識只能遍立[105]他境，不能遍立自識，畢竟於自識而言，並無所立斷與能立斷兩者。阿闍黎妙護的《成外境義》云：

「何時若承許，遍立心識義，莫問識如何，得知識己境。彼識非作者，亦不作勝義，識乃唯觀故，說作者增益。」[106]

同理，阿闍黎蓮花戒的《略釋敵宗理滴》云：

「毘婆沙部等人說，自證現識亦不應理，於己造作相違

104 譯者註：毘婆沙宗、隨經部行中觀自續派、應成派。

105 譯者註：「周遍立斷」的縮寫，意思是當機立斷甲或是成立甲。從藏直譯是「周遍斷除」，等同中文的「果斷」。

106 德格版，論，量，ཞེ卷，第94句偈頌文，192背頁；對勘本版，書號106，517頁。漢譯大藏經內並無此譯。

故。」[107]

阿闍黎清辨等經部行自續派則說，除見境識外，無論怎麼想，都不獨立存在既是所證又是能證的「自證」，依此理成立經部等人所許自證不應理。《中觀心要論》云：

「若許現其境，是心之所緣；除現其境外，豈有餘心性？」[108]

《思擇焰論》云：

「如是，我等僅見，生成顯現諸色等境為識性，除顯現境外，不見餘者——顯現自身。若有異於顯現境之第二識性，應示其為何者！」[109]

同理，阿闍黎慧心要的《中觀分別二諦文》亦云：

「自證不應理。」[110]

107 德格版，論，量，ཤེ།卷，92背頁；對勘本版，書號105，260頁。漢譯大藏經內並無此譯。

108 德格版，論，中觀，ཛ།卷，第五品，第19句偈頌文，20背頁；對勘本版，書號58，48頁。漢譯大藏經內並無此譯。

109 德格版，論，中觀，ཛ།卷，第五品，205正頁；對勘本版，書號58，500頁。漢譯大藏經內並無此譯。

110 德格版，論，中觀，ས།卷，第6句偈頌文，1正頁；對勘本版，書號62，752頁。漢譯大藏經內並無此譯。

中觀應成派否定自證的關鍵在於：以執青爲例，因爲存在其境青色，所以成立知青識。除了成立青之外，並不需要成立能知青識的其他理由，故而否定自證。阿闍黎月稱的《顯句論》云：

「依所知之他力趨於量之數量故。僅隨所知之相，便得自體性之有，安立量之自體性。」[111]

《顯句論》說，所知決定爲二的緣故，量決定爲二。關於量，依顯現的所知相，成立能知量本身的體性。因此，不須像經部與唯識兩派所說，除所知的成立法外，要獨立出量的成立之法。應成派認爲，只依所知的成立便可安立爲量。吉祥怙主龍樹的《迴諍論》云：

「若量能自成，不待所量成，是則量自成，非待他能成。」[112]

「僅憑成立所知不足以成立量，成立量要依量本身。」根據他宗的這種說法，將有某量不須依賴所知，這樣一來，將有「必須存在不觀待因緣的事物」之過，是故論說，安立一切量

111 德格版，論，中觀，འ།卷，第一品，25正頁；對勘本版，書號60，58頁。漢譯大藏經內並無此譯。

112 德格版，論，中觀，ཙ།卷，第41句偈頌文，28正頁；對勘本版，書號58，78頁。漢譯來源：後魏毘目智仙共瞿曇流支譯《迴諍論》（T.32.1631.14b.22）。

都是依賴其所知的成立。《入楞伽經》也否定自證，如經云：

「如刀不自割，如指不自觸，而心不自見，其事亦如是。」[113]

刀不能自割、指尖不能自觸、運動再好也不能騎上自己的肩膀、火無法自燒、眼無法自視，同樣地，識不執自識等經文，皆是否定自證的依據。

承許自證者們說，領納決定爲二，由自領納以及由他領納，而自身相續的心識不能由他領納，故成立由自領納自己。然而，心識不決定分爲彼二。如，雖不排除只會照亮的火，火卻不能照亮自己。同樣地，不排除只領納的識，識卻不能領納自己。若說，火可照亮自己。反駁：若是如此，闇將自闇，這樣一來，如不見暗室中的瓶子，也將有「不見暗室中的黑暗」之過。《中觀根本慧論》云：

「若燈能自照，亦能照於他，闇亦應自闇，亦闇他無疑。」[114]

113 德格版，經，經典，ཅ卷，第九品，179背頁；對勘本版，書號49，441頁。漢譯來源：唐實叉難陀譯《入楞伽經》（T.16.672.634b.12）。

114 德格版，論，中觀，ཙ卷，第七品，第12句偈頌文，5正頁；對勘本版，書號57，11頁。漢譯來源：蔣揚仁欽博士譯《中觀根本慧論》。鳩摩羅什大師翻譯的《中觀根本慧論》與藏譯稍有不同，鳩摩羅什大師譯文（T.30.1564.10a.5）為：「若燈能自照，亦能照於彼，闇亦應自闇，亦能闇於彼。」

若無自證，事後憶念先前的領納豈能應理？答：「見此青等」的憶念是憶念境，「我見」的憶念是憶念識。事前的心識領納境並決斷其境，事後的憶念識也非不領納或不決斷，畢竟如是領納與憶念，彼二之境為一，所以即便之前的領納識不曾領納自識，仍可合理產生事後憶識的憶念。阿闍黎寂天的《入菩薩行論》也說，無自證卻可生起憶念之理，如論云：

「若無自證分，心識怎憶念？心境相連故，能知如鼠毒。」[115]

如果沒了自證，怎能生起憶念？依領納境而憶念識時，此憶念不僅不排斥識，更是之前「見此色」時的境識雙方相連而有的憶念。例如，冬時身體被鼠所咬，鼠毒侵入體內，此時感到被咬卻對鼠毒無感。事後，因聽到雷聲，引發鼠毒時則念：「被咬時，鼠毒雖侵入體內，但之前卻沒感受到鼠毒。」執青領納其境，同鼠咬。與執境的同時之識有其領納，同鼠咬的同時鼠毒侵入體內。識不領納自己，同被咬時對鼠毒無感。事後憶念境，同事後被咬的憶念。藉由領納境的憶念，而回憶事前識不領納自己，同藉由被咬的憶念，而回憶事前對侵入的鼠毒無感。

115 德格版，論，中觀，ལ卷，第九品，第23句偈頌文，31背頁；對勘本版，書號61，1019頁。漢譯來源：如石法師譯《入菩薩行論》。

即便是從「應成作處作者作業三者爲一」的角度而言，也應否決自證。例如，砍木者、所砍木、砍木行爲三者非一，故持識執己之論不應理。總之，否定自性有的應成派表示，依賴所知而被施設爲識，識非自相有；依賴識而成立所知。識境兩者不僅於名言中是相互依存，實際上更是彼此觀待，唯施設有，故而否定自證。

若說：自宗得承許如執青等一切識，然而，若執青證自，就得承許自證。若執青依他識而知，將有無窮之過。答：此乃極爲難解之處，故以憶念境識的譬喻說明。憶念境則憶念識，所以不須格外成立憶念識。同理，以執青眼識爲例，成立青則成立青的能知識，除了青的成立之外，不須揭示青識的成立之理。執青眼識因爲知青，可不須經由他量，直接引發「執青眼識取青」的憶念。此憶念證知執青眼識，且在憶念青色的同時，不於其境中排斥執青眼識，會以「見青」之念而憶念執青眼識。因此，此憶念會想起青色與執青眼識兩者。總之，執青眼識雖不知執青眼識，執青眼識之後的憶念卻可引發彼想[116]，依此角度而許「自己成立自己」。

其次，主張自證的派系是如何成立有自證呢？經部等師認爲，依立量而成立所知，而立量的能取相自證必須是完全不錯

16 譯者註：彼想是指：「見青」的想念，或想起青色與執青眼識兩者。

亂。這種能取相可依自己成立，無須他識來安立，故無「應成無窮盡」之過。依此建立量與所知的論述。問：舉凡是法，須由量立。執青[117]成立境青，那麼，何量成立執青呢？執青自己不由執青自己成立，也不由與自己體性相異的他量成立，卻是由領納執青的自證現識成立，別無他法。依此理成立自證。自證是只朝內[118]、離二相[119]的獨立能取相。於諸識中，領納自身的明觀分是領納者，其領納處則是彼識與彼識的所取相，故說這種領納自識之分稱為「自證」。

例如，生執青眼識時，也生顯現外在青相之分與領納自識體性的明觀分兩者，故許前者是所取相，後者是能取相、是自證。如同放在藍布上的清淨琉璃，具有轉藍之分以及琉璃本身的透澈體性之分，彼二是同時產生。阿闍黎陳那《集量論頌自釋》云：

> **「知覺有二相。境謂色等及由何了彼之識，此即義相與自相。」**[120]

---

117 譯者註：「執青」是直譯，意思是執青之識。

118 譯者註：不執、不見如瓶柱等外在的事物，其所執、所見只會是內在的心法。

119 譯者註：所知的執青眼識與能知的自證現識，皆是源於同一識，故說離二相。

120 德格版，論，量，ཅེ卷，第一品，16正頁；對勘本版，書號97，62頁。漢譯來源：法尊法師譯編的《集量論頌略解》。

執青眼識的所取相、執青眼識、顯現於執青眼識的青相等皆是無異，故眼識的所取相就是眼識本身。「顯相於眼識」的意思是：爾因生爾識爲義相，[121] 非爾之他相不顯現於爾識中。[122] 眼識的領納明觀分、眼識的能取相、領納眼識的自證現識等皆是無異。關於顯相的以上內容是經部與唯識派共同承許的觀點，然其中的差異在於：經部說，執青眼識具有青相是依爾因外在色法所生，而唯識派卻許，是依習氣生執青爲具相體性。

主張自證的佛教學者們，成立自證的主要理由有四：一、成立識二相之理。二、依憶念之因相成立。三、各自區分所緣與領納之理。四、明體性之理。

第一、成立識二相之理。從見境相與見識相兩種各自顯現的差異，安立所取相與能取相，故識有二相，進而成立自證。成立有自證的根本論式：「識有法，領納自己，生爲義相故。如安樂等。」生某識的同時，也生顯現外在的境相，以及領納自體性的明觀分兩者，故許前者是所取相，後者是能取相。如燃燈時，會同時照亮自己與瓶等他法，而非循序漸進。此根本

121 譯者註：《集量論頌》中，以眼識的不同作用——義相與自相，述說眼識。眼識領納外在事物之分是義相、是顯相於眼識、是識的所取相，所以此中的「義相」一定是眼識本身，非眼識者不能成為眼識的「義相」。此中的「自相」則是眼識領納內在心法的自證分。

122 譯者註：「非爾之他相不顯現於爾識中」是直譯，其義與前一個譯者註的「非眼識者不能成為眼識的義相」同義。

論式的宗法與周遍，也成立識二相的合理性，其理如下：某識趨境時，必有顯現境的所取相以及其領納者；排除與爾質體相異的領納後，便可成立領納該所取相者，就是領納自識體性明觀分的能取相本身。從此成立「若有所取相，必有領納者」的周遍，如阿闍黎陳那《集量論頌自釋》云：

「知境知彼別，故即覺二相……境謂色等及由何了彼之識，此即義相與自相。了知境者，即隨順境相之識，是現義相。了知自識，即現自相。若不爾者（不許識自知，即不許自證分），說即色等自知或成為自體者，則與知境全無差別。若謂由後時生識知者，則過去久遠之境，應不現起，彼非境故。是故識有二相，理善成立。」[123]

存在各別二知：知色等境以及知執色識。依此理成立識有二相。同樣地，阿闍黎勝主覺[124]的《集量論釋》亦云：

「為何問三相而詢二相？安立二相是依『立二相故，亦立自證』之意趣。如境，識正知自體性，意指成立知自也。」[125]

123 德格版，論，量，ཅེ卷，第一品，16背頁；對勘本版，書號97，62頁。漢譯來源：法尊法師譯編的《集量論頌略解》。

124 རྒྱལ་དབང་བློ Jinendrabuddhi。

125 德格版，論，量，ཡེ卷，第一品，35背頁；對勘本版，書號108，86頁。漢譯大藏經內並無此譯。

以成立有二相，進而建立有自證。《釋量論》云：

「由成立二相，亦多成自證。」[126]

依理成立一識具所取與能取二相，此理亦能「多成」[127]自證，即隨順成立自證。相關的詳細內容應從《釋量論》及其自釋得知。

第二、依憶念之因相，成立識二相與自證的存在。論式為：「執青有法，有領納爾者，有事後憶念故。」想起「之前我看到青色」時，存在彼憶念的所執，即「見青」的憶念境與「我見」的憶念識兩者。事前若不生見青之識，事後則不生見青的憶念，同樣地，事前若不生領納執青之識，事後則不生執青識的憶念。憶念境將憶念識的緣故，領納事前的境本身也能成立領納具境識。以上證實，事後憶念的因相成立前執青有領納者，進而成立前執青有領納其的自證。除此之外，無任何成立其他選項的譬喻，故而否定其他說法。總之，成立領納執青是存在時，彼領納決定分自他兩者，然汝說前者不應理，後者則被我方所破，即破領納的能遍[128]時，僅領納性亦不應理，以

126 德格版，論，量，ཚེ卷，第三品，第425句偈頌文，134背頁；對勘本版，書號97，563頁。漢譯來源：法尊法師譯《釋量論》。

127 譯者註：由此「多成」二字詮釋《釋量論》「由成立二相，亦多成自證」中的「多成」。

128 譯者註：「領納的能遍」是直譯。意思是，周遍成立領納的理由。

此而破，故許此是成立自證的最佳理路。

如果與執青體性相異之識領納執青，將有二過：一、應成無窮盡。若遍立青色之識要依事後的他識而周遍成立，那麼，又要依他識成立該識，將有應成無窮盡之過。若是無窮盡，將有「不成立領納第一執青」之過。如果不須觀待他識成立彼識，前識也不須依賴他識。[129]二、應成不遍立他境。如果後識遍立前識，將有「不知色聲等他境」之過，不轉移於彼故。如果後後識遍立前前識，後識必定是以前識爲所取義後而生故，自然不會放棄內在近處的所取義，從而趨入遠方的外在事物。[130]《集量論頌》云：

「亦由後時念，成二相自證。」[131]

《集量論頌自釋》亦云：

---

129 譯者註：第一順位是知青識，為成立第一順位要有第二順位——與知青識體性相異的他識。若是如此，為成立第二順位要有第三順位——與第二順位體性相異的他識。這樣一來，將要有第四順位、第五順位等等，故有無窮盡之過。反之，如果為成立第二順位不需要第三順位，那麼，為成立第一順位也不需要第二順位。

130 譯者註：第一順位是知青識，為成立第一順位要有第二順位——與知青識體性相異的他識。若是如此，如是第二順位——與知青識體性相異的他識，將有「不知色聲等他境」之過，因為第二順位不會轉移其所緣於色聲等外在事物故。如果要依第二順位與知青識體性相異的他識來成立第一順位，第二順位的所取義只能是第一順位，自然不會緣外在事物。

131 德格版，論，量，ཅེ卷，第一品，第11句偈頌文，2正頁；對勘本版，書號97，4頁。漢譯來源：法尊法師譯編的《集量論頌》。

「亦由後時念，成二相自證……又由後時能生憶念，亦即證成識有二相。如於曾受之境後時能憶，如是心亦後時能憶，則知先亦曾受，若未曾受則不能憶。故亦證成識有二相。由後時生念亦即證成心有自證。若無自證曾自領受，則必不生後時念故，如憶色等之念。若謂如色等由他識領受，如是心識亦由餘識領受者，曰：此不應理，若由餘識領受者，則成無窮。言無窮者，謂餘識後應由餘識領受，則成無窮（若由同時餘識或後時餘識領受，皆成無窮。餘識復應不緣餘境。如《釋量論》廣說）。『彼亦念』謂若由餘識領受彼識者，於彼亦須見後時憶念故（然不憶餘識，故知不然）。若彼復由餘識領受則成無窮。如是若由餘識領受，則彼餘識應不轉緣餘境，以唯緣此前識故。是故決定應許有自證識。」[132]

第三、各自區分所緣與領納之理。論式爲：「執青根識有法，其所緣與領納是相異，爾的所緣義不成爲爾性卻是與其境相似；若爾不成爲爾的領納性，爾則非明顯性。」阿闍黎法稱的《釋量論》云：

「以是一切識，緣領受各異，同義是為緣，自顯是領受。」[133]

132 德格版，論，量，ཅེ卷，第一品，16背頁；對勘本版，書號97，63頁。漢譯來源：法尊法師譯編的《集量論頌略解》。

133 德格版，論，量，ཅེ卷，第三品，第459句偈頌文，136正頁；對勘本版，書號97，566頁。漢譯來源：法尊法師譯《釋量論》。

一切心識的所緣與領納是相異。識不成為其所緣的體性，然其所緣與境相似，故識能直接緣取其境。領納者成為所領納的明性，故說領納所領納之體性。

第四、明體性之理。論式為：「明顯性的根識有法，謂自顯自識，自證領納之境相乃爾之體性故。」油燈同時照亮自他，非循序漸進，而且照亮本身不須依賴其他。同樣地，心識同時明顯其境與自己，無須依他明顯。琉璃球遇藍境時是藍色體性，而琉璃自身是明澈性，這不相違。同樣地，執青是具境青相，而自身是明顯性，這不相違。此理要義為：識是明性時，應承許識也至極明顯於自身；如果識不是明性，應承許識也無法明顯其境。這是關鍵。《釋量論》云：

「以自極顯故，彼義體極顯。」[134]

瑜伽現識

佛教量學典籍以事勢理成立瑜伽現識。正論式為：「普通士夫相續中的慈愛與證無常智等有法，不離串習支分而觀修時，於爾所修義上可轉成不混合義總的證智體性，因為不僅爾

134 德格版，論，量，ཅེ།卷，第三品，第482句偈頌文，136背頁；對勘本版，書號97，569頁。漢譯來源：法尊法師譯《釋量論》。

的所依堅固，且不須重複發起往昔勤力[135]是心性上的所生功德故。」依此理成立。《釋量論》云：

「故真非真實，彼彼善修習，修習圓滿時，其果當生覺，明了無分別。」[136]

無論是爾境的正義或倒義，至極觀修、圓滿究竟其串習力時，將生其果——明顯見其所修義，並不混合義總的無分別識。

成立所依堅固：慈愛與智慧等的所依堅固，因爲彼等是心性所生功德，而且彼等的所依是心、是唯明觀性，故無前後際的止盡。《釋量論》云：

「若所作復須，觀待勤功力，或所依不堅，殊勝不增長，非如是自性……[137]**故從彼等生，是性生功德。」**[138]

---

135 譯者註：心性的特徵（功德）之一是，一開始需要花很大力氣去熟悉的內容，因為習慣成自然的緣故，事後可以不須重複往昔的努力，便可自然發起熟悉該內容的理解。

136 德格版，論，量，ཅེ卷，第三品，第285句偈頌文，129正頁；對勘本版，書號97，551頁。漢譯來源：法尊法師譯《釋量論》。

137 德格版，論，量，ཅེ卷，第二品，第120-121句偈頌文，112正頁；對勘本版，書號97，511頁。漢譯來源：法尊法師譯《釋量論》。

138 德格版，論，量，ཅེ卷，第二品，第123句偈頌文，112正頁；對勘本版，書號97，511頁。漢譯來源：法尊法師譯《釋量論》。

成立不須重複發起往昔勤力，其義如《釋量論》云：

「心中悲湣等，修生自然轉，如火等於薪，水銀與金等。」[139]

長時間觀修慈愛與智慧的話，內心會自然相應彼性，因爲內心的慣性，產生各個剎那的念頭不須依賴各自的一一勤行，僅憑單一的勤行便可延續同類的多個後識，這就是心性的特徵。例如，乃至柴木燒盡成灰之前，火會自然延續。水銀與黃金好好處理的話，同類的離鏽後德也會自然持續。

因爲具足這兩項特徵——所依堅固與不須重複發起往昔勤力，成立慈愛等心可以無限成長。論式爲：「慈心等識有法，若具殷重毅力串習爾時，爾的發展將成無限，因爲從同類前識種子輾轉增長是心性的功德故。」《釋量論》廣釋成立瑜伽現識之理，論云：

「是從前同類，種子增長者，悲等諸覺心，修習於何住。」[140]

139 德格版，論，量，ཅེ卷，第二品，第124句偈頌文，112正頁；對勘本版，書號97，511頁。漢譯來源：法尊法師譯《釋量論》。

140 德格版，論，量，ཅེ卷，第二品，第126句偈頌文，112正頁；對勘本版，書號97，511頁。漢譯來源：法尊法師譯《釋量論》。

如愈加光明便愈無黑暗，同樣地，內心朝善德面的串習力愈強，心中的過患面便能隨彼之力自然消弱。成長慈等的串習力愈強，因爲其所依堅固是心性的功德，該串習便能愈加提升，在彼助緣不斷的基礎上，又能長期延續其串習時，依其串習方可成長至無限。再者，心中的過患類別又缺量的依據，從而其力逐漸衰弱，最終徹底斷滅。佛教典籍依理廣釋以上內容。

乙四、附帶解說見似現識

爲成立正現識不錯亂於所現境，此章節說明何爲正現識反方或爲謬處的見似現識。《集量論頌》云：

「迷亂世俗智。」[141]

是分別的見似現識有六，而離分別的見似現識有一。前六者爲：一、執陽焰是水的分別邪見是錯亂於所趨境之識。二、粗分與續流的分別識是世俗智。三、執因心[142]的比度。四、從

141 德格版，論，量，ཅེ卷，第一品，2正頁；對勘本版，書號97，4頁。漢譯來源：法尊法師譯編的《集量論頌》。

142 譯者註：以「聲音有法，是無常，是所作性故」的因相為例，執因心有二：了解此論式的宗法（聲音是所作性）之心，以及了解此論式的同品遍（是所作性一定是無常）之心。

執因心所生的知宗比度。五、憶念過去的念分別。六、欲求未來的分別。離分別的見似現識是，因目翳等眼疾污染所依根，由此產生的根識。《釋量論》云：

「似現量四種。」[143]

《釋量論》說見似現識可攝爲四：一、粗分與續流的分別世俗識，是依名言的分別。二、執陽焰是水的分別錯亂識等，是增益他義的分別。三、將隱蔽義的後四分別總稱爲「分別」。故「分別」有三類。四、由暫時謬因所染的增上緣之根，依其所生的離分別識。《集量論頌自釋》等典籍這麼說明的意趣是：爲破正理派等人錯誤認爲，錯亂識與世俗智是根識，故成立錯亂識與世俗智二不是由根所生識。《釋量論》云：

「為成非根生，說二見誤故。」[144]

爲何彼等宗義論師會錯誤表示，錯亂識與世俗智是根識呢？這是因時間與地點相近所產生的誤解，即依序，視執瓶分別的依名言分別爲見瓶眼識；視陽焰是水的增益他義分別爲見

143 德格版，論，量，ཅེ།卷，第三品，第288句偈頌文，129背頁；對勘本版，書號97，551頁。漢譯來源：法尊法師譯《釋量論》。

144 德格版，論，量，ཅེ།卷，第三品，第289句偈頌文，129背頁；對勘本版，書號97，551頁。漢譯來源：法尊法師譯《釋量論》。

陽焰色的眼識。論說，藉由某人位於某時空的因素而產生這種誤解。《釋量論》云：

「有依止名言，於餘義增益，是等諸分別，近現量轉故，時為錯亂因。」[145]

說明隱蔽義分別的後四者，其目的是什麼？前述正理派等辯方成立彼等四分別不是根識，然此處稱彼四是見似現識的分支，是爲彰顯「成立依名言與增異他義分別非根識的因相」之同品喻的緣故。《釋量論》云：

「說比等已成，為成前二故。」[146]

揭示單一見似現識的目的是什麼？提及「翳」[147]是爲認清目翳眼疾、眼白泛黃等因素導致諸根受損，由其所生的一切識都是見似現識，而非只有眼翳才是見似現識。

《釋量論》將錯亂識等六種分別心的見似現識歸納爲三而行解釋。一、成立非根識之有法，即錯亂識與世俗智是「成立

145 德格版，論，量，ཚེ卷，第三品，第290句偈頌文，129背頁；對勘本版，書號97，552頁。漢譯來源：法尊法師譯《釋量論》。

146 德格版，論，量，ཚེ卷，第三品，第289句偈頌文，129背頁；對勘本版，書號97，552頁。漢譯來源：法尊法師譯《釋量論》。

147 譯者註：即《集量論頌》中「似現有膜翳」的「翳」字。

彼二非根識」的諍處。二、成立非根識之譬喻，即其餘四者相同屬於該因相的同品喻。三、單一見似現識，其目的如前述。

還有，「似現有膜翳」[148]謂離分別見似現識。那麼，依何標準斷定彼等是否錯亂於境？對此，各家持不同說法，於此處簡略說明。阿闍黎勝主覺所造的《集量論釋》云：

> **「於正所求髮絲等事物，見諸髮絲之目翳等識，既非不欺亦非為量。具黃目所染眼者見白螺為黃螺。久時翳障眼故，或於遠處故，於應顯青等處，不顯青等相。或乘舟者或坐騎者於木起謬，於樹等住立者顯現為行走之木等，故執爾見然而非義。依錯亂與事物之關聯，故某不欺於所求義者引量。如是至極趨入且無障礙時，將來定能獲得所求僅是螺等作義事物。若言，不欺然所見顛倒，故不許為量。駁：比度亦如是故，汝將不許比量，故汝不許亦不應理。是故，不欺於唯螺等正求作義事物，則不違於量，吾見彼義亦可述說彼義，謂某士夫之至極識，如求義之現識與比度，若離障礙，成立定得所求義者為量。」**[149]

論將初趨於境且是無欺的離分別識安立為量。見髮絲的根識並無不欺，故非現量。然而，所染之眼見黃螺或坐騎時見樹

---

148 譯者註：此詞源於阿闍黎陳那的《集量論頌》。

149 德格版，論，量，ཅེ།卷，第一品，29背頁；對勘本版，書號108，71頁。漢譯大藏經內並無此譯。

木行走等根識卻是現量，因爲彼等根識是離分別，故非比度，又不欺於彼所求義螺與木等，故是量。又許，如果只是錯亂就要否定是量，比度則應非量。

那麼，阿闍黎陳那說的「似現有膜翳」，是指一切受損根識皆爲見似現識，豈不相違？答：無過。遭膜翳所染的緣故，於何處有欺，於彼處則爲見似，依此角度而說眼白泛黃、見木移動之二根識爲見似現識，卻不說彼二是見似現識。[150]總之《集量論頌》的意思是，所有離分別於何處有欺，則於彼處是見似現識。

較於前述觀點，阿闍黎法上卻持不同立場，如彼著作的《決定量論疏》云：

「此受染見與事物不相應，故彼見不待事物，如妄念，是見似現識，見髮亦非與事物相應之見。某依根所生染識，如月等識，豈能承許於某有而生？故道『諸見與事物不相應，是欺故。』無一外事物猶如所見般而有，故於見髮識中無有任何一境。同理，見二月識等亦無其境，如其所見，於外無二月與行走之木故。受染之見乃欺誑故，與事物不相應故，是見似現識。」[151]

150 譯者註：例如，「生活上，博士你很白目耶！」這句話不是說「博士你很白目」，而是站在如何打理好生活的角度上說「博士你很白目」。

151 德格版，論，量，ཚེ卷，第一品，125正頁；對勘本版，書號104，1057頁。漢譯大藏經內並無此譯。

阿闍黎法上表示，所依受染的根識皆錯亂於一切爾境、爾時、爾相之分，故不成立爾是現識。執黃螺的根識錯亂於一切是螺之分上，故非量。彼根識不能直接知境，故不成立間接知境；彼識只見黃色，不見任何一絲是螺之分。若說，彼識不見白色，卻見螺狀。反駁：螺的白色與形狀體性為一故，見螺狀者必見螺的白色，而彼識所見黃色與螺無關，既然彼識不見螺的顏色，自然不能合理成立彼現識見螺狀。之所以得螺，源於執螺觸識現量所執，無關執黃螺眼識的作業。應知以此類推見行走之木。

若要稍微深入了知正現識的謬處——見似現識，請參閱《佛法科學總集．下冊》相關章節。

甲四、說比量

聖域印度的多數宗義師皆說比度，然其性質與所依因相為何，仍有諸多細微差異。根據佛教量學，最初是由阿闍黎陳那以言詮的角度將比度分為自義與他義兩類，如《集量論頌》云：

「比量二自義，三相因見義。」[152]

前文中《集量論頌》說自義比度的性質：依三相之因相得

152 德格版，論，量，ཅེ།卷，第二品，4正頁；對勘本版，書號97，553頁。漢譯來源：法尊法師譯編的《集量論頌略解》。

見所量隱蔽義之耽執。爲什麼稱這類耽執爲「自義比度」呢？依此耽執斷除具爾耽執補特伽羅相續中的增益，故稱「自義」；依三相因之見，憶念因相與所立法之間的相屬後，比度其宗之識，故稱「比度」。依下述決定三相的執因心之量與已決識的反覆觀察，方可決斷所量隱蔽法，初生證知其法的思所生量，稱爲「比量」。論說，一開始這種比量源於證知有法的現識，最終成爲現證其所量隱蔽又不混義總的瑜伽現識。這種耽執無法當下現證其境，卻因觀待其所依的正因相或正理，不欺且初證其所量隱蔽法，故是「自義比量」。

隨比量爾之所依因相的差異與證知所量的難度分三：一、事勢比量。二、極成比量。三、信許比量。

事勢比量。觀待爾之所依事勢正因後，初證爾之所量略隱蔽分之無欺耽執，是事勢比量的性質。事例如「以因緣所造的因相，證知聲是轉變性無常」的比量。阿闍黎法上的《決定量論疏》云：

> **「量成立三相故，隨事勢因相趨入其境，而非希求教言等任一他法，故不待教言。是故，雖違教言，彼量成立實為善成，教言不害彼量故。」**[153]

153 德格版，論，量，ཚེ卷，第四品，29背頁；對勘本版，書號104，67頁。漢譯大藏經內並無此譯。

依序，論說立宗的事勢因相，以及從其所生的證知所量之比量，彼二在不受教言的利害影響下，便可趨入眞相。

極成比量。觀待爾之所依極成正因後，初證爾之所量聲成、極成之無欺耽執，是極成比量的性質。事例如「依是想詮分別之境的理由，證知具枝葉者可詮爲樹」的比量。阿闍黎釋迦慧的《釋迦慧論著》云：

「言極成之比度，僅謂希求與隨其相屬極成之希求，即建立希求聲之所詮也！故依自性因，比度一切希求聲之所詮法。彼具境識乃此比度也。以彼識輾轉極成所造故，『輾轉』謂極成比度。」[154]

爾量所依因相之宗只會是聲成、極成的緣故，成立其宗之因相，以及依此因相證知其宗的比度兩者，依序是極成正因與極成比度；論以「輾轉」之名形容後者。

信許比量。觀待爾之所依三察清淨教言的正因後，初證爾之所量極隱蔽之無欺耽執，是信許比量的性質。事例如「以三察清淨教言的因相，證知所量極隱蔽分——非補特伽羅自身的現識與事勢比度之行境」的比量。阿闍黎釋迦慧的《釋迦慧論著》云：

154 德格版，論，量，ཅེ།卷，第四品，267背頁；對勘本版，書號99，674頁。漢譯大藏經內並無此譯。

「然此可信之詞於總無欺，即『盡除此過、彼過』之詞無欺於此義、彼義，如言『諸行是剎那性』。於極隱蔽義中，斷過此詞亦是如此。」[155]

依「主要宣說諸行無常等一般眞相之士夫，其詞不欺於義」的決定建立，該士夫別說極隱蔽分之詞亦是三察清淨後，依此正理引發證知其詞所詮極隱蔽分的信許比量。

他義比度是能詮聲的屬性並非心識，所以自義比度與他義比度兩者不能以同一性相而論。阿闍黎法上的《決定量論疏》云：

「比度二相無一性相，體性極異故。於此，一是識，另一是詮。」[156]

他義比度的性質：爲他決定自身已決斷之宗，極顯闡釋圓滿三相的能詮。他義比度的詞義：詮論式者爲令其他補特伽羅知宗而行義[157]，故稱「他義」。以依賴某理由與某目的，稱其「比度」。這是什麼意思呢？因爲是自果比度之因，故以果之名

---

155 德格版，論，量，ཞེ།卷，第一品，242背頁；對勘本版，書號98，1533頁。漢譯大藏經內並無此譯。

156 德格版，論，量，ཞེ།卷，第二品，168正頁；對勘本版，書號104，1166頁。漢譯大藏經內並無此譯。

157 譯者註：「行義」是直譯，意思是為某種目的或利益而行某事。

稱呼其因。這麼稱呼的目的是，爲知此論式具有生自果比度的能力。是比度的直接違害：彼是能詮聲故。《集量論頌自釋》云：

「如自由三相因，生有因智。如是為令他生有因智故，說三相因。是名他義比量。是因立果名故。」[158]

《正理滴論》亦云：

「利他比量，說為三相因者，謂於因安立果故。由於立量之別，此分二種，謂具同品法及具異品法。」[159]

若要略爲深入關於自義比度與他義比度的性質及其分支、比度所依正因等等，應從《佛法科學總集・下冊》得知其義。

甲五、建立量果

概述去除關於量的數量、性質、分類的邪念後，此章節爲去除關於量果的邪念，建立自宗的量果論述。一般聖域印度的量學家共同承許，成辦士夫所求目的得依量，而量的作用一

158 德格版，論，量，ཅེ卷，第三品，40背頁；對勘本版，書號97，121頁。漢譯來源：法尊法師譯編《集量論頌略解》。

159 德格版，論，量，ཅེ卷，第二品，233正頁；對勘本版，書號97，816頁。漢譯來源：楊化群譯、北塔藏文班及劉曉丹編校、雲丹審核的《正理滴論》。

定是不欺於境、顯示眞相。對於如何定義量作用中的作業、作者、作處三——境或量之所量、量、果——卻是眾說紛紜。其中的最大分歧是，量與果兩者到底是體性一還是體性異。非佛教的其他宗派說量與果爲體性異，佛教量學家阿闍黎陳那父子則持反對立場，說量與果爲體性一。

說量與果爲體性異，其意趣的根本依據是什麼呢？我等認爲，非佛教的量學家之所以這麼想，是因爲量是了知所量之因或方便。因此，證知所量是依量而成、是量之果。如正理派等非佛教的量學家們主張，諸識離相[160]，根遇境是量，由此產生的知境是果。《正理經》說量與果是先後因果，如云：

「根義相遇所得攝者乃量果也。」[161]

關於勝論派。執所知六句義中的德等特徵者是量，證知具彼等特徵之質者是果。此說同正理派，亦許量果兩者是體性異的因果。

關於外道伺察派。初見境的前識離分別是量，後由此識所生、執整體或個體等的耽執是果。又說，耽執是量，由此所生、得境的趨入者是果。或依同理，趨入境是量，得境者是

160 譯者註：識直接趨入其境，識與境之間並無任何他相的介入。

161 此文被《量理寶藏論自釋》（薩迦文集，第十六卷，量，289頁）所引用。

果。或得境是量，成辦目的者是果。總而言之，在世間通俗的說法中，以何成辦與成辦何者，彼二相異故，量果也只能與量是體性異，如伺察派的自宗典籍云：

「初有之見者，離分別之識，識如無知愚，由淨事物生。此外餘事物，一切等法類，說識作耽執，許彼為現識。」[162]

阿闍黎蓮花戒的《略釋敵宗理滴》也清楚揭示了伺察派或推勝派的量果觀點，如論明云：

「推勝等人說，世間共許成辦處與成辦者是彼此體性異故，果僅異於量應理，是斧則非截斷也。是故，真實義以四相圓滿，即能量、所量、量、知也。能量者是士夫也。所量是諸色等境也。量是根等也。知乃周遍決斷也。」[163]

佛教毘婆沙部說根識離相，如《阿毘達磨俱舍論》云：

「眼見色同分，非彼能依識。」[164]

---

162 此文是伺察派阿闍黎鳩摩梨拉婆吒《頌釋論》的偈文，被阿闍黎吉祥慧賢的《定量論釋》（德格版，論，量，ཚེ།卷，第一品，184背頁；對勘本版，書號104，464頁）所引用。

163 德格版，論，量，ཟེ།卷，92背頁；對勘本版，書號105，260頁。漢譯大藏經內並無此譯。

164 德格版，論，阿毘達磨，ཀུ།卷，第一品，42正頁；對勘本版，書號79，7頁。漢譯來源：唐玄奘大師譯《阿毘達磨俱舍論》（T.29.1558.10c.6）。

毘婆沙部說，所依之根是量，由其所生之識是果，故量果兩者是體性異的先後因果。這與非佛教的前述觀點相同。

阿闍黎陳那的《集量論頌》特別建立了量果體性一的論述，這也是一般佛教量學家們自宗所持的立場。《集量論頌》提及三種不同量果論，彼三可依後人所稱的「第一果尋[165]、第二果尋、第三果尋」得知。[166]

量果一般分二：量與果之間有他法介入的果，以及無他法介入的果。建立量學的目的是爲了正當成立彼二果。介入之果是，無顛倒知何謂所行與所斷後，如實取捨，進而獲得暫時希求與究竟希求的目標。這些果不僅依量而生，而且彼等與量之間還須藉由他法的介入，故稱「量之介果」。因此，成辦這些量之介果主要還得依量。《釋量論》云：

「所取所捨事，轉趣彼主故。」[167]

以行商爲例。未行商前，要考察買賣此物件會產生多少

165 譯者註：原文為「འབྲས་རྟོག」（果尋、果分別、果念），而藏漢大辭典中將其詞寫為「འབྲས་རྟོགས」（悟果）。根據編輯者格西的說法，此詞是縮寫，全文為「ཚད་མའི་འབྲས་བུ་ལོག་པར་རྟོག་པ་དགག་པ།」（破除關於量果的邪念）。

166 阿闍黎帝釋慧的《釋量論帝釋慧註釋》雖無將第一量果取名為第一果尋，卻將第二量果與第三量果取名為第二果尋與第三果尋。

167 德格版，論，量，ཅེ卷，第二品，第3句偈頌文，107背頁；對勘本版，書號97，500頁。漢譯來源：法尊法師譯《釋量論》。

收入，並以量決定了知該買賣會帶來怎樣的正負成果而取捨行商，事後才能獲得利潤正果。因此，成立安樂等量之介果，還得依賴串習量續的不介入果，而彼等不介入果又得依賴證知所量的量果。

量的不介入果有二：一、與爾量為體性異，即由量直接引發的決定識。例如，眼見花朵後，立刻產生「這是花」的意分別決定識，這是由量直接所生之果，故稱「量的不介入果」。二、與爾量為體性一，即證知爾量之境或所量。以青是所量為例，依顯現青相而初證青的不欺識是量，知青是果。此知不與量為體性異，卻依立者與立處而名為「因果」。為何要成立不介入果？因無他法介入，且是依量而立之果的緣故。

立者為因，立處為果，這只是一種對果的形容，不是真實由量所生的果。為何稱立者為因，立處為果？因為證知黃青等諸量，會隨其顯現不同境相，證知不同所量的緣故。此章節的「量果」之「果」是指所顯處；「量」是指具相顯者；所量是指依量果兩者而斷增益之處。彼三依序是作處、作者、作業。

當量學的阿闍黎們檢視並破除毘婆沙師等立場時，說於自宗的量果論中須成立顯現境識的不介入果，進而揭示三種量果論。一、暫時[168]安立所量外境的量果。二、成立唯識故，破外

---

168 譯者註：此處的「暫時」意思是：並非量學的阿闍黎們所承認，只是權且說明對方認知的量果。

境色等所量，並視識體性的色等爲所量的量果。三、縱然說實派所言的外境色等是所量，仍須承認識體性的色等之知是果。如前述，後來的論著將彼三取名爲「第一果尋、第二果尋、第三果尋」。

《集量論頌》說第一種量果論，論云：

「有作用證故，即果能量度，亦設立為量，亦非無作用。」[169]

此時，《集量論頌自釋》解釋道：

「此中所說量果，非如外道所計，離能量外別有量果，是即能量心而為量果……即量果之心，帶境相而生，具了證境之作用，即許為能量，亦非無作用。喻如果隨因生，說持因形。」[170]

猶如世間說，果隨因生故持因形，[171]故依知境識的立者與立處而立量果。量果彼二雖無體性異的因果作用，立者與立

169 德格版，論，量，ཅེ卷，第一品，2正頁；對勘本版，書號97，4頁。漢譯來源：法尊法師譯編的《集量論頌》。依賈曹傑的兩部著作《量經釋》與《釋量論疏．闡明解脫道》，此處說明《集量論頌》是如何建立佛教的量果論，以及《釋量論》針對其義的決斷詮釋與三果尋。

170 德格版，論，量，ཅེ卷，第一品，16正頁；對勘本版，書號97，61頁。漢譯來源：法尊法師譯編的《集量論頌略解》。

171 譯者註：如「龍生龍，鳳生鳳，老鼠的兒子會打洞」的說法。

處的合理性仍可成立，因爲自宗說，果識帶境相而生，是知境量。《釋量論．現量品》以破他宗、立自宗、反他駁之理清楚說明其義，如論云：

「於彼唯領受，相同體之識……許為異諸事，皆增益轉故。」[172]

以青是所量爲例，依顯現青相而初證青的不欺識是量，知青是果。量作用的所趨境是青，量的作用是依顯青相而初證且不欺於青，其果是知青。

唯識承許第一果尋，然此處建立第一果尋主要是依經部的量果論。經部的不共量果是，外境色是所量，顯現境相而初證外境色的不欺識是量，知外境色之量是果。

《集量論頌》的第二種量果論，如論云：

「又自證為果，由彼體義定，境相即此量，由彼能量度。」[173]

《釋量論》詮釋《集量論頌》及其自釋時，揭示了對於此

172 德格版，論，量，ཅེ།卷，第三品，第302句偈頌文，130正頁；對勘本版，書號97，553頁。漢譯來源：法尊法師譯《釋量論》。

173 德格版，論，量，ཅེ།卷，第一品，2正頁；對勘本版，書號97，4頁。漢譯來源：法尊法師譯編的《集量論頌》。

義的廣泛檢視與辯駁，論云：

「何為了知義，若謂別別了……[174] 亦當了知義。」[175]

第二果尋的量果分二：他證量果與自證量果。[176]關於他證量果，識體性的青色是所量，顯現境相而初證識體性的青色之不欺識是量，知識體性的青色之量是果。顯現境相而初證色的不欺識，因爲完整具足證境的安立三法，可依彼立知色之量。安立三法是：以斧鋸木時，須依士夫手持，寓意其他作者的所轉性；持斧上下劈砍，寓意有其作用；鋸斷木頭，寓意近立主宗。同樣地，領納自識的能取相依賴領納自識，同其他作者的所轉性；顯現境相而證境，同有其作用；於境上，斷不合眞相的增益，同近立主宗。

關於第二果尋的自證量果，證知識體性青色的所取相是所量，依此引發新決定的能取相是量，遍立其境的自證現量是果。此時又將作處、作者、作業取名爲所取、能取、領納三

174 德格版，論，量，ཙེ卷，第三品，第320句偈頌文，130背頁；對勘本版，書號97，554頁。漢譯來源：法尊法師譯《釋量論》。

175 德格版，論，量，ཙེ卷，第三品，第340句偈頌文，131背頁；對勘本版，書號97，556頁。漢譯來源：法尊法師譯《釋量論》。

176 如何定義第二果尋與第三果尋？多家注釋各持不同立場。此處則是根據克主傑的《釋量論廣注理海》說明第二果尋，即唯識派量果中的他證量果與自證量果。

者，即所取是所量，能取是量，領納自證是果。《集量論頌自釋》云：

「以自證為量果……其自證分從二相生，謂自相與境相。境相為所量，自相為能量，自證為量果……由心自體決定境義。若時心具義境，爾時隨順彼心之自證即能了知樂不樂義。」[177]

關於第三量果。《集量論頌》云：

「若時彼現相，所量量與果，能取能了故，彼三非各異。」[178]

《釋量論》詮釋《集量論頌》及其自釋時，揭示了對於此義的廣泛檢視與辯駁，論云：

「縱然有外義……[179] **是說為自證。」**[180]

177 德格版，論，量，ཚེ卷，第一品，16正頁；對勘本版，書號97，62頁。漢譯來源：法尊法師譯編的《集量論頌略解》。

178 德格版，論，量，ཚེ卷，第一品，2正頁；對勘本版，書號97，4頁。漢譯來源：法尊法師譯編的《集量論頌》。

179 德格版，論，量，ཚེ卷，第三品，第341句偈頌文，131背頁；對勘本版，書號97，556頁。漢譯來源：法尊法師譯《釋量論》。

180 德格版，論，量，ཚེ卷，第三品，第366句偈頌文，132背頁；對勘本版，書號97，558頁。漢譯來源：法尊法師譯《釋量論》。

第三量果的事例如，經部所許的外境色是所量，顯現境相而初證色的不欺識是量，證知識體性之色的量是果。

所有推理者都說，依量而知所量故，量果就是證知爾之所量。然而，如何定義量，以及證知所量的量果是否與量爲體性異？於此，各有不同說法。《釋量論》等典籍廣破他派的量果論，進而建立自宗時，爲能攝受經部論師，先示與彼宗相同的第一果尋。第二果尋中，特別點出唯識所許的無外境理，並建立自證與他證量果的安立三法，非常清楚地闡釋破外境有的唯識見。解釋第三果尋時，不直接破除外境所量本身，卻說「縱然如經部所許的外境色等是所量，證知識體性的色等仍須是果」，以此成立唯識派所持量果論的合理性。

總而言之，阿闍黎陳那與法稱兩位論師的自宗立場是，量果非體性異，是體性一，而且必須是同一心識。量不是證知所量的因或方便，是證知所量識本身，因爲此識知境，故而是果。量果之義須從量的作用而定，其他解讀皆不應理。尤其是，根據否定外境有的唯識派而言，量果兩者不僅是體性一，量與所量也必須是體性一，因爲在第二量果與第三量果中，安立量之所量時說，必須是爾識體性的法才能是爾識的所量。換句話說，與能知爾量是體性異者，成爲爾識所量不應理。量、果、所量三者是體性一，此爲究竟意趣。

甲六、附帶解說比度所依——正因

乙一、總說

關於比度所依正因。三種所知中，如聲無常的略隱蔽分，以及受教言正負影響的極隱蔽分等細微諸法，必須建立彼二隱蔽分故，不僅《佛法科學總集》概說正因的性質及其分類，我等也欲於此品中成立某些三相是正因的略義。阿闍黎陳那的《集量論頌》在破他派承許一相、二相，或六相是正因的定義後，建立了三相是正因定義的自宗。對於此義，阿闍黎法稱的《釋量論》等著作中，提及了論式的同品遍與異品遍。彼二周遍的意思不是「只見於同品」[181]或「不見於異品」[182]，而是「決定只存在於同品」與「決定不存在於異品」。當同品法論式與異品法論式的成立語，依序道出同品遍與異品遍時，不須直接一一列舉彼二周遍，因爲直接揭示其中一個周遍，等同間接揭示另一周遍。當量決定彼二周遍時，也不須直接一一證知彼二周遍，單一的量就能直接與間接證知彼二周遍。正因最終的依據是二相屬，即如煙火相屬的生起相屬，以及如所作性與無

181 譯者註：以「聲有法，是無常，是法故」的論式為例，只見法（因相）存在於無常（同品或所立法）中，不成立法周遍是無常。

182 譯者註：「沒有證明甲（尚未證明甲）」與「證明沒有甲」不一樣，同理，「不見因相存在於異品」與「決定因相不存在於異品」也存在巨大差異。

常相屬的同性相屬。也是因爲這個關鍵，《釋量論》依多理成立，正因決定分三：果因、自性因、不可得因。

乙二、成立三相是正因定義

《集量論頌》云：

「所比同品有，於無性為無。」[183]

三相是正因的定義。《集量論頌》的這兩句揭示了所破單一宗法等比喻，以及破除彼等的目的。《集量論頌》云：

「一一二二相，非因義義知，聲常所作故，有身非量故，非身所聞故，眼取故無常。」[184]

如「聲有法，是常，是所作性故」的論式就是具單一宗法者。對承許微塵是常的勝論派而言，「聲有法，是常，有身故」的論式就是具單一同品遍者。又，對勝論派提出的「聲有法，是常，非所知故」的論式就是具單一倒同品遍者。又，對勝論派提出的「聲有法，是常，無身故」的論式則是具宗法與同

183 德格版，論，量，ཅེ།卷，第二品，4正頁；對勘本版，書號97，8頁。漢譯來源：法尊法師譯編的《集量論頌》。

184 德格版，論，量，ཅེ།卷，第二品，4正頁；對勘本版，書號97，8頁。漢譯來源：法尊法師譯編的《集量論頌》。

品遍二相者。或，「聲有法，是常，是所聞故」的論式則是具宗法與僅不見於異品的倒同品遍二相者。或，「聲有法，是無常，是眼識所取故」的論式就是不具宗法卻具同品遍二種特徵的因相。吉祥法稱的《因滴論》云：

「有說六相是因之性相，謂其三相、無害具境、欲說一數，以及識也。」[185]

有人說，在宗法、同品遍、異品遍三相之上還有三相：是於宗無有量害的具境、是無量成立倒宗[186]的單一數、是顯成立法於境的識，故而主張六相是正因的定義。此章節根據前引《集量論頌》的破除目的——否定六相爲正因定義，從而實際成立三相是正因的定義。

如果主張六相者說的「於宗無有量害的具境」是指，敵方是於宗決定無有量害的具境，將有此過：汝得承認「聲有法，是無常，是所作性故」的正敵方相續中，已經生起了決定於聲無常之宗無有量害的具境；這樣一來，汝明明主張「敵方尚未證知聲無常之宗」，卻還得承認「敵方證知其宗」[187]；這

185 德格版，論，量，ཅེ卷，251背頁；對勘本版，書號105，822頁。漢譯大藏經內並無此譯。

186 譯者註：直譯是「反方」，意思是所立之宗的反方，故譯「倒宗」。

187 譯者註：因為敵方已經生起了決定於聲無常之宗無有量害的具境。

樣一來，該論式對此正敵方而言將不成正因。如果說「無害具境」是指，敵方只是不見量害其宗的具境，也不應理。以「聲有法，是無常，是所作性故」的論式爲例，此敵方正疑惑聲是不是無常時，自然不會看到聲無常之宗的量害，也不會看到成立聲無常之宗的理由。因此，當敵方成立該論式的宗法時，敵方相續中就已生起「不見量害於該論式之宗——聲是無常」之具境的話，將有「獨立於宗法外，無害具境的說法不應理」之過。《因滴論》云：

> **「無宗故，若已決定趨入量害，無害則立宗，故因相無義；有害不成立故。不決定時，亦無量害，宗亦非有，故無害則是無能也。」**[188]

關於無量成立倒宗的單一數。如果說無量成立倒宗，只是因爲敵方於當時不見[189]的理由而安立其單一數，將有此過：以「聲有法，是無常，是所作性故」的論式爲例，正敵方在成辦宗法的同時，不見無量成立倒宗——聲非無常，所以汝說很難應理。如果說「單一數」是指，敵方要於當時決定無量成立

188 德格版，論，量，ཅེ།卷，252正頁；對勘本版，書號97，866頁。漢譯大藏經內並無此譯。

89 譯者註：直譯是「不見」，意指「不見因相存在於異品」。

倒宗的單一數，這樣一來，汝須承許於「聲有法，是無常，是所作性故」論式的正敵方相續中，已生「無量成立倒宗聲非無常」的決定。這樣一來，此論式的敵方將證知聲是無常之宗。這樣一來，將有不可避免的過失——此論式對該敵方而言並非正因。《因滴論》云：

「此亦破除欲說單一數者……」[190]

針對此句，阿闍黎律天的《因滴論廣釋》[191]云：

「如是破無害具境，為斷其餘性相，故於此破欲說單一數者。應知僅依破無害具境之理而破欲說單一數者。」[192]

如果說「顯成立法於境的識」是指，該論式敵方相續中的顯成立法於境之識，將有此過：以「聲有法，是無常，是所作性故」的論式爲例，正敵方以量成辦該論式的三相後，即刻便於正敵方的相續中，發起顯現成立聲無常的三相之識。一般來說，揭示三相的目的無關「顯成立法於境的識」之因，卻是

190 德格版，論，量，ཤེ།卷，253正頁；對勘本版，書號97，868頁。漢譯大藏經內並無此譯。

191 གཏན་ཚིགས་ཐིགས་པའི་རྒྱ་ཆེར་འགྲེལ། 。

192 德格版，論，量，ཞེ།卷，173背頁；對勘本版，書號105，468頁。漢譯大藏經內並無此譯。

爲能得知隱蔽分。還有，說明三相是正因定義時，等同說明了「顯現三相的決定」就是「顯成立法於境的識」，故無須另說「顯成立法於境的識」。《集量論頌》云：

「此亦得能知，依能知時故。」[193]

《因滴論》亦云：

「知謂不異於第三性相之餘知，故非其餘性相。」[194]

因此，三相之外另說餘三：於宗無量可害的具境、無量成立倒宗的單一數、顯成立法於境的識，乃不應理。

乙三、決定同品遍與異品遍時，爲何必依相屬

三相中，正因的同品遍與異品遍是第二相與第三相。如前所述，爲成辦彼二，必須決定因相與所立法之間的相屬，於此稍微說明其義。光是不見於異品便能滿足正因的同品遍與異品遍的決定，而且不須依賴因相與所立法之間相屬的決定，實不

193 德格版，論，量，ཅེ།卷，第二品，4正頁；對勘本版，書號97，8頁。漢譯來源：法尊法師譯編的《集量論頌》。

194 德格版，論，量，ཅེ།卷，254背頁；對勘本版，書號97，873頁。漢譯大藏經內並無此譯。

應理。《集量論頌自釋》云：

「唯色相同，非決定有味亦相同。」[195]

例如，依「自己以前吃過的甜味果實與這顆水果來自同一棵樹且形狀相同」的理由，當想起這是由同一棵樹所生的水果時，此樹上的一切其他未食水果都是甜的，汝須證知其義，但事實並非如此。又如，自己看到某顆菴摩羅果已經熟透且具酸甜味等特徵時，依「此與自身所見菴摩羅果相同，都是菴摩羅果」的因相，其他一切未見之菴摩羅果都要具備相同的成熟度等特徵，汝須證知其義，但事實並非如此。有目共睹，隨處[196]農田、水分、肥料等順緣的圓滿與否，一切菴摩羅果物[197]的熟度、口味、效果各有不同。因此，不成立依彼等熟度等特徵而認定一切菴摩羅果都得相同，遑論證知其義。《釋量論》云：

「由處等差別，物能力各異，見一而謂餘，定有則非理。」[198]

195 德格版，論，量，ཅེ卷，第二品，33正頁；對勘本版，書號97，103頁。漢譯來源：法尊法師譯編的《集量論頌略解》。

196 譯者註：此「處」字是源於《釋量論》中「由處等差別，物能力各異，見一而謂餘，定有則非理」的「處」字。

197 譯者註：此「物」字是源於《釋量論》中「由處等差別，物能力各異，見一而謂餘，定有則非理」的「物」字。

198 德格版，論，量，ཅེ卷，第一品，95背頁；對勘本版，書號97，571頁。漢譯來源：法尊法師譯《釋量論》。

因此，光是不見因相於異品，不成立異品遍；成立異品遍，必須決定因相不存在於異品中。例如，決定「有煙」與「無火處」無同屬[199]時，才能決定於一切無火處不可能有煙。此時，不須一一決定每一個無火處，其關鍵在於，隨煙之因相可以整體斷定一切無火處皆是無煙。

《釋量論自釋》於果因時云：

> **「承許持別因差別為總相故。若欲不待差別而言總相，則成錯亂，故不許也。」**[200]

論說以青煙、灰煙等差異爲因相，只能推理總相的火。反之，以總相爲因，不能推理是旃檀煙或柏樹煙等的差異，這種推理的邏輯很重要。體性與具體性者的隨轉隨遮無誤，果與因的隨轉隨遮也無誤，所以「聲有法，是無常，是所作性故」論式中的因相所作性，隨與其本性相屬的法無常體性之無而無；果煙也隨因火的無而無。《釋量論》云：

199 譯者註：丙既是甲又是乙故，丙是甲與乙的同屬。不應將其義理解為：甲與乙皆是丙，故丙是甲與乙的同屬。

200 德格版，論，量，ཅེ།卷，第一品，181背頁；對勘本版，書號97，903頁。漢譯大藏經內並無此譯。譯者註：法尊法師依僧成大師之大疏，摘譯編成一部略解，名《釋量論略解》，其中的類解釋為：「亦須觀待時處等差別方是正因，餘（不待差別）則成立彼之遍相，成錯亂故。」

> **「故由彼繫屬，自性遮自性，或由其因法，於果無誤故。」[201]**

總之，不僅不見於異品無法成立異品遍，因與果以及體性與具體性者的隨轉隨遮也是無誤，故於此處說明果因與自性因，其二因相與所立法之間的「無則不生」之相屬。

若說：不成立果因與自性因的因相與所立法之間的無則不生之相屬，其二[202]是彼此互不相關的他法。反駁：因相——所作性或煙，隨所立法——無常或火——之無而無。然而，依汝所說，此將不應理，如僅依對方沒有馬的理由，成立對方沒有犛牛等，不合眞相。同樣地，隨因相——所作性或煙之有，成立有所立法——無常或火應有。然而，依汝所說，此將不應理，如僅依對方有犛牛的理由，成立對方有馬等，不合眞相。阿闍黎釋迦慧的《釋迦慧論著》云：

> **「言『不然』謂，若不許無所立則無能立，不應理。不許自性相屬時，謂『他』的能立豈能隨所立之無而無？若能，婆羅門童子將隨無馬而無牛，因為無馬無異於他法，故應亦無牛。若許無相屬，隨某之無而無彼者，豈能不**

201 德格版，論，量，ཅེ卷，第一品，95背頁；對勘本版，書號97，581頁。漢譯來源：法尊法師譯《釋量論》。

202 譯者註：因相與所立法二。

許爾義[203]？論以人不名馬而舉問。『同理，一一』謂無相屬則不成立異品遍，後又言不成立同品遍。亦不成立因某近故令他趨近之決定，不然近馬亦成近牛。將無一有法或多有法成何性時，其他亦成彼性之決定。」[204]

《釋迦慧論著》以及其相關的根本文、注釋皆依喻說明，成立果因與自性因的同品遍與異品遍，都要依賴該因相與所立法之間的無則不生之相屬。

果因與自性因的同品遍與異品遍依賴該因相與所立法之間的無則不生之相屬，正因如此，當以無因火或無周遍者樹爲因相時，方可成立於某處無火或無沉香木的遮遣正因。《釋量論自釋》亦說，依賴該因相與所立法之間的無則不生之相屬，成立遮遣正因的同品遍與異品遍，如論云：

「由於無彼則不成立故，有一法則至極成立餘法，故以喻極示自性相屬。『故無因自性，有遮亦是因』謂遮彼等時，則遮其相屬，故許成立與遮遣他義，並說遮因或遮周遍者之因。若無相屬，豈能以遮一法成立遮

203 譯者註：婆羅門童子將隨無馬而無牛。

204 德格版，論，量，ཅེ།卷，第一品，106正頁；對勘本版，書號101，1087頁。漢譯大藏經內並無此譯。

遣餘法？」[205]

總之，於相異的所作性與無常二法中，遮無常則遮所作性，是因爲所作性與無常的相屬所致。所作性與無常二法相異，是由各自顯現其二義總的分別心之領納者自證現識所成立。成立常非所作性的違害因相所生比度，決定遮無常則遮所作性，從而決定所作性不存在於常中，進而成立異品遍。因此，依賴相屬方可成立正因的同品遍與異品遍。

乙四、爲何正因決定分爲果、自性、不可得三

此說爲何正因決定分爲果、自性、不可得三。具三相體性的正因依其體性決定分三：「於無瓶處有法，無瓶，正量不緣瓶故」的不可得正因、「東方柏樹有法，是樹，是柏樹故」的自性正因、「煙山有法，有火，有煙故」的果正因。《定量論》云：

「唯是，『與彼相狀相俱，因相者說不可得，體及果法

205 德格版，論，量，ཅེ卷，第一品，271背頁；對勘本版，書號97，923頁。漢譯大藏經內並無此譯。類似漢譯出現於法尊法師譯編的《釋量論略解》，論云：「故無『因、自性』，有遮亦是因。理應可得者，無所得亦是。如是無得因，此雖說三種，由於結構門，有多種差別，彼及彼違等，不通達、通達。若由無『因及自性』，則於某上有果及所遍可遮者，是能遮正因。以遍相之根本謂繫屬，彼待繫屬故。」

如是三。』因相者謂三種：謂不可得、自體及果法。例如於某些方所之差別處無有瓶，由成為可得之相狀所有者不可得故。若為有者則由成為具有可得之有性而非另外，如說言：由為沉香木故此即樹木，依煙此處有火。」[206]

《因滴論》云：

「具如是性相有三，故因相唯三：自性、果、不可得，如成立某法無常、煙於有火處，緣無之所知的不可得。」[207]

又，正因決定分爲果、自性、不可得三之理如下：煙火相異，遮火則遮煙，故有煙與火的相屬。普遍可依現識證實遮火則遮煙；以無火的夜時的海爲例，若於該處疑惑是否有煙時，要列舉因[208]不可得的正因爲抉擇理。還有，現識決定煙與火的隨轉隨遮之周遍；若於有煙處疑惑是否有火時，要列舉果正因爲抉擇理。柏樹與樹相異，遮樹則遮柏樹，故有柏樹與樹的相屬；若於無樹石寨裡疑惑是否有柏樹時，要列舉能遍[209]不可得

---

206 德格版，論，量，ཅེ卷，第二品，170背頁；對勘本版，書號97，656頁。漢譯原文：剛曉譯《定量論》，234-235頁。

207 德格版，論，量，ཅེ卷，240正頁；對勘本版，書號97，837頁。漢譯大藏經內並無此譯。

208 譯者註：煙之因，即火。火不可得，故無火則無煙。

209 譯者註：樹周遍柏樹。樹是能遍或周遍者，柏樹是所遍或周遍處。

因，視其爲抉擇理。再者，若於柏樹處疑惑是否有樹時，要列舉自性正因爲抉擇理。彼等因相中，因不可得與能遍不可得兩者被遮遣因相所攝，由此可知，正因決定分爲果、自性、不可得三。《因滴論》亦云：

「唯三是如是義：『無不生定故』謂述說宗法周遍乃無則不生，唯三因相，故決定此義。」[210]

「煙山有法，有火，有煙故」論式中的因法相屬[211]是生起相屬；因爲此因相直接依賴生起相屬，是果正因。再者，「聲有法，是事物，是所作性故」論式中的因法相屬是同性相屬——僅依因相所屬的本來體性便可成立所立法的所屬；因爲此因相直接依賴同性相屬，是自性正因。至於「於東方濃煙滾滾處有法，寒果毛髮直豎不持續，遍滿濃煙故」論式，因爲以量決定因寒觸的持續，以及果毛髮直豎持續的寒果——該論式的倒所立法[212]——是因果，成立此論式的因法相屬；此論式間接依賴生起相

210 德格版，論，量，ཅེ卷，240正頁；對勘本版，書號97，837頁。漢譯大藏經內並無此譯。

211 譯者註：如此論式的所立法火以及其因相的煙，兩法的相屬。依詮釋的順序而言，應稱因法相屬，而非法因相屬，因為煙與火才有相屬，畢竟火滅則滅煙。

212 譯者註：以「於東方濃煙滾滾處有法，寒果毛髮直豎不持續，遍滿濃煙故」的論式為例，彼論式的所立法是「寒果毛髮直豎不持續」，而倒所立法則是「寒果毛髮直豎持續」。

屬，故是遮遣正因。又，「於無樹石寨有法，無柏樹，無樹故」論式，因爲以量決定倒因相與倒所立法的同性相屬，故而成立此論式的因法相屬；此論式間接依賴同性相屬——僅依因相所屬的本來體性便可成立所立法所屬的體性，故是遮遣正因。依此理亦可成立，正因決定分爲果、自性、不可得三。

以上總體論式皆依因法相屬而爲正因。尤其是，因法相屬有生起相屬與同性相屬二；正因直接或間接依賴彼二相屬其一，故決定分爲果、自性、不可得三。阿闍黎法稱依此要義之意趣而說，缺乏因法相屬的推理論式不能成爲被理解或能理解的途徑。爲達此目的，須建立因法相屬。因法相屬有同性相屬與生起相屬兩種，明說直接依賴彼二相屬其一故，分果與自性二種正因，這意味著間接依賴彼二相屬其一故，成立遮遣正因。《定量論》云：

> **「一切不可得者謂非能了知無有，是故由違反其一便許違反其他故，此二亦須當許某些自體相屬。若非如是者，則當非能了悟因相。」**[213]

《因滴論》云：

213 德格版，論，量，ཅེ卷，第二品，183背頁；對勘本版，書號97，687頁。漢譯原文：剛曉譯《定量論》，390頁。

「若有自性相屬，方能解義。若無相屬，無誤決定則無。於所立義相屬因相時，直接者是所立義之自性、從所立義而生，因為非自性亦非所彼所生者，是無相屬之自性故。彼自性與從彼所生二法，亦唯自性與果，僅依彼二成立事物也。」[214]

正因可依所立法而建立其分類，故有種種分類法。《佛法科學總集．下冊》已略釋其中的果正因等分類爲何，以及相關的依據教言等，供讀者可參閱之。

甲七、附帶解說應成的不共量學

乙一、總說

內外宗義論師建立了量與所量。我等認爲，當其他量違害所許之量的所持義時，之前所許之量將成不正確，這是內外宗義論師的共同立場。吉祥法稱的《釋量論》也示其要義，如論云：

「彼中何有量，彼於餘能害。」[215]

其義也可從慧心要的《中觀分別二諦文》得知，如論云：

214 德格版，論，量，ཅེ卷，第二品，232正頁；對勘本版，書號105，28頁。漢譯大藏經內並無此譯。

215 德格版，論，量，ཅེ卷，他義比量品，第99句偈頌文，143正頁；對勘本版，書號97，583頁。漢譯來源：法尊法師譯《釋量論》。

「若有量害時，量我不堅固。」[216]

吉祥月稱自宗主張，絲毫的自性有都不應理；《顯句論》依此關鍵成立了量與所量的諸多要義，像是專章破下部宗師的量學觀點。《入中論》亦云：

「世間一切非正量，故……」[217]

有些注釋說，中觀應成派只認同世間共許，應成派自宗並不承許量學。然而，如宗喀巴等一些學者卻表示，中觀應成派不僅親口承許量學，更否定自相於名言中有，並依此要義建立了不共的量學。後者正是此書所述的觀點，故於此處略釋中觀應成派的不共量學。吉祥月稱的《顯句論》云：

「趨入量數是隨他所量轉故……由四量立知世間義。彼等以相互觀待而有，即若有量則有所量義；若有所量義則能為量，量與所量二非自性有。」[218]

如長短，量與所量二法因彼此觀待而成立。有量則要承許所量，有所量則要承許量。量的梵語是「pramāṇa」；「māṇa」

216 德格版，論，中觀，ས།卷，第28句偈頌文，2背頁；對勘本版，書號62，757頁。漢譯大藏經內並無此譯。

217 譯者註：漢譯來源為法尊法師譯的《入中論釋》。

218 德格版，論，中觀，འ།卷，第一品，25正頁；對勘本版，書號60，58頁。漢譯大藏經內並無此譯。

是知。應成派依此要義承許，當有能知時則要有所知。如世間所說的量義——量是無欺誑識，所以應成派說，量只是不欺於爾之主境，量不須是初證，也不須無誤於爾境之自性或自相。

應成派同樣依循世間的用詞表示，現識（प्रत्यक्ष མངོན་སུམ།）[219]的正名用於境，現識的偏名用於識。安立實境的確需要不錯亂識，然安立假境依錯亂識也可。即便事後生憶念識，仍不成立事前知境時唯向內的能取相識，因爲僅依憶念境便能憶念識，建立如是的憶念之理。已決識也是量，安立意現識等等。應成派根據其根本宗義——否定自性有，建立諸多不共量學觀點，異於一般量學理論。

乙二、量的定義及其分類

應成派認爲，不欺於爾識的主要境是量的性質。點出「爾

219 譯者註：英譯《佛法哲學總集》將此詞「प्रत्यक्ष མངོན་སུམ།」譯為「manifest」，即形容詞「顯然的」或動詞的「表露」之義。根據梵藏語法，「प्रत्यक्ष མངོན་སུམ།」一詞既可用於境也可用於識，是名詞，如「量」（གཞལ། / འཇལ།）一詞，在原文中，有「所量」亦有「能量」之義。一般量學家用此詞「प्रत्यक्ष མངོན་སུམ།」於「能量」——識，而世人則用此詞於「所量」——境。在這個章節之前，此詞「प्रत्यक्ष མངོན་སུམ།」在《佛法科學總集》與《佛法哲學總集》裡都是以一般量學家的說法為主，故譯「現識」。然而，當應成派依循梵藏通俗的語法而理解其詞時，「प्रत्यक्ष མངོན་སུམ།」（現識）一詞應解讀為「現前之所識」，是境。法尊法師譯《入中論善顯密意疏》亦說其義：「安立彼境與彼識俱為現事。故許現字，為彼境之實名，為彼心之假名。」用白話文來解讀的話，就是「現」的正名用於境，「現」的假名用於識。

識的主要境」是爲了破除執兔角分別心與見藍色雪山根識等邪識是量；彼等邪識仍知各自所現境，故不欺於各自所量。然而，不知其主要所趨境，故非不欺於爾識的主要境。同說實派所言，應成派說伺察識、疑、邪識等非量。阿闍黎龍樹的《迴諍論》云：

「彼現亦是無，說比阿含喻，比度成阿含，譬喻亦能成。」[220]

根據相關注釋，[221]應成派說量分四：知境現前分的現量、知略隱蔽分的事勢比量、知極隱蔽分的信許比量，以及「依已知喻，推理隱蔽於己之義與其喻相似，進而知義」的近知譬喻量。後二量被比度所攝故，不說量不決定分爲現比二量。現量性質：不依正因且不欺於爾識主境。現量隨增上緣分爲根現量與意現量二。根現量性質：從爾不共增上緣色根所生、離分別、不受暫時謬因所染、不欺於爾識主境。根現量可分從執色根現量至執觸根現量五種。意現量性質：不依因相、不欺於爾

220 德格版，論，中觀，ཙ卷，第5-6句偈頌文，27正頁；對勘本版，書號57，74頁。漢譯與藏譯稍有不同。漢譯原文：後魏毘目智仙共瞿曇流支譯《迴諍論》（T.32.1631.13c.8）：「彼現亦是無，云何得取迴，說現比阿含，譬喻等四量，現彼阿含成，譬喻亦能成。」

221 《迴諍論釋》，德格版，論，中觀，ཙ卷，128背頁；對勘本版，書號57，349頁。漢譯大藏經內並無此譯。

主境的意識。不同於一般的量學觀點，此派說意現量可分離分別與分別兩種。

比量性質：依因相且不欺於爾識主境。比量分事勢比量與信許比量二。《顯句論》說，信許比量與教言比量同義，而且近知譬喻被事勢比量與信許比量其一所攝，如《顯句論》云：

> **「一切世間有皆是現識所緣，故非隱蔽，故立彼具境知的同俱現識。二月等識依非眩瞖識，非現識；依眩瞖識，則是唯現識也。隱蔽具境是無誤於因宗所生識，是比度也。一切現知離根義的信許詞，是教言也。由相似證覺受義者，是近知，如念野黃牛似牛也。因此，由彼四量建立知世間義也。」**[222]

前品已說爲何應成派否定自證之理。

乙三、如何安立意現量

中觀應成派承許凡夫相續中有執色意現識，卻否定一般量學的「意現識是時邊際刹那」之說法，因爲要將執色分別心的已決識視爲執色意現識。意現量分成不同多個種類，如各五根識所引生的具五境相各自意現識、具內在領納樂相等意現識、

222 德格版，論，中觀，䷀卷，第一品，25背頁；對勘本版，書號60，60頁。漢譯大藏經內並無此譯。

具法處境的意現識、憶念久時往昔的意現識等。彼等事例中，如執色根識引發的執色分別心就是第一者執色意現識。阿闍黎月稱的《四百論釋》云：

「以周遍立斷現在際相生色根所生識，彼知境相者於二剎那時因壞而滅。由外所生一切意識皆從眼識等因力而生，是從根所生之識念，具彼相。」[223]

第二、具內在領納樂相等意現識，如以苦樂捨受爲境的意現識。《四百論釋》云：

「非領納受等相，亦非依根周遍立斷處，如色聲等。」[224]

第三、具法處境的意現識，如醒時憶念入眠期間領納諸境的意現識。《四百論釋》云：

「如醒時憶念眠時領納諸境。」[225]

第四、憶念久時往昔的意現識，如憶念長久過去世的意現

223 德格版，論，中觀，ཡ卷，第十一品，180背頁；對勘本版，書號60，1358頁。漢譯大藏經內並無此譯。

224 德格版，論，中觀，ཡ卷，第十一品，171背頁；對勘本版，書號60，1338頁。漢譯大藏經內並無此譯。

225 德格版，論，中觀，ཡ卷，第十一品，183正頁；對勘本版，書號60，1364頁。漢譯大藏經內並無此譯。

識。憶念於自時已滅成無，且已過時許久的前世，即依內心習氣之力而記憶的意現識。又像雖已經歷往昔多劫，後經身體的疤痕回憶這些猶如昨日發生的憶念。《四百論釋》云：

「譬如，前世因利器所傷的某些不畏有情，僅持如是顯現標誌之身，如實依出生與憶念時之領納，證實自行道出他世邊際，故有前世憶念。」[226]

乙四、自續與應成兩派述說量如何趨境之差異

關於量如何趨入於境。中觀應成與自續兩派的差異：中觀自續派說諸法是自性有，任何法都不能只依名言施設而滿足其有，其施設義必須是尋後可得。特別是，諸量於爾境而言是量，這點不能只依聲與分別心的施設；量之所以成量，必須建立於爾境的自相上，這才是究竟的成量之法。若是分別心的量，必須無誤於爾所耽境的自相。若是離分別的量，必須無誤於爾所現境的自相，因爲於所見自相是錯亂時，則不可得爾之所量。阿闍黎慧心要的《中觀分別二諦文》也說，根識所見自相是無爭議且符合眞相。論云：

226 德格版，論，中觀，ཡ卷，第十品，162正頁；對勘本版，書號60，1316頁。漢譯大藏經內並無此譯。

「同識所見，住真相故。」[227]

中觀應成派否定自性有或自相有於名言中，所以只在符合世間名言的基礎上建立成量之理，如「這是瓶」、「這是柱」的成量處只是名言施設之義。完全否定在尋找後獲得的名言施設義，或青是自相有等的基礎上成立量。《四百論釋》云：

「此推理者尚未精通世間義故……若是虛妄欺誑之法及如幻者，非不欺誑，以住此相之事現餘相故。若如是者，計執為量不應道理，餘一切識皆成量故。」[228]

應成派表示，不成立欺誑於爾識主要境的自相有、表相符合眞相的諦實境。若欺誑於爾識主要境者可承許爲量，一切識應成量。說實派則認爲，色聲等若非自性有，將無能力引發其作用，故非事物。因此，若量不能於五境自相爲量，於五境則非量；若量於五境是量，必定於五境自相是量。《顯句論》云：

「若事例、自相或共相，一切世間有皆是現識所緣，故

227 德格版，論，中觀，ས།卷，5背頁；對勘本版，書號62，767頁。漢譯大藏經內並無此譯。

228 德格版，論，中觀，ཡ།卷，第十三品，196背頁；對勘本版，書號60，1395頁。漢譯大藏經內並無此譯。

非隱蔽，故立彼具境知的同俱現識。」[229]

根據應成派，無論是所許的自相法或共相法，舉凡以此爲直接境的二相識，一定會顯現彼法等相，而其所顯相就是現識境，故現識的正名用於境，現識的偏名用於識。例如，以執白眼識而言，白色是眞正的現識[230]；以白色而言，執白眼識則非現識，卻是眞正的現量。

現識境一定是現前分，不欺誑於爾主要境現前分之識一定是現量。二相識一定是在不依因相的基礎上，以領納力知其所顯相故，必定於其所顯相而言是現量。人法我二執也是如此，人法我二相不僅是二執的直接境，二執也能在不依因相的基礎

229 德格版，論，中觀，འ卷，第一品，25背頁；對勘本版，書號60，60頁。漢譯大藏經內並無此譯。

230 譯者註：因為這個觀點很重要，故重複之前的譯者註。英譯《佛法哲學總集》將此詞「प्रत्यक्ष མངོན་སུམ།」譯為「manifest」，即形容詞「顯然的」或動詞的「表露」之義。根據梵藏語法，「प्रत्यक्ष མངོན་སུམ།」一詞既可用於境也可用於識，是名詞，如「量」（གཞལ།/འཇལ།）一詞，在原文中，有「所量」亦有「能量」之義。一般量學家用此詞「प्रत्यक्ष མངོན་སུམ།」於「能量」——識，而世人則用此詞於「所量」——境。在這個章節之前，此詞「प्रत्यक्ष མངོན་སུམ།」在《佛法科學總集》與《佛法哲學總集》裡都是以一般量學家的說法為主，故譯「現識」。然而，當應成派依循梵藏通俗的語法而理解其詞時，「प्रत्यक्ष མངོན་སུམ།」（現識）一詞應解讀為「現前之所識」，是境。法尊法師譯《入中論善顯密意疏》亦說其義：「安立彼境與彼識俱為現事。故許現字，為彼境之實名，為彼心之假名。」用白話文來解讀的話，就是「現」的正名用於境，「現」的假名用於識。

上，依其力引發決定其所顯相的定量。[231] 二月相是見二月根識的直接境，在不依因相及其他因緣的前提下，此識能引發決定其所顯相的定量，故人法我二執與二月根識於其所顯相而言亦是現量。

人法我二執與見二月根識等邪識不是量，然而，彼等於其所顯相而言卻是量。是否爲量，應以「能否於爾識所執境爲量」而定，光是於其所顯相上是量本身不足以成量。這種觀點同經部所說，光是錯誤於爾識所現境不會成爲邪識，錯誤於爾識所執境才可安立爲邪識。

離分別識的主要境等同彼識的主要所現境，光是爾識的所現相不會成爲爾識主要所現境。只有爾識所顯相的所依處本身才會成爲爾識主要所現境。例如，只是看到白色不會成爲執白眼識的主要所現境，執白眼識所顯白相的所依處白色才是執白眼識的主要所現境。若說：於爾識所顯相而言是量，憑此便足以成量。反駁：瞖者所見皆爲髮絲的根識，於爾識所顯相髮絲是量，故有此識亦能成量之過。由此理當知，爾識所現境與爾識主要所現境的差異，以及所見皆爲髮絲的根識非量，然見青

231 譯者註：人我執欺誑於爾識主要境人我，故而非量。然而，人我執可在不依因相的前提下，體會（領納）且證知人我相——人我執的所顯相。講白一點，就是自己會知道自己看到什麼。因此，人我執就以領納其所顯相而言是現量，但本身非量，因為是否為量的標準在於爾識主要境，而非爾識的所顯相。

根識爲量，彼二之間的差異。

總之，應成派表示，只有不欺誑於爾識所執境方能安立爲量，而且否定一般量學家所說量必定是初證。如果要說量必是初證，那麼，於尋後可得義上方可建立成量之理，然不應理。此外，《顯句論》又云：

> **「以現識詞詮釋非隱蔽義故，根所現義皆為現識。根所現義謂瓶青等，即現識所成立的非隱蔽法，而周遍立斷彼法之識如草與秸稈之火，是現識果，故稱現識。」**[232]

如世間人依草命名草火、依秸稈命名秸稈火。應成派認爲，執白眼識引發的白色憶念識，就以爾所執境白色現前分而言，因爲是領納白色且是執白不欺誑識，許爲現量。已決識與現量有同屬，現量與分別心也有同屬。《顯句論》云：

> **「許離分別識是現識故、彼亦無世間名言作為故、許世間量論與所量名言論故，現量中的分別（之說）將成無義……**[233] **契經亦否決僅離分別識為現識故，此言不應理。」**[234]

232 德格版，論，中觀，འ།卷，第一品，24背頁；對勘本版，書號60，57頁。漢譯大藏經內並無此譯。

233 德格版，論，中觀，འ།卷，第一品，25正頁；對勘本版，書號60，59頁。漢譯大藏經內並無此譯。

234 德格版，論，中觀，འ།卷，第一品，25背頁；對勘本版，書號60，59頁。漢譯大藏經內並無此譯。

一般量學家認爲，現識一定是離分別，然此派依循一般世間，不持現識命名爲離分別的說法。舉凡認定現識一定是離分別者，必須在尋後可得的基礎上承許現識。然而，現識的定義中無須提及離分別，像是《阿毘達磨經》的「具眼識故，知青卻不念是青」，並非「詮釋現識定義時應要格外說明離分別」的經文，所以現識必是離分別之說不應理。同理，阿闍黎提婆《四百論》云：

「即見昔時痕，身亦應常住。」[235]

前世受傷而亡的緣故，當今世身軀亦得此傷時，隨見此身傷的助緣，成熟過去習氣引發憶念，即彷彿昨日所做爲何的記憶。應成派承許憶念前世的意現識故，成立現識不一定是離分別。又如應成派說，憶念白色之識是知白色現識境的現量，然不說彼識是現證白色之量，故要安立此異，而且現量不一定要現證爾境。還有，憶念白色之識無法清楚見白，而執白眼識卻可清楚見白，有此差異。

略說《顯句論》如何破除中觀自續以下所許之量。《釋量論》說境有自相與共相兩種，故說量有現量與比量兩種。還

235 德格版，論，中觀，ཚ།卷，第十品，第7句偈頌文，11背頁；對勘本版，書號57，805頁。漢譯來源：法尊法師譯《四百論》。

有，自相與共相是尋後可得。應成派反駁：按照彼等說法，若有自相與共相的所依或事例，將有「第三所量」之過，[236]故量決定爲二不應理。若無彼二事例，則無自共二相，故二量亦不應理，將有此過。總之，應成派破推理者所許的性相與量，因爲彼非世俗有，更非勝義有。《顯句論》云：

「若依自共二性相而述二量……若是勝義有，則無事例故，亦無二性相故，豈有二量？」[237]

應成派說，即便於世間名言中也不能依自共二相各自安立二量。其理如前所述，意現識有分別心，所以意現識會以共相爲所現境，而且比度於爾所顯相而言也是現量。量總攝爲現比二類，是因爲爾所執境是現前所量或隱蔽所量所安立，故量分現比二類。

此宗不同下部宗義所說，故所量分自共二相不應理。此宗也否定下部宗義的量分類法——量只能分現比二類，因爲所量有現前分、略隱蔽分、極隱蔽三所量，以及喻義結合的隱蔽分的別所量，故所量有四。因此，量可分爲四：現量、事勢比

236 譯者註：尋後可得的任何一物必定是不觀待性。不觀待的事物豈能成為自相或共相的事例？

237 德格版，論，中觀，ৎ1卷，第一品，20正頁；對勘本版，書號60，47頁。漢譯大藏經內並無此譯。

量、教言比量、近知譬喻量。《顯句論》云：

「何時無二所量，爾時不否定教言等——非由自共相為境而立之量。」[238]

總而言之，無論吉祥月稱等中觀應成派是否建立自宗的量學，如前所述，此派不僅沒有如實接受一般佛教的量學觀點——阿闍黎陳那與法稱建立的量學理論，若依《顯句論》還可得知吉祥月稱反駁彼等理論。然而，聖域印度的中觀阿闍黎寂護父子等人，在特別成立吉祥怙主龍樹所說「諸法非眞實有」的觀點，視其爲合理自宗的同時，顯而易見，關於能知量學的部分，也將阿闍黎陳那與法稱的立場視爲自宗，這點可從《眞如集論》得知。這正是爲何在說非自性有的論師中，仍有論師大力推動阿闍黎陳那與法稱建立的量學。

238 德格版，論，中觀，འ།卷，第一品，23背頁；對勘本版，書號60。漢譯大藏經內並無此譯。

第九品
聲義與排他論

甲一、總說

聖域印度的佛教量學中，最重要的內容之一就是排他論，即印度哲學家們檢視能詮聲之義爲何的要義。爲何印度哲學家們會仔細研究能詮聲的義理內容呢？我等認爲其理有二。一方面，於量學中持吠陀爲量的宗派有六：數論派、瑜伽派[1]、勝論派、正理派、伺察派、吠檀多派。彼等從很早以前便對吠陀典籍如何詮釋其義進行了分析。第二，世代相傳的梵文語法學典籍——如《波你尼》（*Pāṇini*）等，對組織語言的元素，如名、詞、字、介詞、格、助緣等，以及如何經由名詞的結合詮釋其義等語法的聲學進行闡述。著名的梵文語法學典籍《波你尼》的年份，約莫是在西元前四百年左右，而此前的語法學典籍則是《偉耶帝》（*Vyādi*）。根據《偉耶帝》，如「牛」等詮釋類別之聲在表述牛時，也會表述牛類的差異——牛的明例或別相。反之，如《瓦賈悲雅亞那》（*Vajapyāyana*）的語法著作則許，如「牛」等詮釋類別之聲在表述牛時，不會表述牛的別相，卻表述周遍一切彼之別相的牛類等等，針對以上的內容進

---

1 譯者註：西元十三世紀吠檀多派的教授師摩沓婆《攝一切見》（*Sarvadarśansaṃgraha*）的第十五品，就是詮釋瑜伽派的章節。《佛法哲學總集．上冊》：「數論派及瑜伽派兩者是最接近吠檀多派的宗派，故將彼二派置於後端」、「又有人說，將梵天派及密義派歸納到伺察派，將遍入天派及大自在天派歸納到正理派，將瑜伽派歸納到數論派」。

行研究。[2]

關於能詮聲表述其義之理。西元五世紀的語言學阿闍黎伐致呵利（Bhartṛhari）認爲，以「白牛喝水」的能詮聲爲例，此聲各部分的名詞雖是各表其義，然此聲直接且同時表述的內容卻是整體並非各個部分。[3]我等認爲，阿闍黎陳那也持同樣立場，並將其經由口述表達而同時理解之理，名爲「辯才」。《集量論頌》云：

「辯才口述義，皆為初生故，待此口述詞，專緣施設義。」[4]

《集量論頌自釋》解釋其義，如論云：

「詞雖無義，然依口專述、依檢視教言而安立，猶如只是（字根）體性與（前綴和後綴）助緣的不結合……口述及其義乃聲之主義，彼等不異故。應鄰近觀察其中傲

2　《印度哲學百科全書》，第五冊，6頁。

3　關於阿闍黎伐致呵利的核心觀點，可參閱《印度哲學百科全書》，第五冊，123頁；《文章單語篇》（*Vākyapadīya*），第一品，第13節。

4　奈塘版，論，量，ཅེ།卷，第五品，第46句偈頌文，11背頁；大譯師信慧譯「ལོ་ཙྪ་བ་དད་པའི་ཤེས་རབ་ཀྱི་འགྱུར།」。大譯師夏瑪譯版為「ཞ་མའི་འགྱུར།」：「若言詞所說，假設為語義，詮別現語義，從彼初生起。」譯者補充：法尊法師譯編的《集量論頌》與大譯師信慧譯的譯文稍有不同。在此之前，此書引用的《集量論頌》及其自釋都是德格版——由大譯師夏瑪獅勝居士（དགེ་བསྙེན་སེང་རྒྱལ།）藏譯，也是法尊法師譯編的《集量論頌》與《集量論頌略解》漢譯的依據原文。

視他義為聲義之說，無鐵鉤故。」[5]

還有一說。根據正理派以及鳩摩梨拉婆吒等伺察派，安立能詮聲義不是從境本身，須依名、詞、介詞等的關聯。彼等論師說，以「天授牽牛而來」的說法爲例，其中的「天授」、「牛」、「牽來」等，不同各支皆以其力詮釋其義。然而，隨名、詞、介詞等前後的特殊搭配，才會產生詮釋這種外境有的內容──「天授牽牛而來」──的個別表述。

此外，阿闍黎光顯者（Prabhākara）否定前面兩種說法[6]，自宗說，某一表述中的個別名詞，其內容必須依賴該表述中的其他名詞。[7]什麼是能詮聲之義的基礎呢？藉由某表述中的名與詞的相互依賴並依序成立。因此，口述之義必須是構造該表述中的各個名詞之綜合體。各構造名詞只會以其支角度表述其義，[8]非以自力表述。[9]

---

5 奈塘版，論，量，ཅེ།卷，第五品，170正頁；大譯師信慧譯。對勘本版，書號97，404頁。漢譯大藏經內並無此譯。

6 譯者註：阿闍黎伐致呵利與阿闍黎鳩摩梨拉婆吒的說法。

7 譯者註：以「白牛喝水」為例，能得知水是白牛的所飲物，並非只是靠「水」一詞，這依賴該表述中的其他名詞，如「白牛」、「喝」、「白牛喝」。

8 譯者註：以「白牛飲水」為例，「白牛」一詞表達「白牛」之義，但非以自力表達，這得搭配前後文的背景，畢竟有些村人名為「白牛」。

9 此書依據Mark Siderits揭示這三種立場，可參閱《印度哲學百科全書》，35-37頁。

早從好幾個世代以前，印度對於梵文語法的研究水準就已臻至巔峰，而相關的貢獻者阿闍黎有：《波你尼》的作者、早期語言學家偉耶帝、《波你尼釋》（*Vārttikakāra*）的作者迦旃延那（Kātyāyana）。尤其是與阿闍黎陳那同一世紀的阿闍黎伐致呵利，即著名的語言學典籍《文章單語篇》（*Vākyapadīya*）的作者；《旃陀羅文法論經》（*Candra vyakarana sūtra*）的作者——佛教阿闍黎月官（Candragomin）；耆那派的語言學專家布傑巴達（Pūjyapāda）與阿毘那瓦．夏伽達亞那（Abhinava Śakatāyana）等人也陸續撰著語言典籍，令梵語的語言學登峰造極。第九品是研究聲義的章節，若能略知語言學與爲何研究聲義的背景將有助益，故而略述。

甲二、何謂聲是成立趨入的見解

許吠陀爲量的前述聖域印度的宗義師們，雖然彼等對聲義爲何的認知各有不同，基本上卻無有異議地表示，能詮聲是依事物之力——以成立的途徑——趨入爾境，所以是「成立趨入」。簡單說明成立趨入，如阿闍黎蓮花戒的《眞如集論釋．觀聲義品》云：

「言成立聲義等人之見，即勝義事物是聲之所取，故可由聲的直接成立與遮遣揭示事物體性，為此而述『成立

乃聲義也』。」[10]

非現量也非比量的獨立聲成量，是所有承許吠陀爲量的宗義師們共認的。其關鍵性的決定理由是，一方面他們表示吠陀是量，二方面他們承許依事物之力趨入能詮聲之義的緣故。

數論派說自性或共主相是聲義。以詮「牛」的聲音爲例，該聲以事物之力而趨境，故須表述與牛爲體性一的所有法，包括牛的共主相常事物。一開始稱某白牛是牛時，便已依名言將牛的共主相常事物結合於牛，而名言境的無支分共主相不僅是白牛體性的共主相，也是黑牛體性的共主相；黑牛體性的共主相本身，也是白牛體性的共主相，故牛的共主相周遍一切牛類。這正是爲何後見黑牛時，可在無須結合新名言的情況下產生「這是牛」的理解。

伺察派說種性或稱他共義是聲義。不僅是能詮聲，就連構造者的文字與名稱等的體性也都是堅固常法。能詮聲及其義二法與勝義有的事物有關。還有，吠陀之聲是量且非人爲，所以能詮聲不一定要觀待士夫的行爲。

勝論與正理兩派的立場基本相同，即承許質、德、業、同、異、和合的所知六句義是聲義，這可由將彼等根本法取名

10 德格版，論，量，ཅེ།卷，第二十一品，311背頁；對勘本版，書號107，808頁。漢譯大藏經內並無此譯。

爲「句義」[11]得知。正理派足目仙人的《正理經》也說相、明例、種性等是句之義，且由明例之聲表述質、德或特徵、業，如《眞如集論釋》中引用的《正理經》云：

「經說，德之差異所依具身乃明例也。」[12]

根據《正理經》，種性之聲表述同，即同識或似識的生因是種性，如《正理經》云：

「經說，生同體性乃種性也。」[13]

什麼是詮種性聲之義？例如，將白牛取名爲牛時，會依名言將牛結合牛的他共義——與白牛或黑牛等牛的明例是質體異。白牛上的牛他共義存在於黑牛上，黑牛上的牛他共義也存在於白牛上，就以白黑二牲上的牛他共義而言無絲毫差異。因此，先依名言說白牛是牛，後見黑牛等其他同種類別時，可在不須結合新名言的情況下產生「這是牛」的理解。如前引《正理經》所述，正理派所許的「同」是指於爾所遍法上共同聲識

11 譯者註：句是聲，句義就是聲義。

12 《正理經》，第二章節，第二品，經號64。《真如集論釋》（德格版，論，量，ཟེ卷，第二十一品，316正頁；對勘本版，書號107，820頁）引用此文。

13 《正理經》，第二章節，第二品，經號66。《真如集論釋》（德格版，論，量，ཟེ卷，第二十一品，317正頁；對勘本版，書號107，822頁）引用此文。

的趨因。同分兩類：一、遍同，如「爲有」[14]，即詮執「是有的爾之明例皆爲有」的聲識趨因。二、偏同，如「爲牛」與「爲樹」，依序如下，即詮執「是牛的爾之明例皆爲牛」的聲識趨因，以及詮執「是樹的爾之明例皆爲樹」的聲識趨因。爲牛只是牛的同，爲樹只是樹的同，故稱「偏同」。牛的偏同——爲牛——與牛是質體異，所以不是牛，卻是詮執「這是牛」的聲識趨因，並且遍佈白牛等一切牛的明例，故說同或他共義與明例是質體異。然而，當同遍佈於某一明例時，卻可遍佈其他明例，這個觀點與數論派無異。

前述的「相」是種性的相狀，如《眞如集論釋》中引用的《正理經》云：

「說相是種性相狀。」[15]

《眞如集論釋》續釋其義，論云：

「種性相狀謂有情的頭顱、手支等，彼等表述『為牛』等性相之種類。某相直接顯明種性，即由見頭顱、手支實相而顯明『為牛』。某相則是種性相狀，即由角等各

14 譯者註：直譯是「就是有」（ཡོད་པ་ཉིད།）具有強調與加強語氣地表述「就是有」。

15 《正理經》，第二章節，第二品，經號65。《真如集論釋》（德格版，論，量，ཟེ卷，第二十一品，316背頁；對勘本版，書號107，821頁）引用此文。

支實相而顯明『為牛』等，是故由相顯明種性與相狀也。」[16]

正理派否定能詮聲如世間日常詞彙，難以事物之力而表述質、德等六句義，因爲如依質理表述「持杖者」之義；依德或顏色理表述「白、黑」；依業理表述「輪子轉動」；依有理表述「有也」；依同或異理表述「牛、馬、象」；依和合理表述「此等毛線是氆氌」。若無質等，將無詮執「持杖者、有角動物」等同類聲識境。[17]《眞如集論釋》揭示正理派如此承許的關鍵性推理論式，論云：

「論式為『彼此無誤趨入應理，如耳等識，持杖者等聲識亦無誤趨入』，此乃自性因也。若不應理，應成一切無異趨入，是具害量。」[18]

總之，正理派主張明例、相是聲義，所以不共外境有的自相事物、種性及其相關者、和合等是聲義，故許具種性者亦是聲義。

16 《正理經》，第二章節，第二品，經號65。《真如集論釋》（德格版，論，量，ཞེ།卷，第二十一品，316背頁；對勘本版，書號107，821頁）引用此文。

17 其義可參閱《真如集論釋》，德格版，論，量，ཞེ།卷，第二十一品，312正頁；對勘本版，書號107，809頁。

18 德格版，論，量，ཞེ།卷，第二十一品，312正頁；對勘本版，書號107，810頁。漢譯大藏經內並無此譯。

甲三、阿闍黎陳那成立排他性之聲義

乙一、破他方所說聲義

聖域印度的量學大阿闍黎陳那一一破除了自相明例、種性或共主相常事物、與總有關或和合、具總之別等是聲義，從而破除他宗承許聲是成立趨入的立場。與此同時，自宗創立了能詮聲是遮遣趨入、是遮遣具境之宗。我等認爲，阿闍黎陳那爲研究「總」[19]的議題撰寫了一部巨作，並依理建立聲等以遮遣非己的排除方式而表其義，然此巨作早已佚失，目前只能見到其中的一兩句偈文被後來量學的注釋引用。顯而易見，這部巨作建立了排他論。阿闍黎蓮花戒的《真如集論釋．觀聲義品》引用其偈，如論云：

「如云：『義與聲差異，不許能所詮，往昔未見故，近揭示總性』。」[20]

阿闍黎陳那的著作中，至今仍然可見的最詳細作品就是《集量論頌》與《集量論頌自釋》，這兩論特別安置了排他論的章節，從此也可清楚得知阿闍黎陳那是如何闡釋排他聲義的論述。

---

19 譯者註：藏文是「སྤྱི།」，此詞與總與別的「總」、勝論六句義中同與異的「同」、共主相的縮寫都是同一詞。

20 德格版，論，量，ཟེ།卷，第二十一品，331正頁；對勘本版，書號107，858頁。漢譯大藏經內並無此譯。

《集量論頌》是如何開啓這項排他論的研究呢？在《集量論頌》列舉量決定爲現比二類依據的同時，否定他宗承許的聲成量爲非現非比的獨立量，因爲聲成量可被比度所攝。排他論是從此延伸的。《集量論頌》云：

「由遣他門顯，自義如所作。」[21]

以「聲有法，是無常，是所作性故」的論式爲例，成立該宗時會依總體[22]決定，因相所作性不存在於常——所立法無常的反方。同樣地，能詮聲也依總體排除非己他法而表其義，所以「異品遍時決定因相不存在於異品之理」與「聲依總體排除非己而表明其義之理」相同，故不立撇開比度以外的聲成量。阿闍黎陳那自宗認爲，能詮聲是以排他途徑表述其義，以此創立排他的殊勝宗義——「遮遣論（apoha）」或稱「排他論（anyāpoha）」。《眞如集論釋・觀聲義品》開宗明義地略釋排他論，如論云：

「依承許遮遣諸師之見，勝義有絕非聲所詮事物體性，異相耽執趨入非異之義故，一切聲成識皆為謬也。雖謬

21 奈塘版，論，量，ཅེ卷，第五品，第1句偈頌文，9正頁；大譯師信慧譯。對勘本版，書號97，47頁。漢譯來源：法尊法師譯編的《集量論頌》。

22 譯者註：這裡的總體無關外道他宗的「總」或「同」，而是「所作性一定是無常」的整體認知，並非「瓶柱的所作性一定是無常」的個別認知。

仍迂迴相屬事物，不欺彼義。由妄念識增益不異，一切彼性皆由領納排他事物而有故、見己亦反他故、與詮排他之謬俱時決定故、是排他事物之知果，故名『排他』也。是故成立遮聲義。」[23]

《集量論頌》以這句「自義如所作」聯貫了排他論的章節，而排他論的正文則是從該句後的第五十一句[24]開始。《集量論頌》及其自釋二論，不僅非常仔細闡述了排他論，也融合了梵文語法的多種艱澀研究，難以理解。然而，在彼二論的這個重要章節裡，由第二偈至第十一偈的第三句破除了他宗說的成立趨入之聲義，再由第十一偈的第四句至第十三偈，以及第三十三偈至第三十七偈，成立自宗所說的「聲以遮遣趨入爾境」。我等認爲，彼等偈義有助認知阿闍黎陳那成立排他聲義的核心內容，故於此處略釋彼義。

先說阿闍黎陳那如何破除他宗聲義——聲是成立趨入。所破的順序爲：一、自相明例。二、唯總。三、總與明例的合離相屬。四、具總明例。阿闍黎陳那以反駁諸理一一破除彼等是聲義。

第一、依二理破自相明例是聲義。《集量論頌》云：

23 德格版，論，量，ཅེ卷，第二十一品，311背頁；對勘本版，書號107，808頁。漢譯大藏經內並無此譯。

24 譯者註：即「由遣他門顯」。法尊法師漢譯的《集量論頌》中，「由遣他門顯」在前，「自義如所作」在後，但藏文的順序剛好顛倒。

「諸異無類聲，無邊故亂故。」[25]

第一理：自相明例等是詮體性相異[26]種性的聲義不應理，因爲自相明例是不可計數，且無法與能詮聲有關聯[27]故；與某義無關的能詮聲可表述其義不應理故。第二違害理：以詮「有」聲的種性聲爲例，如同彼聲趨入於質，也該承許彼聲趨入於德。這樣一來，會與「彼聲趨入於質」產生錯亂疑慮，[28]故說此聲趨入於質不應理。除此二理之外，吉祥法稱又提另一理。《釋量論》云：

「諸聲顯立名，彼為名言作，爾時無自相，故彼中非名。」[29]

能詮聲的內容，即名言顯示的施設義。若名言結合自相明例，後於名言時知義則不應理，因爲前時有的自相明例，於後

25 奈塘版，論，量，ཅེ卷，第五品，第2句偈頌文，9背頁；大譯師信慧譯。對勘本版，書號97，47頁。漢譯來源：法尊法師譯編的《集量論頌》。

26 譯者註：能詮與所詮為體性異。

27 譯者註：以詮「這座山的白牛」之聲為例，所表述就只有個別明例——這座山的白牛，此聲所表述的內容無關周遍一切牛例的總相牛。

28 譯者註：如上個章節正理派表示：「依質理表述持杖者之義；依德或顏色理而表述白、黑」。在此，假設阿闍黎陳那以詮「有持白杖者」之聲為例，此聲到底是依質而趨入爾境，還是依德而趨入爾境？將成錯亂，故不應理。

29 德格版，論，量，ཅེ卷，第一品，第92句偈頌文，98正頁；對勘本版，書號97，478頁。漢譯來源：法尊法師譯《釋量論》。

名言時已滅非有，故於名言時表述彼義不應理。以此而破。

第二、破種性聲只表述總[30]。《集量論頌》云：

「具聲諸異類，聞義與無異。」[31]

詮種性聲只表述總亦不應理。世間中「存在的物質」等說法是同屬順諦聲[32]，而同屬順諦聲的二支聲必須結合於同一內容。還有，這種同屬順諦聲的支分——「有」聲，也須承許可趣入於別相瓶子時，[33]詮種性之聲不會只表述總。以此而破。《集量論頌自釋》云：

「如是，有質、有德、有業等異義，以及質等聲無同屬[34]故。然而，仍見彼同屬。」[35]

---

30 譯者註：同前註，此詞的原文是「སྤྱི།」，與總與別的「總」、勝論六句義中同與異的「同」、共主相的縮寫是同一詞。

31 奈塘版，論，量，ཅེ།卷，第五品，第2句偈頌文，9背頁；大譯師信慧譯。對勘本版，書號97，47頁。法尊法師譯編的《集量論頌》是：「諸異無類聲，無邊故亂故。」

32 譯者註：此聲的主要所詮內容無誤，故是順諦聲，即隨順真諦的聲音；同屬的意思是，此聲分「存在」與「物質」兩個部分，而這兩支聲都是指向同一屬性的事物，故不分其中的「存在」與「物質」的差異，因為所存在的就是物質，而物質就是此聲「存在」要表述的內容。

33 譯者註：如詮「存在的瓶子」之聲為例，此聲支的「存在」就是指瓶子，所以不是無關瓶子的有。因此，詮種性之聲不會只表述總相的有。

34 譯者註：「同屬」是直譯，其義應理解為「表述同一內容」。

35 奈塘版，論，量，ཅེ།卷，第五品，157背頁；大譯師信慧譯。對勘本版，書號97，379頁。漢譯大藏經內並無此譯。

如果有人說，無過，因爲「存在」表述了「存在的物質」的聲支——「總有」之聲，而「總有」[36]確實存在於物質上的緣故，成立如「存在的物質」等的同屬聲。反駁：不應理。詮「存在的物質」之聲表達了「存在」與「物質」是事物及其特徵。按汝所說，此「存在」聲與此「物質」聲，二者的格性[37]必須相異，[38]這樣一來，彼二[39]將成質體異。以此而破。《集量論頌》說明此義，如論云：

我等認為，譯師信慧與譯師夏瑪在此文的翻譯上差距極大。其中最主要的理路是，因為融合了梵文語法的詮釋，更難理解彼論內義。藏語會以「存在的物質」——存在與物質中間的「的」字連結聲，表述「存在」與「物質」的同屬。然而，梵語以「sad dravyam」，將「存在」與「物質」兩者同樣是第一格的形式詮釋。相反地，當梵語在詮釋「物質的存在」時，會以「dravyasya sattā」，即物質是第六格連結聲，而存在是第一格的形式詮釋，應知此異。

36 譯者註：總相的有、周遍一切法的有。

37 譯者註：梵藏語法各有八格，如「夫子之文章」中間的「之」，就是藏文語法中的第六格連結聲，表述某夫子擁有了某篇文章。

38 譯者註：原文中無「按汝所說」，但根據前後文的描述，加上「按汝所說」更好理解。如詮「存在的物質」之聲為例，此聲支的「存在」若是指「周遍一切法的存在」，那麼，「周遍一切法的存在」與此聲支的「物質」將要有事物及其特徵的關係。然而，按汝所說，此聲支的「存在」若是指「周遍一切法的存在」，則不應理，因為此聲支的「物質」與此聲支的「周遍一切法的存在」並無關聯。為什麼呢？物質本身並非總相的存在，因為不周遍一切法，而總相的存在也不是物質，畢竟仍有非物質的存在。因此，在毫無關聯的前提下，「存在的瓶子」中間的「的」詞之格，其作用就只剩各自為異，並非連結彼二。

39 譯者註：該聲要表達的「存在」與該聲要表達的「物質」將成毫無關聯的兩個獨立個體。

「功德與有德，說別[40]定異故，同所依[41]之實[42]，及聲皆極成。」[43]

此乃大要義。根據梵文語法傳統，以「物質的存在」這種結合事物及其特徵的文法爲例，必定會令事物與特徵各詞的格性成爲相異，[44]像是「物質」（dravya）會因第六格連結聲變成「物質的」（dravyasya），[45]而（「物質的存在」的）「存在」則是第一格。反之，[46]詮「青鄔波羅」、「白布」等聲不僅是同屬聲，其同屬二聲的支二詞也同樣是第一格。[47]吉祥法稱則又點出另一理破唯總是聲義，如《釋量論》云：

---

40 譯者註：此處的「別」字是指「格」，即梵文語法八格的「格」。

41 譯者註：此處的「同所依」是指「同屬」，即表述同一屬性的內容。

42 譯者註：此處的「實」字是指「質」，即物質。

43 德格版，論，量，ཅེ卷，第五品，第3句偈頌文，9背頁；對勘本版，書號97，21頁。漢譯來源：法尊法師譯編的《集量論頌》。此文源於阿闍黎伐致呵利的《文章單語篇》。

44 譯者註：說「存在的物質」時，存在是事物，物質是特徵；說「物質的存在」，物質是事物，存在是物質上的特徵。

45 譯者註：這段話從藏的直譯是「物質的（dravyasya）就是第六格連結聲」。

46 譯者註：「反之」的意思是，如果把中間的第六格連結聲拿掉的意思。

47 譯者註：詮「青鄔波羅」聲，以及詮「白布」聲都是同屬聲，故說「同屬二聲」。「支二詞」是指「青鄔波羅」中的「青」與「鄔波羅」，以及「白布」中的「白」與「布」。第一格的屬性是名詞，也就是「青」、「鄔波羅」、「白」、「布」都是名詞。總之，說「青鄔波羅」時，其中的「青」所表述的內容無關總相青，而是鄔波羅的青；「青鄔波羅」的「鄔波羅」所表述的內容也無關總相的鄔波羅，而是青色的鄔波羅。

「為使人了知，能作成其事，為辦彼故轉，於義說其名。」[48]

世人爲達某個人目的而說「牛」，其聲所表若是不可坐騎、不得取奶的總或他共義時，任何追求的目標都不可達成。因此，世人說「牛」之聲結合他共義時，實則無有意義。以此而破。

第三、破詮種性聲表述總與明例的合離相屬。《集量論頌》云：

「繫屬由有繫，法所引而說，如是由所作，說事非由餘。」[49]

有人說，詮種性或總之聲能自在表述總與明例的合離相屬。反駁：因爲必須在有關具相屬法的前提下表述相屬，自在表述不應理。若表相屬，[50]此時還須表述具相屬法如何繫屬他法，這樣一來，將成無窮盡之過故，詮種性之聲表述總與明例的合離相屬不應理。《集量論頌自釋》云：

48 德格版，論，量，ཆེ卷，第一品，第93句偈頌文，98正頁；對勘本版，書號97，478頁。漢譯來源：法尊法師譯《釋量論》。

49 奈塘版，論，量，ཆེ卷，第五品，第3句偈頌文，9背頁；大譯師信慧譯。對勘本版，書號97，47頁。漢譯來源：法尊法師譯編的《集量論頌》。

50 譯者註：此處要破的是他宗說的「種性之聲表述相屬」。自宗認為，詮「存在的物質」之聲不表述存在與物質的相屬，只是透過第六格性之「的」詞建立存在與物質的連結。

「相屬故而繫屬，如貪婪等繫屬其他，故以具相屬法而表繫屬。無以自法詮相屬之聲，故於此處亦不成立是詮種性聲之所述。」[51]

第四、依理破具總明例是詮種性聲之義。他宗表示，以詮「有」的種性聲爲例，此聲只會表述具種性者或種性的差異明例，因爲種性的有及其明例瓶子，彼二有和合於一處的同屬，以及種性聲容易繫屬具種性法，且該聲能無誤趨入於具種性法，故而認定「種性聲表述具種性法」。《集量論頌》以三理破除此宗，如論云：

「無自在非具，假設非有故。」[52]

《集量論頌》的「無自在」闡釋第一理。《集量論頌自釋》詮釋其義，如論云：

「然而，有之聲以種性、唯爾性、唯非主性、非直言質。」[53]

51　奈塘版，論，量，ཅེ卷，第五品，157正頁；大譯師信慧譯。對勘本版，書號97，379頁。漢譯大藏經內並無此譯。阿闍黎伐致呵利的《文章單語篇》也說，表述相屬須結合相屬法，不可能存在某聲只表相屬。

52　奈塘版，論，量，ཅེ卷，第五品，第4句偈頌文，9背頁；大譯師信慧譯。對勘本版，書號97，47頁。漢譯來源：法尊法師譯編的《集量論頌》。

53　奈塘版，論，量，ཅེ卷，第五品，158正頁；大譯師信慧譯。對勘本版，書號97，379頁。漢譯大藏經內並無此譯。

不成立詮「有」的種性聲表述具總明例。詮「有」之聲直接表述其義種性——有，就算在表述瓶等具總明例時，也須依賴或連結其他的詮「瓶」聲而理解瓶子，故非自主表述。阿闍黎陳那依此要理表示，這正是爲何一般的詮「有」之聲，不會令聽者產生有瓶的看法。

《集量論頌》的「假設」[54]闡釋第二理。《集量論頌自釋》云：

「有之聲於正確義中表述自性或種性，趣入彼故施設具彼也。於何鄰近施設義，不說彼為正確義也。」[55]

如果對方說，沒有「無自在」的違害，因爲「存在的瓶子」聲支中的「存在」之聲表達了爾聲主要義——有，且間接表述了瓶子——有的明例。反駁：依汝所說，應成詮「有」聲命名且指向瓶，[56]將有此過。

《集量論頌》的「非有」闡釋第三理。《集量論頌自釋》說

54 譯者註：應以假名安立與以名施設理解此處中的「假設」，其義並非假設性的「如果」。根據下文，可用「偏名安立」來理解此處「假設」的意思。

55 奈塘版，論，量，ཅེ།卷，第五品，158正頁；大譯師信慧譯。對勘本版，書號97，379頁。漢譯大藏經內並無此譯。

56 譯者註：直譯是「施設與趨入」，意思是以「偏名」施設為瓶並趨入於瓶。從字面只看到「施設」二字，並無正名或偏名的差異，然從下文與反駁中可知，在此處的施設不僅是依名施設，更是依偏名、非正名而施設。

明此理，如論云：

「相似亦非有故，言具彼者，為由功德相同而智轉移，此同非有；為由功德饒益相同亦非有故。」[57]

如果詮「有」之聲命名且指向瓶——有的明例，如計奴爲王，[58]詮「有」之聲必定依相似理命名且指向瓶——有的明例[59]。然而，這種相似是指轉移認知的相似，還是依他德饒益的相似？彼二皆不應理。若說：是前者轉移認知的相似。反駁：不應理。譬如，說「百合與海螺都是白色」時，對白色的認知會依序從百合轉移到海螺，但「存在」與「瓶子」二法並無這樣的認知轉移。若說：是依他德饒益的相似，如染色成爲紅琉璃的認知，即未染色前，能有顯現紅琉璃的想法。反駁：不應理。依汝所言，在沒有聽到「存在的瓶子」聲音[60]之前，只憑其聲支的「存在」之聲，將可意會存在的

57 德格版，論，量，ཅེ།卷，第五品，67正頁；大譯師信慧譯。對勘本版，書號97，187頁。漢譯大藏經內並無此譯。

58 譯者註：平民打扮成國王的模樣，故似為王，並用偏名命名為王，如山大王等。

59 譯者註：直譯為「具有之法」。

60 譯者註：直譯是「存在」的聲音，但根據前後文，應該是指「存在的瓶子」。否則將會變成：「依汝所言，在沒有聽到『存在』的聲音之前，只憑『存在的瓶子』聲支的『存在』之聲，將可意會存在的瓶子，然不應理。」這段話是有問題的，因為「在沒有聽到『存在』的聲音之前」與「只憑『存在的瓶子』聲支的『存在』之聲」是互相矛盾的。

瓶子，然不應理，因爲有之聲的主要內容是有。就以「存在的瓶子」之聲而言，會先聽到「存在」，之後才會聽到「瓶子」的聲音。

《集量論頌》又依另一違害理破承許詮「有」之聲命名且指向瓶——有的明例。《集量論頌》云：

「雜相於一切，皆應成倒智。」[61]

如果詮總之聲命名且指向明例時，依「存在的瓶子」之聲所生的一切識，只能藉由爾聲義的命名或由他義[62]的介入而意會，[63]將有此過。[64]這樣一來，猶如念染色琉璃是藍[65]，應成「會意境不合眞相」之過。以此而破。

以上是關於阿闍黎陳那《集量論頌》的觀排他論，以及如

---

61 奈塘版，論，量，ཅེ卷，第五品，第6句偈頌文，10正頁；大譯師信慧譯。對勘本版，書號97，47頁。漢譯來源：法尊法師譯編的《集量論頌》。

62 譯者註：體性相異的其他事物，如與牛質體相異的牛他共義。

63 譯者註：如計奴為王，在此的「命名且指向」是指非正名、偏名、非甲命名為甲的意思。詮「存在的瓶子」聲並非以偏名的方式表述瓶子，因為所表述的瓶子確實是存在的瓶子，不是非瓶。從此可知，由此聲的所生識也不以「命名且指向」的方式會意爾境瓶子。

64 譯者註：原文並無「將有此過」。為使讀者容易釐清正反立場，譯者決定多加此詞。

65 譯者註：光是染色的琉璃，不能證實為藍。若因偏名或其他元素的介入，導致認定染色琉璃皆為藍，將成過患。

何破除自相明例、唯總、總與明例的合離相屬、具總之別等是聲義的內容，進而成立能詮聲是遮遣具境。

乙二、自宗成立能詮聲是排他性的具境

阿闍黎陳那自宗成立了排他——非己返回之遮遣——的聲義。《集量論頌》云：

> **「故聲亦遣他……所詮雖眾多，聲非皆能了，與自隨繫義，是遮遣之果。聲亦非能於，眾多法義轉，唯於所結合，非由聲德等。」**[66]

「所詮雖眾多……非由聲德等」是詮釋「故聲亦遣他」的綱要。柏樹有花、果實等眾多特徵，僅憑依賴單一的詮「柏樹」之聲不能得知這些所有的特徵。又如非柏樹的返回，依詮「柏樹」之聲證知柏樹時，是以遮遣的形式，因爲詮「柏樹」的聲義與柏樹之間存在著無則不生的相屬。總之，依彼聲只能知道柏樹整體，不能知柏樹的一切特徵。阿闍黎勝主覺的《集量論釋》詮釋其中的第二偈，如論云：

66 奈塘版，論，量，ཅེ།卷，第五品，第11-13句偈頌文，10正頁；大譯師信慧譯。對勘本版，書號97，485頁。漢譯來源：法尊法師譯編的《集量論頌》。此處依阿闍黎勝主覺的《集量論釋》所引偈文「聲亦眾多法」而釋。

「若謂以聲能知何支耶？答：『聲亦⋯⋯眾多法』謂自相與共相諸法乃『眾多法』；『非能於⋯⋯轉』謂何者依共相之樹及聲等無謬得知，即唯知彼法之義。由『唯』顯示遮遣也。言『非由聲德等』者，謂以聲持聲之所知等。『非由（知）』謂謬於彼等故。如是，彼等非樹義，卻見於味等，而非樹聲等總。」[67]

持遮遣論者承許能詮聲都是遮遣的具境。以詮「柏樹是樹」的聲音為例，此聲會從柏樹等樹明例的諸多特徵——物質及作用中，僅遮非樹後，只表柏樹的特徵是樹，不表其他特徵。其關鍵在於，能詮聲與分別心的直接境只會是「由識區分之法」[68]，即持個別差異為境。吉祥法稱也在《釋量論》中同樣解釋該文與注釋的要義，論云：

「盡其增益分，為遣除彼故，其決定與聲，亦唯有爾許，彼等境有異。」[69]

自宗若說排他聲義，那麼，所排除的他是什麼呢？聲音又

67 德格版，論，量，ཡི卷，第五品，255背頁；對勘本版，書號108，628頁。漢譯大藏經內並無此譯。

68 譯者註：執「柏樹是樹」的分別心只會從柏樹的眾多屬性及作用中，執取柏樹是樹，除此之外，不執其他特徵，這就是由識區分之法。

69 德格版，論，量，ཅེ卷，第一品，第50句偈頌文，96背頁；對勘本版，書號97，474頁。漢譯來源：法尊法師譯《釋量論》。

是如何排他的呢？《集量論頌》云：

「樹地生及實，有所量逆次，四三二一疑，餘是決定因。」[70]

《集量論頌》與《集量論頌自釋》的這段間偈頌文[71]乃大要義。阿闍黎陳那雖未闡釋此偈，阿闍黎勝主覺則如是解釋，如《集量論釋》云：

「言『唯依返回而知』者，為具體敘述此論文而示間偈頌文。所知聲於有、質、地所造、樹四是疑因。雖見所知聲，然其聲非有於彼四中故。後例亦如是釋。有聲存在於質、地所造、樹三是（疑因）也。質聲有於地所造、樹二是（疑因）也。地所造聲有於單一樹是（疑因）也。以『於非地之他』之理而趨也。[72]『於非地之他』相順理路故，[73]樹聲有於地所造、質、有、所知等四中為決定因也。如是，見樹聲而不顛倒見有於彼等故，後例亦

70 奈塘版，論，量，ཅེ卷，第五品，第35句偈頌文，11正頁；大譯師信慧譯。對勘本版，書號97，50頁。漢譯來源：法尊法師譯編的《集量論頌》。

71 譯者註：「間偈頌文」是指章節與章節之間的銜結偈文。

72 譯者註：當詮「柏樹是地大種所造」時，不僅會知道柏樹是地大種所造，也會知道柏樹是樹，所以「柏樹是地大種所造」之聲若只相應於樹，將成疑因，其理由是彼聲會排除「非地大種所造之他」的緣故。

73 譯者註：這句話的意思是，因為聲都遮遣「非己他法」，依據同樣的理路。

如是釋。當知地所造聲等一一劣位者有於質等是決定因，並依此見成立而知。依序，如見四三二一義乃決定；如見所知聲等存在於有故，是理路返回者。以無彼而仍見，由此起疑故，唯依返回而知。」[74]

根據阿闍黎陳那的觀點，《集量論釋》說能詮聲只以遮遣非己的返回方式表述其義，且於遮遣非己時，種性聲隨周遍大小的優先順序表述其義。詮「所知」的聲義若是事物、質、地大種所造、樹的四義，或詮「有[75]或事物」的聲義若是質、地大種所造、樹的三義，或詮「質」的聲義若是地大種所造、樹的二義，或詮「地大種所造」的聲義若是單一義的樹，都是疑因。反其次第而釋時，詮「這是樹」的聲義若是所知、事物、質、地大種所造的四義，將是決定因。詮「地大種所造」的聲義若是所知、事物、質的三義，或詮「質」的聲義若是所知與事物的二義，或詮「事物」的聲義若是單一的所知，則是決定因。

綜上所述，阿闍黎陳那的意趣是：能詮聲表述其義時，不以外境有的自性事物爲直接境，是以聲總的形式趨入於境，所

74 德格版，論，量，ཡ卷，第五品，276正頁；對勘本版，書號108，678頁。漢譯大藏經內並無此譯。

75 譯者註：阿闍黎勝主覺的《集量論釋》中提及的「有聲」就是詮「事物」之聲。

以能詮聲不僅是遮遣的具境，也只依排除非己之他的方式表述爾義。什麼是排他論要排除的他呢？如前引的《集量論頌》、《集量論頌自釋》、阿闍黎勝主覺《集量論釋》的內容，這得看當下種性聲所周遍的大小來抉擇排除義的大小差異。例如，以周遍較小的詮「樹」種性聲爲例，此聲不僅對周遍較大的非所知、非事物、非質等義進行排除，[76]也因爲詮「樹」的聲義與所知、事物等存在著無則不生的相屬，所以依賴詮「樹」之聲能夠決定所知、事物等義。反之，以詮「事物」等周遍較大的種性聲爲例，對周遍較小的質、樹等聲義不僅無法進行排除，依賴此聲也無法決定質、樹等義。

關於遮遣具境聲的這種解釋，其依據不僅是前引《集量論頌・觀排他論品》的「自義如所作」[77]，《集量論頌自釋》也如是云：「所作性遮遣非所作性，故知無常性等。同理，總說聲是遮他之聲，依此方能知義也。」[78]

---

76 譯者註：直譯是「此聲不僅不排除周遍較大的所知、事物、質等義」。依此聲可知所知、事物、質等義，所以說不排除彼等；更因證知彼等，也間接說明了排除非所知、非事物、非質等義。這裡最主要的問題是排他論要排除的他是什麼，所以譯者認為應該重點畫出要排除的內容，並且直接明說而非間接說明，所以針對此處文字稍行修改。

77 奈塘版，論，量，ཅེ།卷，第五品，第1句偈頌文，9正頁；大譯師信慧譯。對勘本版，書號97，47頁。漢譯來源：法尊法師譯編的《集量論頌》。

78 奈塘版，論，量，ཅེ།卷，第五品，166背頁；大譯師信慧譯。對勘本版，書號97，397頁。漢譯大藏經內並無此譯。

渠等持遮遣論者表示，聲義二法並無以事物之力而有的相屬，能詮聲是遮遣的具境。那麼，某人隨詮欲意樂而發某一能詮聲時，該聲豈能無誤表述其不共義？我等認爲，《集量論頌》及其自釋早已釋疑，故於此處列舉其義。《集量論頌》云：

「不見餘聲義，顯自義分故，聲繫屬性易，錯亂亦非有。」[79]

《集量論頌自釋》解釋其義，如論云：

「聲亦以同品與異品方便而表他義，即相似趨入或不相似趨入。相似者，不可能詮無窮盡之義，故不言無疑趨入一切，卻趨於某義。不相似者亦無窮盡，論說僅依不見則不趨入，故能（決定）。因此，雖有與己相屬者卻不見餘義故，說比度者是以遮遣詮示爾義。依同品遍而比度時，於柏樹等單一事物之疑可由樹聲排除，或正於疑惑時，雖見地所造與質性等，卻仍有疑。依樹聲不見非等，故依返回而比度也。」[80]

同理，《集量論頌自釋》再次說道：

79 奈塘版，論，量，ཅེ卷，第五品，第34句偈頌文，11正頁；大譯師信慧譯。對勘本版，書號97，50頁。大譯師夏瑪譯版為：「聲不見餘義，顯自義分故，聲繫屬性易，錯亂亦非有。」漢譯來源：法尊法師譯編的《集量論頌》。

80 奈塘版，論，量，ཅེ卷，第五品，166背頁；大譯師信慧譯。對勘本版，書號97，397頁。漢譯大藏經內並無此譯。

「唯相屬聲，餘聲因相無能詮釋爾義，於彼仍有多法，不可得知故。不詮相異故，不錯亂於爾義。」[81]

概述前面《集量論頌》及其自釋的內容。能詮聲表述聲義之理以及因相成立其宗之理，都同樣得依賴同品遍與異品遍。同品遍的決定又分相似的同品與不相似的異品兩類。不僅能詮聲不表異品或不相似，就連一切相似的同品也不表述，因為彼聲不可能表述無窮盡的同品。反之，如同品，異品也是無窮盡，整體而言可決定能詮聲不會趨入一切不相似或異品，並且會從異品返回，有此差異。以詮「樹」聲為例，聲義兩法不存在以事物力而有的相屬，但彼聲不趨入缺乏所詮能詮之相屬者，故知所詮樹不存在於非樹異類，進而排除非樹並且表述爾義之樹，所以依能詮聲仍可無誤會意爾義。

根據《集量論頌》及其自釋，阿闍黎陳那自宗表示，遮遣之總是聲義，此為善說。這樣既可避免承許自相明例、他共義、總與明例的相屬、具總明例等是聲義的過失，又可成立總具三種特徵——非異、是不變常法、周遍一切爾之明例；總具備了排他聲義的所有條件。《集量論頌自釋》云：

「『諸類法安住』亦謂種性法是一、是常、於一一法上

81 德格版，論，量，ཅེ།卷，第五品，167正頁；大譯師信慧譯。對勘本版，書號97，398頁。漢譯大藏經內並無此譯。

圓滿其性相，安住此完好性。非異故、所依不間斷故、可知一切故、無如是過故、增德故，說聲義是返回他義。」[82]

阿闍黎勝主覺的《集量論釋》中，引述《集量論頌自釋》前文的最後一句則是「聲僅詮他義返回，具其差異之事物等」，[83]意思是：阿闍黎陳那認爲，以詮「瓶」之聲爲例，彼聲的表義之理，必須建立在「從非瓶返回，具此差異事物的瓶子」上。阿闍黎勝主覺述說其義，如《集量論釋》云：

「證知爾義乃同品遍，此亦非無返回。從爾義遮遣他義為返回，無同品遍觀此亦不應理。此故，從彼聲而返回與詮釋某義實為無二，爾義是相異體性故，僅從此詮便可得知從他義的返回。」[84]

82 德格版，論，量，ཅེ།卷，第五品，167背頁；大譯師信慧譯。對勘本版，書號97，399頁。漢譯大藏經內並無此譯。大譯師夏瑪譯版為：「詮諸事物之聲以返回他義之差異而表述其義。」阿闍黎勝主覺的《集量論釋》云：「聲僅詮他義返回，具其差異之事物等。」。

83 德格版，論，量，ཡེ།卷，第五品，253正頁；對勘本版，書號108，621頁。漢譯大藏經內並無此譯。譯者註：由此可知，藏譯中普遍引述的《集量論頌自釋》，以及阿闍黎勝主覺的《集量論釋》中所引用的《集量論頌自釋》稍有不同。

84 德格版，論，量，ཡེ།卷，第五品，253正頁；對勘本版，書號108，622頁。漢譯大藏經內並無此譯。

以現有的雙胞胎兄弟爲例，當某人用手指出「這是雙胞胎的哥哥」時，自然就會知道另一者是雙胞胎的弟弟。這種釐清與先後個別確認是雙胞胎無關。[85]

對於聲等只是遮遣具境之理，阿闍黎陳那的《集量論頌自釋》又說，依語生成種種分別，這是由於各個補特伽羅的自證現識所成立。論云：

「雖非外境有，待串習義之力與相順其緣，如依語施設，生成種種證義分別。」[86]

《集量論頌》亦云：

「若何從何生，種種分別識，彼亦是自證，非異於現量。」[87]

阿闍黎陳那認爲，自從結合了詮「前面有隻白牛」的名言起，於名言中便將「背峰與頸下垂肉」連結了「這是牛」，致使事後看到黑牛時，產生念「這也是黑牛」的會意。這種會意無關勝論派與正理派的承許——與白黑二牛是體性相異的「爲

85 德格版，論，量，ཅེ卷，第五品，253正頁；對勘本版，書號108，621頁。漢譯大藏經內並無此譯。

86 奈塘版，論，量，ཅེ卷，第五品，170正頁；大譯師信慧譯。對勘本版，書號97，405頁。漢譯大藏經內並無此譯。

87 奈塘版，論，量，ཅེ卷，第五品，第49句偈頌文，11背頁；大譯師信慧譯。對勘本版，書號97，51頁。漢譯來源：法尊法師譯編的《集量論頌》。

牛」他共義同樣遍佈了白牛與黑牛兩者；也無關伺察派所許要義——詮「牛」之聲與牛二法存在著以事物之力而有的相屬；產生這種會意，是因爲事後表述相關的名言時，在黑牛上排除了非牛他義的差異所致。還有，之前以名言結合白牛時的任何一法，於彼時[88]皆無，然分別心於其顯相中仍見眞牛[89]與假牛[90]，並將彼牛聲二義[91]混合爲一。因此，聲義雖非外境有，分別心卻執取並趨入外境義，進而產生這種會意。[92]一開始搭配手勢並以名言表述白牛時，已建立了聲與義二法之間的相屬，所以依聲能決定是牛，但僅靠牛聲不得知牛。[93]《集量論頌》亦闡釋如是相屬，如論云：

「念故非相屬。」[94]

88 譯者註：事後詮「這是黑牛」的時候。

89 譯者註：直譯是「牛的自相」。

90 譯者註：直譯是「施設的牛」，指的是牛的聲總。

91 譯者註：牛聲的境有二：牛與牛的聲總。

92 《集量論釋》，德格版，論，量，ཅེ卷，第五品，254正頁；對勘本版，書號108，624頁。漢譯大藏經內並無此譯。

93 譯者註：如執牛分別心依牛聲而決定為牛，牛聲本身卻不知牛。

94 奈塘版，論，量，ཅེ卷，第五品，第52句偈頌文，11背頁；大譯師信慧譯。對勘本版，書號97，52頁。在此之前，大譯師信慧譯的《集量論頌自釋》云：「此依手勢與聲相屬而示故，則成立義。」譯者註：法尊法師譯編的《集量論頌》中，相關的漢譯是「非繫假立故」。

僅由念或分別識施設其相屬，其相屬不是以事物之力而有。

這個章節依據《集量論頌》與《集量論頌自釋》，稍微深入說明了阿闍黎陳那的排他論。目前《集量論頌》及其自釋只有藏譯並無梵版，所以有心者只能透過藏譯詳細了知阿闍黎陳那的量學要義。後來大多數量學注釋都是以吉祥法稱針對陳那論師的解釋為依據，造成後來學者對阿闍黎陳那所許的不共要義並不那麼熟悉。若能以阿闍黎陳那所許的要義視為主要依據而詮釋阿闍黎法稱的論著，則可略知佛教量學的學者們是如何次第建立排他論與聲義論的進展過程。依阿闍黎陳那的著作，我等盡己所能於此章節解說了排他論。

甲四、吉祥法稱細說聲與分別是排他性的具境

內外公認自阿闍黎陳那創立了排他論後，對此論的最大貢獻者是西元七世紀初的吉祥法稱。吉祥法稱撰著的《釋量論》及其自釋研究排他論的起源為何呢？當彼論在說明「聲有法，是無常，是所作性故」的自性因，建立該論式的因相與所立法具有同性相屬時，對方反駁：這樣一來，所作性與無常將成非異，彼自性因應成「因相與所立法非異的不成立見似因」，將有此過。排他論的研究是對此之釋疑所延伸出來的。如前章節所說，量決定分現比二類，而他宗所言的聲成量則是被比度所

攝，《集量論頌》的排他論是這麼延伸出來的。

吉祥法稱於《釋量論．第一品》及其自釋中細說排他論，至今尚有梵本可參閱。極多聖域印度與西藏論師著作了《釋量論》的注釋，所以阿闍黎法稱建立的排他論成爲眾人皆知的論述，故於此處不細說其義。阿闍黎法稱也認爲，能詮聲與其義兩法不存在以事物之力而有的相屬，諸聲不以事物之力而趨爾境，是以遮遣非己的方式表述爾義，所以是遮遣具境；諸種性聲也只以遮遣非己的方式表述爾義明例，不以與明例相異的某一事物——總——之力而趨境；種性聲在無關排他的前提下直接表述自相明例不應理等等。眾所周知，阿闍黎陳那於排他論時成立的見解，就是吉祥法稱的自宗立場。我等認爲，阿闍黎陳那建立排他論時是以能詮聲爲主要有法，而吉祥法稱建立排他論時則是以聲與分別心兩者，尤其是分別心如何趨境的研究爲主，有此差異，故此處將介紹阿闍黎法稱的排他論要義一、兩項內容。

於《釋量論．自義品》中，吉祥法稱自宗概述排他論時列舉三偈，極爲重要，如論云：

「諸法由自性，住各自體故，從同法餘法，遮回為所依。
故從彼彼遮，此因緣類別，以彼差別故，即善能通達。
是故某差別，由某法了知，其餘則無能，故別異而

住。」[95]

第一偈說，如聲等的能作義事物，不是唯分別施設，是以自性力成立自己的體性，不混他性，從而觀待同類事物與異類事物的返回而有。以聲某一有法爲例，不僅觀待所作性的同類瓶等的返回，更是不混非所作性或常等異類，且從彼等異類而返回，是從自因而生。論說於一聲上有諸多特徵，即從非所作性的返回——是所作性，以及從常的返回——是無常。此故第二偈說，由「聲有法，是無常，是所作性故」的因相識，得知由於不同返回處的返回差異，形成了於聲上的相異返回法的合理性。第三偈說，依各自的能聞聲可知，從不同返回處安立了相異的返回法；光是聞所作性或僅依該聲不能會意無常的緣故，所作性與無常二法於分別識中是各自存在的。[96]

基於此綱要三偈，《釋量論》以「義自性是一」至「當詮彼遺餘」的一百四十三偈，深入詮釋排他論。簡略介紹該整體結構的話，「義自性是一」至「證緣亦當證」[97]的十六偈細說破除聲與分別是成立趨入之理；「其言從他遮」至「依能作體

95 德格版，論，量，ཅེ།卷，第一品，第40-42句偈頌文，96正頁；對勘本版，書號97，473頁。漢譯來源：法尊法師譯《釋量論》。

96 此處引用《釋量論》的綱要三偈則是參考克主傑的《釋量論廣注理海》（117-119頁）。

97 德格版，論，量，ཅེ།卷，第一品，第43-58句偈頌文，96正頁；對勘本版，書號97，473頁。漢譯來源：法尊法師譯《釋量論》。

故」[98]的五十四偈及兩句[99]細說成立聲與分別是遮遣趨入；「有作如是說，若由遮非樹」至「彼無故非有」[100]的七十一偈及兩句則是釋疑排他論，以及由其延伸出來的內容。最後由「無事無體故」[101]的這一偈無礙揭示了遮遣的聲與分別心都是遮遣具境，進而總結排他論。[102]

《釋量論自釋》亦廣釋排他論，如論云：

「如何知聲與因相是依遮而證，不依唯成立事物自性？趨入他量、趨入他聲故。」[103]

此文已示，法稱自宗成立聲與分別心是遮遣具境的主要理路如下：瓶的一切特徵[104]不被執「瓶是所作性」的分別心所證，也不被詮「瓶是所作性」之聲所表，因爲彼二依序能於後

98 德格版，論，量，ཅེ卷，第一品，第59-113句偈頌文，97正頁；對勘本版，書號97，475頁。漢譯來源：法尊法師譯《釋量論》。

99 譯者註：第五十五偈的前兩句。

100 德格版，論，量，ཅེ卷，第一品，第113-184句偈頌文，99正頁；對勘本版，書號97，479頁。漢譯來源：法尊法師譯《釋量論》。

101 德格版，論，量，ཅེ卷，第一品，第185句偈頌文，106背頁；對勘本版，書號97，486頁。漢譯來源：法尊法師譯《釋量論》。

102 此處《釋量論》排他論的科判依據是源於賈曹傑的《釋量論疏．闡明解脫道》。

103 德格版，論，量，ཅེ卷，第一品，275正頁；對勘本版，書號97，932頁。漢譯大藏經內並無此譯。

104 譯者註：直譯是「瓶子的一切法」。

時趨入知「瓶是無常」之量、趨入詮「瓶是無常」之聲。[105]現識與分別識的趨入截然不同，故說趨入他量、趨入他聲。如現識，執聲分別若以成立的途徑趨入爾境，將有「不被執聲分別所取[106]時，無一法可被他量所知」之過，因爲任何與聲成住無二質體一之法，若不被執聲現識所見時則成非有。反駁：現識豈不相同？答：不同。現識非決定體性，而分別是決定識故，一切分別識所取的聲特徵將被分別識所決定，然現識並非如此，故應區分此差異。引發決定爾境識的助緣存在於現識的所見中，這點可從現識後引發的決定識得知，因此，明晰見境的現識與由其引發的分別識兩者之間有著特別的相屬，如《釋量論自釋》云：

> **「亦無任一現識能決定，現識雖執卻不能定故。何以故？見故。現識之執與不執無關決定與不決定，然決定識等卻非如此。某識決定，然餘識不決定，故依異趣而立執與不執。」**[107]

105 譯者註：相關內容之後也會說明。此處譯者簡單介紹的話，分別識若像眼識，能看或能取瓶子的一切特徵（包括瓶是無常的特徵）的話，後時豈須為知瓶無常而勤生瓶是無常之量？同理，詮瓶聲若像眼識，能取瓶子的一切特徵（包括瓶是無常的特徵）的話，後時豈須為表達瓶無常而說瓶是無常？

106 譯者註：在此的分別心所取是分別心所見的意思。

107 德格版，論，量，ཅེ卷，第一品，278正頁；對勘本版，書號97，940頁。漢譯大藏經內並無此譯。

圓滿如串習某境的助緣令現識引發決定識的比喻：當某一婆羅門見亦父亦師的生父過來時，隨串習力想「父親來了」，卻不想「老師來了」。[108]

法稱自宗如何安立從他返回是總？答：執總識如是見故。「總」雖非事物，依聲而有的執總識[109]可隨無始以來的習氣，將不混合的諸法合併爲同一類別而產生。[110]還有，沉香木與柏樹等樹的明例彼此是質體異，但執彼二是樹的分別心不見彼二是質體異，卻見彼二混合非異，以及見彼二是非樹的返回。依分別心安立爲總的同時，否定了共同周遍沉香木與柏樹的總自相。

此處介紹吉祥法稱排他論中的某一不共觀點。譬如，當生執「此是樹、彼亦是樹」之識時，彼識會一一區分樹與非樹，並決定沉香木與柏樹等是非樹的返回。因障蔽故，不見沉香木與柏樹的不同差異，決定沉香木與柏樹同樣是樹，故而承許「彼等樹的明例同爲樹、一樣是樹」之識所設置的影像，就是依其識而有的沉香木總與柏樹總。

108 《釋量論自釋》，德格版，論，量，ཅེ།卷，第一品，278背頁；對勘本版，書號97，941頁。漢譯大藏經內並無此譯。

109 譯者註：直譯是「依聲而有之識」，即執瓶分別心可先依詮瓶之聲，事後生成。

110 《釋量論自釋》，德格版，論，量，ཅེ།卷，第一品，280正頁；對勘本版，書號97，944頁。漢譯大藏經內並無此譯。

會這麼決定的關鍵在於：是同類的緣故，可生執「樹的不同明例同樣是樹」之識。同類之義也可同樣生成其果——執同類的順諦識，因爲一切樹的明例同樣具有樹的作用，尤其是彼等同樣具有能力生成執樹現識與念此是樹的樹執。雖無他共義可共同周遍一切根增上緣、外在境的所緣緣、等無間緣、境與識中間的影像等等，但這一切所見法卻能同樣產生其果——執色眼識。《釋量論》詮釋其義，論云：

「達一知義等，成其為一義，有雖是各異，由自性決定，猶如諸根等。」[111]

《釋量論自釋》云：

「雖柏樹等不同樹種互不係屬，僅依自性仍生同相現知，或依木助緣成辦火與房等。如於知色識中有耳識等，雖同為相異，然非水等。」[112]

眾多因緣之間彼此互不係屬卻生一果。譬如，無他共義可共同周遍不同藥類，然不同藥仍有能力同樣減緩發燒的疾病。[113]

111 德格版，論，量，ཅེ卷，第一品，第73句偈頌文，97背頁；對勘本版，書號97，476頁。漢譯來源：法尊法師譯《釋量論》。

112 德格版，論，量，ཅེ卷，第一品，284正頁；對勘本版，書號97，953頁。漢譯大藏經內並無此譯。

113 《釋量論自釋》，德格版，論，量，ཅེ卷，第一品，284正頁；對勘本版，書號97，953頁。漢譯大藏經內並無此譯。

因此，吉祥法稱自宗於《釋量論自釋》云：

「若識僅從彼等相異而生，他宗之總豈有其用？……[114] 亦說具混相識僅是謬識，相異事物漸次為妄念因，故自性生。」[115]

雖無他共義，執總識卻可間接觀待質異的樹明例，執不同的樹明例同樣是樹類，並見非樹的返回，而且是錯亂視其[116]爲外在樹的心識。

就以執樹現識之後生成的執樹分別心爲例，雖是視爾所現爲外在樹的錯亂識，但這不違與總仍有同屬的論述。彼等分別心不同於視陽燄爲水的錯亂識，因爲執樹分別雖因錯誤於爾識所現而立爲錯亂，又因爲被執樹現識所引發的緣故，仍可獲得爾境，如《釋量論自釋》云：

「之所以得，是無境則不生故，非觀待所現也。」[117]

---

114 德格版，論，量，ཅེ卷，第一品，289背頁；對勘本版，書號97，967頁。漢譯大藏經內並無此譯。

115 德格版，論，量，ཅེ卷，第一品，292背頁；對勘本版，書號97，974頁。漢譯大藏經內並無此譯。

116 譯者註：「其」是執總識所見的樹總，或非樹返回的影像。

117 德格版，論，量，ཅེ卷，第一品，289正頁；對勘本版，書號97，965頁。漢譯大藏經內並無此譯。

如是執總識最終還得依賴自相法，如執樹分別心就是由執樹現識所引發，故與執樹現識有相屬，而執樹現識又是因見樹而生，故與樹有相屬，從而得知現識與分別心兩者之間也有相屬。《釋量論．現量品》非常清楚地揭示其義，論云：

「若失有事法，以緣事為先，知彼故無過。」[118]

若提出此疑問：《釋量論》說依事物而有的執總識不隨存在事物與否的影響。這樣一來，總是依事物之總的承許則應失壞。答：以執瓶分別爲例，彼雖不受彼所現境的所依事物存在與否的影響，但在彼之前必須有執瓶眼識，故不失壞。阿闍黎勝主覺的《釋量論釋》說明此義，如論云：

「『若失有事法』謂若無事物然有執總識時，是事物法性之承許將成失壞也。答：無此前述之過。何以故？『以緣事為先』意指執彼總識或執總識。如色等以事物自性故成識境，然不許總是事物法。若爾云何？依見諸色所染習氣而生妄念時，趨入並耽執爾所現相是諸色等相，故爾識依見色等所生；耽著彼故，名為事物法之義也。」[119]

118 德格版，論，量，ཅེ།卷，第三品，第53句偈頌文，120背頁；對勘本版，書號97，530頁。漢譯來源：法尊法師譯《釋量論》。

119 德格版，論，量，ཆེ།卷，第三品，144正頁；對勘本版，書號98，342頁。漢譯大藏經內並無此譯。

於此，阿闍黎勝主覺依二理說執色分別境的排他之總稱「事物法」[120]。一、執總識是由執色現識安置的習氣所生。二、執總識將爾所現相或爾所設置的影像耽執為外在色等諸相。《釋量論．現量品》亦說此要義，如論云：

「其分別影像，彼究竟相屬，遣餘究竟故，說聞能遣餘。如遮由諸聲，於識現餘影，彼亦非義體，彼從亂習起。」[121]

根據《釋量論》及其自釋的詞義，執總識境中的總只是分別心所現，故樹總周遍樹的明例只是分別錯亂而已[122]，絕無一總[123]周遍不同明例。[124]雖是如此，有時自宗所許為總的排他法[125]，既是周遍事物[126]也是執總識之因，彼二不違。我等認為，

120 譯者註：根據阿闍黎勝主覺，總非事物法，卻可稱為「事物法」。

121 德格版，論，量，ཅེ།卷，第三品，第164-165句偈頌文，124背頁；對勘本版，書號97，540頁。漢譯來源：法尊法師譯《釋量論》。

122 譯者註：直譯是「如是總周遍爾之明例」。恐讀者不清楚直譯的「爾」字所指為何，譯者決定翻譯為「樹總周遍樹的明例」。

123 譯者註：直譯是「絕無一法」。

124 譯者註：如共主相、他共義等非佛外道所說的立場，而非內道佛教說無常周遍一切不同樹的明例之義。

125 譯者註：在此的「事物」是指如樹明例等事物。非樹的排他法——非樹的返回，就是周遍一切樹的明例事物。

126 譯者註：排他法與遮遣法同義。無遮一定是常，但非遮中有無常法與常法兩者，如非樹的返回。

能詮聲名言等也是排他具境；[127]論依三理建立排他法是執總識的因，此時便說排他法周遍不同明例的緣故，務必區分勝義與世俗論述之間的差異。[128]分別心所現之總有三類：一、如依賴事物的詮瓶聲義。二、如依賴非事物的詮無兔角的聲義。三、如依賴事物與非事物兩者的詮所知之聲義。這正是爲何論說分別心顯現總，是因見事物與非事物的妄念以及其所生習氣的緣故。[129]

關於聲音表述爾義之理。如阿闍黎陳那所許，阿闍黎法稱也認同聲與義的相屬是因世間名言而成立，而非依事物之力而有的相屬。詮「瓶」之聲特別以詮非瓶他法的返回而表其義，不以成立的方式或事物之力而表其義，故法稱自宗表示，能詮聲不以勝義有而趨自相法。

建立世間名言的目的是爲令士夫成辦所求、排難解憂。以詮「牛」聲爲例，其聲的直接境不是外境有的自相牛，然仍可

127 《釋量論自釋》，德格版，論，量，ཅེ།卷，第一品，283正頁；對勘本版，書號97，951頁。釋迦慧的《釋迦慧論著》清楚細說此三理。

128 譯者註：如樹總不以勝義有而周遍樹的明例，樹總卻以世俗有而周遍樹的明例，故說「樹總周遍樹的明例只是分別錯亂而已」。《釋量論》及其自釋說，樹總若以勝義有而周遍樹的明例，將有「樹總與樹的明例成為無二」之過，故不應理。

129 《釋量論》，德格版，論，量，ཅེ།卷，第一品，第205句偈頌文，102背頁；對勘本版，書號97，487頁。《定量論・他義品》亦明此義。漢譯來源：法尊法師譯《釋量論》。

依執牛分別見爾識所現爲外境有的牛而間接得牛，成辦取奶等目的。《釋量論自釋》云：

> **「無世間苦難源於不結合名言或聲。若爾為何？所勤目的僅為得果，勤若無果則應捨棄故。即使某人詮聲亦僅是為得果，此見應理。此等一切皆是求憂得捨之性相，故知何為成立求與排除憂，於彼後行趨或返，或是令他作、結合敬語聲等行為，否則當屬捨棄……[130] 無始時來習氣所生妄念各自見其義境為我所也。講者與聞者依其妄念，欲詮所見事物而結合故，生具彼相之妄念故。」[131]**

總之，詮「牛」之聲及依其聲後而有的心識區分了牛與非牛的差異後，之所以能夠會意前方背峰與頸下垂肉和合體是非牛的返回，是源於士夫想要表述的動機、世間名言建立了牛與背峰與頸下垂肉和合體兩者聲義的相屬，以及雖然外在牛的明例彼此是並無相屬的異法，但同樣具有牛的作用，致使求牛之士夫能夠同樣產生「這是牛」的認知。阿闍黎法稱說「這是牛」的認知執此差異——前方背峰與頸下垂肉和合體是從異類非牛之他而返回。我等認爲，阿闍黎法稱主要以因果論，建立能詮

130 德格版，論，量，ཚེ།卷，第一品，287正頁；對勘本版，書號97，960頁。漢譯大藏經內並無此譯。

131 德格版，論，量，ཚེ།卷，第一品，208背頁；對勘本版，書號97，1042頁。漢譯大藏經內並無此譯。

聲與分別心排除非己之他的論述，這點有別於阿闍黎陳那。還有，吉祥法稱闡釋排他論時說，不同明例生一果故，分別心會以非己返回的差異，將不同法混合爲一，趨於爾境，方爲排他的論述。阿闍黎法稱的佛教量學弟子多以此論述爲主，如西元八世紀阿闍黎妙護的《觀遮他品》云：

「是故自性異，同見果等故，識增益為一，至極趨名言。」[132]

同理，阿闍黎法上的《排他論》[133]云：

「別見一一相異別法，見後即刻決定故，耽著無異。故明例為一之見證知同為不生果之返回性。」[134]

還有，阿闍黎樂喜[135]的《成遮論》云：

「生果於一性，待此知識變，是故從領納，決定非無異。」[136]

132 德格版，論，量，ཞེ།卷，第1句偈頌文，197正頁；對勘本版，書號107，532頁。漢譯大藏經內並無此譯。

133 གཞན་སེལ་བ་ཞེས་བྱ་བའི་རབ་ཏུ་བྱེད་པ། *Apoha-nāma-prakaraṇa*。

134 德格版，論，量，ཞེ།卷，242背頁；對勘本版，書號107，657頁。漢譯大藏經內並無此譯。

135 譯者註：樂喜（བདེ་བྱེད་དགའ་བ།，十世紀），或稱Mahāmati（བྲམ་ཟེ་ཆེན་མོ།）。

136 德格版，論，量，ཞེ།卷，298背頁；對勘本版，書號107，811頁。漢譯大藏經內並無此譯。

甲五、略說他方依何主要理由反駁排遣論

乙一、《眞如集論》如何詮釋

前述章節提及約莫西元五世紀末或六世紀初，阿闍黎陳那在推廣排他論的宗義時，無須勝論派與正理派所許的他共義，卻許能詮聲以排除非己之他的方式表述其義，以此全面安立能詮聲及依其聲而有的執總識之趨入理，這對勝論派與正理派所許的根本宗義所知六句義損害極大。同樣地，聲與義二者之間不存在勝義有的相屬，聲與義的相屬是因世間名言而有；能詮聲是遮遣具境，所以詮瓶聲不表一切瓶子的特徵，卻無誤表述爾義等，建立此義不僅違害伺察派所持「吠陀是聲，然是量的吠陀非由士夫所造」的立場，也違害聲義二者之間存在著勝義有的相屬之說，導致西元六、七世紀時，外道宗義師大力反駁阿闍黎陳那的排他論。其中最著名的是兩位論師——西元六世紀的正理派阿闍黎烏底耶塔加羅及西元七世紀的伺察派阿闍黎鳩摩梨拉婆吒，故於此處略說這兩位外道論師是依何主要理反駁阿闍黎陳那，以及佛教量學家吉祥法稱的《釋量論》及其自釋與阿闍黎寂護的《眞如集論》是如何釋疑等相關的聲義研究。

首先依《眞如集論》說正理派阿闍黎烏底耶塔加羅的《正理釋論》（*Nyāya vārttika*）是依何關鍵理反駁阿闍黎陳那的排

他論。

駁理一：聲若能以排除非己之他而表其義，則詮牛之聲等應在牛與非牛是遮遣第三聚的正相違之基礎上，遮遣非牛而趨其境。然而，以詮「一切」之聲爲例，無法安立所遮的第三聚——非己的非一切，故有「聲不一定是遮遣具境」之過。以此類理，詮「二」、「三」的和合聲亦有此過，因爲遮遣一等同遮遣二的和合體故。[137]爲釋此疑，答：詮「一切」之聲不是遮遣具境不應理。詮「一切法是無我」聲中的「一切」之聲，不能獨立表述其義，必須連結某任一有法而表其義，故「一切法是無我」之聲遮遣了「只有瓶子是無我然餘有我」之謬論，故無他宗所言過失。《眞如集論》及其自釋說明其義，如論云：

「一切之聲亦……不知應成說。」[138]

駁理二：詮牛聲的排他之牛是事物或是非事物？若是事物，是牛還是非牛？若是牛，汝排他論者只是諍於名諱矣。若不是牛，詮牛聲將詮非牛，實屬詫異！若是非事物，將違領

137 《真如集論》，德格版，論，量，ཟེ卷，第二十品，第117-120句偈頌文，37正頁；對勘本版，書號107，91頁。可從烏底耶塔加羅的《正理釋論》，314頁，參閱相關反駁。漢譯大藏經內並無此譯。

138 德格版，論，量，ཟེ卷，第二十品，第320-323句偈頌文，44正頁；對勘本版，書號107，108頁。漢譯大藏經內並無此譯。

納，因爲根據士夫覺受，聽聞詮牛聲後的心識不會只顯非事物。[139]爲釋此疑，答：雖分別心執牛總排他法是外在的牛，牛總排他法卻非牛亦非事物。分別心以耽著聲義牛總排他法而起牛的決定，所以在分別心的結合下牛總如同牛的影像，牛總排他法不是非事物中的唯無遮。《眞如集論》及其自釋以二偈清楚說明其義，如論云：

「直遮非有無……」[140]

駁理三：從非牛返回的遮遣與牛是一或異？若異，其遮遣是否存在於牛上？若存在，其遮遣將成牛的特徵，這樣一來，詮「有此牛」之聲將不能表牛，因爲該詞支的牛聲表述牛的特徵——遮遣，故不表牛。若其遮遣不存在於牛上，牛的遮遣之「的」詞結合第六格位則不應理。「若其遮遣非異於牛，陳那說遮遣應成無義。」[141]爲釋此疑，答：如果詮牛聲直接主要表述

139 《眞如集論》，德格版，論，量，ཟེ།卷，第二十品，第121句偈頌文，37正頁；對勘本版，書號107，91頁。烏底耶塔加羅的《正理釋論》，314頁。漢譯大藏經內並無此譯。

140 德格版，論，量，ཟེ།卷，第二十品，第324-325句偈頌文，44正頁；對勘本版，書號107，108頁。漢譯大藏經內並無此譯。

141 《眞如集論》，德格版，論，量，ཟེ།卷，第二十品，第128句偈頌文，37正頁；對勘本版，書號107，92頁。烏底耶塔加羅的《正理釋論》，315頁。漢譯大藏經內並無此譯。

非牛的返回，確實存在汝說之過，然詮牛聲直接表述的是牛義影像或是詮牛聲義，並間接表述非牛返回。聽聞者也是直接顯現詮牛聲義，並間接得知非牛返回。汝等因不知我派關鍵宗義而說彼等過失。《眞如集論》及其自釋以二偈清楚說明其義，如論云：

「聲直說異義……」[142]

駁理四：所有牛都是各自的非牛返回，那麼，其遮遣是一或異？若是一，這種遮遣將存在與一切時空之牛的相屬。這樣一來，這種遮遣與「爲牛」之總將成無異。如果牛的遮遣隨各自牛的明例不同而有各自差異時，如牛的明例不可計數，牛的遮遣也成不可計數，這樣一來，陳那自己於《集量論頌》及其自釋中說：「種性聲不表自相明例，因爲明例不可計數」的說法不應理。[143]爲釋此疑，答：分別心結合牛的遮遣法於牛上故，牛的遮遣不是勝義有的一或異，故無此過。《眞如集論》及其自釋清楚說明其義，如論云：

142 德格版，論，量，ཟེ།卷，第二十品，第327-328句偈頌文，44正頁；對勘本版，書號107，109頁。漢譯大藏經內並無此譯。

143 《真如集論》，德格版，論，量，ཟེ།卷，第二十品，第130-131句偈頌文，37背頁；對勘本版，書號107，92頁。烏底耶塔加羅的《正理釋論》，315頁。漢譯大藏經內並無此譯。

「一切異非異……」[144]

駁理五：聲在表述排他時，是以成立的途徑而表，還是以遮遣的途徑而表？若是以成立的途徑而表，「排他聲義」的稱呼將無意義。若是以遮遣的途徑而表，將要以遮他的方式而表排他，此時又要以排除另一種他的方式而表，應成無窮盡的遮遣。[145]為釋此疑，答：依詮瓶聲所生的分別心顯現境的影像或聲義時，是直接了知聲義並間接得知非己返回。正因為不直接表述非己之他的返回，故離無窮盡之過，以及遠離聲不是遮遣具境之過。《眞如集論》及其自釋清楚說明其義，如論云：

「豈遮遣聲義？」[146]

內外學者公認，伺察派阿闍黎鳩摩梨拉婆吒的著作，是對阿闍黎陳那的排他宗見進行了最深入的反駁，即該論師撰著的《頌釋論》（*Mīmāmsaślokavārttika*）。為此，其論還特別獨立出排他論的章節。該章節提及的諸理極其重要，所以吉祥法稱也

144 德格版，論，量，ཟེ།卷，第二十品，第326句偈頌文，44正頁；對勘本版，書號107，109頁。漢譯大藏經內並無此譯。

145 《真如集論》，德格版，論，量，ཟེ།卷，第二十品，第132-135句偈頌文，37背頁；對勘本版，書號107，92頁。烏底耶塔加羅的《正理釋論》，315頁。漢譯大藏經內並無此譯。

146 德格版，論，量，ཟེ།卷，第二十品，第331-334句偈頌文，44正頁；對勘本版，書號107，109頁。漢譯大藏經內並無此譯。

在《釋量論》中針對下述深義細說釋疑：依賴彼此得知；[147]詮所知聲無所遮他法，故聲不一定是遮遣具境；一切聲是遮遣具境故，一切聲應成同義。[148]特別是阿闍黎寂護的《眞如集論》，因爲彼論直接廣釋鳩摩梨拉婆吒的《頌釋論》對排他論的反駁，[149]故於此處列舉《眞如集論》相關的反駁排他論的要義與釋疑。

乙二、觀察遮遣法的非遮與無遮爲何，及其相關駁論

當排他論者有意顯示，詮牛之聲表述非牛返回的遮遣時，鳩摩梨拉婆吒反問：這種遮遣是非遮還是無遮？許是非遮不應理，因爲我等承許「爲牛」之總是詮牛聲之義，汝等雖說非牛返回之總是詮牛聲之義，實爲無異，所以汝諍只是限於名相而已。汝等認爲，總是非事物法，而安立非事物法一定要依賴某

147 譯者註：即外道所拋出的無窮盡之過。知非牛前要知牛，而知牛前若要知非牛，彼此之知將有無窮盡依賴之過。

148 譯者註：他宗認為，聲是遮遣具境時，等同聲只是單純地遮除某法，所有聲義將同樣成為無遮。這樣一來，所有聲將成同義，因為所有聲義都只是無遮。

149 《真如集論》，德格版，論，量，ཟེ卷，第二十品，第49-110句偈頌文，42背頁；對勘本版，書號107，85-90頁。其中，只有第85-90的五個引偈是直接源於《頌釋論》的。漢譯大藏經內並無此譯。

事物有法，那麼，非牛返回的遮遣又依賴何處？若說此總是如牛等的自相體性，總是執總識的所行境將不應理，畢竟汝已承許不共自相諸法皆非執總分別的所行境。牛總是花斑牛體性之說亦不應理，這樣一來，彼總將不周遍一切黑牛等，仍有諸多過失。因此，所謂的「牛總排他法」只是稱呼不同，實爲周遍一切牛的「爲牛」之總，故有「汝等再立我等已立」之過。若汝說聲義之總是無遮，亦不應理，將有「依賴只遮非牛的能詮聲不能會意外在牛」之過故。[150]

爲此釋疑，答：雖不成立汝說依賴外在事物而有的總事物是聲義，執「聲義排他法是外在義」的錯亂識卻知牛等外在事物。彼識雖錯亂，卻間接存在與外在事物的相屬，故得外在義，如執「寶光是寶」的心識，雖是錯亂仍可得寶，故不相違。依此等多理成立，總排他法不同於汝許的「爲牛」之施設總事物。我宗否定總是無遮，故離係屬無遮之過。《眞如集論》及其自釋清楚說明相關釋疑，如論云：

「許總是為牛……」[151]

150 《真如集論》，德格版，論，量，ཟེ卷，第二十品，第49-58句偈頌文，34背頁；對勘本版，書號107，85頁。《頌釋論．說遮遣品》第1-10句偈頌文。漢譯大藏經內並無此譯。

151 德格版，論，量，ཟེ卷，第二十一品，38正頁；對勘本版，書號107，94頁。漢譯大藏經內並無此譯。

乙三、一切能詮聲應成異名

他宗反駁排他論者所持「一切能詮聲都是遮遣具境」的立場。《眞如集論釋》云：

「異於牛馬之總詮，以及花斑等別詮，彼等於汝均將成異名，義無異故，如柏樹與根飲[152]也。」[153]

反駁：遮遣或排除若謂遮他，除此外無一他性能被安立時，將不能區分聲的不同所詮內容，一切聲應成異名。[154]《眞如集論釋》提出這種反駁的根本思路，如論云：

「論式為『彼此相異為事物，如自性相；排他亦是彼此相異也。』此為自性因。」[155]

說只有成立的事物是聲義、聲是以成立的方式趨入，方可

---

152 譯者註：柏樹的異名。

153 德格版，論，量，ཟེ卷，第二十一品，324背頁；對勘本版，書號107，842頁。漢譯大藏經內並無此譯。

154 譯者註：他宗認為，如果聲只是單純地排除，不成立任何一法時，所有聲音將成同義、異名。就以單純地排除而言，所有聲並無差異；就以不成立任何一法而言，所有聲並無差異，故說所有聲將成異名之過。

155 德格版，論，量，ཟེ卷，第二十一品，324背頁；對勘本版，書號107，842頁。漢譯大藏經內並無此譯。

遠離聲是異名之過。他宗安立聲可各自表述爾義。[156]鳩摩梨拉婆吒又駁，如《集量論頌》云：

「遣異義別故。」[157]

汝佛教學者即便回應，青鄔波羅等同屬聲支，各自擁有不同的所遮，故聲不成異名。此答仍有不應理之過。

關於鳩摩梨拉婆吒的這種反駁，答：依汝所言，聲與分別心若是以勝義有而趣境，其他因相與比度之趣入將成無義。[158]詮聲是所作性、無常等聲，以及如是的決定識，若只是不同的聲識，然其境與目的並無差異時，確實有異名之過。自宗表示，詮「瓶是無常」之聲或成立「瓶是無常」之因相，因斬斷單一的執「瓶是常」之增益，故離「瓶所作性是所詮、是宗」的過失；之後仍須一一斬斷各自增益的緣故，詮「瓶是所作性」

156 《真如集論》，德格版，論，量，ཞེ།卷，第二十品，第59-63句偈頌文，35正頁；對勘本版，書號107，86頁。《頌釋論．說遮遣品》第42-46句偈頌文。漢譯大藏經內並無此譯。

157 奈塘版，論，量，ཅེ།卷，第五品，第14句偈頌文，10正頁；大譯師信慧譯。對勘本版，書號97，48頁。漢譯來源：法尊法師譯編的《集量論頌》。

158 譯者註：執瓶眼識是以勝義有、成立的方式而趣入其境——瓶。所以眼識見瓶的時候，如瓶無常、瓶所作性等，一切與瓶成住無二質體一的特徵都會被此眼識見到。然而，不僅詮瓶不詮瓶無常，見瓶的分別心也不見瓶無常，否則見瓶分別心將知瓶無常。這樣一來，知瓶之後再努力獲證瓶無常之比度將成無義。

之聲與識並非無義，故無聲與識成異名之過。以上是附帶內容。

此外，特別解釋「說聲是成立趨入者，同屬不應理」的道理，則是由《釋量論》的偈頌云：「若遮一雜義……便成爲遮詮」[159]，以及《眞如集論釋》與其自釋的「如其非有性……」[160]等十六偈而揭示。

乙四、觀察性別用詞、數量、動詞、祈使句、副詞等而破他論

反駁：說聲一定是遮遣具境不應理，因爲名詞會結合陽陰中的性別用詞、是一或二等的數量詞，所以與排他法無關。況且排他法是非事物，更是與性別用詞等無關，故有「聲不能表述爾義」之過。[161]

此外，如烹煮的「paccati」以及行走的「gaccati」等有「ti」字尾的動詞[162]也非排他，因爲彼聲不同詮瓶聲，難以安立彼聲

159 德格版，論，量，ཅེ།卷，第一品，第129-184句偈頌文，99背頁；對勘本版，書號97，481頁。漢譯來源：法尊法師譯《釋量論》。

160 德格版，論，量，ཟེ།卷，第二十一品，第165-180句偈頌文，38背頁；對勘本版，書號107，95頁。漢譯大藏經內並無此譯。

161 《真如集論》，德格版，論，量，ཟེ།卷，第二十品，第108句偈頌文，41背頁；對勘本版，書號107，103頁。《頌釋論・說遮遣品》第135句偈頌文。漢譯大藏經內並無此譯。

162 譯者註：直譯是「主要表達動作之詞」。

的所遮，畢竟詮烹煮之聲的所遮——非不烹煮的「非遮」——無法安立的緣故。若說彼聲所遮是無遮，這不應理，因為非非之說實乃負負得正，將有「仍詮烹煮——成立法的體性」之過。還有，烹煮又分稍微烹煮與徹底烹煮等前後差異；若是非事物的無遮，將成一味，則無法安立這類的時間差異。以此理而類推時，便不能成立遮遣具境的祈使句、「還有」等聲的連接詞，以及「非常」、「一切」、「於相」等聲的副詞。[163]

為此釋疑，答：名詞等支中，陽陰中的性別用詞、是一或二等的數量詞或是動詞等，結合這些能詮詞只是因為表達者的欲言意樂，無關事物之力的趨入。若是以事物力而趨其境，具陽陰中三性的聲音因為有可能趨於同一事物，此時該事物應成三種自性。同樣地，數詞也是僅隨欲言意樂而被結合，無關事物之力的趨入。若是以事物力而趨其境，如僧尼之稱趨於同一女子，當多個數詞趨入同一事物時，將有「一應成多」之過；如多個樹林總稱為一片森林，當單一數詞趨入多個異體時，將有「多應成一」之過。不成立烹煮之詞非排他具境，因為此詞已經排除了無作為或是食用等其他作為。《真如集論釋》與其自釋細說相關釋疑，如下述的二十三偈云：

163 《真如集論》，德格版，論，量，ཟེ卷，第二十品，第109-113句偈頌文，43正頁；對勘本版，書號107，105頁。《頌釋論．說遮遣品》第139-143句偈頌文。漢譯大藏經內並無此譯。

「合相狀數等……成立從非返。」[164]

乙五、詮「排他」之聲的自返體不一定是遮遣趨入

反駁：詮「排他」之聲本身[165]不是遮遣具境，所以聲不一定是遮遣具境。詮「排他」之聲若是遮遣具境，此聲所遮將是非排他，非排他若被遮遣，此聲所詮將成負負得正，故有「應成排他實爲成立法」之過。[166]

爲此釋疑，答：某聲結合於「排他」時，是以排除非己的方式結合，不以成立的方式結合某質中成立的他共義。聲以排除非己的方式結合排他卻無應成無窮盡之過，因爲這麼結合時，若要格外結合另一聲支——「遮遣與己相異的非己」，將成無窮盡，但無須這麼各自表述，某聲遮遣非排他時自然能夠會意排他；某聲表述排他時自然能夠會意非排他的遮遣，其理由是：排他與非排他兩者是互相矛盾、彼此正相違的緣故，當聲直接表述其中的某一方時，即便排除另一方也能自然會意，

164 德格版，論，量，ཞེ卷，第二十品，第257-279句偈頌文，41背頁；對勘本版，書號107，103頁。漢譯大藏經內並無此譯。

165 譯者註：直譯是「自返體」。

166 《真如集論》，德格版，論，量，ཞེ卷，第二十品，第114句偈頌文，36背頁；對勘本版，書號107，90頁。《頌釋論・說遮遣品》第144句偈頌文。漢譯大藏經內並無此譯。

故無彼過。《釋量論》細說相關釋疑，如下述五偈云：

「若此從彼異……說此異此故。」[167]

同理，《眞如集論釋》及其自釋的下述三十二偈亦云：

「非排他聲等……然是瓶等之。」[168]

《釋量論自釋》又從以上釋疑附帶說明，能詮聲表述爾義時，是以從他返回之差異而表故，無須一一區分「此聲從他返回」與「此聲表述爾義」，彼二作用可由單一的行爲促成，此乃要義。[169]寂護的《眞如集論》也是依此而釋，即詮瓶聲直接表述爾義瓶子的同時，間接表述非瓶返回的無遮。[170]

乙六、詮「所知」之聲並無所遮他法，故聲不一定是遮遣具境

反駁：以另一喻成立能詮聲不一定是遮遣具境。以詮「所

167 德格版，論，量，ཅེ།卷，第一品，第124-128句偈頌文，99正頁；對勘本版，書號97，480頁。漢譯大藏經內並無此譯。

168 德格版，論，量，ཟེ།卷，第二十品，第298-330句偈頌文，43正頁；對勘本版，書號107，90頁。漢譯大藏經內並無此譯。

169 《釋量論自釋》，德格版，論，量，ཅེ།卷，第一品，290正頁；對勘本版，書號97，969頁。漢譯大藏經內並無此譯。

170 《真如集論》，德格版，論，量，ཟེ།卷，第二十品，第156句偈頌文，38背頁；對勘本版，書號107，94頁。漢譯大藏經內並無此譯。

知、所量」之聲爲例，因爲不可成立非所知、非所量，彼聲的所遮他法將成非有，故彼聲是遮遣具境不應理，無法遮遣不存在者[171]故。當指出彼聲所遮爲何時，將有「彼聲所遮應成所量」之過。因此，依循世間名言而說「成立聲義」應理。[172]

爲此釋疑，答：爲消除聞者心中疑惑、生起正確決定，是結合能詮聲於瓶等事物的目的。如果聞者對任何內容都無疑心，則無須依賴他人的指導。因此，詮「所知」聲等能夠遮遣聞者疑點，故說彼聲所遮非有不應理。《釋量論》及其自釋說明此釋疑，如下述二偈云：

「覺從某義遮。」[173]

《眞如集論》及其自釋也廣說其義，如下述的二十五偈云：

「正故而後行……非一切詮欲。」[174]

171 譯者註：直譯是「非境」。

172 《真如集論》，德格版，論，量，ཟེ།卷，第二十品，第114-116句偈頌文，36背頁；對勘本版，書號107，90頁。《頌釋論・說遮遣品》第144-146句偈頌文。漢譯大藏經內並無此譯。

173 德格版，論，量，ཅེ།卷，第一品，第122-123句偈頌文，99正頁；對勘本版，書號97，480頁。漢譯來源：法尊法師譯《釋量論》。

174 德格版，論，量，ཟེ།卷，第二十品，第291-315句偈頌文，43正頁；對勘本版，書號107，106頁。漢譯大藏經內並無此譯。

乙七、證知應成互依

反駁：排他論者表示，詮牛之聲令聞者以遮遣非牛而會意是牛。這樣一來，將有會意所遮非牛之過；非牛是遮牛體性，在會意非牛之前要先會意牛，因爲不認清所要遮遣的牛，則不能決定遮牛的遮遣。不知所遮本身的體性豈能遮除？[175]因此，牛與非牛的二證知將有彼此依賴之過，所以沒有以詮牛聲會意是牛的可能。若否定牛等自相法是聲義，則無法避免以上的「證知應成互依」之過。[176]眾所周知，證知應成互依的推理是由正理派的阿闍黎烏底耶塔加羅所提出。根據阿闍黎寂護的《眞如集論》，西元七世紀的阿闍黎巴馬哈[177]也曾提出如是問難。[178]

爲此釋疑，先以依此類推之理破除其質問。稱具樹枝花葉者爲樹時是否遮遣非樹？若說遮遣，不認清非樹則不能執樹，不認清樹則不知非樹，汝宗亦有「樹與非樹的二證知彼此依賴」

175 譯者註：這整段話的直譯是「不知爾性則不能遮」。

176 《眞如集論》，德格版，論，量，ཟེ།卷，第二十品，第78-80句偈頌文，35背頁；對勘本版，書號107，87頁。《頌釋論・說遮遣品》第83-86句偈頌文。漢譯大藏經內並無此譯。

177 བྷཱ་མ་ཧ། Bhāmaha。

178 《眞如集論》，德格版，論，量，ཟེ།卷，第二十品，第48句偈頌文，34背頁；對勘本版，書號107，85頁。漢譯大藏經內並無此譯。

之過。如依詮樹之聲不會僅遮旃檀等樹而趨柏樹，當依詮樹之聲不遮非樹時，將有「稱樹時不能遮非樹而趨於樹」之過。以上釋疑為以此類推之理。

正釋疑：在結合樹的名稱於樹前，先有現識區分其境有無樹枝花葉，此後的分別心見爾之所現是具樹枝花葉者的體性——迥異於不具樹枝花葉之法。因為區分有無樹枝花葉的各類差異，爾之所現不同於不具樹枝花葉。結合樹名於此排他法之聲義，隨此名言後的分別心錯誤地將顯現與施設混合為一——視爾之所現是外在樹，從而獲得樹自相，故於排他論中無證知互依之過。《釋量論》及其自釋說明其義，如下述八偈云：

「有作如是說，若由遮非樹……錯故豈知事[179]？」[180]

《眞如集論釋》及其自釋也說明相關釋疑，如下述五偈云：

「如此混合亦……遮遣故不說。」[181]

179　譯者註：《佛法哲學總集》中的藏文是「འཁྲུལ་པས་དངོས་པོ་ཇི་ལྟར་རྟོགས།」（錯故豈知事？），而一般釋量論漢藏對照寫的是「འཁྲུལ་པས་དངོས་པོ་གཅིག་ལྟར་རྟོགས།」（錯知似一事）。

180　德格版，論，量，ཅེ།卷，第一品，第114-123句偈頌文，99正頁；對勘本版，書號97，479頁。漢譯來源：法尊法師譯《釋量論》。

181　德格版，論，量，ཟེ།卷，第二十品，第198-202句偈頌文，39背頁；對勘本版，書號107，98頁。漢譯大藏經內並無此譯。

《眞如集論釋》也記載了鳩摩梨拉婆吒對排他論的如是總結，論云：

「此故一切聲，若結合遮他，僅成返回分，餘則能知爾。」[182]

鳩摩梨拉婆吒認爲，除了直接顯說否定詞的能詮聲能合理成爲遮遣的具境外，若無直接顯說否定詞時，當以成立方式表述爾義。

略說聖域印度的內外量學專家及其著作的先後順序。阿闍黎陳那的《集量論頌》及其自釋建立排他聲義。爲詳破此觀點，不僅西元六世紀的正理派阿闍黎烏底耶塔加羅著作了《正理釋論》，其後西元七世紀伺察派的阿闍黎鳩摩梨拉婆吒也撰寫了《頌釋論》（*Mīmāmsaślokavārttika*）。西元七世紀的吉祥法稱不僅對彼二師的批駁提出釋疑，更以極其廣泛的理由建立排他論的見解，並細說爲何破除勝論派與正理派所許的他共義之理，最終建立了自宗遮遣論的合理性。西元七世紀末或八世紀初，勝論派的阿闍黎巴馬哈或稱「大智」（Bhāmaha）也反對排他論。西元八世紀裡，佛教量學的阿闍黎寂護撰寫了一部大

182 《真如集論》，德格版，論，量，ཟེ།卷，第二十品，第136句偈頌文，37背頁；對勘本版，書號107，92頁。《頌釋論・說遮遣品》第164句偈頌文。漢譯大藏經內並無此譯。

論典《眞如集論》，[183]此論中的「觀聲義品」提及彼三非佛論師對遮遣論的反駁，並對一一列舉其反對立場而直接釋疑並詳細說明。

吉祥法稱所撰的《釋量論》及其自釋不僅回駁了烏底耶塔加羅與鳩摩梨拉婆吒的質疑，也詳破了伺察派所許的「總是事物」、「聲與義的相屬是以事物力而成的自性有」之觀點，《釋量論·自義品》末端更依廣理破除非士夫所造的常吠陀是量。西元九世紀，正理派阿闍黎闍衍陀（Jayanta Bhaṭṭa）所撰的《正理花鬘》（*Nyāyamañjarī*）記載了烏底耶塔加羅與鳩摩梨拉婆吒兩位論師如何反駁陳那的排他論，以及佛教量學家對此的釋疑答覆，特別主要依阿闍黎法上的見解，研究了排他論的諸多要義。盡人皆知，之後於西元十世紀，正理派的阿闍黎第三隻眼（Trilocana）[184]注釋了正理派阿闍黎筏差耶那（Vātsyāyana）的《正理經注》，阿闍黎第三隻眼不僅令正理派自宗的立場合理化，也持反對法稱的觀點。其弟子語主（Vācaspatimiśra）也

183 當寂護的《真如集論》與蓮花戒的《真如集論釋》說明他宗如何譴責排他論時，並無提及闍衍陀、第三隻眼、語主等人的名稱，故可推理這三位論師是在寂護之後。《真如集論釋》清楚揭示的外道名稱有：烏底耶塔加羅、鳩摩梨拉婆吒、樂主（Śaṃkarsvāmi）、不穿耳（Aviddhakarṇa）、大智（Bhāmaha）、光顯者（Prabhākara）、耆那派阿闍黎善慧（Sumati）等人，以及某些外道主要宗義的根本經之作者。

184 ཏྲི་ལོ་ཙ་ན། ཡང་ན། མིག་གསུམ་པ། Trilocana。

隨阿闍黎第三隻眼，再破遮遣論，並以自宗正理派的角度回駁相關質疑。正理派的這兩位論師觀點又被佛教量學家吉祥智善知識[185]破除，[186]另一位佛教量學家寶稱（Ratnakīrti）[187]也廣傳吉祥智善知識的論述，而正理派阿闍黎烏陀衍那則反對這兩位佛教論師的立場。[188]西元十世紀，阿闍黎帕爾塔沙羅彌希羅（Pārthasārathimiśra），以及阿闍黎博塔布達日．賈亞米夏日（Bhāṭṭaputra Jayamiśra）[189]這兩位伺察派論師，自宗皆是遵循鳩摩梨拉婆吒的觀點，反對遮遣論。耆那派的阿闍黎摩拉瓦丁也持反對排他論的立場。自阿闍黎陳那後，約莫人壽的六百年間，聖域印度的內外宗師皆對量學，尤其是聲義為何等內容，建立了極其廣泛的相互切磋和研究的傳統，令人稱奇。

甲六、略說後期持遮論者如何詮釋排他論

前章節中已概述，他宗反對阿闍黎陳那的排他論後，吉祥

185 ཛྙཱ་ན་ཤྲཱི་མི་ཏྲ། Jñānaśrīmitra。

186 吉祥智善知識的《至極遮遣》中，直呼阿闍黎第三隻眼與語主二人之名而破。

187 རཏྣ་ཀཱིརྟི། ཡང་ན། རིན་ཆེན་གྲགས་པ། Ratnakīrti。

188 佛教量學家吉祥智善知識與寶稱二人的著作雖未譯成藏文，然於梵文中至今仍可見到彼二師的著作。

189 བྷཊྚ་པུ་ཏྲ་ཛ་ཡ་མི་ཤྲ། Bhāṭṭaputra Jayamiśra。

法稱針對他宗的反駁釋疑，令排他論的宗義理路更爲深入。後期阿闍黎寂護的《眞如集論》自宗也廣說排他論的合理性。在介紹陳那與法稱的觀點後，這個章節將會列舉佛教量學論師們是依何理建立排他論的一兩項重要補充及新的詮釋，先從《釋量論》注釋《釋迦慧論著》開始說明。彼論的造者是阿闍黎釋迦慧，也是吉祥法稱親傳弟子阿闍黎帝釋慧的門徒。《釋迦慧論著》說排他有三類，論云：

「於此，排他有三相。一、為排除異於此或排他故，是唯返自相。何以故？論云：『從同法餘法，遮回為所依。』安立此亦待聲及因，是名言所依，非聲所詮。二、為遮他故，是唯遮他；往昔諸阿闍黎安立一切無異，即一切於唯遮遣無有異也。三、此處為排他故，說顯現於分別識；造論故，許聲之所詮即是此義。」[190]

排他有三種類別：一、排他處是瓶等自相法的非己返回，即觀待聲與因相的名言所依，然非聲的直接所詮，是自相事物。二、如瓶不存在於非瓶中，排他之分或唯遮非己是無遮；以是唯遮或唯除非己，故是無遮。三、排他者執瓶分別之所現；造論者吉祥法稱說，此排他是依分別識所現而安立，是聲

190 德格版，論，量，ཇེ།卷，200背頁；對勘本版，書號98，1425頁。漢譯大藏經內並無此譯。

的直接所詮。《釋迦慧論著》中的三種排他依序被視爲自相之排他、無遮之排他、心識之排他，然《釋迦慧論著》並未直接明示其三種排他[191]的著名詞彙。

毋庸置疑，在阿闍黎陳那與法稱兩位論師之後，在研究排他論之理的學者中，最爲著名的是西元八世紀的阿闍黎法上（Dharmottara），彼師不僅廣釋吉祥法稱的《定量論》與《正理滴論》，自身也撰著了聞名的《排他論》，並研究了排他論的諸多難處要義。《排他論》的禮讚文在總結排他義時，禮讚持遮遣論者，如論云：

「他宗至極示破何分別心之體性，說何非識非外境有非彼之增益，離一切過勝者宣示此義於有情，稽首頂禮故於此處闡釋遮遣論。」[192]

一開始《排他論》的正文爲解聲義爲何，論云：

「結合聲於妄念所現——所詮之義，此生緣彼所詮之妄念故，聲義是由果因兩者所近取也……[193]爾所現非實，

191 譯者註：自相之排他、無遮之排他、心識之排他。

192 德格版，論，量，ཞེ།卷，236背頁；對勘本版，書號106，640頁。漢譯大藏經內並無此譯。

193 德格版，論，量，ཞེ།卷，236背頁；對勘本版，書號106，640頁。漢譯大藏經內並無此譯。

然耽趣為實，所言何意？除個別增益性所取相，即是此義也。」[194]

如前引禮讚偈，阿闍黎法上自宗認爲，在分別心的所取境上安置聲義，聲義不是外在事物自相也不是內在識法，聲義只是增益法。又說聲義必須如此安立：不一一辨別分別所現增益與其所依自相的遮遣，將彼二混合唯一之識的所現，爲聲義；聲義只是增益法。有些人說分別心的所取相[195]是聲義，這不應理。《釋量論》云：

「非離知各異，如何隨餘義。」[196]

阿闍黎法稱自宗破分別心的所取相是聲義，[197]並認同上述內容——分別心所取境增益法是聲義。其關鍵在於，以領納成立顯現某義不存在[198]於分別心中，諸妄念也是無明污染的體

194 德格版，論，量，ཞེ།卷，237背頁；對勘本版，書號106，644頁。漢譯大藏經內並無此譯。

195 譯者註：任何識的所取相是指該識本身，而該識的能取相則是指領納該識的自證分。

196 德格版，論，量，ཅེ།卷，第一品，第71句偈頌文，97背頁；對勘本版，書號97，467頁。漢譯來源：法尊法師譯《釋量論》。

197 《真如集論釋》，德格版，論，量，ཟེ།卷，第二十一品，340背頁；對勘本版，書號107，882。漢譯大藏經內並無此譯。

198 譯者註：下文中，可見阿闍黎解脫源藏的《推理論》中所說的「非有」、「不存在」，實際是指遮遣之義，所以此文應理解為「以領納成立顯現某義遮遣於分別心中，諸妄念也是無明污染的體性」。

性。《排他論》云：

「依領納體性而持決定，由無明習氣而持為無也。」[199]

《排他論》又於此時提及四種妄念，如論云：

「如是近知有法，即瓶等之有與自在天等之無，以及青等之有與常等之無。」[200]

妄念於存在的有法及其特徵，以及妄念於非事物的有法及其特徵，彼四類妄念如何增益爾境皆不相同，然彼四類妄念同樣會先見到相似事物。《排他論》云：

「妄念從他返回而增益時，是從外在他之返回而知。此時，依無他事物之遮遣而觸事物、知事物故，趨向無聲與離分別之遮遣，不趨非遮。以增益無遮之知，耽著非異，故決定外在非有。因此，妄念決定外在空的同時，也取增益之空，故無疑阿闍黎法稱亦許無遮。」[201]

199 德格版，論，量，ཞེ卷，244背頁；對勘本版，書號106，661頁。漢譯大藏經內並無此譯。

200 德格版，論，量，ཞེ卷，244背頁；對勘本版，書號106，662頁。漢譯大藏經內並無此譯。

201 德格版，論，量，ཞེ卷，244背頁；對勘本版，書號106，661頁。漢譯大藏經內並無此譯。

論說闡述排他論時，排他遮遣必定是無遮，這點符合阿闍黎法稱的意趣。阿闍黎法上於《排他論》的末端時，總結自宗承許遮遣論的種種要義，如論云：

「一切妄念之義皆聲義也。聲義非勝義有。論云：『與聲義同屬，此事亦非有，如共許所詮，此事定非有。』知增益故，當知與此相似的外在法，故而取名聲義於外在法。如云：『增益彼體性，知故知返他，諸聲義謂彼，於詮當無違。』結合名言時，妄念境排他體性亦當結合依決定體性而有的所詮，不然豈能詮釋排他一性？是故，妄念境是排他，並以離他結合所詮。如云：『如釋瓶與掌之作用等……』故說二遮遣，即決定性與妄念境也。又云：『周遍斷除他，趨入以聲詮，故此從彼等，豈能不斷除？』」[202]

繼阿闍黎法稱後，於佛教量學界中，另一位詳細研究排他論者則是西元八世紀的大方丈寂護。此論師的《眞如集論》所說內容與釋迦慧的三種排他相同，如論云：

202 德格版，論，量，ཞེ卷，246正頁；對勘本版，書號106，665頁。如云：「此故說遮有二，決定性與妄念境也。」遍知果然巴的《至極明示七部》（57-59頁；藏3背頁-6背頁）依此表示，法上自宗認為排他有二，即無遮之排他與心識之排他。然而我等認為，根據法上自己的著作，結合聲時的分別心之境是心識之排他，即排他者，故聲以排他或排除非己而表述。論說，所詮遮遣有二，決定性的無遮，以及妄念境的心識之排他，然而，這與外在義取名為聲義並不相違。漢譯大藏經內並無此譯。

「如是遮二相，非遮與無遮，非遮亦二相，依識與義分。」[203]

爲何鳩摩梨拉婆吒等人提出的反對遮遣論之理，佛教自宗則是以因不知排他體性與其分類目的所致而答覆。一般來說，自宗將排他分爲非遮排他與無遮排他兩類。前者又分二：心識之排他與自相之排他。《眞如集論釋》清楚說明心識之排他與自相之排他兩者的差異，如論云：

「『識義依體分』謂識體性分類與義體性分類。決定某一隨後趨入識所現義者為識體性。義體性者乃義自性，即從異類返回、義自性相之義。」[204]

根據《眞如集論》，執樹的心識排他之所以名爲「樹的排他」，其理有四：一、以執樹分別心爲例，該識見樹的心識排他時，不混執他法分別心的所現。二、觀待樹的心識排他，故得樹的明例自相。三、領納樹的相異明例且不混合，故生見樹的心識排他之分別心。四、知者誤將樹的心識排他耽執爲樹。[205]

203 德格版，論，量，ཟེ།卷，第二十品，第139句偈頌文，37背頁；對勘本版，書號107，95頁。漢譯大藏經內並無此譯。

204 德格版，論，量，ཟེ།卷，第二十一品，337正頁；對勘本版，書號107，874頁。漢譯大藏經內並無此譯。

205 《真如集論釋》，德格版，論，量，ཟེ།卷，第二十一品，311背頁；對勘本版，書號107，808。或德格版，論，量，ཟེ།卷，第二十一品，337背頁；對勘本版，書號107，875。漢譯大藏經內並無此譯。

排他三類中，心識之排他是聲的直接所詮。依聲知義的緣故，無遮之排他與自相之排他可稱爲「聲義」。[206]以詮瓶聲爲例，其所詮絕非勝義有；以世俗角度而言，此聲直接表述瓶子後，間接得知從非瓶之他的返回，看似論說彼二[207]有其先後順序，如《眞如集論釋》云：

「由聲發起義之決定識故，於世俗中顯許成立性是聲義，然於真實義中，無一絲諸聲所詮，故破真實義的成立性而非世俗，且許成立性是聲義。詮爾義是成立性，間接得知從他返回，故先有成立的返回應理。」[208]

識如何知三種排他？《眞如集論釋》云：

「自相遮遣僅依根而決定也。義影性遮遣是勝義有識性，故依自證現識成立。『亦』詞攝未說義，故亦輾轉得知無遮性，示彼性非他性。」[209]

---

206 《真如集論釋》，德格版，論，量，ཅེ། 卷，第二十一品，338背頁；對勘本版，書號107，877。漢譯大藏經內並無此譯。

207 譯者註：詮瓶之聲直接表述瓶子，以及依賴詮瓶之聲間接得知非瓶之他的返回。

208 德格版，論，量，ཞེ། 卷，第二十一品，345正頁；對勘本版，書號107，904頁。漢譯大藏經內並無此譯。

209 德格版，論，量，ཞེ། 卷，第二十一品，349正頁；對勘本版，書號107，893頁。漢譯大藏經內並無此譯。

此外，遠離發瘋、睡眠、串習、重複、犯錯等五種時段的語述，像是「此是瓶」的能詮聲，其最終所依都與自相義有關。《眞如集論釋》明示其義。論云：

「與彼相屬謂經聲事物、與因果性相之相屬。如是，先領納如所有事物，故起表述欲，進而周遍引發上顎等移動。『從彼發聲』謂輾轉時，聲與外在火等事物相屬。若此相屬是有，實際便能得知從異類而返回的事物，故無遮與從他返回事物體性之遮遣兩者亦稱『聲義』也。」[210]

此時，在相關的結論中，阿闍黎陳那的《集量論頌自釋》云：「聲以排他聲義表述爾義。」[211]對於這段論文，《眞如集論釋》是如何解讀的呢？如論云：

「阿闍黎的意趣如是：聲不詮外在，唯生耽執外在義之妄念影像，無諸法作用故。生成耽執、趨入外在義的妄念影像，謂聲詮爾義也。」[212]

210 德格版，論，量，ཟེ卷，第二十一品，339正頁；對勘本版，書號107，878頁。漢譯大藏經內並無此譯。

211 《真如集論釋》，德格版，論，量，ཟེ卷，第二十一品，339正頁；對勘本版，書號107，878。此處的譯詞稍有不同，如大譯師夏瑪譯版的《集量論頌自釋》（268頁）則云：「聲已排他差異而表。」漢譯大藏經內並無此譯。

212 德格版，論，量，ཟེ卷，第二十一品，339正頁；對勘本版，書號107，879頁。漢譯大藏經內並無此譯。

我等認爲，《眞如集論》以及《眞如集論釋》不僅釋疑了他宗對排他論與聲義的反駁，自宗更揭示了前所未有的諸多說明。

繼寂護父子後，聖域印度專門研究排他論的著名佛教量學著作中，至今仍可見者的作品有三：西元十世紀初的大婆羅門樂喜（Śaṅkarānanda）的《成遮論》、西元十世紀中或末的阿闍黎吉祥智善知識（Jñānaśrīmitra）的《至極遮遣》[213]，以及其弟子寶稱（Ratnakīrti）的《成遮品》[214]。其中，大婆羅門樂喜《成遮論》的排他觀點則主要如實依照吉祥法稱的意趣而釋，偶時也直接引述法上的著作，如出現在《決定量論疏》與《排他論》二論的「爾之所現非義，然耽趨爲義故」。[215]

吉祥智善知識與寶稱的兩本關於排他論的梵文著作雖未譯成藏文，後期專家對其的研究說法是，阿闍黎吉祥智善知識的排他論，其基本架構主要是依照法上的觀點，然而，自宗建立的排他論因符合許非外境有的唯識宗，故於現比二識如何安置其境的說法上與法上的觀點有所不同。還有法上說，吉祥法稱的排他論是以無遮爲主；吉祥智善知識直接破斥這個觀點後，

213 སེལ་བ་རབ་ཏུ་བྱེད་པ། 。

214 སེལ་བ་གྲུབ་པ། 。

215 《決定量論疏》，書號107，125。《排他論》，書號107，801。漢譯大藏經內並無此譯。

自宗卻說排他論可據當下情況定爲無遮或非遮任一。[216]阿闍黎寶稱的《成遮品》不僅以阿闍黎吉祥智善知識的《至極遮遣》爲依據，也清楚列舉了外道反對排他論先後諸師的名諱，並破其立場。

阿闍黎寶稱自宗表示，排他是從他返回之特徵而有的外在義，這就是聲義。聲之所詮可分主次或直接間接兩類。以詮「這是牛」的聲音爲例，直接依彼聲能知牛，而且這種了解必須源於「牛是非牛的遮遣」之差異，所以會間接理解非牛的返回。這種觀點與寂護稍有不同。寂護認爲，由詮牛聲直接會意牛相，進而影射並會意非牛的返回，所以知牛與知非牛返回之間存在著前後時的差異。寶稱只說同時主次的會意，不說前後差異。[217]

西元十世紀時，一般的佛教量學家們是如何闡釋排他論呢？可依阿闍黎解脫源藏的《推理論．廣釋排他論品》，推理並略知其義，如論云：

「何謂遮遣？顯說遮遣如耽執謂唯外在瓶等義，即遮遣

216 《至極遮遣》，梵文版，205頁，16字行。藏譯丹珠爾中，仍有阿闍黎吉祥智善知識的量學典籍——《成立因果性》（རྒྱུ་དང་འབྲས་བུའི་ངོ་བོ་གྲུབ་པ།）。漢譯大藏經內並無此譯。

217 《排他論》，梵文版，第8-9句偈頌文。漢譯大藏經內並無此譯。可參閱McAllister's *Ratnakīrti's Apohasiddhi*, 2020。

由此異類之他也。所顯識相亦被遮遣，識相謂相異、遮遣於此的不相順。真實義乃唯返回的無遮性之遮，遮乃遮遣也。

問：如是唯遮遣故，豈耽乃唯成立耶？答：非也。成立之意趣建立於遮遣之差異上。說成立者承許，誰知牛便間接遮遣非野牛、不是野牛，故於後時輾轉決定。說諸返回之遮遣者，知排他故，輾轉得知所遮牛等義。

彼（二說）[218] 不應理，初趨名言時不見各個次第故。某人知成立，豈知義而後知遮？知遮而後知遮不應理，故說唯知牛即知排他。

詮牛聲不觸及排他聲，然非不知遮之差異，唯以遮非牛而結合牛聲於事物故。如，『indīvara』之聲結合青鄔波羅故，唯知青鄔波羅時，不除青之廣德。同理，以遮非牛結合牛聲名言而知牛的同時，遮之差異故，不除廣大遮遣，僅此而已。

如依無非有與無遮性而執之現識，僅生非有之妄念 [219]。

218 譯者註：一、成立之意趣建立於遮遣之差異上。說成立者承許，誰知牛便間接遮遣非野牛、不是野牛，故於後時決定。二、說諸返回之遮遣者，知排他時，間接知所遮牛等義。

219 譯者註：此文中的「非有」或「無」有遮遣之意，所以此處的「非有之妄念」是指以遮遣趨境的分別心。

如是，與此相順能隨後引發生成諸成立妄念，唯彼謂執非有。[220] 如若不然，由牛一詞而知義時，他方若不知遮遣，知者豈能斷除其他可能而趨牛？敕綁牛時，亦成綁馬等也。故而如是：唯依勝耽外在義而安立聲所詮，然不遮一切自相，故無決定趨入境、時、相、階段之自相遮遣，不同現識。理聖自在云：『猶如見聲義，於無根用者，無識所現故。』

此外，自相體性事物是所詮時，將知一切體性故，成立與遮遣皆不應理。[221] 若有，則有成無義，不能非有；若無，則無成無義，不能為有故。結合有等詞彙仍存在故，勝義有之自性相皆非聲所詮。」[222]

經由前述引文的研究得知，當時許多的佛教量學專家所述排他論，是依《釋迦慧論著》的意趣，進而建立自宗的合理三

220 譯者註：執瓶分別心與執瓶眼識的所現雷同。依相順的執瓶眼識，引發執瓶分別心——成立（瓶子是成立法）妄念，唯有執瓶分別心是遮遣，根識並非遮遣。「執非有」的意思是：以遮遣而執爾境。

221 譯者註：此處破瓶子是詮瓶聲的直接所詮。無論是以成立或遮遣的途徑，成立瓶子是詮瓶聲的直接所詮，皆不應理。根識趨境與聲或分別心趨境的方式不同，所以根識看到瓶子的時候，會同時見到與瓶質體為一的所有特徵，然聲或分別心不會。若會，詮瓶後再詮瓶是無常不應理，因為詮瓶的同時已詮瓶是無常。再者，詮瓶後再詮瓶非常不應理，因為詮瓶的同時已詮瓶非常。畢竟詮瓶後再詮瓶特徵合理故，汝說瓶子是詮瓶聲的直接所詮不應理。

222 德格版，論，量，ཅེ卷，360正頁；對勘本版，書號106，991-993頁。漢譯大藏經內並無此譯。

義——排他處、排他者、排他分，以及遮遣者派的兩種立場：一、一開始理解彼爲牛，致使事後理解爲非牛返回，此稱「以成立爲主」的立場。二、一開始理解彼爲非牛返回，致使事後理解爲牛，此稱「以返回爲主」的立場。阿闍黎解脫源藏自宗反駁上述兩種立場，因爲依賴詮「這是牛」之聲而理解爲牛的同時，當以遮遣非牛而理解，故說知牛本身的當下證知遮遣。

如阿闍黎法上所許，《推理論．現識品》說現識與分別心兩者都有所取境與決定境，並說其所取境是一刹那的事物、現識的決定境一定要建立在續流之上、必須在相似識上建立總等內容。還有，當說明現識境時，提及《釋量論》等典籍說現識行境只是自相，然其中的「只」字是指「否定無」而非「否定他」，[223]畢竟仍許總是現識境。以執瓶現識爲例，彼識所取義的一刹那自相事物是彼識的所取境，而具續流者的瓶類之總則是現識的決定境與所趨境。反之，執瓶分別心或比度的所取境只能是總，其所耽與決定境一定是自相法。[224]若說現識境一定是自相時，應成「依煙因成立有火之周遍不能被現識成立」之過。《推理論》云：

223 譯者註：「否定無」是指否定現識行境中無自相；「否定他」是指否定現識行境中有自相以外的他法。

224 譯者註：直譯是：「分別心或比度的所取境只能是總，其所耽與決定境一定是自相法。」根據前後文，應加「執瓶」兩字，否則說分別心或比度的決定境一定是自相法，不應理。例如，執常分別心的決定境則是常，非自相。

「若唯自相是現識境而非總，此時，現識豈取煙火總之周遍？答：此言無過，以否定無之差異，故唯自相是彼境也；若依否定他，則不成立唯自相是彼境。何以故？總亦是彼境也。如是，量境有二相，所取與所耽也。於此，現識所取是正顯現的一剎那，隨後現識所生的分別心之所耽則是唯總也。總有二相：上層性相者與不偏者。單一瓶等明例的同異類，即諸多一個剎那的聚體之總，是能成現識之境也。異類等多個明例乃不偏總，即執周遍現識之境也。比度所取是總，所耽唯自性相也。」[225]

此處說總分爲二：一、上層總，即和合某一法的前後刹那之體性，也是現識的決定境或所趨境。二、不偏總又名類總，即周遍彼此無關明例的類別之總，也是執周遍現識之境。我等仔細觀察時認爲，此處所說的上層總與不偏總，依序是陳那父子所區分的聚總與類總。

可就初中後三個階段粗略解說西藏量學。初者爲俄．羅丹喜繞[226]與恰巴．法獅子及其弟子的階段。中者爲文殊怙主薩

225 德格版，論，量，ཞེ卷，345背頁；對勘本版，書號107，991-993頁。漢譯大藏經內並無此譯。研究《推理論》中的總與排他論時發現，西藏量學的第三派系宗喀巴、賈曹傑、克主傑等格魯量學派自宗的說法，與《推理論》的觀點非常吻合。

226 རྔོག་བློ་ལྡན་ཤེས་རབ། 。

迦班智達貢噶堅贊所造《量理寶藏論》的階段。[227]後者爲宗喀巴、賈曹傑、克主傑等格魯派的階段。我等認爲，在這三個階段中，彼等論師對排他論的說法皆稍有不同。本書是以聖域印度佛教專家的典籍爲主，至於西藏學者的觀點可依各自學者著作的量學大教典得知。

總之，聖域印度的阿闍黎陳那父子及其弟子如何承許排他論、說成立趨入者如何反對排他論，以及後期排他論者如何針對排他論的反駁釋疑等，有助於深入排他論的理路以及相關注解的研究。聲與分別心如何趨境、聲義或聲之所詮爲何、聲與義的相屬、如何依能詮聲知義、總識的趨入法、總識作用、如何生成認知識、根識境與分別心境的差異，尤其是彼二的趨境法差異爲何、根識與分別心兩者之間雖有巨大差異，然彼二存在著緊密的關聯、連結能詮聲最終得經能作義的某自相法等等。依各自學者的量學典籍可知，於聖域印度的哲學中，多個世代的專家們皆依細理深入研究以上諸多

227 欲知文殊怙主薩迦班智達自宗所許的排他論，可參閱《量理寶藏論》〈第四品：研究成立與遮遣〉、〈第五品：研究所詮與能詮〉，以及〈第三品：研究總別〉。根據《量理寶藏論》，三種排他中，只有心識之排他才是真正的排他、聲音的直接所詮只是增益故非事物、耽著之所詮是分別心所耽境。許多《量理寶藏論》的自宗立場主要依循《釋量論》及其自釋的用詞。我等認為，法稱之後的量學家如法上、寂護、尤其是吉祥智善知識與解脫源藏等人的諸多觀點，不被《量理寶藏論》所承許。

量學要義並相互學習，內外雙方皆已臻至極其高度的量學哲理。

以上我等已對所有藏譯的佛陀教言，尤其是古老聖域印度的理聖佛教學者的主要著作內容，即基法眞相或科學，擷取其中諸多哲學要義，總集於本書系列並依序特別編纂。就以聖域印度佛教典籍內容中的科學與哲學的部分而言，此書《佛法哲學總集．下冊》已分別說明內外宗義師依理建立的主要哲理，今已圓滿相關注釋。

甲七、總結

布敦寶成的《布敦佛教史》[228]清楚記載，自阿闍黎吞彌．桑布扎[229]起至大譯師虛空護[230]之間，雪域西藏的前弘期有五十五位大譯師；後弘期中，自寶賢大譯師[231]起至善慧[232]之間有一百三十七位大譯師，共有一百九十二位大譯師。此外還有一百四十多位譯師的名諱雖然沒有在《布敦佛教史》中，卻分

228 譯者註：或稱《布頓佛教史》。

229 ཐོན་མི་སམ་བྷོ་ཊ། 。

230 ལོ་ཙྪ་བ་ནམ་མཁའ་སྐྱོང་། 。

231 རིན་ཆེན་བཟང་པོ། 。

232 ལེགས་པའི་བློ་གྲོས། 。

別出現在《釀佛教史》[233]、《龍欽教史》[234]、《智者喜筵》[235]、德格版丹珠爾目錄，或甘丹赤巴寶光所造的《佛教大事紀年》[236]等任一文獻。總之，前後弘期先後共有超過三百三十位精通雙語大譯師，從聖域印度為首的周邊諸多國家，將佛陀的經典及注釋其經典的論典，逐漸譯成雪域西藏的文字。

源於此恩德，至今仍可見到藏譯甘珠爾有一千五百多部典籍，以及丹珠爾中的三千五百多部典籍。這五千多部大教典，不僅是《佛法科學總集》與《佛法哲學總集》的主要依據，更是當今大地上一切有情的善擇取捨之眼。對此，我等實難回報上千年來先後為眾住世的大譯師與班智達的恩情。

依據聖域印度佛教典籍所編纂的《佛法科學總集》與《佛法哲學總集》，實為甘珠爾與丹珠爾浩瀚典籍的精粹。第十四世達賴喇嘛尊者將佛教大藏經的內容區分為科學、哲學、修行三大類，可謂創新之舉，並囑咐吾等總集其中科學與哲學的核心要義，編纂成書。這不僅有助當今內外有心求學者皆能共習

233 ཉང་ཆོས་འབྱུང་།。全名為：ཉང་ཡུལ་སྟོད་སྨད་བར་གསུམ་གྱི་ངོ་མཚར་གཏམ་གྱི་ལེགས་བཤད་མཁས་པའི་འཇུག་ངོགས།《釀境上中下的稀有善說學者津梁》，造者是多羅那他。

234 ཀློང་ཆེན་ཆོས་འབྱུང་།。

235 ཆོས་འབྱུང་མཁས་པའི་དགའ་སྟོན།。全名為：དམ་པའི་ཆོས་ཀྱི་འཁོར་ལོ་བསྒྱུར་བ་རྣམས་ཀྱི་བྱུང་བ་གསལ་བར་བྱེད་པ་མཁས་པའི་དགའ་སྟོན་ཞེས་བྱ་བ།《正法轉輪者的簡明史賢者喜宴》。

236 བསྟན་རྩིས་གསལ་བའི་སྒྲོན་མེ།，其造者是དགའ་ལྡན་ཁྲི་ཆེན་རིན་ཆེན་འོད་ཟེར།第十四任甘丹赤巴寶光。

其義，透過甘珠爾與丹珠爾，尤其是那爛陀典籍中博大精深的心類學，更能補足當代心理學的不足。爲此，我等遵循第十四世達賴喇嘛尊者的引導與意趣，並適當搭配現代人的需求，將其內容彙整於一處，並針對每項內容，標註其來源的甘珠爾與丹珠爾的經論出處，進而整理出甘珠爾與丹珠爾中的要義，以淺顯易懂的寫作體裁編纂排序，並對其法義稍做深入闡述。

先前已出版的《佛法科學總集》上、下兩冊，總集了導師薄伽梵的教言以及其弟子學人，特別是吉祥那爛陀學者著作中關於科學與基法的部分，其要義分五：一、對所知——境——的論述，二、具境——心——的論述，三、心如何趨入境，四、心如何了知境，五、認識境的補特伽羅。

相較於《佛法科學總集》，《佛法哲學總集》上、下兩冊則以聖域印度內外學者主張的基法眞相爲基礎，總集並依理各別闡釋了某些主要哲學要義，包括如下內容：略說各派宗義立場及彼等以理建立的二諦、觀察我與無我、由勝義諦所延伸的唯識與中觀的見解、建立能知的量識，以及依其附帶說明的聲義研究。

此書不僅沒有列舉繁冗的科判，又以顧及當代讀者的喜好與接受程度之方式善巧陳述。編纂此書的過程中，前前後後與各大寺院的學者們反覆交流。特別是，第十四世達賴喇嘛尊者的專屬翻譯格西圖登錦巴博士建立了此系列書籍的基本架構，又對各個章節做了補充、刪減、調整，並編纂了《佛法哲學總集》結尾部分的聲義與排他論，提出如同種子般的核心理念，在編纂這一系列叢書的初中後階段，都給予了無與倫比的珍貴指導。最後，再將這份初稿終版呈獻給位於達蘭薩拉行宮的第十四世達賴喇嘛尊者審閱。尊者對此慈悲授予了廣泛且詳細的教誨。我等在此基礎上盡己所能地整理出這套可信的文獻，提供不分派別的求學者們參閱。

爲了使這系列叢書普及於當代內外讀者，此處避免採用如辯經時字斟句酌等極其深入的諸多理路，尤其是後期學者們的各自著作中，對於佛陀的教言及其注釋的要義之解讀也不盡相同，故此處是以淺顯易懂的方式闡釋普遍公認的主要論述。

根據讀者的上中下根器，一共編纂了《佛法科學總集》與《佛法哲學總集》的廣四冊、中兩冊、略一冊，共有七冊。[237]若您有興趣較深入了知佛教典籍中科學與哲學的要義及其依據，應參閱《佛法科學總集》與《佛法哲學總集》的廣四冊，若無法這般深入廣讀，也可參閱中二冊。略一冊則適合任何一位讀者。或是，若針對心理學等各個單元有興趣的話，也可研習其中的某相關章節。

八年中，爲出版此系列叢書——廣中略三類共七冊，第

237 譯者註：是指已經出版的藏文七冊。

十四世達賴喇嘛尊者寄予厚望，直至工作結束前，曾再三慈悲教誨我等應如何編纂。在編輯的過程中，不僅有編輯小組負責人南嘉寺主持充拓仁波切[238]全程關注，色拉昧的仰丁仁波切[239]、洛色林扎倉格西圖滇悲桑、南嘉寺圖滇揚佩[240]也給予了最大的協助，風雨同舟。還有，第十四世達賴喇嘛尊者的專屬翻譯格西圖登錦巴博士也多次不吝指導我等。三大寺中，如金山般珍貴的諸多善知識們一開始從諸多典籍中尋找相關依據，並先後粗略研究其義，再極其負責任地仔細鑽研並多次共同討論。爲此，甘丹頗章不吝挹注了編輯過程中需要的所有資源。再者，我等編輯者的住處與生活用具，以及辦公室等各個良好條件都是由南嘉寺所提供。前述的承擔與支持都是圓滿成辦此系列叢書的助緣，在此眞誠感謝負責與支持這個善德項目的所有參與者！

此系列叢書內容與用詞的贅述、少述、謬述等所有過失，毋庸置疑，定是我等編輯者的慧力不足所致，故盼讀者能夠諒解。

最後，願此潔白善德——源於如同珍寶般的諸多智者與

238 ཁྲོམ་ཐོག་རིན་པོ་ཆེ། 。

239 ཡང་སྟེང་རིན་པོ་ཆེ། 。

240 རྣམ་གྲྭ་ཐུབ་བསྟན་ཡང་འཕེལ། 。

善心者的貢獻與努力，以強烈的至誠之心發願且迴向：圓滿第十四世達賴喇嘛尊者的偉大利眾無垢意趣，事業有成，無有障礙。西藏歷代先賢歷經千辛萬苦所傳承與興盛的深奧內明文化，助益世界和平，且其發展不受時空限制。不分派系的學子們獲取博大精深的學識時，其心續亦懷慈愛。

我等編輯者格西：甘丹東頂扎倉主持格西強區桑杰[241]、哲蚌洛色林扎倉格西朗望桑杰[242]、甘丹北頂扎倉格西紀薩重千轉世[243]，以及哲蚌多門扎倉格西洛桑開卻[244]撰於西藏第十七繞迴的地母豬年第二個月的十五日，即西元2019年4月19日。

241 དགའ་ལྡན་ཤར་རྩེ་ དགེ་བཤེས་བྱང་ཆུབ་སངས་རྒྱས། 。

242 འབྲས་སྤུངས་བློ་གསལ་གླིང་དགེ་བཤེས་ངག་དབང་སངས་རྒྱས། 。

243 དགའ་ལྡན་བྱང་རྩེ་དགེ་བཤེས་དཀྱི་ས་དྲུང་ཆེན་སྤྲུལ་སྐུ། 。

244 འབྲས་སྤུངས་སྒོ་མང་དགེ་བཤེས་བློ་བཟང་མཁས་མཆོག 。

參考文獻

甘珠爾

ཀླུའི་རྒྱལ་པོ་མ་དྲོས་པས་ཞུས་པའི་མདོ།德格版，經，經典，ཕ།；對勘本版，書號58；Toh[1] 56。《無熱惱龍王問經》（暫譯）

དགོངས་པ་ངེས་པར་འགྲེལ་བའི་མདོ།德格版，經，經典，ཅ།；對勘本版，書號49；Toh 106。《解深密經》（大正藏：16.676）

ཉེ་བར་འཁོར་གྱིས་ཞུས་པའི་མདོ།德格版，經，寶積，ཅ།；對勘本版，書號43；Toh 68。《優婆離經》（大正藏：1.26）

རྟེན་ཅིང་འབྲེལ་བར་འབྱུང་བའི་མདོ།德格版，經，續，ཀ།；對勘本版，書號98；Toh 520。《緣起經》（大正藏：2.124）

འཕགས་པ་ཀླུའི་རྒྱལ་པོ་རྒྱ་མཚོས་ཞུས་པའི་མདོ།德格版，經，經典，ཕ།；對勘本版，書號58；Toh 154。《佛爲海龍王說法印經》（大正藏：15.599）

འཕགས་པ་འཇིག་རྟེན་འཛིན་གྱིས་ཡོངས་སུ་དྲིས་པའི་མདོ།德格版，經，經典，མ།；對勘本版，書號60；Toh 174。《聖持世所問經》（暫譯）

འཕགས་པ་དེས་པས་ཞུས་པའི་མདོ།德格版，經，寶積，ཅ།；對勘本版，書號43；Toh 71。《大寶積經卷第九十五．善順菩薩會》（大正藏：11.310）

འཕགས་པ་བདག་མེད་པ་དྲིས་པ་ཞེས་བྱ་བ་ཐེག་པ་ཆེན་པོའི་མདོ།德格版，經，經典，མ།；對

1 譯者註：Toh代表日本東北大學（Tohoku University）所編輯的西藏大藏經目錄，其後的號碼是根據該目錄給予的經號或論號。

勘本版，書號60；Toh 173。《尼乾子問無我義經》（大正藏：32.1643）

འཕགས་པ་ཤེས་རབ་ཀྱི་ཕ་རོལ་ཏུ་ཕྱིན་པ་ཀཽ་ཤི་ཀ 德格版，經，種種般若，ཀ；對勘本版，書號34；Toh 19。《佛說帝釋般若波羅蜜多心經》（大正藏：8.249）

བྱང་ཆུབ་སེམས་དཔའི་སྡེ་སྣོད་ཅེས་བྱ་བའི་མདོ། 德格版，經，寶積，ག；對勘本版，書號40；Toh 56。《佛說大乘菩薩藏正法經》（大正藏：11.316）

བློ་གྲོས་མི་ཟད་པས་བསྟན་པའི་མདོ། 德格版，經，經典，མ；對勘本版，書號60；Toh 175。《大方等大集經・無盡意菩薩品》（大正藏：13.397）

མྱ་ངན་ལས་འདས་པ་ཆེན་པོའི་མདོ། 德格版，經，經典，ཏ；對勘本版，書號54；Toh 119。《大般涅槃經》（大正藏：12.374）

ཚེ་འཕོ་བ་ཇི་ལྟར་འགྱུར་བ་ཞུས་པའི་མདོ། 德格版，經，經典，ས；對勘本版，書號72；Toh 308。《指示壽終經》（暫譯）

ཡབ་སྲས་མཇལ་བའི་མདོ། 德格版，經，寶積，ང；對勘本版，書號42；Toh 60。《父子會見經》（大正藏：11.310）

ལང་ཀར་གཤེགས་པའི་མདོ། 德格版，經，經典，ཅ；對勘本版，書號49；Toh 107。《入楞伽經》（大正藏：16.671）

ཤེས་རབ་སྙིང་པོ། 德格版，經，種種般若，ཀ；對勘本版，書號34；Toh 28。《般若波羅蜜多心經》（大正藏：8.251）

丹珠爾

ཀ་མ་ལ་ཤཱི་ལ། 蓮花戒（八世紀）

—— དབུ་མ་སྣང་བ། 德格版，論，中觀，སཱ། ；對勘本版，書號62；Toh 3887。《中觀明論》(暫譯)

—— རིགས་པའི་ཐིགས་པའི་ཕྱོགས་སྔ་མ་མདོར་བསྡུས་པ། 德格版，論，量，ཝེ། ；對勘本版，書號105；Toh 4232。《略釋理滴敵宗》(暫譯)

—— དེ་ཁོ་ན་ཉིད་བསྡུས་པའི་དཀའ་འགྲེལ། 德格版，論，量，ཟེ།འེ། ；對勘本版，書號107；Toh 3888。《眞如集論釋》(暫譯)

ཀླུ་སྒྲུབ། 龍樹（看似兩種說法：導師圓寂後的四百年，或是二世紀）

—— ཆོས་དབྱིངས་བསྟོད་པ། 德格版，論，禮讚，ཀ；對勘本版，書號18；Toh 1118。《讚法界頌》(大正藏：32.1675)

—— འཇིག་རྟེན་ལས་འདས་པར་བསྟོད་པ། 德格版，論，禮讚，ཀ；對勘本版，書號1；Toh 1121。《出世間讚》，蔣揚仁欽譯：http://e-dalailama.com/sutra/compliment_of_transcendent_world.pdf

—— བྱང་ཆུབ་སེམས་འགྲེལ། 德格版，論，續，ངི། ；對勘本版，書號18；Toh 1800。《菩提心釋》，蔣揚仁欽譯：http://e-dalailama.com/sutra/compliment_of_bodhicita.pdf

—— རྩ་བ་ཤེས་རབ།德格版，論，中觀，ཙ།；對勘本版，書號57；Toh 3824。《中論》（大正藏：30.1564）

—— རིགས་པ་དྲུག་ཅུ་པ།德格版，論，中觀，ཙ།；對勘本版，書號57；Toh 3825。《六十頌如理論》，蔣揚仁欽譯：http://e-dalailama.com/sutra/60.pdf

—— སྟོང་པ་ཉིད་བདུན་བཅུ་པ།德格版，論，中觀，ཙ།；對勘本版，書號57；Toh 3827。《七十空性論》，法尊法師譯：http://e-dalailama.com/sutra/70.pdf

—— རྩོད་བཟློག德格版，論，中觀，ཙ།；對勘本版，書號57；Toh 3828。《迴諍論》（大正藏：32.1631）

—— རྩོད་བཟློག་རང་འགྲེལ།德格版，論，中觀，ཙ།；對勘本版，書號57；Toh 3832。《迴諍論自釋》（大正藏：32.1631）

—— རིན་ཆེན་ཕྲེང་བ།德格版，論，本生，གེ།；對勘本版，書號96；Toh 4158。《寶鬘論》，仁光法師譯；http://e-dalailama.com/sutra/Precious_Garland.pdf

—— ཞིབ་མོ་རྣམ་འཐག德格版，論，中觀，ཙ།；對勘本版，書號57；Toh 3827。《精研論》，法尊法師譯：http://www.e-dalailama.com/t/Vaidalyaprakarana.pdf

གང་བ་སྤེལ་བ། 滿增（約八世紀）

——མངོན་གྱི་འགྲེལ་བཤད་མཚན་ཉིད་རྗེས་འབྲང་། 德格版，論，阿毘達磨，ཅུ། ；對勘本版，書號81；Toh 4093。《俱舍滿增注》（暫譯）

དགེ་སྲུངས། 妙護（約八世紀）

——ཕྱི་རོལ་གྱི་དོན་གྲུབ་པ། 德格版，論，量，ཞེ། ；對勘本版，書號106；Toh 4244。《成外境義》（暫譯）

རྒྱ་མཚོ་སྤྲིན། 海雲（Sāgara）

——བྱང་སའི་རྣམ་པར་བཤད་པ། 德格版，論，唯識，ཡི། ；對勘本版，書號75；Toh 4047。《菩薩地釋》（暫譯）

གྲགས་པའི་བཤེས་གཉེན། 稱友（約八世紀）

——མངོན་གྱི་འགྲེལ་བཤད་དོན་གསལ། 德格版，論，阿毘達磨，ངུ；對勘本版，書號80；Toh 4093。《阿毘達磨俱舍論釋——明義論》（暫譯）

——ཀུན་ལས་བཏུས་པའི་རྣམ་པར་བཤད་པ། 德格版，論，唯識，ལི། ；對勘本版，書號76；Toh 4054。《大乘阿毘達磨集論釋》（暫譯）

རྒྱལ་དབང་བློ། 勝主覺（八世紀）

——ཚད་མ་ཀུན་བཏུས་འགྲེལ་བཤད། 德格版／奈塘版，論，量，ཡེ། ；對勘本

版，書號108；Toh 4868。《集量論釋》（暫譯）

ངོ་བོ་ཉིད་མེད་པ། 無性

—— མདོ་སྡེའི་རྒྱན་གྱི་རྒྱ་ཆེར་བཤད་པ། 德格版，論，唯識，བི།；對勘本版，書號71；Toh 4038。《大乘莊嚴經論廣疏》（暫譯）

ཆོས་ཀྱི་གྲགས་པ། 法稱（七世紀）

—— ཚད་མ་རྣམ་འགྲེལ། 德格版，論，量，ཅེ།；對勘本版，書號97；Toh 4210。《釋量論》，法尊法師譯：http://e-dalailama.com/sutra/pramanavarttika.pdf

—— ཚད་མ་རྣམ་ངེས། 德格版，論，量，ཅེ།；對勘本版，書號97；Toh 4211。《定量論》（暫譯）

—— ཚད་མ་རིགས་ཐིགས། 德格版，論，量，ཅེ།；對勘本版，書號97；Toh 4212。《正理滴論》，楊化群及徐梵澄譯、北塔藏文班及劉曉丹編校、雲丹審核。

—— གཏན་ཚིགས་ཐིགས་པ། 德格版，論，量，ཅེ།；對勘本版，書號97；Toh 4213。《因滴論》（暫譯）

—— ཚད་མ་རྣམ་འགྲེལ་རང་འགྲེལ། 德格版，論，量，ཅེ།；對勘本版，書號98；Toh 4216。《釋量論自釋》（暫譯）

——རྒྱུད་གཞན་གྲུབ་པ། 德格版，論，量，ཚེ། ；對勘本版，書號98；Toh 4219。《成他相續論》（暫譯）

ཆོས་མཆོག 法上（約八世紀）

——ཚད་མ་རྣམ་ངེས་ཀྱི་འགྲེལ་བཤད་འཐད་ལྡན། 德格版，論，量，ཚེ།ཛེ། ；對勘本版，書號104；Toh 4227。《決定量論疏》（暫譯）

——རིགས་ཐིགས་རྒྱ་ཆེར་འགྲེལ། 德格版，論，量，ཝེ། ；對勘本版，書號105；Toh 4231。《正理滴論大疏》（暫譯）

——ཚད་མ་བརྟག་པ་ཆེ་བ། 德格版，論，量，ཞེ། ；對勘本版，書號98；Toh 4248。《量考察論．廣品》（暫譯）

——ཚད་མ་བརྟག་པ་ཆུང་བ། 德格版，論，量，ཞེ། ；對勘本版，書號98；Toh 4249。《量考察論．略品》（暫譯）

——གཞན་སེལ་བ་ཞེས་བྱ་བའི་རབ་ཏུ་བྱེད་པ། 德格版，論，量，ཞེ། ；對勘本版，書號98；Toh 4250。《排他論》（暫譯）

——འཇིག་རྟེན་ཕ་རོལ་གྲུབ་པ། 德格版，論，量，ཞེ། ；對勘本版，書號98；Toh 4251。《成就世間彼岸》（暫譯）

ཐར་པའི་འབྱུང་གནས་སྦས་པ། 解脫源藏（十一、十二世紀）

——རྟོག་གེའི་སྐད། 德格版，論，量，ཞེ། ；對勘本版，書號106；Toh

4264。《推理論》（暫譯）

ཐོགས་མེད། 無著（四世紀）

—— ཉན་ཐོས་ཀྱི་ས། 德格版，論，唯識，ཛི；對勘本版，書號 73；Toh 4036。《瑜伽師地論．聲聞地》（大正藏：30.1579）

—— བྱང་ཆུབ་སེམས་དཔའི་ས། 德格版，論，唯識，ཝི；對勘本版，書號 73；Toh 4037。《菩薩地持經》（大正藏：30.1581）

—— རྣམ་པར་གཏན་ལ་དབབ་པ་བསྡུ་བ། 德格版，論，唯識，ཞི།ཟི；對勘本版，書號 74；Toh 4038。《瑜伽師地論．攝決擇分》（大正藏：30.1579）

—— ཐེག་པ་ཆེན་པོ་བསྡུས་པ། 德格版，論，唯識，རི；對勘本版，書號 76；Toh 4048。《攝大乘論本》（大正藏：31.1594）

—— མངོན་པ་ཀུན་ལས་བཏུས། 德格版，論，唯識，རི；對勘本版，書號 76；Toh 4049。《大乘阿毘達磨集論》（大正藏：31.1605）

མཐོ་བཙུན་གྲུབ་རྗེ། 陶增珠吉（三世紀末至四世紀初）

—— ཁྱད་པར་འཕགས་བསྟོད། 德格版，論，禮讚，ཀ；對勘本版，書號 1；Toh 1109。《世尊勝德讚》（暫譯）

དུལ་བ་ལྷ། 律天或調伏天（八世紀初）

—— ཉི་ཤུ་པའི་འགྲེལ་པ། 德格版，論，唯識，ཤི；對勘本版，書號77；Toh 4065。《唯識二十頌釋》（暫譯）

—— སུམ་ཅུ་པའི་འགྲེལ་བཤད། 德格版，論，唯識，ཧི；對勘本版，書號78；Toh 4070。《三十頌釋》（暫譯）

—— རིགས་ཐིགས་ཀྱི་རྒྱ་ཆེར་འགྲེལ། 德格版，論，量，ཝེ；對勘本版，書號105；Toh 4230。《正理滴論廣釋》（暫譯）

—— གཏན་ཚིགས་ཐིགས་པའི་རྒྱ་ཆེར་འགྲེལ། 德格版，論，量，ཝེ；對勘本版，書號105；Toh 4234。《因滴論廣釋》（暫譯）

—— དམིགས་པ་བརྟག་པའི་རྒྱ་ཆེར་བཤད་པ། 德格版，論，量，ཞེ；對勘本版，書號106；Toh 4241。《所緣緣論注》（暫譯）

བདེ་བྱེད་དགའ་བ། 樂喜（十一世紀）

—— སེལ་བ་གྲུབ་པ། སྡེ་དགེ ༤༢༥༦ ཚད་མ། ཞེ། 德格版，論，量，ཞེ；對勘本版，書號106；Toh 4256。《成遮論》（暫譯）

འདུན་བཟང་། 眾賢（四世紀）

—— མངོན་འགྲེལ་མདོ་དང་མཐུན་པ། 德格版，論，阿毘達磨，ཁུ；對勘本版，書號79；Toh 4090。《合經俱舍論釋》（暫譯）

དཔའ་བོ།聖勇（約十二世紀）

——སྐྱེས་པའི་རབས་ཀྱི་རྒྱུད།德格版，論，本生，ཧུ།；對勘本版，書號94；Toh 4150。《本生續》（暫譯）

འཕགས་པ་ལྷ།聖天（約二世紀）

——དབུ་མ་བཞི་བརྒྱ་པ།德格版，論，中觀，ཙ།；對勘本版，書號57；Toh 3846。《中論四百論》，法尊法師譯：http://e-dalailama.com/sutra/400.pdf

ཕྱོགས་ཀྱི་གླང་པོ།陳那（五世紀）

——ཤེས་ཕྱིན་བསྡུས་པའི་ཚིག་ལེའུར་བྱས་པ།德格版，論，般若，ཁ།；對勘本版，書號55；Toh 3809。《般若攝頌》（暫譯）

——ཚད་མ་ཀུན་བཏུས།德格版 / 奈塘版（信慧譯），論，量，ཅེ།；對勘本版，書號97；Toh 4203。《集量論頌》，法尊法師譯：http://e-dalailama.com/sutra/pramanasamuccaya.pdf。《集量論頌略解》，法尊法師譯編：http://www.e-dalailama.com/sutra/CommentaryonPramanasamuccaya.pdf。

——ཚད་མ་ཀུན་བཏུས་རང་འགྲེལ།德格版 / 奈塘版（信慧譯），論，量 ཅེ།；對勘本版，書號97；Toh 4204。《集量論頌自釋》（暫譯）

——དམིགས་བརྟག་རྩ་བ།德格版，論，量，ཅེ།；對勘本版，書號97；

Toh 4205。《觀所緣緣論》（大正藏：31.1624）

——དམིགས་བརྟག་རང་འགྲེལ། 德格版，論，量，ཅེ།；對勘本版，書號97；Toh 4206。《觀所緣緣論自釋》（大正藏：31.1624）

བློ་གྲོས་བརྟན་པ། 安慧（約六世紀）

——སུམ་ཅུ་པའི་བཤད་པ། 德格版，論，唯識，ཤི；對勘本版，書號77；Toh 4064。《三十頌疏》（暫譯）

བྱང་ཆུབ་བཟང་པོ། 菩提賢（約八世紀）

——ཡེ་ཤེས་སྙིང་པོ་ཀུན་ལས་བཏུས་པའི་བཤད་སྦྱར། 德格版，論，中觀，ཙོ།；對勘本版，書號57；Toh 3852。《慧心要集論釋注》（暫譯）

བྱམས་པ། 慈尊

——ཐེག་པ་ཆེན་པོ་མདོ་སྡེའི་རྒྱན། 德格版，論，唯識，ཕི།；對勘本版，書號70；Toh 4020。《大乘莊嚴經論》（大正藏：31.1604）

——དབུས་མཐའ་རྣམ་འབྱེད། 德格版，論，唯識，ཕི།；對勘本版，書號70；Toh 4021。《辯中邊論頌》（大正藏：31.1601）

——ཆོས་ཉིད་རྣམ་འབྱེད། 德格版，論，唯識，ཕི།；對勘本版，書號70；Toh 4023。《辨法法性論》，法尊法師譯：http://www.e-dalailama.com/sutra/Dharmatavibhanga.pdf

དབུ་མའི་སེང་གེ 中觀獅

—— ལྟ་བ་ཐ་དད་པ་རྣམ་པར་ཕྱེ་བ་མདོར་བསྟུས་པ། 德格版，論，中觀，ཨ།；對勘本版，書號63；Toh 3898。《略分異見論》（暫譯）

དབྱིག་གཉེན། 世親（四世紀）

—— རྟེན་ཅིང་འབྲེལ་བར་འབྱུང་བའི་རྣམ་པར་དབྱེ་བ་བཤད་པ། 德格版，論，經釋，ཅི།；對勘本版，書號66；Toh 3995。《緣起初別釋》（暫譯）

—— མདོ་སྡེའི་རྒྱན་གྱི་བཤད་པ། 德格版，論，唯識，ཕི།；對勘本版，書號70；Toh 4026。《大乘莊嚴經論疏》（暫譯）

—— དབུས་དང་མཐའ་རྣམ་པར་འབྱེད་པའི་འགྲེལ་པ། 德格版，論，唯識，བི།；對勘本版，書號71；Toh 4027。《辯中邊論述記》（大正藏：44.1835）

—— ཉི་ཤུ་པའི་ཚིག་ལེའུར་བྱས་པ། 德格版，論，唯識，ཤི；對勘本版，書號77；Toh 4056。《唯識二十頌》（大正藏：31.1590）

—— ཉི་ཤུ་པའི་འགྲེལ་པ། 德格版，論，唯識，ཤི；對勘本版，書號77；Toh 4057。《唯識二十頌自釋》（大正藏：31.1590）

—— སུམ་ཅུ་པའི་ཚིག་ལེའུར་བྱས་པ། 德格版，論，唯識，ཤི；對勘本版，書號77；Toh 4055。《唯識三十論頌》（大正藏：31.1586）

——རྣམ་བཤད་རིགས་པ། 德格版，論，唯識，ཤི；對勘本版，書號77；Toh 4060。《釋軌論》（暫譯）

——ཆོས་མངོན་པ་མཛོད 德格版，論，阿毘達磨，ཀུ；對勘本版，書號79；Toh 4089。《阿毘達磨俱舍論》（大正藏：29.1558）

——ཆོས་མངོན་པ་མཛོད་ཀྱི་རང་འགྲེལ། 德格版，論，阿毘達磨，ཀུ ཁུ；對勘本版，書號79；Toh 4090。《阿毘達磨俱舍論自釋》（大正藏：29.1558）

ཛེ་ཏཱ་རི། 祇多梨（十世紀）

——བྱིས་པ་འཇུག་པའི་རྟོག་གེ 德格版，論，量，ཞེ；對勘本版，書號106；Toh 4263。《愚趨論》（暫譯）

ཞི་བ་འཚོ། 寂護或靜命（八世紀）

——དེ་ཁོ་ན་ཉིད་བསྡུས་པ། 德格版，論，量，ཟེ；對勘本版，書號107；Toh 4266。《眞如集論》（暫譯）

——དབུ་མ་རྒྱན། 德格版，論，中觀，ས；對勘本版，書號62；Toh 3884。《中觀莊嚴論》（暫譯）

——དབུ་མ་རྒྱན་གྱི་རང་འགྲེལ། 德格版，論，中觀，ས；對勘本版，書號62；Toh 3885。《中觀莊嚴論自釋》（暫譯）

ཞི་བ་ལྷ། 寂天（八世紀）

—— བྱང་ཆུབ་སེམས་དཔའི་སྤྱོད་པ་ལ་འཇུག་པ། 德格版，論，中觀，ལ། ; 對勘本版，書號61；Toh 3871。《入菩薩行論》，如石法師譯：http://e-dalailama.com/sutra/2016MayText.pdf

ཟླ་བ་གྲགས་པ། 月稱（七世紀）

—— དབུ་མ་རྩ་བའི་འགྲེལ་པ་ཚིག་གསལ། 德格版，論，中觀，འ། ; 對勘本版，書號60；Toh 1860。《顯句論》（暫譯）

—— དབུ་མ་ལ་འཇུག་པ། 德格版，論，中觀，འ། ; 對勘本版，書號60；Toh 3861。《入中論》，法尊法師譯：http://www.e-dalailama.com/sutra/madhyamakaavatara.pdf

—— དབུ་མ་ལ་འཇུག་པའི་རང་འགྲེལ། 德格版，論，中觀，འ། ; 對勘本版，書號60；Toh 3862。《入中論自釋》，法尊法師譯：http://www.edalailama.com/sutra/madhyamakaavataracommentary.pdf

—— རིགས་པ་དྲུག་ཅུ་པའི་འགྲེལ་པ། 德格版，論，中觀，ཡ། ; 對勘本版，書號60；Toh 3864。《六十頌如理論釋》（暫譯）

—— བཞི་བརྒྱ་པའི་འགྲེལ་པ། 德格版，論，中觀，ཡ། ; 對勘本版，書號60；Toh 3865。《四百論釋》（暫譯）

ཡེ་ཤེས་སྙིང་པོ། 慧心要（約八世紀）

——བདེན་པ་གཉིས་རྣམ་པར་འབྱེད་པ། 德格版，論，中觀，ས།；對勘本版，書號62；Toh 3881。《分別二諦文》（暫譯）

——བདེན་གཉིས་རང་འགྲེལ། 德格版，論，中觀，ས།；對勘本版，書號62；Toh 3882。《分別二諦文自釋》（暫譯）

ཡེ་ཤེས་དཔལ་བཟང་པོ། 吉祥慧賢

——རྣམ་ངེས་འགྲེལ་བཤད། 德格版，論，量，ཚེ།；對勘本版，書號104；Toh 4228。《定量論釋》（暫譯）

ཡོན་ཏན་བློ་གྲོས། 德慧

——རྟེན་ཅིང་འབྲེལ་པར་འབྱུང་བ་དང་པོ་དང་རྣམ་པར་དབྱེ་བ་བསྟན་པའི་རྒྱ་ཆེར་བཤད་པ། 德格版，論，經典，ཆི།；對勘本版，書號66；Toh 3996。《緣起初別廣釋》（暫譯）

ལེགས་ལྡན་འབྱེད། 清辨（500-578）

——ཤེས་རབ་སྒྲོན་མ། 德格版，論，中觀，ཚ།；對勘本版，書號57；Toh 3853。《般若燈論釋》（大正藏：30.1566）

——དབུ་མ་སྙིང་པོ། 德格版，論，中觀，ཛ།；對勘本版，書號58；Toh 3855。《中觀心論》（暫譯）

—— འགྲེལ་པ་རྟོག་གེ་འབར་བ། 德格版，論，中觀，ཛ། ; 對勘本版，書號58 ; Toh 3856。《思擇焰論》（暫譯）

—— དབུ་མའི་དོན་བསྡུས་པ། 德格版，論，中觀，ཛ། ; 對勘本版，書號58 ; Toh 3857。《攝中論義》（暫譯）

ཤེས་རབ་གོ་ཆ། 慧鎧（約八世紀）

—— འཕགས་བསྟོད་ཀྱི་རྒྱ་ཆེར་བཤད་པ། 德格版，論，禮讚，ཀ ; 對勘本版，書號1 ; Toh 1110。《殊勝聖讚廣釋》（暫譯）

—— ལྷ་ལས་ཕུལ་དུ་བྱུང་བའི་བསྟོད་འགྲེལ། 德格版，論，禮讚，ཀ ; 對勘本版，書號1 ; Toh 1112。《勝神讚釋》（暫譯）

ཤེས་རབ་འབྱུང་གནས་སྦས་པ། 智作護（十世紀）

—— ཚད་མ་རྣམ་འགྲེལ་གྱི་རྒྱན། 德格版，論，量，ཏེ། ; 對勘本版，書號99 ; Toh 4221。《釋量論莊嚴疏》（暫譯）

—— ལྷན་ཅིག་དམིགས་པར་ངེས་པ། 德格版，論，量，ཞེ། ; 對勘本版，書號106 ; Toh 4255。《俱緣決定》（暫譯）

ཤཱཀྱ་བློ། 釋迦慧（七世紀末、八世紀初）

—— ཚད་མ་རྣམ་འགྲེལ་གྱི་འགྲེལ་བཤད། 德格版，論，量，ཇེ། ; 對勘本版，書號98 ; Toh 4220。《釋迦慧論著》（暫譯）

སངས་རྒྱས་བསྐྱངས། 佛護（470-540/550）

——བུདྡྷ་པ་ལི་ཏ། 德格版，論，中觀，ཙ། ; 對勘本版，書號57 ; Toh 3842。《中觀根本論釋 · 佛護論》，佛護著，蔣揚仁欽譯，臺灣：商周出版，2019。

སེངྒེ་བཟང་པོ། 獅子賢（九世紀）

——བརྒྱད་སྟོང་པའི་འགྲེལ་པ། 德格版，經，般若，ཀ། ; 對勘本版，書號51 ; Toh 3791。《般若八千頌釋》（暫譯）

——འགྲེལ་པ་དོན་གསལ། 德格版，經，般若，ཇ། ; 對勘本版，書號52 ; Toh 3793。《現觀莊嚴論疏——明義釋》（暫譯）

ལྷ་དབང་བློ། 帝釋慧（七世紀）

——རྣམ་འགྲེལ་འགྲེལ་པ། 德格版，論，量，ཆེ། ; 對勘本版，書號98 ; Toh 4217。《釋量論難疏》（暫譯）

其他佛教典籍

དགེ་ལེགས་དཔལ་བཟང་། 克主傑・格勒貝桑（1385-1438）

—— ཊཱིཀ་ཆེན་རིགས་པའི་རྒྱ་མཚོ། 塔爾寺版，克主傑文集，ང། ཅ།。《釋量論理海大疏》（暫譯）

ངག་དབང་དཔལ་ལྡན། 吉祥語自在（1797-1866）

—— བདེན་གཉིས་ཀྱི་རྣམ་གཞག 吉祥語自在文集，ཀ།。《二諦論》（暫譯）

འཇམ་མགོན་ས་པཎ། 薩迦班智達（1182-1251）

—— ཚད་མ་རིགས་གཏེར་རང་འགྲེལ། 薩迦文集對勘版，書號17。《量理寶藏論自釋》（暫譯）

འཇམ་དབྱངས་བཞད་པ། 文殊笑（1648-1721）

—— གྲུབ་མཐའ་ཆེན་མོ། 文殊笑文集，ཤ།。《宗義寶炬論》，蔣揚仁欽譯：http://e-dalailama.com/sutra/precious_lamp.pdf

འཇིགས་མེད་དམ་ཆོས་རྒྱ་མཚོ། 無畏法海（1898-1946）

—— དྲང་ངེས་འཇུག་ངོགས། 色拉昧版。《了不了義路徑》（暫譯）

སྟག་ཚང་ལོ་ཙཱ་བ། 達倉譯師（十五世紀初）

—— གྲུབ་མཐའ་ཀུན་ཤེས། 《遍曉宗義》（暫譯）

དར་མ་རིན་ཆེན། 賈曹傑・達瑪仁欽（1364-1432）

—— ཚད་མ་མདོའི་རྣམ་བཤད། 塔爾寺版，賈曹傑文集，ང་།。《量經釋》（暫譯）

—— རྣམ་འགྲེལ་ཐར་ལམ་གསལ་བྱེད། 塔爾寺版，賈曹傑文集，ཆ།。《釋量論疏・闡明解脫道》（暫譯）

ཙོང་ཁ་པ། 宗喀巴（1357-1419）

—— རྩ་ཤེའི་རྣམ་བཤད་རིགས་པའི་རྒྱ་མཚོ། 塔爾寺版，宗喀巴文集，བ།。《中觀根本頌智慧論釋・正理海》（暫譯）

—— དྲང་ངེས་ལེགས་བཤད་སྙིང་པོ། 塔爾寺版，宗喀巴文集，ཕ།。《辨了不了義善說藏論》，法尊譯：http://e-dalailama.com/sutra/Ultimate1.pdf & http://e-dalailama.com/sutra/Ultimate2.pdf

—— ལམ་རིམ་ཆུང་བ། སྐུ་འབུམ་དཔར་མ། རྗེའི་གསུང་འབུམ། ཕ།《菩提道次第略論》，大勇譯，法尊補譯：http://e-dalailama.com/sutra/lamrim_brief.pdf

ཛྙཱ་ན་ཤྲཱི། 吉祥智（十世紀）

—— སེལ་བ་རབ་ཏུ་བྱེད་པ། 梵文版。《辨遮品》（暫譯）

རྨ་བྱ་བྱང་ཆུབ་བརྩོན་འགྲུས། 孔雀菩提精進（十一世紀）

—— དབུ་མ་རྩ་བའི་འགྲེལ་པ་འཐད་པའི་རྒྱན། 噶當編著文集，書號36。《中論釋・理成莊嚴論》（暫譯）

རཏྣ་ཀཱིརྟི། 寶稱（十世紀）

—— སེལ་བ་གྲུབ་པ། 梵文版。《成遮品》（暫譯）

其他非佛教的古印典籍

གཽ་ཌ་པཱ་ད།喬荼波陀（約六世紀末）

—— གཽ་ཌ་པཱ་དའི་ཚིགས་སུ་བཅད་པ། 《喬荼波陀頌》（暫譯）

རྒྱ་གར་ལྟ་གྲུབ་སྣེ་མང་ཚིག་མཛོད། *Encyclopedia of Indian Philosophies*《印度哲學百科全書》（暫譯）

ཐུབ་དབང་ཚད་མའི་ཆུ་གཏེར།能仁量海Nemicandra Siddhānta Cakravartin

—— རྫས་བསྡུས་པ། 《質攝論》（暫譯）

དེ་ཁོ་ན་ཉིད་མངོན་པར་རྟོགས་པའི་མདོ། 《諦義證得經》（暫譯）

མདོ་དང་གནས་ཀྱི་ཡན་ལག 《經處支》（暫譯）

དྲང་སྲོང་སེར་སྐྱ།迦毘羅仙人（約西元前七百年）

——གྲངས་ཅན་གྱི་མདོ། 《數論經》（暫譯）

པྲ་ཤསྟ་པཱད།缽羅奢思多波陀（六世紀）

—— བྱེ་བྲག་པའི་མདོ་འགྲེལ་ཚིག་དོན་ཆོས་བསྡུས་པ། 《攝句義法論》（暫譯）

ཕྱི་གླིང་པ་མརྐ་སི་དེ་རིས་ཀྱི་དཔྱད་དེབ་རྗོད་བྱེད་སྒྲའི་སྐོར་གྱི་རྒྱ་གར་ལྟ་གྲུབ་རིག་པ། Mark Sideris, *Indian Philosophy of Language*. London: Kluwer Academic Publishers, 1991。馬克・思德里，《印度語言哲學》（暫

譯）。倫敦：Kluwer Academic 出版社, 1991.

བྱེ་བྲག་པའི་མདོ། 《勝論經》（暫譯）

བྷར་ཏྲྀ་ཧ་རི། 伐致呵利（五世紀）

—— བསྟན་བཅོས་བཱཀྱ་པ་དཱི་ཡ། 《字句論》（暫譯）

དབང་ཕྱུག་ནག་པོ། 自在黑（五世紀）

—— དབང་ཕྱུག་ནག་པོའི་རྒྱུད་དམ་གྲངས་ཅན་གྱི་ཚིག་ལེའུར་བྱས་པ། 瓦拉那西西藏大學出版作品。後於1974年圖丹秋主譯成藏文。《自在黑續》或稱《數論頌》（暫譯）

གཞོན་ནུ་མ་ལེན་ནམ་གཞོན་ནུ་རོལ་བ། 庫馬里拉巴哈塔或稱童中師（七世紀）

—— ཚིགས་སུ་བཅད་པའི་རྣམ་འགྲེལ། 《頌釋補》（暫譯）

རིགས་པ་ཅན་པའི་མདོ། 《正理經》（暫譯）

ཨུདྱོ་ཏ་ཀ་ར་སྣེ་འོད་བྱེད་པ། 烏底耶塔加羅（六世紀）

—— བསྟན་བཅོས་ནྱཱ་ཡ་བརྟིཀ 《正理釋論》（暫譯）

現代文獻

Andrew Nicholson. *Unifying Hinduism: Philosophy and Identity in Indian Intellectual History*. New York: Columbia University Press, 2013.

Dharmendra Nath Shastri. *Critique of Indian Realism*. Varanasi: The Bharatiya Vidya Prakashan, 2020.

Encyclopedia of Indian Philosophies. Ed. Karl H. Potter. Delhi: Motilal Banarsidass Publishers, 1995 (First Volume), 2011 (Second Volume), 1998 (Third Volume), 2012 (Fourth Volume), 1990 (Fifth Volume), 1993 (Sixth Volume), 1996 (Seven Volume).

Harendra Prasad Sinha. *Dharm-Darshan ki Roop-Rekha: An outline of Philosophy of Religion*. Delhi: Motilal Banarsidass Publishers Pvt. Ltd., 2012.

Hari Mohan Jha. *Trends of Linguistic Analysis in Indian Philosophy*. Varanasi: Chaukhambha Orientalia, 1981.

Indian Philosophy Today. Ed. Nand Kishore Devaraja. Delhi: Macmillan Company of India Limited, 1975.

Mortimer Wheeler. *The Indus Civilization*. (Cambridge History of India.) New York: Cambridge University Press, 1953.

翻譯參考文獻

གཱི་ཏཱ་སྙེ་ནག་པོའི་གླུ།《薄伽梵歌》或稱《黑曲》*Bhagavad-gītā*

孫晶，《印度六派哲學》。臺灣：大元書局，2011。

姚衛群編譯，《古印度六派哲學經典》。北京：商務印書館，2003。

木村泰賢，《梵我思辨：木村泰賢之印度六派哲學》。新北市：臺灣商務，2016。

岩井昌悟，〈原始仏教聖典に記された釈尊の雨安居地と後世の雨安居地伝承。〉，中央学術研究所，原始仏教聖典資料による釈尊伝の研究通号6（2002-10-20）：53-128。

剛曉。《定量論釋義》。北京：宗教文化出版社，2013。

薩爾吉。〈關於梵漢佛典對勘的一些思考。〉《禪與人類文明研究》第二期（2017），International Journal for the Study of Chan Buddhism and Human Civilization Issue 2 (2017): 105–117。

達賴喇嘛監製，總集編著小組編著，《佛法科學總集》，蔣揚仁欽博士譯註。臺灣：商周出版，2017。

佛護論師。《中觀根本論釋・佛護論》，蔣揚仁欽博士譯。臺灣：商周出版，2019。

龍樹。《六十頌如理論》，蔣揚仁欽博士譯。http://e-dalailama.com/sutra/60.pdf

Ganganatha Jha. *Tattvasaṃgraha of Shāntarakṣita with the Commentary of Kamalaśīla*. Delhi: Motilal Banarsidass, 1939.

William L. Ames. "Bhāvaviveka's Prajñāpradīpa: A Translation of Chapter Six, Examination of Desire and the One Who Desires, and Chapter Seven, Examination of Origin, Duration, and Cessation (from the Tibetan)." *Journal of Buddhist Literature* (2000):1-91.

國家圖書館出版品預行編目資料

佛法哲學總集:廣說三藏經論關於色心諸法之哲學論述／第十四世達賴喇嘛監製; 總集編著小組編著; 蔣揚仁欽譯-- 初版. -- 臺北市：商周出版, 城邦文化事業股份有限公司出版；英屬蓋曼群島商家庭傳媒股份有限公司城邦分公司發行；2025.07
下冊；14.8*21 公分
譯自：Science And Philosophy In The Indian Buddhist Classics: Volume 3 Philosophical Schools
譯自：Science And Philosophy In The Indian Buddhist Classics: Volume 4 Philosophical Topics
ISBN 978-626-390-565-8 (全套：精裝)
1.CST: 佛教哲學

220.11 114006916

線上版讀者回函卡

佛法哲學總集——廣說三藏經論關於色心諸法之哲學論述（下冊）

原著書名／Science And Philosophy In The Indian Buddhist Classics: Volume 3 Philosophical Schools
Science And Philosophy In The Indian Buddhist Classics: Volume 4 Philosophical Topic
監　　製／第十四世達賴喇嘛
編　　著／總集編著小組
翻　　譯／蔣揚仁欽
責任編輯／林宏濤、楊如玉

版　　權／游晨瑋
行銷業務／周丹蘋、林詩富、吳淑華
總 編 輯／楊如玉
總 經 理／賈俊國
事業群總經理／黃淑貞
發 行 人／何飛鵬
法律顧問／元禾法律事務所 王子文律師
出　　版／商周出版
城邦文化事業股份有限公司
115台北市南港區昆陽街16號4樓
電話：(02) 25007008 傳真：(02)25007759
E-mail：bwp.service@cite.com.tw
發　　行／英屬蓋曼群島商家庭傳媒股份有限公司 城邦分公司
115台北市南港區昆陽街16號8樓
書虫客服服務專線：(02)25007718；25007719
服務時間：週一至週五上午09:30-12:00；下午13:30-17:00
24小時傳真專線：(02)25001990；25001991
劃撥帳號：19863813；戶名：書虫股份有限公司
讀者服務信箱：service@readingclub.com.tw
城邦讀書花園：www.cite.com.tw
香港發行所／城邦（香港）出版集團有限公司
香港九龍土瓜灣土瓜灣道86號順聯工業大廈6樓A室；E-mail：hkcite@biznetvigator.com
電話：(852) 25086231 傳真：(852) 25789337
馬新發行所／城邦（馬新）出版集團 Cite (M) Sdn. Bhd.
41, Jalan Radin Anum, Bandar Baru Sri Petaling, 57000 Kuala Lumpur, Malaysia.
Tel: (603) 90563833 Fax: (603) 90576622 Email: service@cite.my

封面設計／周家瑤
尊者照片提供／Tenzin Choejor - Office of HH the Dalai Lama
排　　版／芯澤有限公司
印　　刷／高典印刷事業有限公司
經 銷 商／聯合發行股份有限公司
電話：(02)2917-8022 傳真：(02)2911-0053
地址：新北市231新店區寶橋路235巷6弄6號2樓

■2025年7月初版
定價1600元（上下冊不分售）

Printed in Taiwan
城邦讀書花園
www.cite.com.tw

Original title: Science And Philosophy In The Indian Buddhist Classics: Volume 3 Philosophical Schools
Science And Philosophy In The Indian Buddhist Classics: Volume 4 Philosophical Topics
Compiled and edited by the Kuntue Committee and published under the auspices of Gaden Phodrang Foundation of the Dalai Lama
Jamyang Rinchen's complex Chinese translation is published by Business Weekly Publications, a division of Cité Publishing Ltd. in 2025 with courtesy of Gaden Phodrang Foundation of the Dalai Lama

版權所有，翻印必究 ISBN 978-626-390-565-8 （全套：精裝）
978-626-390-573-3 （全套：EPUB）

請於此處用膠水黏貼

商周出版

線上版讀者回函

讀者回函卡

感謝您購買我們出版的書籍！請費心填寫此回函卡，我們將不定期寄上城邦集團最新的出版訊息。

姓名：________________ 性別：☐男 ☐女

生日：西元________年________月________日

地址：________________

聯絡電話：________________ 傳真：________________

E-mail ：

學歷：☐ 1. 小學 ☐ 2. 國中 ☐ 3. 高中 ☐ 4. 大學 ☐ 5. 研究所以上

職業：☐ 1. 學生 ☐ 2. 軍公教 ☐ 3. 服務 ☐ 4. 金融 ☐ 5. 製造 ☐ 6. 資訊
☐ 7. 傳播 ☐ 8. 自由業 ☐ 9. 農漁牧 ☐ 10. 家管 ☐ 11. 退休
☐ 12. 其他________________

您從何種方式得知本書消息？

☐ 1. 書店 ☐ 2. 網路 ☐ 3. 報紙 ☐ 4. 雜誌 ☐ 5. 廣播 ☐ 6. 電視
☐ 7. 親友推薦 ☐ 8. 其他________________

您通常以何種方式購書？

☐ 1. 書店 ☐ 2. 網路 ☐ 3. 傳真訂購 ☐ 4. 郵局劃撥 ☐ 5. 其他________

您喜歡閱讀那些類別的書籍？

☐ 1. 財經商業 ☐ 2. 自然科學 ☐ 3. 歷史 ☐ 4. 法律 ☐ 5. 文學
☐ 6. 休閒旅遊 ☐ 7. 小說 ☐ 8. 人物傳記 ☐ 9. 生活、勵志 ☐ 10. 其他

對我們的建議：________________

【為提供訂購、行銷、客戶管理或其他合於營業登記項目或章程所定業務之目的，城邦出版人集團（即英屬蓋曼群島商家庭傳媒（股）公司城邦分公司、文化事業（股）公司），於本集團之營運期間及地區內，將以電郵、傳真、電話、簡訊、郵寄或其他公告方式利用您提供之資料（資料類別：C001、C0 C003、C011 等）。利用對象除本集團外，亦可能包括相關服務的協力機構。如您有依個資法第三條或其他需服務之處，得致電本公司客服中心電話 25007718 請求協助。相關資料如為非必要項目，不提供亦不影響您的權益。】

1.C001 辨識個人者：如消費者之姓名、地址、電話、電子郵件等資訊。
2.C002 辨識財務者：如信用卡或轉帳帳戶資訊。
3.C003 政府資料中之辨識者：如身分證字號或護照號碼（外國人）。
4.C011 個人描述：如性別、國籍、出生年月日。

請於此處用膠水黏貼